Robert Schurz · Ethik nach Adorno

Robert Schurz

Ethik nach Adorno

Stroemfeld / Roter Stern

CIP-Kurztitelaufnahme der Deutschen Bibliothek D 34
Schurz, Robert:
Ethik nach Adorno / Robert Schurz. — Basel;
Frankfurt am Main: Stroemfeld/Roter Stern, 1985.
ISBN 3-87877-238-6

CH-4007 Basel, Postfach 79
D-6000 Frankfurt am Main, Postfach 180147
Satz: Fotosetzerei Hoheisel, Dortmund
Druck und Verarbeitung: Fuldaer Verlagsanstalt
Printed in W. Germany

Inhalt

Für C.

Schauet nieder, arme Triebe,
hell und trübe ist die Liebe
Clemens Brentano

Einleitung

Der zu frühe Tod · Weiterschreiben
Lebendige Erfahrung · Zeit des Schreibens
Leichen und Texte · Aufschub · Geist und Ungeist
Rechenschaftsbericht

Endkonstruktionen · Die Transzendenz des Vergessenen
Was ist rührend? · Die Kategorie des Verdachts
Husserl und der Wahn · Die Wiederholung
Vom traurig schönen Klang · Trauerarbeit
Adorno kontra Freud

Die Position der Melancholie ·
Krankheitsbewußtsein · Liebe und Denken

Adorno, so heißt es bei seinen Nachlaßverwaltern, Gretel Adorno und Rolf Tiedemann, wollte 'ein geplantes moralphilosophisches Werk in die Waagschale werfen'.[1] Er kam nicht mehr dazu, weil er starb, — auf den Plan bezogen wohl zu früh. Dieses moralphilosophische Werk sollte das letzte große Buch neben der 'Negativen Dialektik' und der 'Ästhetischen Theorie' werden. Eine Art Testament also.

Er kam nicht mehr dazu, — das besagt, daß in der Adornoschen Theorie etwas aussteht. Kann aber in einer Theorie überhaupt etwas ausstehen?; — was doch impliziert, daß solche abschließen, zu Ende gehen könnte. Solange der Theoretiker schreiben kann, solange er also noch lebt, ist die Tatsache, daß noch etwas aussteht, vielleicht der einzig legitime Grund, weiterzuschreiben. Wenn er aber gestorben ist, so bleibt das Werk ungeschützt der Interpretation seitens mehr oder minder Befugter überlassen, d.h. das, was der Autor nicht (mehr) gesagt hat, bietet Anlaß zur Interpretation, zum Weiterschreiben.

Wenn man eine 'Ethik nach Adorno' schreiben will, so hat das die Dimension einer Ergänzung. Adorno selbst hat sich an zwei Stellen die Frage nach der Möglichkeit der Ergänzung eines Werks gestellt: einmal hält er es für möglich, ein andermal rät er davon ab.

Würde die Instrumentation beendet, so bedürfte es fraglos außerordentlicher Anstrengung: der vollkommenen Äquivalenz von Treue und einer Phantasie, die von der Treue selbst erheischt wird (....). Geschehen müßte das bald: solange noch die Bergsche Tradition gegenwärtig ist, und ein paar Menschen leben, die durch Schule und eigene Erfahrung wissen, wie etwa die vollendete Lulu auszusehen und zu klingen hätte. Gelänge es, so wäre der Musik Alban Bergs größtes Werk gegeben. *BB; 174*

Es handelt sich hier um Adornos Lehrer, Berg, der bei der Instrumentation seiner eigenen Oper nicht unbedingt anwesend sein muß, denn, so lautet das Argument:

Das Werk jedoch ist ein anderes als sein Autor. *BB; 174*

Bei Mahlers 'Zehnter' liegt es anders, — was aber nicht nur auf diesen speziellen Fall beschränkt bleibt, sondern zum allgemeinen Ratschlag wird.

Danach neigt der Autor der Ansicht zu, es solle, gerade wer die außerordentliche Tragweite der Konzeption der Zehnten spürt, auf Bearbeitungen und Aufführungen verzichten. Auch Skizzen von Meistern zu unausgeführten Gemälden wird, wer sie versteht und wer sich ausmalt, wie etwa sie vollendet worden wären, lieber in eine Mappe legen und sie für sich betrachten, als sie an die Wand zu hängen. *BM; 227*

Die Ambivalenz, die in diesen zwei Zitaten zur Sprache kommt, kann man auf die Frage reduzieren, ob man es sich oder dem Werk zutraut, es zu ergänzen bzw. ergänzt zu werden. Kann also das Adornosche Werk um eine Ethik ergänzt werden, und wenn, — wie steht es mit den Kriterien (Treue, Phantasie, Schule und eigene Erfahrung), die Adorno als Bedingung der Ergänzung aufführt?

Die totale Empathie in das unvollendete Werk, selbst dort, wo dieses sich selbst untreu wird, ist die Essenz der aufgestellten Kriterien. Diese betreffen aber Musik-Werke; — ob sie auch für Philosophie und ähnliche Veranstaltungen zutreffen können, hängt davon ab, ob es einen umfassenden Werkbegriff gibt.

Jedes Werk hat einerseits eine relative Autonomie, — eine immanente Logik; andererseits auch eine Affinität zum Individuellen, Persönlichen, die gewissermaßen die Möglichkeit zum Bruch dieser Logik offen hält. Dort, wo das Werk sich selbst untreu wird, wo eine Abweichung vom Gesetz seiner autonomen (auch: anonymen) Eigen-Konstitution geschieht, ist der Einsatz des Individuellen, das gegenüber der immanenten Logik die Möglichkeit von Fehlern in sich birgt. Dieses Fehlerhafte ist aber wiederum konstitutiv für den Werkcharakter des Werkes selbst, sofern ein Werk Produkt eines Menschen ist. Ein Computer etwa kann Werke simulieren, solange diese eine absolute Eigengesetzlichkeit aufweisen; — versagt ist aber dem Computer die Simulation der Täuschung.[2] Konstitutiv ist die Täuschung aber nicht nur für ein Menschen-Werk sondern für das Lebendige schlechthin. Das ist auch in die neuere Anthropologie eingegangen[3], und insbesondere die Psychoanalyse behauptet ja ein Übergewicht von notwendigen Illusionen.

Was nur und durchaus stimmt, stimmt nicht. Das nichts als Stimmige, bar des zu Formenden, hört auf in sich etwas zu sein und artet zum Für anderes aus: das heißt akademische Glätte. Akademische Gebilde taugen nichts, weil die Momente, die ihre Logizität synthetisieren müßte, gar keinen Gegenimpuls hergeben, eigentlich gar nicht vorhanden sind. *ÄT; 281*

Das akademische Gebilde, halten wir das fest, ist nichts, oder bloß 'Für anderes', — also Funktion. Insofern 'taugt' es nichts. Es kann bei Adorno aber auch anders aussehen:

Was eine Funktion hat, ist ersetzlich; unersetzlich nur, was zu nichts taugt. *MS; 127*

Wir haben es wieder mit einer Ambivalenz zu tun, die die Frage nach der Ersetzbarkeit abhängig von dem macht, was man unter 'taugen' versteht.

Wird von einem Toten gesagt, er sei unersetzlich, so ist das meist nur ein Deckbild dafür, daß man ihn bereits ersetzt hat. (.....) Wahrhaft unersetzlich jedoch ist Wolfgang Steinecke.... *OL; 71*

...denn er hat gelebt, könnte man anschließen. Was nun diesen Wolfgang Steinecke[4] betrifft, so müßte man allerdings schließen, daß er, obwohl er hauptamtlich 'Organisator'[5] war, nur insofern unersetzlich gewesen ist, als er zu nichts taugte. Wenn es der Anteil des Funktionierens ist, welcher der Ersetzbarkeit anheim fällt, so muß an der Person, die nun 'wahrhaft unersetzlich' ist, etwas sein, was schlechterdings nicht funktioniert. Erst wenn sie in diesem Sinne nichts taugt, taugt sie in dem anderen Sinne.

Es ist die 'lebendige Erfahrung', die unersetzlich ist, und die außerdem nicht funktioniert. Sie ist der Gegenimpuls zur Logizität, den Adorno bei den akademischen Gebilden vermißt.

Jedes Buch, das etwas taugt, spielt mit seinem Leser. *NL; 350*

Die Bücher, die des Zitierens würdig sind, erheben permanenten Einspruch gegen das Zitat. *NL; 352*

Das Werk ist aber nicht 'lebendige Erfahrung', sondern Fixiertes, Totes. Wenn nun 'gute' Bücher dennoch etwa Evasives, Abstoßendes haben, so müssen sie, wie Adorno sagt, 'anthropologische Eigenschaften' (*NL; 346*) aufweisen. Anzunehmen ist, um ein recht abgegriffenes Wort aufzunehmen, daß jene 'lebendige Erfahrung', Signum des Individuellen, im Text, — also im Fixierten und Toten vermittelt ist. Aber was heißt das? — wie kann 'lebendige Erfahrung' vermittelt sein? Daß sie es kann, ist unabweisbar. Wenn Texte zur Interpretation offenstehen, so bedeutet dies, daß in ihnen etwas liegt, was zum Weitermachen auffordert. Dieser Mangel an Geschlossenheit, oder, wie wir es vorhin genannt haben: die Bruchstellen in der Logizität machen das Lesen zum Erlebnis, — zur lebendigen Angelegenheit. Die gängige Adorno-Interpretation etwa, soweit sie ihrem Gegenstand adäquat wird[6], will primär nachvollziehen. Es scheint, als ob das Phänomen der Adorno-Lektüre darin bestünde, daß der Leser vorderhand beeindruckt ist, — es aber nicht recht weiß, was ihm da geschah, und so gezwungen ist, den Inhalt wiederholend (und dabei wohl auch systematisierend) nachzuvollziehen.[7]

... und die Deckel eines jeden Buches, zwischen denen das Auge an den Text sich verliert, sind verwandt der Verheißung der camera obscura. *ÄT; 204*

Und weil diese Verheißung nicht eingelöst wird, — der Text mangelhaft ist, muß wiederholt werden. Im Gegensatz zur camera obscura, die Ruhe in das Ensemble des Lebendigen bringt, herrscht im Text eine gewisse Unruhe vor:

Das Wort knistern ist vielleicht die erträglichste Annäherung an das, was unter Schriftcharakter zu verstehen sei ... *MST III; 635*

Wenn es demnach so ist, daß, je mehr ein Text knistert, desto mehr Leben in ihm steckt, so wären die Texte Adornos voller Leben. Adorno war aber Theoretiker, — schrieb weder Romane noch Bekenntnisse, sondern eben nur Erkenntnisse nieder. Diese Dichotomie von Erkenntnissen und Bekenntnissen, von Tagebuch und Traktat betrifft aber nur den Gestus. Augustinus kann in seinen 'Bekenntnissen' auch nichts anderes, als Universal-Theorien aufstellen. Immer dann, wenn man sich hinsetzt und etwas aufschreibt, nimmt man von der 'lebendigen Erfahrung' Abstand und begibt sich in eine Position der Nachträglichkeit. Damit wird auch virtuell der Prozeß der Reflexion eingeleitet, denn in der Schrift reflektiert sich ein Leben: nimmt Gestalt an. Zwar kann so ein Leben auch auf vielerlei andere Weisen Gestalt annehmen, aber Buchstaben zu fabrizieren ist ein legitimer und in der abendländischen Kultur auch hervorragender Modus, dies zu ermöglichen. Der Schreiber beginnt sein Leben zu ersetzen, denn das Substitut, — die Schrift — hat ein längeres Leben als er selbst.

Adorno, so berichtet Tiedemann, hätte 'prinzipielle Vorbehalte gegenüber dem gesprochenen Wort' gehabt.[8] Seine Neigung zur Schrift, die er wohl mit den meisten Theoretikern teilte, ist nicht zu übersehen. So etwa seine Einwände gegen die 'freie Improvisation' im Jazz, aber auch in der Retrospektive:

Ohne Schrift keine hochorganisierte Musik; der historische Unterschied von Improvisitation und musica composita fällt qualitativ mit dem des Laxen und des verbindlich Artikulierten zusammen. *MST III; 632*

Die Verbindlichkeit, die die Schrift gewährleisten soll, besteht wohl darin, daß man Geschriebenes schlecht revidieren kann, daß es ein für allemal da-steht. Der 'Furie des Verschwindens' ist Einhalt geboten, denn verschwinden tun die flüchtigen Gedanken, vielleicht Augenblicke der Identität. Die taugen aber nichts, denn sie haben keine Geschichte und sind alles andere als verbindlich, denn es könnte ebenso gut eine Illusion gewesen sein. Die Geschichtslosigkeit des bloßen Wortes hat zur Folge, daß man sich in den Worten verlieren kann: daß, indem man sie ausspricht, nicht eigentlich weiß, daß man wirklich etwas gesagt hat. Adorno, in die unangenehme Lage gebracht, einen Vortrag halten zu müssen, gibt ein schönes Zeugnis von diesem Problem:

... dann wird man an uns als lebendige Menschen, als solche empirischen Subjekte denken wie wir in diesem Saal sitzen — beziehungsweise, wie ich in diesem Saal, Gott sei's geklagt, stehen muß, denn ich beneide Sie ein bißchen darum, daß Sie zuhören können und sich in Ruhe mit Gedanken beschäftigen, die man eigentlich in dem Augenblick schon gar nicht mehr richtig denkt und denen gegenüber man schon die Distanz verliert, indem man sie ausspricht. *PT II; 20*

Das empirische Subjekt, — darum geht es hier, ist nur empirisch, wenn es eine Spur hinterläßt. Wie kann man von einem 'lebendigen Menschen' denn wissen, ob er gelebt hat,wenn nicht durch eine Spur, die sein Leben hinterlassen hat. Wenn Adorno spricht, hinterläßt er (— falls nicht gerade mitstenographiert wurde) eigentlich keine Spur. Mit dem Schreiben ist es vielleicht wirklich so, daß es eine Lust evoziert, die vergleichbar ist mit der, wenn man durch Neuschnee schreitet und dabei Spuren hinterläßt.[9] Damit hat man nämlich schon Geschichte gemacht, denn der andere, der irgend-einmal auf diese Spur stößt, weiß, daß da etwas geschehen ist. Hat man es im Falle des Schnees mit Füßen zu tun, so kommt im Falle der Schrift die Dimension des Geistes hinzu:

Das Fixierte ist Zeichen, Funktion, nicht an sich; der Prozeß zwischen ihm und dem Geist ist die Geschichte der Werke. *ÄT; 288*

Wenn man nun auf Jemandes Spuren wandelt, so kann man diesen Spuren eigentlich nur gerecht werden, wenn man dieselbe Schuh-Größe hat. Früher, als es noch keine Schuhe gab, konnte von geübten Spuren-Lesern recht genau ausgemacht werden, welches Individuum da seine Spur hinterlassen hat. Die Füße, das weiß jeder Orthopäde, sind individuell geformt. Im Zeitalter der Schuhe hat man es aber mit einer Gattung, nämlich den Schuhen, zu tun, — und das Individuum verliert sich zu schnell in den Schuhen. Dieses Übel begleitet auch die Schrift. Buchstaben, Wörter und Sätze sind allgemein: Wenn ein Individuum sich darin ausdrücken will, muß es diese Allgemeinheit auf sich nehmen. Der individuelle Geist muß Gattung (Schrift) werden, und das korrumpiert ihn allzu leicht. In der 'Dialektik der Aufklärung' wird das Prinzip der Stellvertretung, das gleichzeitig den Anfang der abendländischen Geschichte (also der Geschichte überhaupt) bedeutet, so geschildert:

Wenn auch die Hirschkuh, die für die Tochter, das Lamm, das für den Erstgeborenen darzubringen war, noch eigene Qualitäten haben mußten, stellten sie doch bereits die Gattung vor. (... — und am schlechten Ende schlägt / r.s.) (...) Vertretbarkeit (...) um in universale Fungibilität. *DA; 13*

Wenn nun das Individuum nicht schreibt, so ist es geschichtslos, wenn es schreibt, droht ihm der Verlust seiner Authentizität. Wenn es aber angestrengt diese behaupten will, also möglichst gewissenhaft und präzise schreibt, so nimmt ihm das wiederum die Gattung (hier seine Mit-Menschen), in die es ja, um geschichtlich zu werden, aufgehen will, übel.

Man wird als Schriftsteller die Erfahrung machen, daß, je präziser, gewissenhafter, sachlich angemessener man sich ausdrückt, das literarische Resultat für umso schwerer verständlich gilt, während man, sobald man lax und verantwortungslos formuliert, mit einem gewissen Verständnis belohnt wird. *MM; 128*

Man schreibt ja schließlich für andere, — fürs Publikum oder eben für die Gattung. Man gibt sich dadurch ihr preis, — verliert sich als Individuum in sie, weil nur der Gattung die Geschichtlichkeit gegeben ist. Im Nachwort (1962) zu seinem 'Kierkegaard'-Buch, — einer 'frühen Schrift', tut Adorno so, als ob er schon gestorben, d.h. in die Gattung aufgegangen wäre (— durch dieses Buch):

Was an einer Produktion die Chance hat zu dauern und was nicht, ist der Meinung und dem Willen ihres Urhebers (— auch wenn er noch lebt wie Adorno /r.s.) entzogen. Maßt er sich die Entscheidung über Leben und Tod seiner Arbeiten an, so wird er an diesen schuldig; was etwa an ihnen taugt, ist eben das, was aus seinem personellen Verfügungsbereich sich abgelöst hat. *KI; 294*

Aber, und das ist der Vorteil, wenn man noch lebt, kann man ein korrigierendes Nachwort schreiben: — die Sache ins rechte Licht rücken. Wohlgemerkt! solange man noch lebt.

Man hat aber damit zu rechnen, daß man einmal kein Nachwort mehr schreiben kann, was dazu verleiten könnte, das Nachwort im aktuellen Text schon vorwegzunehmen. Mit diesem vorweggenommenen Nachwort könnte man getrost sterben, denn Nachworte schützen den Text gewissermaßen vor Fehl-Interpretationen, — vor dem Verlust seiner Authentizität im Lesen.

Der Sprache widerfährt ihr Unheil nicht bloß in ihren einzelnen Worten und ihrem syntaktischen Gefüge. Viele Wörter backen im Sog der Kommunikation, vor allem Sinn und wider ihn, in Klumpen sich zusammen. *E; 7*

Um den Text nicht 'verklumpen' zu lassen, müßte man möglichst alles sagen, was diese 'Verklumpung' verhindern kann: das heißt aber nichts weniger als der Gattung ihre schlechten Gewohnheiten austreiben. Ein Text eines Individuums kann sich eigentlich nur dann vor der lesenden Menschheit vollständig schützen, wenn er alles sagt. Die Wurzel des Mißverständnisses kann nur eine Auslassung im Text sein: dort, wo das lebendige Individuum seine 'lebendige Erfahrung' nicht vollständig der Gattung preisgeben kann. Die Macht der Mißverständnisse überrascht selbst Adorno:

Aber die gängigen Einwände (— auf seine Texte / r.s.) beruhen in solchem Maß auf Mißverständnissen, daß es selbst einen überrascht, der wie ich weiß, daß geistige Wirkung meist durchs Mißverständnis hindurch sich vollzieht. *QF; 384*

Die Auslassungen, die die Mißverständnisse evozieren, sind in letzter Instanz auf einen Mangel an Zeit zurückzuführen: Sowohl beim Schreiber, der nicht genug Zeit hat, alles zu schreiben, — als auch beim Leser, bei dem es noch unwahrscheinlicher ist, daß er genügend Zeit fürs Lesen, — für die richtige Interpretation aufbringt. Die 'beschränkte Ökonomie' der Schrift[10], — die Zeit-Einschränkung im Schreiben wie im Lesen, ist ein Problem der Gattung: ein gesellschaftliches Problem:

Wahre Interpretation bedarf (....) der Zeit- (...) verschwendung (...): die Uhr, welche die Minuten zählt, ist ihr Todfeind, und die sozialen Bedingungen, die legitim Zeitökonomie verlangen, bezeugen in ihrem Gegensatz zur Sache unmittelbar einen gesellschaftlichen Antagonismus. *GK; 390/391*

Man kann das ruhig erweitern und sagen, es seien auch die anthropologischen Bedingungen, welche 'legitim Zeitökonomie verlangen' — einfach indem man sich auch einmal ausschlafen muß. Der Schreiber muß also irgendwie mit der Zeit, die seinem Ansinnen, möglichst alles zu sagen, entgegensteht, zurechtkommen. Die Askese, die Adorno in seinem Nachwort zum 'Kierkegaard-Buch' empfiehlt, betrifft auch die Technik des Schreibens überhaupt. Man muß so tun, als ob die Zeit, die man zur Verfügung hat, schon um wäre, — als ob es schon vollständig wäre. Man schreibt gewissermaßen das Nachwort zu seinen Gedanken auf, und tut dabei so, als ob diese Gedanken schon vollständig wären: man abstrahiert. Dies ist dann die 'Eiswüste der Abstraktion, durch die man hindurch muß' (*ND; 9*). Abstrahieren tut man vom aktuellen Gedanken, indem man ihn als Gedachtes fixiert. Und das Wort von der Eiswüste bringt wieder die Idee des Todes nahe, — so als ob man im Schreiben stirbt, um Lebendiges ausdrücken zu können.

Erkenntnis hat kein Licht, als das von der Erlösung her auf die Welt scheint: alles andere erschöpft sich in der Nachkonstruktion und bleibt ein Stück Technik. *MM; 333*

Zumal, wenn man, wie im christlichen Abendland üblich, die Erlösung als den Tod denkt.

In der Schrift geschieht Mimesis; nach Adorno die Anpassung (Imitation) an das Tote. Es soll aber nur ein vorübergehender Tod sein, denn Grund der Veranstaltungen ist nach wie vor die Vermittlung des lebendigen Individuums in seiner Authentizität mit der Gattung.

Indem die Werke das Vergängliche — Leben — zur Dauer verhalten, vorm Tod erretten wollen, töten sie es. *ÄT; 202*

Man kann, wie Lichtenberg es in einem trefflichen Aphorismus ausdrückt, anstatt Werke zu schaffen auch Kinder zeugen[11], — aber genau betrachtet, hätte man damit auch nichts gewonnen, denn das Problem des vorgezogenen Todes, — auch in der Begattung, bleibt. Um hier Hegel zu zitieren: "wie einerseits das Erzeugen der Einzelheit, so andererseits das Aufheben derselben, ist somit mit sich zusammengehende Gattung, die für sich werdende Allgemeinheit der Idee. In der Begattung erstirbt die Unmittelbarkeit der lebendigen Individualität; der Tod dieses Lebens ist das Hervorgehen des Geistes."[12] --- kann man also sagen, daß der Schreiber mit diesem Problem nicht allein auf der Welt ist; — nur, — und damit ist der Schreiber nun wirklich allein, muß er diesem Umstand Rechnung tragen. Wie er dies tut, mag darüber entscheiden, ob er etwas taugt.

Der 'Post-Strukturalismus', — zu dem ja Adorno in neuerer Zeit eine 'erstaunliche Nähe' nachgesagt wird[13], drückt es mit Jacques Derrida[14] so aus: "Als Verhältnis des Subjekts zu seinem eigenen Tod ist dieses Werden (das Abwesend-Werden der Individualität in der Schrift bzw. die Elimination des Subjekts /r.s.) gerade die Begründung der Subjektivität auf allen Organisationsstufen des Lebens, das heißt der Ökonomie des Todes. Jedes Graphem ist seinem Wesen nach testamentarisch."[15]

Wenn Adorno Anleitungen zur Interpretation des Violinkonzertes von Berg gibt, — sich also zu einem Toten verhält, mit dem er sich zweifellos identifizieren konnte, so will er den toten Berg in seiner ehemaligen authentischen Individualität wieder auferstehen lassen. Diese Interpretationsanalyse als Versuch der Rekonstruktion des Lebendigen hat in der Stringenz etwas Absurdes. Die einzig mögliche und richtige Konsequenz nach dieser Interpretationsanalyse (falls man sie ernst nimmt) wäre, die Aufführung dieses Violinkonzertes ganz zu lassen. Wie, — mit einer Spur von Trotz, — wenn Adorno beweisen wollte, daß Authentizität nicht möglich sei, will er sogar das Fühlen des Interpreten einer Vorschrift unterstellen:

Zu fühlen ist es als unwillkürliches Auspendeln. (bezogen auf Takt 57/58 /r.s.)

GK; 352

Die Unmöglichkeit, aus Totem Lebendiges zu rekonstruieren, eigentlich eben die Unmöglichkeit, im Schreiben 'lebendige Erfahrung' zu vermitteln, ist dann 'Thema der Philosophie':

Ich meine, der Unterschied zwischen dem abstrakten allgemeinen Satz von Heidegger: 'Wenn wir sterben, bleibt eine Leiche zurück' und der Erfahrung, die der Medizinstudent in der Anatomie macht, wenn er an einer Leiche herumschneiden muß, ist eigentlich der Inhalt der Philosophie. *PT II; 181*

Obwohl Adorno wohl kaum die Erfahrung eines Medizinstudenten gemacht haben dürfte, so schneidet er ja doch in gewisser Weise, wenn er Berg in einer Interpretationsanalyse zu dessen Violinkonzert wieder auferstehen lassen will, an einer Leiche herum. Heideggers 'Sein zum Tode' als Bestimmung des eigentlichen Daseins ist Adorno zu abstrakt; — er vermutet darin eine Sublimation, denn das Zitat mit der Leiche geht so weiter:

Der Materialismus wäre die Philosophie, die das ungeschmälerte, das nichtsublimierte Bewußtsein des Todes in sich hineinnimmt; *PT II; 181/182*

Wenn der Tod zur Sublimation ansteht, so läßt sich annehmen, daß er etwas Grauenvolles ist; — sublimiert man ihn nicht, so heißt das wohl, daß man dem Grauen standhalten soll.

Wenn das Schreiben, — die Organisation des Subjektes in der Schrift nun kein 'Sein zum Tode' sein soll, — wenn der Tod im Schreiben zwar auf sich genommen wird, man sich aber dem gleichzeitigen Grauen davor nicht entzieht, — so muß das Schreiben zur Qual werden. Wenn man durch die 'Eiswüste der Abstraktion' hindurch muß, — warum verzichtet man dann nicht auf Abstraktion? -- und wenn:

Jedes behutsam vermiedene Zeichen (...) eine Reverenz (ist), welche die Schrift dem Laut darbringt, den sie erstickt. *NL; 113*

— warum verzichtet man dann nicht auf die Zeichen, aufs Schreiben?

Der Medizin-Student nimmt das Grauen angesichts einer Leiche auf sich, um Mediziner zu werden. Die Medizin (ob das nun eine Illusion ist oder nicht — sicherlich ist es eine) lebt vom Telos der Herrschaft über den Tod. Der Medizin-Student zerschneidet also im äußersten Sinne deswegen Leichen, damit es irgendwann-einmal keine Leichen mehr gibt. Auch der Schreiber schreibt, damit es einmal nichts mehr zu schreiben gibt. Wieder hat es Lichtenberg trefflich erfaßt: "Ich bin überzeugt, daß alles gut sein wird an dem Tag, wenn die Geschichte ihre Bücher schließt, aber wer kann mir verdenken, wenn ich auch zuweilen meinen Baß in diesem Konzert brumme?"[16]. Nach Adorno geht der 'philosophische Eingriff' (— also das Schreiben, — empirisch gesehen) einher:

... mit der Perspektive, daß die von außen mobilisierten Kräfte, am Ende jede an die Phänomene herangebrachte Theorie in jenen zur Ruhe komme. Auch insofern meint philosophische Theorie ihr eigenes Ende. *ND; 39*

'Wenn wir schreiben', so läßt sich in Anschluß an Heidegger formulieren, 'bleibt ein Text zurück'. Im Text kommt die Theorie zur Ruhe, antizipiert ihr Ende. Da es aber keinen einmaligen Text gibt, so wird das Ende gewissermaßen aufgeschoben. Wenn einer lebt, dann tut er das im Normalfall mit seinem Körper; — dieser Körper antizipiert die Leiche. So ist auch die Leiche im Körper aufgeschoben. Was den Körper angeht, so hat man im Laufe der Geschichte bedeutende Sublimationen vollbracht, deren bedeutendste wohl die christliche Lehre von der Auferstehung ist. Diese besagt, daß man eben nicht durch den Körper allein lebt, sondern auch vom Wort Gottes: — daß man also nicht nur eine wandelnde Leiche ist. Dadurch wird aber der Körper diskreditiert: mit anderen Worten die Lust. Die Sublimation besteht genau darin, daß wenn man zu sehr, so lange man lebt, mit dem Körper lebt, — die Erfahrung der aufgeschobenen Leiche im Körper vielleicht zu oft macht. Es ist das 'Grauen' des Medizin-Studenten, — und deswegen sah es auch die Kirche nicht gerne, wenn man an Leichen herumschneidet. Die Sublimation, — eigentlich recht nützlich, — taugt am Ende doch nichts, weil:

Sigmund Freud hat übrigens bereits bemerkt, daß dies im allgemeinen zu einem leeren Versprechen führe, daß man für die Lust, die man vertagt, das Glück, das man dafür bekommen soll, im allgemeinen nicht erhält. *PT II; 179*

Die Auferstehung des Wortes aus dem Text; nun, damit verhält es sich recht ähnlich. Die Hoffnung, daß der Text eben nicht nur Text sei, sondern daß am Ende ein lebendiges Wort sich darin offenbaren wird — vielleicht auch die Sachen selbst, verleitet ebenfalls zur Sublimation, die dann darin besteht, die 'Eiswüste der Abstraktion' zu durchschreiten, um am Ende der Eiswüste wieder zum lebendigen Wort zu finden.

...; weil ich überhaupt das Kriterium der zeitlosen und ewigen Gültigkeit von Sätzen nicht für das oberste Kriterium ihrer Wahrheit halte. Es steckt in diesem Moment der Herabsetzung sinnlicher Erkenntnis freilich auch eine Art von asketisch metaphysischem Pathos, die Geringschätzung der realen Existenz, vor allem eine bestimmte Art der Geringschätzung des Glücks. *PT II; 154*

Abstraktion kommt dann zustande, wenn man vorab auf Wahrheit zielt, wenn man nicht die Geduld aufbringt, die Nichtigkeiten des Konkreten zu durchschreiten. Wenn man sich aufs Konkrete einläßt, weiß man ja nie, wozu das gut sein soll, — zu welchem Ende es führt. Allerdings ist das Einlassen aufs Konkrete nach Adorno auch mit der Erfahrung von Glück verbunden; — genau wie das körperliche Leben mit Lust. Aber, und hier taucht ein leidiges altes Problem auf: 'Lust will Ewigkeit'. Daß 'die Theorie in den Phänomen zur Ruhe kommen will', besagt nichts anderes, als daß das Glück von Erkenntnis genau so lange dauern will, wie die Phänomene selbst: also ewig. Die Lust, die

Ewigkeit will, verweist das Individuum auf seine widersprüchliche Konstitution, — generiert sich somit zum anthropologischen Problem per se. Weil es sie weiß, — sie überdauert, hat es Einsicht in die Vergänglichkeit von Lust. Lust zu fixieren ist kein Ausweg, denn durch die Feststellung der Lust wird diese deformiert. Wenn Adorno vorhin vom Glück im Zusammenhang mit 'sinnlicher Erkenntnis' sprach, so impliziert dies, daß dieses Glück ebenso vergänglich ist wie die Sinnlichkeit. Und nicht umsonst ist das 'Erkennen' in der biblischen Metaphorik Ausdruck für die geschlechtliche Vereinigung; — also nominal für die Lust. Wenn diese 'sinnliche Erkenntnis' durch Schrift fixiert wird, so unterliegt sie einer Deformation:

Daß die Medien als écriture sich aufeinander zu bewegen, ist motiviert von deren eigener Bestimmung als Abweichung. Zur Schrift werden sie, (...) durch 'déformation'.

MST III; 640

Eine Illusion, welche Movens und Ursprung der Sublimation ist; — eine Illusion ist es zu glauben, daß Lust und Ewigkeit an einem guten Ende identisch werden. Diese Illusion ist ausgetragen in der (positiven) Dialektik. Der Geist bei Hegel, — an sich ewig, — steigt zu den Gefilden der Sinnlichkeit herab, um dann, nach diversen Abenteuern, — die allesamt in der 'Logik' aufgezeichnet sind, zum reinen Äther zurückzukehren, — beladen mit allen möglichen Sinnlichkeiten. Die Gefechte, die der Geist mit der Sinnlichkeit ficht, sind nach Adorno bloße Scheingefechte:

Der Geist gewinnt seine Schlacht gegen den nicht vorhandenen Feind. *ND; 49*

Man kann es in der 'Logik' nachlesen: der Geist gewinnt wirklich alle Schlachten, und am Schluß sogar die Schlacht gegen das Leben selbst. Die Abwesenheit des 'wirklichen' Feindes besteht darin, daß es dem Geist vorgegeben ist, zu sich selbst als einem Absoluten zurückzukehren. Mithin wird er aber nie lebendig (nie identisch mit dem Leben, und gerade in dieser Identität würde die wirkliche Schlacht liegen) — denn Leben bedeutet Vergänglichkeit. Der Geist bei Hegel ist ja schon am Ende, d.h. er ist zeitlos. Er läßt dem Leben als einem Vergänglichen an sich keine Chance, — er entzieht sich dem Leben, indem er sich nur mit dessen 'Zweck' einläßt. Dies ist der Übergang vom Guten in das Wahre.[17] Die 'Logik' stellt sich als heiliger Text vor, der den Sündenfall ins Sinnliche je schon eingeplant hat. Diese Art von Selbstgerechtigkeit ist es, was Adorno dem Hegelschen Geist ankreidet.

Die Philosophie Bergsons, mehr noch der Roman Prousts hingen ihr (— der 'geistigen Erfahrung' /r.s.) nach, nur ihrerseits unterm Bann von Unmittelbarkeit, aus Abscheu vor jener bürgerlichen Zeitlosigkeit, die mit der Mechanik des Begriffs die Abschaffung des Lebens vorwegnimmt. Die Methexis der Philosophie an der Tradition wäre aber einzig deren bestimmte Verneinung. Sie wird gestiftet von den Texten, die sie kritisiert. (...). Das rechtfertigt den Übergang von Philosophie an Deutung, die weder das Gedeutete noch das Symbol zum Absoluten erhöht, sondern, was wahr sei, dort sucht, wo der Gedanke das unwiederbringliche Urbild heiliger Texte säkularisiert. *ND; 64*

Wie kann nun ein Gedanke Text werden, ohne sich an das Urbild des heiligen Textes zu halten; oder analog: Wie kann man philosophieren, ohne daß man die Bewegung der Hegelschen 'Logik' nachvollzieht?

Man müßte ein Ende des Textes finden, welches dem Lebendigen sein Recht beläßt: der Geist muß am Leben einhalten. Das wäre eine gute und billige Lösung. Nun ist es aber mit dem Schreiben so, daß es ja nicht nur ein anthropologisches Problem zwischen Lust und Ewigkeit ist, sondern die Lust selbst hat ja eine soziale Verfassung: d.h. das anthropologische Problem ist zugleich ein gesellschaftliches Problem. Wenn man nun das Ende 'wählt', das vor dem Leben der Gattung stehen bleibt, — also dem tatsächlichen und empirischen Leben sein volles Recht geben will, so nimmt man in Kauf, daß dieses Ende ein schlechtes ist. Man weiß ja, daß der Zustand der Gattung und des Lebens ausgesprochen schlecht ist, — was gerade Adorno in seinen 'Minima Moralia' ausgiebig thematisiert hat. Wenn also der Geist dort stehenbleibt, wird er zum Ungeist: im modernen Sprachgebrauch zur 'Ideologie'. Man sollte sich da durch-lavieren: mit den Klippen beiderseits zu 'Recht' kommen. Das geht nur, wenn man wechselseitige Verkürzungen vornimmt: die Verkürzung an der Empirie, — am Leben, um sich der Empathie ins 'Schlechte' zu enthalten; — die Verkürzung am Anspruch der Wahrheit, um das Leben nicht zu vergessen. Nimmt man diese Verkürzungen vor, so hat man ein Ende gesetzt, und sich gleichzeitig als Subjekt (— als negatives) konstituiert.

Die Verkürzung darf nicht mit einem Aufschub verwechselt werden, denn der Aufschub verlangt nach einem Nachtrag: etwa in Form einer 'Letzt-Begründung', warum man hier und dort verkürzt hat. Dieses wäre eine Rechenschaft über das Werk: die Verkürzungen, die man bewerkstelligt hat, aufzuholen. Dieser Rechenschaftsbericht, den wir 'Ethik' nennen wollen, kann eigentlich nicht stattfinden, denn die wirkliche Verkürzung, — der Tod, läßt sich nicht mehr rechtfertigen. (Es sei denn, man könnte wirklich einmal vor das 'jüngste Gericht' treten und eine totale Rechenschaft ablegen, aber diese wäre dann überflüssig, denn dem 'jüngsten Gericht' dürften ja alle Fakten bekannt sein.)

Im Werk Adornos steht also zwangsläufig etwas aus: ein Rechenschaftsbericht. Daß Adorno gegen Ende (seines Lebens) noch eine 'Ethik' schreiben wollte, zeugt davon, daß er zu einem wirklichen Ende gelangen wollte. Wenn wir hier nun das Adornosche Werk um diesen Rechenschaftsbericht ergänzen wollen, so nennen wir dies eben aus gutem Grunde eine 'Ethik'.

Am Ende gibt es keine Nachträglichkeit mehr: wirkliches Ende meint die Versöhnung des Gedachten bzw. Geschriebenen mit dem, was es aufgeschoben hat. Jenes Ende zu konstruieren, ist das Anliegen der gesamten Philosophie; — allein, das sagt wenig über die Philosophie aus. Vielleicht zeigt das bloß die Möglichkeit einer Metaphysik auf, die darin besteht, voreilig eines Endes sich zu bemächtigen. Dagegen steht das Bild einer

Philosophie, die nichts anderes ist, als der Gedanke, der sich nicht abbremsen läßt ...
ÄT; 391

Aber gerade die Geschichte der Philosophie hat doch gezeigt, daß philosophisches Denken immer schon bestrebt war, sich zu einem Ende hin 'abzubremsen'. Der Gedanke, der sich wirklich nicht abbremsen läßt, findet sich allein im diskursiven Verhalten 3-6jähriger Kinder, die auf jede Antwort souverän mit einem erneuten: 'Warum' reagieren. Im Falle des Kindes ist es ein Ende, das von außen kommt: der gefragte (und geplagte) Erwachsene verweigert irgendeinmal die Auskunft und behauptet, daß es nun mal schlechterdings so sei. Philosophisch gesehen, betreibt er damit Ontologie, — 'menschlich' gesehen ist er am Ende seiner Kraft. Dennoch ist dies die wesentliche Struktur pädagogischer Gewalt, denn das Kind erfährt das Ende seines Diskurses als ein Ihm-Zustoßendes, als eine externe Regel des Aufhörens. Auch Adorno hat die erfahren:

Die letzte Auskunft diskursiven Denkens bleibt das Tabu über der Antwort. *ÄT; 193*

Was den gängigen Philosophen vom Kind unterscheidet, ist dies, daß er das Tabu über der Antwort in ein Tabu über die Frage transformiert, und sich so das Aufhören der Antwort ersparen kann. Das nimmt das mögliche, von außen kommende Ende vorweg und macht damit auch die mögliche Antwort vernünftig. Bei Wittgenstein ist von diesem immanenten Ende ein Lied gesungen: Die Apotheose des 'Tractatus' verbietet eine Frage und kann mit diesem Verbot aufhören. Das diskursive Denken hat sein Modell am Spiel um Frage und Antwort. Die Position der Frage ist hierbei latent (beim Kind manifest) unendlich: zu denken ist sie als eine Iteration durch sämtliche Meta-Instanzen. So ist die Frage nach dem Grund des Namens das Paradigma der Frage schlechthin. Transzendiert wird der 'absolute Vokativ'[18], weil man diese Frage nur durch die Substitution des Namens beantworten kann. Wenn man allerdings das Substitut wiederum als Namen setzt, ergibt sich die Iteration. Heidegger etwa beginnt seine Fundamentalontologie mit der Auszeichnung des Daseins vor allen anderen Seinsweisen von Seiendem durch die Position der Frage.[19] Dieses zu behaupten ist relativ unproblematisch; problematisch wird das, was daraus folgen soll. Daß die Menge der Fragen, auf die Menge der Antworten abgebildet, keine Isomorphie ergibt, führt zu der Feststellung, daß es einen Überschuß an Fragen gibt. Will man in Frieden leben, so muß dieser Überschuß verdrängt werden bzw. bewiesen werden, daß er einer Aporetik gleichkommt. Zum Beispiel indem man darauf verweist, daß Frage und Antwort aus demselben Material gemacht sind: nämlich aus Begriffen. Mithin kann das, was der Begriff am Phänomen notwendig offen läßt, nicht wiederum durch den Begriff geschlossen werden. Das, was der Begriff offen läßt, ist die vollständige Induktion seiner nominellen Verfassung. Das hat etwa auch Kant demonstriert, indem er mögliche Gottesbeweise als a priori antinomisch aufgezeigt hat.[20] Andererseits leitet diese nominelle Verfassung des Begriffs aber virtuell die Reflexion ein:

Der Hegelsche Satz, die Eule der Minerva beginne am Abend ihren Flug, bewährt in der Geschichte des Geistes sich daran, daß der Gedanke sich auf Begriffe zu konzentrieren pflegt, wenn sie, wie man so sagt, problematisch geworden sind; wenn ihnen nicht mehr angemessen ist, was sie bezeichnen ... *DI; 120*

Es war aber nie unproblematisch:

Die meinende Sprache möchte das Absolute vermittelt sagen, und es entgleitet ihr in jeder einzelnen Intention, läßt eine jede als endlich hinter sich zurück. (...) Sprachähnlich zeigt Musik am Ende nochmals sich darin, daß sie als scheiternde gleich der meinenden Sprache auf die Irrfahrt der unendlichen Vermittlung geschickt wird, um das Unmögliche heimzubringen. *QF; 254*

Wenn nun der Flug der Eule der Minerva eine 'Irrfahrt' ist, so zielt das auf ein initiales Scheitern von Sprache gemessen an der Absolutheit ihrer Intention. Was implizit ausgesagt wird, ist, daß die 'einzelnen Intentionen', die Gedanken zur Endlichkeit gezwungen werden. Der Zwang besteht im Verweis auf die nominelle Verfassung der Begriffe. Andererseits beruft sich das Zitat mit der Eule auf einen vorgängig versöhnten Zustand von Sprache, in dem ein solcher Verweis noch nicht nötig war: die Eule der Minerva noch nicht zu jener 'Irrfahrt' gezwungen war.

Der Nominalismus in der Philosophie hat dann versucht, dieser Eule die Flügel zu stutzen, — die Grenzen der Vernunft am Nomen zu behaupten. Der strukturale Modus dessen ist von verschiedenen Seiten recht stringent aufgeklärt worden; — Dialektiker, Hermeneutiker, Linguisten und ein ganzer Haufen analytischer Philosophen kommen in der Untersuchung dieses Phänomens zu Resultaten, in denen ein eifriger Epistemologe nur Analogien entdecken kann. Entscheidend ist aber, — ob man einwilligt, indem man daraus Ontologien oder analytische A-prioris, vielleicht aber auch ein transzendentales Funktionsmodell des Geistes macht.

Verdrängt hierbei wird nämlich die Tatsache, daß diese 'Empathie' nicht freiwillig geschah, sondern erzwungenermaßen. Die Empathie zeitigt sich konkret darin, daß der Zwang sanktioniert wird. Zwang sanktionieren heißt aber auch Zwang vergessen:

Brechts barbarisch-futuristisches Verlangen, der Geist müsse vieles vergessen ...

MS; 184

Genau genommen wird hier nicht das Vergessen kritisiert als vielmehr das Verlangen danach; — warum dieses Verlangen aber 'barbarisch-futuristisch' sein soll, bleibt vorerst unklar. Daß der Geist (— als solcher) objektiv vergessen muß, um überhaupt walten zu können, ist, seitdem Freud die Faktizität eines Unbewußten einigermaßen plausibel machen konnte, weithin unbestritten. Nur heißt das eben für Adorno noch lange nicht, daß man sich darein fügt. Eruierbare Strukturen von Objektivität haben dadurch noch nichts Verpflichtendes, — nichts Gültiges, — eben weil sie eruierbar sind. Die Verinnerlichung 'erkannter' Objektivität (— besser wäre es von 'benannter' zu sprechen) entschärft jene in einer falschen Versöhnung: das Ende des Denkens, das an dieser Objektivität statt-haben soll, muß einem extern, — im unsublimierten Bewußtsein des Zwanges zustoßen. Mögliche Objektivität (— und das ist der 'Hintergedanke' dabei) wird, indem das Ende vorgezogen und als konstitutives des eigenen Denkens deklariert wird, nivelliert. Hier findet auch der Einsatz von Ideologiekritik statt, deren wesentlicher Topos bei Adorno die Kritik an der Ontologie ist:

Stillschweigend wird Ontologie verstanden als Bereitschaft, eine heteronome, der *Rechtfertigung* vorm Bewußtsein enthobene Ordnung zu sanktionieren. (von mir hervorgehoben / r.s.)

ND; 69

Sanktionieren: Heilig-Sprechen; — hier also wieder die Tabuisierung der Frage nach der 'göttlichen Ordnung', die dem Bewußtsein ja schlechterdings 'heteronom' ist. Auch gerade weil sie 'hetero-Nom' ist, entzieht sie sich dem Bewußtsein, das, so gesetzt, von der nominellen Verfassung seiner Begriffe abhängig ist.

Ende also, falls es gesetzt, bedeutet falsches Ende; — falsche Versöhnung auf Kosten des Vergessenen und Aufgeschobenen. Wie schwierig es mit dem richtigen 'Aufhören' ist, zeigt sich auch in der Musik:

> Seit dem Ende der Tonalität und der mit ihr verwachsenen Formtypen wird es, ähnlich wie im Drama, zur schwierigsten Frage, wie zu schließen sei. Das Schema garantiert kein verbindliches Ende mehr, und über dem rein aus der kompositorischen Einzelsituation gefolgerten Aufhören liegt fast stets der Schatten des Zufalls, so als ob es abbräche und ebensogut weitergehen könnte. *BB; 134*

Adorno weiß aber auch, wie ein wirkliches Ende (in der Musik) auszusehen hätte; — gefunden hat er es bei Berg:

> Ein Instrument schweigt nach dem anderen. Die Bratsche ist allein übrig, und ihr wird nicht einmal das Verlöschen, nicht einmal der Tod zugestanden. Sie muß spielen für immer; nur wir sind es, die sie nicht mehr vernehmen. *BB; 146*

Der schlechte Zufall des Endes, — diese Art rücksichtsloser und rückhaltloser Willkür, könnte also substituiert werden durch eine Konstruktion des imaginären 'Nicht-Aufhören-Könnens'. Daß 'wir' trotzdem irgendwo aufhören müssen mit dem 'Vernehmen', liegt wohl daran, daß uns 'der Tod zugestanden wird'. Entscheidend ist das Bewußtsein darüber, daß wir es sind, die aufhören, und daß es in Wirklichkeit weitergeht. Wir vergessen einfach, wenn wir den Konzertsaal verlassen, daß da eine Bratsche ist, die immer weiterspielen muß. Das liegt wohl in letzter Konsequenz an unserer physischen Erschöpfbarkeit: wir wären sowieso eingeschlafen, und hätten vielleicht ein wirkliches Ende versäumt. Was für die Bratsche gilt, gilt auch für die Philosophie: Sie muß weitergehen, weil da etwas versäumt worden ist (*ND; 15*).

Daß das wirkliche Ende versäumt worden ist, sabotiert den Neuanfang. Man kann, wenn das Alte noch nicht aufgehört hat, nicht etwas Besseres als dieses Alte machen. Es geht um das Fortschreiten, — um den Fortschritt, der einen Punkt braucht, von dem aus man weitermachen könnte. Wenn man einen Strich unter ewas zieht, summarisch also das Gute und das Böse oberhalb dieses Striches aneinander neutralisiert, so wehrt man damit das Gute und das Böse gleichermaßen ab. Die Motive, das Böse abzuwehren, haben ein Moment der Legitimität an sich (vergl. *SOZ II; 161-163*), denn sollte man der Menschheit das Bewußtsein vergangener Katastrophen aufzwingen? Aber wenn man das Böse abwehrt, so hat man keine Chance, es jemals wieder aufzuarbeiten — es wirklich zu beenden. Die Fortdauer des Unrechts wird gerade durch das Vergessen gewährleistet. Und darum ist das Brechtsche Verlangen (s.o.) auch 'barbarisch-futuristisch': Futuristisch, weil man mit diesem Vergessen einen Fortschritt erzwingen will; — barbarisch, weil im Vergessen die Fortdauer angelegt ist, und eben weil diese Fortdauer das vermeintlich fortschreitende Subjekt in seinem Bann behält. So terminiert die Psychoanalyse als Fortschritt das 'Erinnern' an das Trauma, — das Erinnern ans Böse, — während, um die Analogie zu vervollständigen, die Lern-Therapie das Vergessen propagiert. Der Bann des Vergessenen, — die Transzendenz des Verschwundenen macht den erhofften Fortschritt regressiv:

Kein ästhetischer Fortschritt ohne ein Vergessen, keiner darum ohne jegliche Regression. *ÄT;312*

Man kann, — und das ist ein weiterer Einwand Adornos gegen das Vergessen, nicht selektiv vergessen, sondern nur eben summarisch: Vergißt man die kindlichen Traumata, so vergißt man auch die kindlichen Glückserfahrungen. So heißt es über die 'Regression im Hören':

... die masochistische Verhöhnung des eigenen Wunsches nach dem verlorenen Glück, oder die Kompromittierung des Glücksverlangens selber durch Retrovertierung in eine Kindheit, deren Unerreichbarkeit für die Unerreichbarkeit der Freude zeugt — das ist die spezifische Leistung des neuen Hörens, und nichts, was ans Ohr schlägt, bleibt von diesem Schema der Aneignung verschont. *DI;30*

Mit den Traumata vergißt man also das Glück, — die Freude. Will man die Freude, so muß man sich erinnern können, und dann taucht zwangsläufig auch allerhand Unschönes auf. Warum aber, so könnte man einwerfen, muß Glück erinnert werden? — warum kann man es nicht einfach neu konstruieren, neu erschaffen. Dazu allerdings muß man sich eine 'unformulierte Kantsche Frage' stellen:

Wie ist ein Neues überhaupt möglich? *PRI; 110*

Und man kann auch gleich mit Adorno die Antwort darauf geben:

Nur wo das Gewesene stark genug ist, um die Kräfte des Subjekts zu formen und zugleich ihnen sich entgegenzusetzen, scheint die Produktion des noch nicht Gewesenen möglich. Konstruktivismus und Glashäuser sind nur in Wärme und psychologisch geschützten Wohnungen zu konzipieren; und das ist nicht bloß wörtlich gemeint. *SOZ I; 136*

Wenn so ein Subjekt sich ein Glück zusammen-konstruieren will, so ist es abhängig von der 'Stärke des Gewesenen': — also vom Eindruck, den das Gewesene bei ihm hinterlassen hat. Um zu wissen, was es konstruieren muß, wenn es Glück konstruieren will, muß es auch wissen, was Unglück ist. Nicht nur dem Subjekt geht es so, — auch die Chronik der Subjektivität, — die Kunst muß diese Dialektik mitmachen:

Selbst in einer legendären besseren Zukunft dürfte Kunst die Erinnerung ans akkumulierte Grauen nicht verleugnen; *ÄT; 479*

Denn zu einer, — und sei sie auch noch so legendär, — besseren Zukunft kann nur Erfahrung motivieren. Diese gibt, wenn sie glücklich war, ein 'Leitbild' ab. Nun hat Adorno ein Büchlein in die Welt gesetzt, das sich den Titel 'ohne Leitbild' zugeeignet hat, — obwohl darinnen ständig mögliche Leitbilder zitiert werden. Das sieht dann so aus:

Einladung bei einem überaus liebenswürdigen italienischen Diplomaten, in ganz kleinem Kreis. Wir wurden in einem Traumzimmer empfangen. Aber es war keines im Sinne der Phrase: traumhaft schön, sondern buchstäblich so, wie ich es immer wieder in Träumen, als Kinderbild der Sehnsucht, sehe, ohne es mir wach je zu wünschen: groß, ganz mit roter Seide bespannt, etwas dämmrig, alles in sich vereinend, was die Sachlichkeit einem austrieb und was ins Unbewußte sich flüchtete, Noblesse, die man als Kind sich zusammenphantasiert und die dann die Welt, auch die große, nie einlöst. Dem fügte das Gespräch ohne Bruch sich ein. Man muß altern, damit die Kindheit, und die Träume, die sie hinterließ, sich verwirklichen zu spät. *OL; 163/164*

Fast wäre dies, dieses 'dämmrige Zimmer' ein Leitbild geworden, wenn nicht am Schluß des Absatzes 'zu spät' stehen würde. Der Kindertraum hat sich nicht verwirklicht, weil diese Verwirklichung 'zu spät' kam, — damals versäumt wurde. Adorno erinnert sich nicht nur seiner Kinderträume, — er erinnert sich auch, daß es so einfach nicht mehr geht. Nichtsdestoweniger berühren solche Erinnerungen, — sind rührend. Solches begegnet einem oft, — nämlich die Spuren versäumten Glücks. Geht man diesen Spuren nach, so betrügt man sich darüber, daß es eben nur Spuren inmitten einer 'durch und durch verhärteten Welt' sind. Man hat besseres zu tun als den Spuren verlorenen Glücks nachzugehen. Adornos Vorliebe für Prousts 'Suche nach der verlorenen Zeit', die so stark ist, daß er

... nicht als Kritiker reden kann. Proust ist seit dreißig Jahren viel zu sehr ein Element meiner eigenen geistigen Existenz, als daß ich Distanz dazu hätte... *NL; 670*

Diese Vorliebe also ergibt sich aus einer gewissen Komplementarität: Proust fabriziert Sentenzen von rührenden Geschichten, in denen er die Spur des Glücks verfolgt. Die Exposition der 'recherche' mit der Madeleine und dem Lindenblütentee[21] ist wohl ein Analogon zu Adornos 'dämmrigem Zimmer'. Nur Proust setzt sich dann hin und schreibt einen Roman und vergißt buchstäblich die (schlechte) Welt[22], — während Adorno 'zu spät' sagt. Wenn es um Proust geht, so kann

Adorno an ihm formulieren, was einer Revision seines Mottos, daß nur 'die Verzweiflung retten könne'[23], gleichkommt. Wie problematisch es mit der Verzweiflung wirklich ist, zeigt sich dann eben bei Proust:

Wären einem ihre Implikationen in jedem Augenblick bewußt (— gemeint ist die Implikation des Schlechten in den "rührenden Erfahrungen" / r.s.), man müßte so gründlich an der Welt verzweifeln, und dem, was aus einem selbst in ihr geworden ist, daß einem die Lust, wahrscheinlich auch die Kraft verginge, weiter mitzuspielen. *NL; 673*

Proust hätte dagegen 'Techniken' entwickelt, sich solcher Implikationen nicht bewußt zu werden. Darum beneidet ihn Adorno. Wie kann aber dieser Modus der Naivität 'Element der geistigen Existenz' Adornos sein, wenn dieser die Implikation des Schlechten universalisiert?:

Es gibt nichts Harmloses mehr. *IM; 70* und *MM; 21*

Das ist kategorisch. Sprüche sind immer kategorisch; — sie summieren Erfahrungen hin zu einem Urteil, das dann, transzendental umformuliert, so aussehen würde: 'Es gibt keine Bedingungen der Möglichkeit für Harmloses mehr'. Die Bedingung der Möglichkeit ist in solch kategorischem Urteil verobjektiviert; — die sensible, sensorisch-subjektive Seite erhebt ständig Einspruch: man will nämlich Harmloses erfahren. Man erfährt es auch, — lebt in diesem Moment inadäquat, — und kann hinterher sagen, daß diese Erfahrung nicht gilt. Daraus ergibt sich, wenn man es fassen will, etwas sehr Subtiles, das sich dann so anhört:

Die Schwermut des Abends ist nicht die Stimmung dessen, der sie fühlt, aber sie ergreift nur den, der so sehr sich differenziert hat, so sehr Subjekt wurde, daß er nicht blind ist gegen sie. *ÄT; 397*

Es sind die Fallen des Gefühls, die Fallen des Schönen, denen begegnet werden muß. Adorno tut dies mit einer Kategorie des Verdachts. Indem man sich gegenüber seiner eigenen Schwermut differenziert, verdächtigt man sie. Man kann sie dann nicht mehr fühlen (denn man hat sich als Subjekt, — als Macht des Negativen mithin konstituiert), aber sie kann einen noch 'ergreifen'. Wie das?

Der Verdacht als Kategorie ist paranoisch, — zumindest mutet es so an.

Das Nachlassen der Anstrengung, das Entlasten, bedeutet immer ein Übergewicht von Totem, nicht durchs Subjekt Hindurchgegangenem, äußerlich Dinghaftem ...

IM; 105

Die sprichwörtliche 'Spitzfindigkeit der Paranoiker', ihre schon nosologisch akzeptierte 'Intelligenz'[24] führt zu einer Nachbarschaft zum Intellektuellen:

Für den Intellektuellen ist unverbrüchliche Einsamkeit die einzige Gestalt, in der er Solidarität etwa noch zu bewähren vermag. *Alles* Mitmachen, alle Menschlichkeit von Umgang und Teilhabe ist bloße Maske (...) (von mir hervorgehoben / r.s.) *MM; 22*

Der Paranoiker ist Gefangener seiner eigenen Verdächtigungen, — verzweifelt daran, und ist eben in den meisten Fällen nicht mehr zu retten. Für Adorno ist der Verdacht, das unterstellen wir ihm, eine Kategorie, aber, und das unterscheidet ihn von einem Paranoiker, der Verdacht ist wörtlich gemeint.

In der 'positiven Rechtsprechung' ergibt ein Verdacht noch kein Urteil: — er muß erst 'erhärtet' werden. Das eigentliche Urteil zielt immer auf einen mehr oder minder fiktiven Beweis der Schuld. Wenn man 'Verdacht' wörtlich nimmt, so nimmt sich die kategoriale Anschauung, die darin impliziert ist, zugunsten eines empirischen Beweisverfahrens zurück. Diese Zurücknahme der kategorialen Anschauung fehlt dem Paranoiker. Daraus ergibt sich aber noch kein qualitatives Unterscheidungskriterium zwischen manchen Theoriegebäuden und dem Wahn. Daß der Theoretiker, der diese Gebäude fabrizierte, meist jenem doch entgeht, liegt vermutlich daran, daß er abweicht von seinem Konstrukt; d.h. daß der Theoretiker in seinem theoretischen und praktischen Alltag meist nicht seine Theorie referiert, und in dieser Abweichung die Nicht-Totalität seiner Welt-Konstruktion zwangsläufig erfährt.

So etwa trägt die 'Phänomenologie' Husserls nicht verkennbare paranoische Züge. Wäre Husserl wirklich ein selbstkonstituiertes Ego, so wäre er zweifellos verrückt. Husserl will zweifeln und spricht mit Descartes einen universalen Verdacht aus, der sogar, über Descartes hinaus, das Ego selbst verdächtigt.[25] Übrig bleibt der Verdacht selbst, — die kategoriale Anschauung, aus der Husserl eine Welt konstruieren will. Diese Welt bleibt, so Adorno, eine private Welt, denn die 'epoché' ist nicht-diskursiv:

Phänomenologie notiert, vorläufig und unzulänglich, das Ende der Diskussion.
ME; 212

Das liegt daran, daß sie sich, wie im Wahn, beständig etwas vormacht; — nämlich den Verdacht schon stets als erfüllt wähnt.

Der Charakter der Unmittelbarkeit, den er (Husserl / r.s.) dem »Gewahrwerden des Sachverhaltes« unterschiebt, ist kein anderer als die Unmittelbarkeit des Urteilvollzugs. *ME; 208*

Husserls Annahme einer 'durchgehenden Parallelität zwischen der Intention und ihrer Erfüllung' (*ME; 208*) manifestiert den Wahn; — Adorno bezeichnet dies als theoretische Aporie, die aber sich von einer anderen Dimension her begründen läßt:

Angst prägt das Ideal der Husserlschen Philosophie ... *ME; 221*

Nämlich die Angst vor der Versagung der Erfüllung der Intention, die man eben bloß als Intention besitzt. Die antizipierte Enttäuschung verleitet dazu, diese zu verabsolutieren, und in dieser Absolutheit die Erfüllung selbst zu sehen.

Alles Denken ist Übertreibung, insofern als jeder Gedanke, der überhaupt einer ist, über seine Einlösung durch gegebene Tatsachen hinausschießt. In dieser Differenz zwischen Gedanken und Einlösung nistet aber wie das Potential der Wahrheit so auch das des Wahns. Darauf dann, daß überhaupt keinem Gedanken jemals die Garantie beigegeben sei, ob nicht die Erwartung enttäuscht werde, die er enthält, kann der Wahn erst recht sich berufen. *E; 152*[26]

Das Zitat aus den 'Minima Moralia', das von der unabdingbaren 'Einsamkeit des Intellektuellen' erzählt und den Rückzug von allem 'Mitmachen, Umgang und Teilhabe' empfiehlt, unterscheidet sich kaum von der Husserlschen 'epoché'. Das mußte auch Adorno bemerken, indem er etwa zwanzig Jahre später das Leitthema der 'Minima Moralia' wieder aufnimmt:

Gibt es wirklich kein richtiges Leben im falschen, so kann es eigentlich auch kein richtiges Bewußtsein darin geben. Nur real, nicht durch ihre intellektuelle Berichtigung allein wäre über die falsche Meinung hinauszukommen. Ein Bewußtsein, das heute und hier jener Verhärtung der Meinung ganz entsagte, die das pathische Prinzip ist, wäre ebenso problematisch wie jene Verhärtung selbst. *E; 169/170*

Das Bewußtsein vom total falschen Leben ist kategorisch, — ist Verdacht. Schließt sich das Bewußtsein in diesem Verdacht ein, so wird es falsch, — zumindest aber wahnhaft oder problematisch. Erst die Fortsetzung der Beweisaufnahme, die Hinwendung zum Falschen kann das Bewußtsein samt Verdacht wahr, — urteilsfähig machen. Diese Hinwendung zum Realen bedeutet empirische Arbeit, — welche die Phänomenologen und Epigonen, indem sie den Verdacht in die 'epoché' einschließen, verweigern.

Anstatt menschliche Verhältnisse darin zu agnoszieren, verwechselt sie diese mit dem mundus intelligibilis. *ND; 92*

'Menschliche Verhältnisse zu agnoszieren' — also im weiteren Sinne Soziologie zu betreiben ist auch das, was Adorno nach den 'Minima Moralia' betrieben hat. Er hat sich seinen Verdacht 'empirisch erhärten' lassen, etwa indem er sich mit dem 'autoritären Charakter' einläßt, und zwar in seiner empirischen Erscheinungsform.

Der Verdacht verschwindet darum nicht, — hat er doch gerade seine Genesis in jenen 'menschlichen Verhältnissen', vor denen er sich, indem er empirisch verfährt, zurücknimmt. Es kommt zwangsläufig zu einer Wiederholung, denn indem sich der Verdacht als kategoriale Anschauung zurücknimmt, wird er gleichermaßen Methode, — ein 'böser Blick'. Wie kann nun dieser 'böse Blick' verhindern, daß die Objekte 'böse zurückblicken'?

Der 'böse Blick' durchblickt unbeirrbar die Fallen des Schönen — betreibt im modifizierten Sinne 'Wesens-Schau'. Es ist ein soziologischer Blick:

Die Seminare hätten bezeichnet werden können als Übung zur Entwicklung jenes bösen Blicks, ohne den kaum ein zureichendes Bewußtsein von der contrainte sociale zu gewinnen ist. *SOZ I; 177*

Der 'böse Blick' hat aber nur dann Sinn, wenn in ihm gleichzeitig die Hoffnung vorhanden ist, daß einmal das schlechte Allgemeine nicht böse durch das Besondere zurückblickt. Es geht hierbei um nichts weniger als um die Dimension des Eingriffs, — um die Praxis. Wenn man sich sagen kann, 'hier kann ich ansetzen, um etwas zu verändern', so muß die Verhärtung dessen, was man ändern will, nicht absolut sein. Die Chance der Veränderbarkeit ergibt sich dann, wenn der 'böse Blick' nicht am Besonderen sofort zum bösen Allgemeinen durchdringt, sondern irgendwo hängen bleibt, — absorbiert wird. Nur darf man nicht darauf hoffen, denn dann bestünde die Gefahr, daß man, um der Erfüllung dieser Hoffnung willen, nicht böse genug blickt. Man muß weiterblicken und hat eigentlich (— da man ab und zu sich doch nicht einen 'Meta-Blick' aufs Allgemeine versagen will) kaum eine Chance, daß der Blick absorbiert wird. Das liegt daran, daß:

Je vergesellschafteter die Welt, je dichter ihre Gegenstände mit allgemeinen Bestimmungen übersponnen sind, desto mehr ist (....) tendenziell der einzelne Sachverhalt unmittelbar durchsichtig auf sein Allgemeines; *ND; 90*

Indem man 'böse' blickt, wiederholt man: man holt das Böse des Allgemeinen ins Besondere hinein. Das evoziert Langeweile:

Und zwar möchte ich dabei auf eine ganz simple Tatsache verweisen. Nämlich, daß man, wenn man in einem beschränkten sogenannten konkreten Bereich — und wer möchte heutzutage nicht konkret sein — etwas zu ändern versucht, fast mit abstrakter Notwendigkeit, mit einer Regelhaftigkeit, die den Charakter der lähmenden Stereotypie hat, auf Grenzen einer solchen partikularen Praxis stößt. *SOZ I; 579*

Die Grenzen zeigen sich dort, wo sich das verhärtete Allgemeine zeigt: wenn man in einer sozialen Institution arbeitet, — verändern will, und erkennt, daß das, was man verändern will, immer an allgemein-gesellschaftlichen Machtverhältnissen scheitert. Es ist immer dasselbe. Diese Aussage, obwohl tendenziell richtig, ist gefährlich, — verleitet eben zu kategorialen Aussagen.

Man braucht sich nicht aufzuregen und bekommt (...) Resignation als Gratisgabe mitgeliefert. So geht es im Leben: immer dasselbe. Man kann nichts machen. (.....) Das wissende Zucken um die Mundwinkel aber, (...) ist die Bereitschaft, alle herrschende Gemeinheit erst noch einmal zu verstehen, um sie dann desto besser verzeihen zu können. *QF; 287/288*

Man muß die Wiederholung auf sich nehmen, obwohl man weiß, daß man kaum eine Chance hat. Resignation wäre einfacher, ist aber falsch. Man muß sich etwas antun bei dieser Wiederholung (— fast als ob man sich zur Wiederholung zwingen müßte, um dem Wiederholungszwang zu entgehen). Genau das lehrt Adorno:

Wenn Freud von der Psychoanalyse einmal gesagt hat, daß sie weh tut und daß sie eigentlich etwas wie eine Operation ist, so würde ich sagen, daß die Philosophie, wenn sie überhaupt noch ihren Begriff verdient und wenn sie nicht zu reinem Gewäsch entartet ist, in einer ganz ähnlichen Weise weh tut .... *PT I; 192*

Die Wiederholung, die Kierkegaard als das Bewegungsgesetz seines ethisch-religiösen Typus ausformuliert hat[27], — die 'Erinnerung nach vorwärts', führt zu etwas wie einem kontinuierlichen Scheitern. Aber erst im Scheitern selbst lebt man 'richtig'. Wie dies aussieht, beschreibt Adorno an Berg, der für ihn immer eine Art 'schmerzlichen Vorbildes' darstellt:

Es liegt aber in jenem Willen etwas von der Quadratur des Zirkels und von der Don Quixoterie: jedes Stück Bergs war seiner Unmöglichkeit abgelistet, ein tour de force. Ein äußerster Preis ist dafür zu zahlen, wenn man im Fortschritt selber das erretten will, was er zerstört. Heroisch hat Berg diesen Preis entrichtet. *KF; 94*

Solche Musik hat dann einen 'spezifischen Ton der Traurigkeit' und ist dennoch schön. (*BB; 29/30*) Solch ein 'traurig-schöner Klang' vermag ein Stimmungsbild hervorzurufen, das nicht von ungefähr an 'Melancholie' erinnert. Erst in dieser Stimmung gibt es Authentizität:

Authentische Kunst kennt den Ausdruck des Ausdruckslosen, Weinen, dem die Tränen fehlen. *ÄT; 179*

Man spricht bei der Melancholie von Introversion, — einer Verweigerung des Ausdrucks, — und daß dem Melancholiker die Tränen fehlen, obwohl er eigentlich weinen sollte, stimmt auch.

Was ist aber Melancholie? Wieder taucht ein klinischer Terminus auf, — und wieder ist es so, daß eine melancholische Theorie keinen melancholischen Theoretiker voraussetzt. Im Fall der Paranoia hat man es aber mit einem 'gelungenen Wahn' zu tun: mit einer Totalität von Verkennungen, die sich als 'geschlossenes System' in den 'paranoischen Theorien' wiederfindet. Von der Melancholie läßt sich nicht so einfach behaupten, daß sie ein Wahn wäre, — besteht sie doch primär in der Stimmung des 'Nicht-Vollendbaren', 'Unabgeschlossenen'. Hier ist das Unterscheidungskriterium von Melancholie als Index einer Theorie und als Index einer 'Psychose' weitaus subtiler. Freud behauptet von der Melancholie, sie könne keine 'effektive' Trauerarbeit leisten[28], — daß sie also nicht zu einem 'positiven' Ende finden könnte. Das Ende der Trauerarbeit bestünde in dem Vergessen des Verlusts und in der Substitution des verlorenen Objekts.

Nichts vermöchte Trauer als Grund ins Inwendige gewandter Musik sichtlicher herauszustellen als Schumanns Vorschrift: › Im fröhlichen Ton ‹. Der Name der Freude dementiert ihre Wirklichkeit, und das › im ‹, das einen fröhlichen Ton als bekannt und vergangen voraussetzt, meldet seine Verlorenheit zugleich und den Vorsatz, ihn zu beschwören. *QF; 259*

Das verlorene Objekt zu beschwören, — etwas zu tun, was eigentlich nicht geht, — das macht die Wendung ins 'Inwendige' aus, den Rückzug in den Nachvollzug der Unmöglichkeit. Man spricht im Zusammenhang mit der Melancholie auch von 'Involution', von einer Verwicklung, aus der schlecht zu entkommen ist. Dem effektiven Ende der Trauerarbeit entspricht die dialektische Figur der 'Negation der Negation'. Einfache Negation hält, nach Hegel, am Objekt fest: ist nur dessen Negatives. Trauer, nach Freud, entsteht, indem die Libido am verschwundenen Objekt festhält. Diese vom Objekt zu lösen ist die effektive Trauerarbeit. Trauer wird so in einen Prozeß der Produktivität eingespannt, denn sie ist eigentlich nur dazu da, um sich selber aufzuheben, — zu beenden. Es ist aber nicht wahr, daß Trauer sich selbst beenden kann: die Erfahrung des Verlustes einer, wie es bei Freud heißt, 'geliebten Person' hat ein Moment von Irreversibilität an sich; — verändert meist die trauernde Person in ihrer Gesamtheit. Adorno schreibt zum Tode seines ehemaligen Klavierlehrers Steuermann:

Mit seinem Tod sich abzufinden ist unmöglich; für die paar, die wußten wer er war, wird das Leben nicht mehr dasselbe sein. *IM; 150*

Die Negation als reflexive Tätigkeit hat mit der Trauer das Moment des Verlustes des Objekts gemein. Der Geist betreibt eigentlich nicht Negation; — er ist sie, — und von daher auch eine traurige Angelegenheit. Daß Theorien Trauerarbeit sind, — nur (in einem status quo) in der Zeit nach dem Sündenfall statthaben können, begleitet die Geschichte der abendländischen Theorie schon immer als eine Art geheimer Kommentar. 'Negation der Negation' nun macht die Theorien effektiv, denn dadurch setzen sie sich ins Recht gegenüber dem verlorenen Objekt, indem sie dessen Identität mit der 'Wahrheit' beteuern. Der Geist hebt das Objekt auf (— negiert also sein Negatives) indem er es seinem angeblichen Medium, — der Wahrheit unterstellt. Insofern Theorien Anspruch auf Wahrheit, auf Objektivität anmelden, negieren sie sich als diese Theorien: allein dadurch unterstellen sie, daß Wahrheit nicht immer schon etwas Theoretisches wäre. Die eigentliche Bewegung der 'Negation der Negation' ist die der Abstraktion. Das wirkliche Objekt wird reduziert auf sein 'mögliches Objekt-Sein', — auf seine Fungibilität. Der Geist macht seinen Verlust wett, indem er seine immanente Verfügungsgewalt über das Objekt für die Identität mit diesem hält.

"Worin besteht nun die Arbeit, welche die Trauer leistet? Ich glaube, daß es nichts Gezwungenes enthalten wird, sie in folgender Art darzustellen: Die Realitätsprüfung hat gezeigt, daß das geliebte Objekt nicht mehr besteht, und erläßt nun die Aufforderung, alle Libido aus ihren Verknüpfungen mit dem Objekt abzuziehen. (....) Es wird nun im einzelnen unter großem Aufwand von Zeit und Besetzungsenergie durchgeführt und unterdes die Existenz des verlorenen Objekts psychisch fortgesetzt. Jede einzelne der Erinnerungen und Erwartungen, in denen die Libido an das Objekt geknüpft war, wird eingestellt, überbesetzt und an ihr die Lösung der Libido vollzogen. (....) Tatsächlich wird aber das Ich nach der Vollendung der Trauerarbeit wieder frei und ungehemmt."[29] 'Eingestellt und überbesetzt' — diese merkwürdige Wortkombination läßt sich vielleicht am besten so verstehen, daß erst, wenn das lebendige (oder vormals lebendige) Objekt fixiert, eingestellt worden ist, es sich überbesetzen läßt. Die Fixierung des Objekts ist eine Art nachträglicher Unterwerfungsakt: die Libido stellt das Objekt ein, damit dieses sich nicht mehr entziehen kann. Wenn man von einem Toten sagt, 'er sei ja so gut gewesen', so hat man ihn überbesetzt, denn er war sicherlich nicht so 'gut'. Gleichzeitig hat man aber diesen Toten in seiner vergangenen Realität negiert; — eingestellt. Und der Geist, der in der Theorie Trauerarbeit leistet, ist nach Vollendung 'Frei und Ungehemmt', — wie der absolute Geist bei Hegel. Die Frage, ob Trauerarbeit 'wirklich' gelingen kann, trifft sich so mit der, ob 'Theorie' sich vollenden kann.

Das Ich kann sich nur von seiner libidinösen Bindung zum Objekt lösen, wenn es dieses 'psychisch fortdauern' läßt. Die Vergänglichkeit des Objekts, dessen Realität eben durch diese konstituiert wird, das Objekt selbst also, wird verkannt. (Der Ausdruck 'Objekt' ist hier vielleicht etwas mißverständlich; — es geht um kulturelle, nicht um 'natürliche' Objekte.) In der Trauerarbeit spielt sich reine Metaphysik ab, — eine Verdrängung des Realen und die gleichzeitige Reduktion des Objekts auf eine transzendente Verfassung. Die Freudsche Metaphysik besteht darin, daß die Objekt-Gebundenheit eine mögliche ist, d.h. Liebe existiert nur in potentia. Die mögliche Rücknahme der Libido aus dem Objekt wird als Bedingung der 'normalen Psyche' gesetzt. Als Freudscher 'Normaler' ist man in einer symbolischen Realität, die einer Ökonomie der Vermeidung folgt. Im Symbol, — im Bild liegt das Moment von Fungibilität, von Ersetzbarkeit. Der entscheidende Unterschied zwischen der Freudschen Psychoanalyse und den Gedanken Adornos liegt am deutlichsten offen, wo es um das 'Vergessen' geht. Freud gestand der symbolischen Repräsentation, der metaphysischen Verkennung eine unabdingbare Notwendigkeit zu und macht daraus ein Programm. Darin ist, nach Adorno (vergl. das Brecht-Zitat), ein 'barbarisches Verlangen'. Freud schreibt in seinem Aufsatz über 'Vergänglichkeit': "Wir wissen, die Trauer, so schmerzhaft sie sein mag, läuft spontan ab. Wenn sie auf alles Verlorene verzichtet hat, hat sie sich auch selbst aufgezehrt und dann wird unsere Libido wieder frei, um sich, sofern wir noch jung und lebenskräftig sind, die verlorenen Objekte durch möglichst gleich kostbare oder kostbarere neue zu ersetzen. Es steht zu hoffen, daß es mit den Verlusten dieses Kriegs (— gemeint ist der erste Weltkrieg /r.s.) nicht anders gehen wird. Wenn erst die Trauer überwunden ist, wird es sich zeigen, daß unsere Hochschätzung der Kulturgüter unter der Erfahrung von ihrer Gebrechlichkeit nicht gelitten hat. Wir werden alles wieder aufbauen, was der Krieg zerstört hat, vielleicht auf festerem Grund und dauerhafter als vorher."[30] Freud propagiert hier Verdrängung, — am deutlichsten dort, wo er der Trauer eine Spontaneität zuschreibt: ein unbewußtes Nichtigwerden an ihr selbst. Adornos Einspruch dagegen ist der, daß man 'nach Auschwitz' nicht einfach zur Tagesordnung übergehen könne, denn dann kann die Tagesordnung nicht anders als ideologisch sein.

Die Frage, die sich zwischen Freud und Adorno stellt, ist, ob Verdrängung zu einem 'guten Ende' finden kann.

> Daß das Unveränderliche Wahrheit sei und das Bewegte, Vergängliche Schein, die Gleichgültigkeit von Zeitlichem und ewigen Ideen gegen einander, ist nicht länger zu behaupten, auch nicht mit der verwegenen Hegelschen Auskunft, zeitliches Dasein diene vermöge der seinem Begriff innewohnenden Vernichtung dem Ewigen, das in der Ewigkeit von Vernichtung sich darstelle. (....) Das Gefühl, das nach Auschwitz gegen jegliche Behauptung von Positivität des Daseins als Salbadern, Unrecht an den Opfern sich sträubt (....) hat sein objektives Moment nach Ereignissen, welche die Konstruktion eines Sinnes der Immanenz, der von affirmativ gesetzter Transzendenz ausstrahlt, zum Hohn verurteilen. *ND; 354*

Freilich bleiben für Freud, dem man ja die Barbarei nicht ohne weiteres zuschreiben kann, Löcher im Konstrukt der effektiven Trauerarbeit. "Warum diese Ablösung der Libido von ihren Objekten aber ein so schmerzhafter Vorgang sein sollte, das verstehen wir nicht und können es derzeit aus keiner Annahme ableiten."[31] Freud konnte dies auch nicht verstehen, denn er konzipierte die Libido ja so, daß sie absolute Instanz der eigenen Ökonomie ist, d.h. eigentlich müßte man ja wissen, für was die Trauerarbeit gut ist, und sich darüber freuen, daß man trauern kann, um hinterher wieder frei zu sein. Maßgebend für Freud ist nur die Produktivität der Libido am Objekt (Ökonomie!), nicht das Objekt als solches. Diese Allmacht libidinöser Produktivität wird bei Freud erst mit dem Todestrieb eingeschränkt.

Auch liegt darin die Verklärung der Arbeit als Element bürgerlicher Ideologie: 'Arbeit macht das Leben eben nicht süß', sondern Arbeit ist immer auch Unlust. Die Idee der absoluten Produktivität der Arbeit ist Metaphysik; — wenn Marx in der 'Kritik des Gothaer Programms' auf die Natur verweist, so meint dies, daß die Arbeit unmöglich aus eigener Kraft die Bedingung für ihre eigene Abschaffung produzieren kann.[32]

Dagegen steht die 'schrankenlose Liebe', die es vielleicht gar nicht gibt; — jene, die wirkliche Identität von Libido und Objekt herstellt, so daß der Verlust nicht mehr an einem glücklichen Ende ausgeglichen werden kann. Auch der Geist, der sein Negatives nicht nochmals negiert, steht vor dem Problem, daß er in seiner Negativität nicht zu einem (positiven) Ende kommen kann. Melancholie ist eine 'Geistes-Krankheit', in der der Verlust nicht effektiv verarbeitet werden kann, quasi in der Verarbeitungsinstanz, dem Ich fortgeschrieben wird.

"Die Objektbesetzung (....) wurde aufgehoben, aber die freie Libido nicht auf ein anderes Objekt verschoben, sondern ins Ich zurückgezogen. Dort fand sie nicht eine beliebige Verwendung, sondern diente dazu, eine Identifizierung des Ichs mit dem aufgegebenen Objekt herzustellen. Der Schatten des Objekts fiel so auf das Ich, welches (....) wie das verlorene Objekt beurteilt werden konnte. Auf diese Weise hatte sich der Objektverlust in einen Ichverlust verwandelt."[33]

Der Kern des Pathologischen liegt hier in der Identifizierung, die zur Nicht-Integrität, — zur Nicht-Identität des Ichs führt. Erst in Identität mit sich selbst ist das Ich 'frei und ungehemmt'; — sobald es aber mit einem Anderen identisch wird, ist es an sich selbst nicht-identisch. Betrifft nun die Identifizierung etwas Verlorenes, so evoziert dies einen 'Ich-Verlust', der zur spezifisch-melancholischen Handlungslähmung führt (Antriebs-Verminderung). Die Ökonomie, die den Verlust ausgleicht, funktioniert nur dann, wenn der Verlust nicht in deren Regelungsmechanismen eingreift. So ein Regelungsmechanismus ist die Trauer, sofern sie spontan abläuft. Aber auch die 'normale Liebe' muß geregelt sein in dem Sinne, daß sie nie zur Identifizierung führt, denn dann droht eben die Melancholie. Mit diesem Konstrukt denunziert Freud jene 'schrankenlose Liebe', von der er ja behauptet, daß es sie nicht gibt.

Andererseits sieht Freud in der Melancholie eine bestimmte Unbewußtheit, — die wohl darin besteht, daß der 'Erkrankte' keinen Einblick in die Ätiologie hat. Er weiß einfach nicht, daß er melancholisch ist, — daß sein Ich nicht identisch ist, und lebt daher weiter im Anspruch der Identität. Darin, daß der Melancholiker seine Identität zu behaupten sucht, liegt die pathologische Verkennung. Man spricht dann von 'fehlendem Krankheitsbewußtsein'. Wenn man nun aber ein 'Krankheitsbewußtsein' hat, so die Annahme, hört auch die Krankheit auf. In der Psychoanalyse wird das Aufhören der Krankheit durch die Wiederherstellung der Genußfähigkeit definiert. Dagegen rebelliert Adorno:

> Wie die Leute durchweg zu wenig Hemmungen haben und nicht zu viele, ohne doch darum um ein Gran gesünder zu sein, so müßte eine kathartische Methode (....) darauf ausgehen, die Menschen zum Bewußtsein des Unglücks, des allgemeinen und des davon unablösbaren eigenen, zu bringen und ihnen die Scheinbefriedigungen zu nehmen (....). Erst in dem Überdruß am falschen Genuß (....) würde der Gedanke von dem aufgehen, was man erfahren könnte. *MM; 74*

Was die Melancholie wirklich ist, so steht es in allen psychiatrischen Lehrbüchern, kann man nicht sagen. Sie ist, klinisch gesehen, eines der rätselhaftesten Phänomene in der Abweichungs-Geschichte des

'Mittelwert-Geistes' von sich selbst. Das Dilemma entsteht dort, wo man einsehen muß, daß das Unglück real ist, — das schrankenlose Leiden daran aber pathologisch. Man kann aber, indem man der Psychiatrie ihre Kontingenzen beläßt und vom klinischen Aspekt absieht,[34] eine philosophische Transformation der Melancholie vornehmen. Diese hat dann, wie bei Adorno, ihren Kern in der Behauptung der Nicht-Identität; — also in der Ablehnung der 'effektiven Trauerarbeit' innerhalb der Theorie. Diese Ablehnung findet sich bei Adorno in der Idiosynkrasie gegenüber der kleinsten Spur von Ontologie (= Festschreibung von Identität als virtuelles Ende der Reflexion) wieder. Wie aber kann eine Theorie, die Melancholie 'betreibt', gesunden? Das Leid, das sie erfährt, ist das Unvermögen des Begriffs. Wenn man am Krankheitsbewußtsein als dem Transzendierenden, — eben dem, was die Involution überschreiten kann, — festhält, so darf es in diesem Falle kein begriffliches Bewußtsein sein. Man müßte also ein Bewußtsein entwickeln, das das Nicht-Begriffliche einschließt; — quasi das Begriffliche unterläuft. Wie aber?

Das Bedürfnis, Leiden beredt werden zu lassen, ist Bedingung aller Wahrheit. Denn Leiden ist Objektivität, die auf dem Subjekt lastet; was es als sein Subjektivstes erfährt, sein Ausdruck, ist objektiv vermittelt. *ND; 29*

Im Leiden ist Wahrheit, und alles, was das Leiden beenden will, versperrt auch den Zugang zu dieser Wahrheit. Das Reden des Leids ist aber ein anderes als das Reden des Begriffs, denn jener ist der Ursprung 'effektiver Trauerarbeit'; — das auf den Begriff gebrachte Leiden kann selbst nicht mehr reden.

Viele Theoretiker, — insbesondere Philosophen, — kommen, wenn sie nicht völlig verbohrt sind, an einen Punkt; — meist am Abend (wenn auch die Eule der Minerva sich aufmacht), im privaten Kreise, wo sie sich dem Zwang, Evidentes sagen zu müssen, glücklich entzogen haben, — kommen also zu dem Punkt, an dem sie sagen können, daß ihr offizielles Tagewerk alles 'Mist' oder 'Scheiße' sei. Damit haben sie Leid beredt werden lassen, — wissen aber gleichzeitig, daß dieses Verdikt sie auch nicht weiterbringt. Sie haben Leid beredt werden lassen, indem sie mit der Kraft eines Namens agierten; — 'Kraftausdrücke' gebrauchten, wie man so schön sagt. Solch ein Name unterläuft in gewisser Weise das Begriffliche, — ist aber in dieser Subversion nicht kategorisch, denn der Theoretiker gibt ja seinen Beruf, — seine Geschichte deswegen nicht auf. Er sagt den Namen in Nicht-Identität mit seinem Bewußtsein, denn er hat anderntags tausend Einwände bereit, warum dies eben nicht alles 'Mist' ist, sondern durchaus etwas taugt. Erst in solcher 'Konstellation' ist der Name nicht im Dienste der Identität, sondern Anrufung des Anderen.

Der bestimmbare Fehler aller Begriffe nötigt, andere herbeizuzitieren; darin entspringen jene Konstellationen, an die allein von der Hoffnung des Namens etwas überging. *ND ;62*

Wünschenswert wäre es, daß, — wie es dem Theoretiker geht, — die ganze Menschheit eines schönen Abends einhält und zu ihrem Tagewerk, zur Kultur, auch 'Mist' sagt. Darin, — wenn dies geschähe, würde viel Wahrheit liegen, aber auch die Gefahr, daß dann eben diese Menschheit mit sich selbst kurzen Prozeß macht. Der Name, an sich richtig, wäre, so gesprochen, in falscher Identität:

Wie statt dessen zu denken wäre, das hat in den Sprachen sein fernes und undeutliches Urbild an den Namen, welche die Sache nicht kategorial überspinnen, freilich um den Preis ihrer Erkenntnisfunktion. Ungeschmälerte Erkenntnis will, wovor zu resignieren man ihr eingedrillt hat und was die Namen abblenden, die zu nahe daran sind; Resignation und Verblendung ergänzen sich ideologisch. *ND; 61*

Wenn aber nun ein 'vernünftiger' Theoretiker daher kommt, der sich nicht von Namen blenden lassen will, und dem Publikum, mit Hilfe eines hoch-differenzierten Begriff-Systems auseinanderlegt, warum die Kultur 'Mist' sei, so kann ihm jeder halbwegs gewiefte Hermeneutiker entgegenhalten, daß seine differenzierten Betrachtungen schließlich ja auch eine der Leistungen dieser Kultur wären, und daß diese von daher eben nicht nur 'Mist' sein könne. Läßt sich der Theoretiker darauf ein, so handelt er

... schmählich, weil er das Beste, das Potential eines Einverständnisses von Menschen und Dingen, an die Mitteilung zwischen Subjekten nach den Erfordernissen subjektiver Vernunft verrät. *ST; 153*

Das Einverständnis von Menschen und Dingen wäre dort, wo der menschliche Geist die Dinge nicht durch den Begriff negiert, sondern sie beim Namen nennt. Die subjektive Vernunft, die die Fungibilität der Dinge gewährleisten muß, verbietet den Namen. Im Namen konstituiert sich ein Einverständnis zwischen dem Einzelnen und dem Objekt, und das entzieht ihn dem allgemeinen Verständnis.

Wahr sind nur Gedanken, die sich selber nicht verstehen. *MM; 254*

Fungibilität und Diskursivität treffen sich in schlechter Einheit. Ausgenommen, an einem Beispiel, ist wiederum der Mensch, der in Adornos Werk so gut abschneidet, — Alban Berg:

Nicht kann ich mich der Versuchung erwehren, über Bergs Namen zu reden, den er ohne jedes weitere Wort mit so unendlicher Wärme aussprach (....). Nannte er den Namen, so war es, wie wenn andere Menschen »Ich« sagen. *BB; 26*

So gesehen hätte sich Berg nie mit den Worten: 'Ich bin Alban Berg' vorstellen dürfen, denn dann hätte er seinen Namen als Attribut seines begrifflichen Ichs — das fungibel ist — preisgegeben. Daß er andererseits sich sicherlich des öfteren so vorgestellt hat, ist ganz plausibel, denn er war ja auf eine Gemeinschaft angewiesen, die wissen sollte, daß sich hinter 'Alban Berg' sein 'Ich' verbirgt.

Dennoch hat Adorno hier die Erfahrung des Namens, — der Nicht-Fungibilität gemacht. Es ist in dieser Erfahrung vielleicht etwas Ähnliches, als wenn ein Kind das Wort 'Mutter' als das Unveräußerliche einer Person begreift. Dementsprechend ist es irritiert, wenn es hört, daß es noch andere 'Mütter' gibt; — das Wort also fungibel ist. Der Name scheint sagbar in einem 'Raum der Liebe'; etwa wenn in intimsten Stunden Kommunikation auf die bloße Nennung des Anderen sich beschränkt. Das auch konstituiert Liebe, heuristisch, als herrschaftsfreien Raum, über den man eigentlich kaum etwas sagen kann, denn die Namen, die in ihm statthaben können, entziehen sich eben der Diskursivität. Zum anderen weiß man auch, — gegen diese Erfahrung, daß es keine herrschaftsfreien Räume gibt, und gegen dieses Wissen wiederum wird die Erfahrung ohnmächtig. An die Stelle des erfahrenen Namens (— oder, im Zirkel: der 'erfahrenen Liebe') setzt sich die Ohnmacht der Vermittlung: das Leid,das eben darum, weil es den Namen substituiert, ein 'namenloses Leid' ist. Das Prinzip, das die Hoffnung evoziert, nämlich die Erfahrung des 'herrschaftsfreien Raumes' gegen das Wissen um die Totalität der Herrschaft, entgleitet, denn die Erfahrung ist negativ: Erfahrung gegen den Begriff. In dieser Konstellation der Negativität, — daß weder das Leid an den Begriff heranreicht noch umgekehrt, liegt ein Moment von Spannung, das, so Adorno, einer 'Resignation vorbeugt und allein im Denken fruchtbar gehalten werden kann.

Dagegen gibt es Einsprüche.

Was die Spannung im Denken an Fruchtbarem hervorbringt, kann das Adornosche Werk nicht beantworten. Adorno hätte seine eigene Unsterblichkeit abwarten müssen, um diese Behauptung zu rechtfertigen. Da nun aber ein Werk, ein 'beendetes Werk' vorliegt, kann vielleicht die Frage, ob die Spannung zu etwas getaugt hat, auf eine mögliche Antwort hin konkretisiert werden.

Mit dieser Frage soll die Einleitung schließen und das Weitere eröffnet werden.

Soziologie

Der Ursprung der Soziologie · Entmündigung des Subjekts · Umstände der Systematisierung · Positivismus Eingrenzung des empirischen Verfahrens Kommunikation und qualitative Analyse

Verzeihung und Sublimation · Gute und schlechte Transparenz des Impulses · Schuld und Soziales Sozialpsychologie · Die Ideologie der Realität

Soziologie jenseits von Adorno Metasoziologie und Langeweile

Der Eingriff ins Soziale · Theorie der Praxis · Das Sollen des soziologischen Gedankens

Wie kommt ein Mensch dazu, sich, wenn er nachdenkt, 'soziologische Gedanken' zu machen; — also einen gewissen externen Zugriff aufs Phänomen zu praktizieren? Kein Phänomen schreit es von sich aus in die Welt, daß es gesellschaftlich bedingt sei. Natürlich ist dies, sofern es eine Soziologie gibt, die Soziologie selbst, die jeden, der mit ihr in Berührung kommt (— und es kommen nicht wenige mit ihr in Berührung), von der Evidenz dieses externen Zugriffs überzeugen kann. Neben diesem 'institutionellen' Zugang müßte aber auch ein 'originär-individueller' ausfindig gemacht werden, denn man hat ja mithin schon die 'Wahl', ob man soziologisch denken will oder nicht. Vielleicht so:

Various mass movements spread all over the world in which people seem to act against their own rational interests of self-preservation and the "pursuit of happiness" have been evident now for a considerable length of time. *SOZ II; 14*

Man beobachtet also die Menschheit, wie sie sich gegenseitig die Köpfe einschlägt, — sagt sich weiterhin, daß dies Verhalten doch unmöglich in deren Interesse sein kann, und beginnt soziologisch zu denken; d.h. man sucht den Bedingungsrahmen dafür, daß die Menschheit ihre eigentlichen 'rationalen' Interessen verfehlen kann.

Es ist mit anderen Worten ein Skandal, der die Soziologie aushebt; — die Tatsache, daß Menschen in irgendeinem Bann 'Falsches' denken und tun. Das lenkt den Blick auf:

... das spezifisch Gesellschaftliche im Übergewicht von Verhältnissen über die Menschen, deren entmächtigte Produkte diese nachgerade sind. *SOZ I; 9*

Eine erste Schwierigkeit besteht nun darin, daß man a priori nicht weiß, wo man hinschauen soll, wenn man auf das 'spezifisch Gesellschaftliche' blicken will.

Weil Gesellschaft weder als Begriff nach der gängigen Logik sich definieren, noch "deiktisch" sich demonstrieren läßt, während doch die sozialen Phänomene unabweislich ihren Begriff fordern, ist dessen Organ die *Theorie.* *SOZ I; 11*

Man muß also mit der 'Theorie' blicken, denn sie ist das kompetente Organ, wenn es um den Blick aufs Gesellschaftliche geht. Mit der Theorie 'blicken' heißt nicht einfach hinschauen, denn es ist ein unmögliches Unterfangen, die Menschheit beobachten zu wollen; — die 'blickende Theorie' holt sich Phänomene ins Blickfeld, entweder 'lebendige Individuen' (wie in Tests, 'social research', Interview etc.) oder Dokumente als Spur einer Interaktion von 'lebendigen Individuen'. Weiterhin muß der theoretische Blick diese Phänomene 'durchblicken' auf einen Ort hin, wo sich in ihnen Gesellschaftlichkeit konstituiert. Das macht den Blick auch in gewisser Hinsicht selektiv, denn er hat Evidenzen zu unterscheiden: in der Streubreite individueller Handlungen müssen diejenigen herausgefiltert werden, in denen sich 'mehr' oder relevanter Gesellschaftliches konstituiert. Eine Soziologie der Zahn-Pflege gibt es nicht.[1] Es ist aber andererseits sicherlich legitim anzunehmen, daß etwa Zähne-Putzen kein spontaner Akt ist, sondern sich darin auch etwa Soziales finden wird; — dennoch muß man irgendwie sagen können, daß dies kein Objektbereich ist, in dem soziologische Forschung sich lohnen würde. Im 'theoretischen Blick' der Soziologie entsteht zwangsläufig eine Hierarchie von Phänomenen.

Man kann aber den 'Ursprung der Soziologie' auch anders formulieren; — angesichts des Skandals, daß Menschen augenscheinlich gegen ihr eigenes Interesse handeln, kommt man notgedrungen zu der Überzeugung, daß dies Handeln doch für irgend etwas gut sein müsse, — daß es dennoch so sein muß: einen Sinn hat. Diesen Sinn, der dem Augenschein verborgen, dennoch zu entdecken, soll dann die Soziologie mit Hilfe einer 'geeigneten Theorie' bewerkstelligen. Insgesamt müßte die so in die Welt gesetzte Soziologie eine Entmündigung des 'souveränen Subjekts' betreiben, indem sie diesem die Entscheidungsbefugnis über sein eigenes Handeln radikal einschränkt. Das ist auch durchaus ein humanistischer Zug, denn so kann vielleicht das 'Gute' am Menschen gerettet werden: wenn externe Faktoren (— gesellschaftliche, soziale Kontingenzen) an seinem Handeln schuld sind, kann er selbst nicht eigentlich 'böse' sein. Sowohl in der Hierarchisierung der Handlungstypen als auch in der externen Schuldzuschreibung wird das Individuum eliminiert: — wird anonyme Variable in einem sozialen Kräftefelds.[2]

Eine Variable hat aber keine 'eigenen Interessen' und kann von daher auch nicht gegen sie handeln. Wenn Soziologie ihren Ursprung nicht verleugnen will, so muß sie irgendwo auf 'halbem Wege' ihrer Tendenz der Entmündigung stehen bleiben.

> Walter Benjamin fragte mich einmal in Paris während der Emigration, als ich noch sporadisch nach Deutschland zurückkehrte, ob es denn dort noch genug Folterknechte gäbe, die das von den Nazis Befohlene ausführten. Es gab sie. Trotzdem hat die Frage ihr tiefes Recht. Benjamin spürte, daß die Menschen, die es *tun* (....), in Widerspruch zu ihren eigenen unmittelbaren Interessen handeln, Mörder an sich selbst, indem sie die anderen ermorden.
> *ST; 101*

Das 'tiefe Recht' dieser Frage besteht darin, daß sie Zweifel anmeldet an der totalen Variabilität der Individuen: daß gesellschaftliche Kontingenzen (hier: das NS-Regime) doch nicht jeden Menschen zu einem 'Folterknecht' umformen können. Dennoch ist die Benjaminsche Frage gegenüber der Soziologie 'vorwissenschaftlich'. Ihr Recht aber liegt an dem:

Wissenschaft, welche die vorwissenschaftlichen Impulse nicht verwandelnd in sich aufnimmt, verurteilt sich nicht weniger zur Gleichgültigkeit als die amateurhafte Unverbindlichkeit. (.....) So gewiß ohne wissenschaftliche Disziplin kein Fortschritt des Bewußtseins wäre, so gewiß paralysiert die Disziplin gleichzeitig die Organe der Erkenntnis. *SOZ I; 300*

Der Topos dieser Paralysierung ist die theoretische Konstitution von Gesellschaft als System, — der Versuch, sie als funktionelle Ganzheit zu begreifen. Die Ordnungsbegriffe, Ordnungsrelationen, die man hierbei eruiert, machen im Medium der 'Deskription' vergessen, daß es eigentlich die Unordnung war, die einen veranlaßt hat, sich soziologische Gedanken zu machen.

Unordnung: das ist die Nicht-Integrität des Besonderen.

Allerdings ist der Versuch, Ordnung in die sozialen Phänomene zu bringen, nicht das Werk des Sozialwissenschaftlers allein.

Gerade die zunehmende Integrationstendenz des kapitalistischen Systems jedoch, dessen Momente zu einem stets vollständigeren Funktionszusammenhang sich verschlingen, macht die alte Frage nach der Ursache gegenüber der Konstellation immer prekärer; *ND; 168*

Die 'alte Frage' nach der Ursache läßt sich in der Soziologie etwa so stellen: 'Wer und warum hat mit all dem Unsinn angefangen' — oder auch mit Benjamin: 'Warum gibt es Folterknechte'? Die Frage ist deswegen prekär, weil sie nicht jenseits des allgemeinen Funktionszusammenhangs geklärt werden kann.

Das Allgemeine ist so sehr der Fall, daß es nichts durchläßt, was nicht der Fall wäre. *SOZ I; 238*

Das zieht Erkenntnis, nach dem Adornoschen Sprachgebrauch, in den Bannkreis eben dieses Allgemeinen. In der Tat: — man kann eine Imperialismus-Theorie aufstellen und damit eine gewisse Ordnung in die Tatsache bringen, daß täglich eine Unzahl von Menschen, — trotz des Überflusses an Nahrung an anderen Orten, verhungern muß. Solches erscheint dann in 'neutralem Licht' als notwendige Funktion von imperialistischen Marktmechanismen. Mit dieser Einsicht in eine Notwendigkeit läßt sich vielleicht auch ein aufgeregtes Gemüt befrieden.

Das eigentlich Schwierige dabei ist, daß die Systematisierung gleichzeitig sich auch als legitim in Bezug auf ihr Erkenntnisobjekt ausweisen kann. Soziologie kann durch Komplexitätsreduktion eher zu einer Darstellung (— und darin potentiell: Vermittlung) von funktionellen Totalitäten kommen. Diese Legitimität kommt einem als Soziologe meist nicht ungelegen, weil man so mit gutem Gewissen den Blick von den Verhungernden abwenden und in Ruhe Distributions-Mechanismen analysieren kann. Man kann sich diesen Umstand zum Problem werden lassen oder nicht.

Der Positivismus läßt sich das programmatisch nicht zum Problem werden: er glaubt an das gute Ende seiner Anstrengungen und kann von daher die 'vorwissenschaftlichen Impulse' als irrelevant, — ja sogar als gefährlich ausgeben. Die Exterritorialisierung der Impulse oder Affekte, die es am Positivismus zu kritisieren gilt, partizipiert an der 'Urgeschichte der Verdinglichung des Bewußtseins':

> Aber je mehr das Subjekt die Bestimmungen des Objekts an sich riß, desto mehr hat es sich seinerseits, bewußtlos, zum Objekt gemacht. Das ist die Urgeschichte der Verdinglichung des Bewußtseins. Was der Szientismus schlicht als Fortschritt unterstellt, war immer auch Opfer. Durch die Maschen schlüpft, was am Objekt dem Ideal eines für sich seienden, »reinen«, der eigenen lebendigen Erfahrung entäußerten Subjekts nicht gemäß ist; insofern war das fortschreitende Bewußtsein vom Schatten des falschen begleitet. Subjektivität hat an sich ausgemerzt, was der Eindeutigkeit und Identität ihres Herrschaftsanspruchs nicht sich fügt; hat sich (...) nicht weniger reduziert als die Objekte. *SOZ I; 302/303*

Was 'ausgemerzt' wurde, ist dies, daß das Subjekt im Entsetzen vorm Hungertod nicht rein 'für sich' ist, sondern im Bann des Grauens, der vom Objekt ausgeht: — ausgemerzt wird der Affekt. Wie Herrschaft und Affektkontrolle (bzw. Affekt-Verdrängung) zusammenhängen, ist bei N. Elias schön aufgezeigt[3]; — findet sich aber auch schon in der Hegelschen Dialektik von Herr und Knecht. Der Herr herrscht über den Knecht, der in 'unmittelbarer Berührung' mit dem Objekt steht, indem er 'arbeitet'. Der Knecht ist, weil eben die Berührung mit dem Objekt Spuren an ihm hinterläßt, nicht in der Lage, sich frei vom Objekt als souveränes 'für-sich-seiendes' Subjekt zu konstituieren. Er kann das Objekt nicht kontrollieren, und deswegen muß er seinerseits kontrolliert werden: also beherrscht. Andererseits, — und das macht die Dialektik bei Hegel aus, ist der Herr, wenn es ums Objekt geht, unbedingt abhängig vom Knecht. Der Knecht hat hinsichtlich des Herren eine Transformationsfunktion, denn er gibt nur so viel vom Objekt weiter (— etwa das Brot vom Korn), wie sein Herr benötigt, um sich gegenüber dem Objekt als 'reines Subjekt' zu wähnen. Dies Bewußtsein des Herren ist aber deswegen falsch, weil er sein eigenes Objekt-Sein gegenüber der Herrschaft verkennt.[4]

Das Operationalitätskriterium der 'positiven Wissenschaft' funktioniert eben auch nach dieser Dialektik. Es beinhaltet die Distanz zum Objekt als conditio sine qua non der Erkenntnis, — der wahren Erkenntnis eines 'wissenschaftlichen Subjekts'. Der Herrschaftsanspruch der Sozialwissenschaften seit Comte[5] besteht im Traum, daß Gesellschaft selbst einmal soziologisch funktioniert: sich also nach dem Gesetz des Sozialwissenschaftlers richtet, sofern er die Wahrheit erkannt hat. Der 'positive Soziologe', der bekanntlich ja keine Knechte direkt zur Verfügung hat, knechtet sein eigenes Sensorium als das, was mit dem sozialen Objekt in Berührung kommt.

Carnaps Triumph, von der Philosophie bleibe nichts übrig als Methode; die logische Analyse, ist der Prototyp quasi-ontologischer Vorentscheidung für subjektive Vernunft. Der Positivismus, dem Widersprüche anathema sind, hat seinen innersten und seiner selbst unbewußten daran, daß er der Gesinnung nach äußerster, von allen subjektiven Projektionen gereinigter Objektivität nachhängt, dabei jedoch nur desto mehr in der Partikularität bloß subjektiver, instrumenteller Vernunft sich verfängt.

SOZ I; 284/285

Man muß aber schon mehr sagen, um den Positivisten nicht ein großes Unrecht angedeihen zu lassen. Jene stellen sich das mehr oder minder explizit so vor: Man will in der Lage sein, 'gültige Aussagen' machen zu können, was im Falle des Forschungsobjekts: 'Gesellschaft' in erster Linie 'Ideologiefreiheit' bedeuten soll. Also schaffen sie sich Regeln, nach denen Ideologie a priori vermieden werden kann. Sie kontrollieren so recht nach Kant[6] die 'spontane Verstandestätigkeit' mit ihrer Vernunft. Nun aber, so heißt es, gibt es keine 'klassischen Positivisten' mehr: — sie haben sich allesamt von einer Naivität losgesagt und sind zu 'kritischen Rationalisten' geworden, was besagt, daß sie eingesehen haben, daß es gefährlich sein kann, wenn man einem Kanon von Regeln geradezu vertraut. Dies setze nämlich eine Instanz voraus (so Popper), die man nur per Metaphysik rechtfertigen kann. Man geht also dazu über, ein 'funktionelles Äquivalent' für diese metaphysik-verdächtige Instanz zu definieren. Dies kann dann so aussehen wie etwa die berühmte Formel der Falsifizierbarkeit, die sich folgendermaßen interpretieren läßt: Wenn die Objekt-Konstitution sich ändert, so müssen zwangsläufig alle Aussagen übers Objekt, die vor der Veränderung gemacht wurden, falsch werden, sofern sie vorher richtig waren. Wenn nun Aussagen so formuliert werden, daß sie diesem Umstand implizite Rechnung tragen, so sind sie (wissenschaftlich) gültig. Das aber bedeutet, wörtlich genommen, daß man immer nur hinterher klüger sein kann, — dann nämlich, wenn sich die Objektkonstitution geändert hat. Bis dahin gibt es eine Tautologie: 'Wenn wir es besser wissen werden, werden wir es besser gewußt haben'. Das ist eigentlich das nicht-ausgesprochene Universalgesetz der Positivisten, dessen stilistischer Topos in einem Kanon ähnlich klingender Sätze sich zeitigt, die sich darauf berufen, daß 'man eben noch nicht so weit sei', — daß das 'gegenwärtige Wissen noch nicht hinreichend sei', — und daß man eben, um klar zu sehen, eifrig weiterforschen muß etc.[7]

Man kann dies auch seriöser formulieren und sagen, die Positivisten bedienten sich eines 'nachträglichen Gültigkeitskriteriums'. Die gültige Aussage wird abhängig gemacht von einer Veränderung der Objektkonstitution; — das soziale Objekt konstituiert sich aber innerhalb des 'theoretischen Blicks'. Mithin ist die vorausgesetzte Veränderung die der Erkenntnisleistung. Der Positivist verzichtet auf 'Wahrheit' um den Preis, daß er dafür an den Fortschritt des Geistes, — der analytischen Vernunft glauben muß. Es ist tatsächlich so: — das Falsifikationskriterium hat keinerlei Sinn, wenn man nicht daran glaubt, daß Falsifikation durch Fortschritt kommen muß. Die Erkenntnis des Wahren wird aufgeschoben im Bewußtsein, daß man nur 'Vorarbeit leistet', — ähnlich dem Verzicht auf 'sinnliches Glück' (s.o.) zugunsten einer besseren Welt, die in einer nicht-benennbaren Zukunft stattfinden wird. So kann Adorno dem Positivismus nachsagen:

Das Glück von Erkenntnis soll nicht sein. *SOZ I; 341*

Das geknechtete Sensorium des positiven Soziologen kann sich keine Sympathie oder Ekel mehr leisten: Vom Standpunkt künftiger Wahrheit aus ist das unmittelbare Urteil über 'falsch' und 'richtig' eines gesellschaftlichen Zustandes verboten. Damit wird das Objekt a priori so gedacht, als referiere es nur seine eigene Wahrheit, die die 'subjektive Vernunft' im Moment ihrer Reifung dann für sich behaupten kann. Das aber macht sie, wie Adorno sagt, partikular:

Im emphatischen Begriff der Wahrheit ist die richtige Einrichtung der Gesellschaft mitgedacht, so wenig sie auch als Zukunftsbild auszupinseln ist. Die reductio ad hominem, die alle kritische Aufklärung inspiriert, hat zur Substanz jenen Menschen, der erst herzustellen wäre in einer ihrer selbst mächtigen Gesellschaft. In der gegenwärtigen jedoch ist ihr einziger Index das gesellschaftliche Unwahre. *SOZ I; 565*

In die Sprache des Positivisten übersetzt, hieße dies, daß eine 'vollständige Induktion' nicht möglich ist, weil eben die 'gegenwärtigen Indizes' falsch sind. Gerade aber die positive Soziologie, die das ausschließliche Recht des empirischen Verfahrens beteuert, ist auf die Möglichkeit der Induktion angewiesen. Der Schluß auf soziale Verhältnisse muß auf beobachtbaren 'sozialen Tatsachen' basierend von statten gehen können. Dabei ist vorausgesetzt, daß die Daten, die das regulierte soziologische Sensorium aufnimmt, eine Referenz zur Wahrheit (eines künftigen Ganzen) aufweisen, denn was der Fall ist, darf nicht lügen, sonst wäre eben nur die Lüge der Fall. Da aber alles, was der Fall ist, nämlich die Gesamtheit der Daten nicht so eindeutig ist, wird die Varianz eingeführt: d.h. die Wahrheit erlaubt eine Abweichung von dem, was der Fall ist. In der Analyse der Varianz wird demnach so vorgegangen, daß die Daten aufgespalten werden in fehlerhafte und bedingte Werte. Hierbei wird postuliert, daß die Abweichung vom Durchschnitt (— was der Fall ist), selbst normalverteilt ist[8]. Darin liegt eigentlich die Weigerung des positiven Soziologen, Totalität zu denken: die Abweichungen, das Individuelle oder Besondere wird, wenn es eine gewisse Häufigkeit untersteigt, einfach als Fehler, — als Täuschung im soziologischen Protokoll gehandhabt.

Adornos Gegnerschaft zum Positivismus begründet sich auch darin, daß eben die Wahrheit des Sozialen nicht in dem liegt, was durchschnittlich der Fall ist, und was die 'subjektive Vernunft' nochmals, indem sie 'fehlerhafte Anteile' extrapoliert, glättet, sondern gerade darin, was nicht in diesem Einverständnis von Vernunft und Faktizität aufgeht: im Besonderen als Abweichung, Täuschung. Das ist auch der Punkt, wo Adorno immer wieder die Dialektik gegen den rationalistischen Anspruch der positiven Soziologie hervorhebt: das Negative und Abweichende ist nicht nur Fehler und Täuschung, sondern konstitutiv für die Gesamtheit des Sozialen. Andererseits ist Adorno, wenn es um empirische Methoden geht, gar nicht so kleinlich: er bedient sich ihrer recht ausführlich. So ist zum Beispiel die Konstruktion der F-Skala (*SC; 37-105*) nach allen Regeln der Kunst, gemäß dem Stand der damaligen Test-Theorie und Statistik ausgearbeitet. Hier stellt sich die Frage, ob man sich der empirischen Methode gegen den positivistischen Kanon, der sie schließlich gebar, bedienen kann. So klingt es durchaus positivistisch (— der Verweis auf die forscherische Zukunft eingeschlossen), wenn Adorno schreibt:

Andererseits ist der Wert der empirischen Sozialforschung als eines Mittels unbestechlicher Aufklärung des gesellschaftlichen Denkens, als eines der Entzauberung soziologischer Konstruktionen, welche die Beziehung zur tragenden Wirklichkeit eingebüßt haben, außer Frage. Ihre Zukunft dürfte nicht zuletzt davon abhängen, ob sie das kritische Bewußtsein ihrer selbst findet und aus jener ihrer aufklärerischen Funktion die ganze Konsequenz zieht. *SOZ II; 359*

Die empirische Methode, — ein Instrument zur Erfassung sozialer Verhältnisse, wird von Adorno akzeptiert unter der Voraussetzung, daß sie nur Instrument sei: ein Werkzeug. Vorausgesetzt, wie subtil auch immer, ist auch die Neutralität des Instruments gegenüber der 'kritischen Theorie':

Demgegenüber kann nicht deutlich genug hervorgehoben werden, daß es bei dem Streit nicht um empirische Forschung oder deren Unterbleiben geht, sondern um ihre Interpretation, um die Stellung, die ihr innerhalb der Soziologie zugewiesen wird. *SOZ I; 539*

Das Werkzeug der Statistik ist aber keineswegs neutral, denn es funktioniert nur, wenn man eine spezifische Konstitution des Untersuchungsobjekts annimmt. Statistik ist nicht deskriptiv, sondern 'schließend' (Interferenz-Statistik). Die einzelnen Schlüsse, die sie macht, basieren auf Ontologie eines Grund-Schlusses; — daß es nämlich Eigenschaften gibt, die normal-verteilt sind. Wenn nun der empirische Blick ein paar Eigenschaften aushebt (Stichprobe), so überzeugt er sich mit der Ontologie der Normalverteilung, ob er es mit Derivaten der Wahrheit zu tun hat (s.o.). Der Blick aufs Ganze des Sozialen (Vollerhebung) ist schlechterdings nicht möglich; — dafür gibt es dann die Induktion. Adorno vollzieht dies nach:

Sofern die Untersuchung unter Benutzung einer Zufallsstichprobe durchgeführt worden ist, besteht die Möglichkeit, durch Berechnung der mittleren quadratischen Abweichungen festzustellen, ob die Unterschiede nur dadurch bedingt sind, daß die Erhebung mit einer Stichprobe durchgeführt wurde, ob sie also zufällig sind, oder bei einer Vollerhebung auch auftreten würden. Ist das (letzteres /r.s.) der Fall, dann reicht das (...) aus, um die entsprechende Hypothese zu verifizieren. *SOZ II; 346/347*

Die Statistik stellt also fest, ob der Blick aufs Besondere mit dem Blick aufs Ganze (in potentia) übereinstimmen könnte: in der Berechnung der Übereinstimmung kann sie also aussagen, ob eine 'Schlüsselgruppe' auch tatsächlich eine 'Schlüsselgruppe' ist. An anderer Stelle wird eben dies von Adorno bestritten:

Was etwa eine Schlüsselgruppe sei, darüber kann die Statistik als solche nicht belehren, sondern nur die Reflexion auf die tatsächlichen Machtverteilung innerhalb der Gesellschaft. *SOZ I; 490*

Was aber geschieht dann, wenn die 'tatsächlichen Machtverhältnisse' und 'Normalverteilung' sich widersprechen? Um diese Frage zu beantworten, müssen wir bedenken, was die Statistik tatsächlich anstellt. Sie setzt das 'Gesetz der großen Zahlen' mit möglichen sozialen Gesetzen in Verbindung. Das legitimiert sich daran, daß die Menschen wirklich eine überwältigende zahlenmäßige Größe haben. Dann wird versucht, Eigenschaften miteinander in Verbindung zu bringen. Mögliche Individualitäten werden bezogen auf eine große Anzahl von Individuen (Population) und werden dadurch variabel gemacht. Die Eigenschaft, die gemessen wird, wird dem Individuum entrissen und in Relation zur nominellen Verfassung dieser Eigenschaft überhaupt gesetzt. Die 'abhängige Variable' ist nicht mehr vom Individuum abhängig, sondern vom Verhalten von Variablen (zueinander) überhaupt. Diese Entmündigung findet aber nicht an der fiktiven großen Zahl aller Menschen statt, sondern am einzelnen Individuum selbst. Die Datenerhebung, die eine Eigenschaft am einzelnen Individuum herausfiltert, stellt diese nicht gegenüber dem Einzelnen in Rechnung, sondern rechnet so, als ob dies Individuum in seiner Eigenschaft je schon der großen Masse unterworfen sei. Wenn es ein Gesetz der 'großen Zahlen' gibt — und dies auf soziale Phänomene anwendbar ist, so gibt es auch die 'Durkheimschen sozialen Tatsachen'. Dies wiederum unterliegt der Adornoschen Kritik:

Die gesellschaftliche Tatsache schlechterdings ist ihm die contrainte sociale, der übermächtige, jeglicher subjektiv verstehenden Einfühlung entzogene soziale Zwang. (....) Die vorgebliche Irreduzibilität des spezifisch Sozialen kommt ihm zupaß: sie hilft ihm dazu, es immer mehr zum Ansichseienden zu machen, (.....) Die Unmöglichkeit, das, was seiner Begierde nach Begründung der Eigenständigkeit der Gesellschaftswissenschaft und ihrer Methode sozial dünkt, zum principium individuationis zu vermitteln, nötigt ihn zum spekulativen Gewaltstreich der Hypostase des kollektiven Bewußtseins. *SOZ I; 250*

Die 'gesellschaftliche Tatsache' in der Statistik formuliert implizite auch ein 'kollektives Bewußtsein' — was einer Unbewußtheit des Einzelnen entspricht: wenn das Individuum etwa in der 'Meinungsforschung' eine Meinung abgibt, und diese dann standardisiert als Variable ein quantifiziertes Dasein fristet, so wird eben diese Meinung kollektiviert. Die Entmündigung ist perfekt, und die Hoffnung, daß man es mit nicht-entmündigten Menschen zu tun habe, ist dahin. Von daher muß der Eigendynamik des Werkzeugs 'Statistik' eine Grenze gesetzt werden:

Das demokratische Potential, das ich erwähnte, bedeutet angesichts der vielfältigen Verwendbarkeit der empirischen Sozialforschung für partielle Zwecke unsere oberste Verpflichtung. Wir haben uns davor zu hüten, die Menschen, mit denen wir uns befassen, als bloße Quanten zu sehen, deren Denken und Verhalten blinden Gesetzen unterliegt. Wir wissen, daß sie auch dann Menschen mit der Möglichkeit freier Selbstbestimmung und Spontaneität bleiben, wenn sie in ihnen selber undurchsichtige Zusammenhänge eingespannt sind, und daß an diesem Element des Spontanen und Bewußten das Gesetz der großen Zahl seine Grenze hat. *SOZ I; 479*

Das ist ein Appell, sich nicht zu sehr auf das, was der Fall ist, einzulassen. Die Wichtigkeit der Frage, wie man mit den 'empirischen Methoden' in der Soziologie umgeht, besteht genau darin, daß sich in der Möglichkeit der empirischen Methode ein bestimmter Zustand von Gesellschaft anzeigt. Das Verhältnis zur Statistik muß also einen Hinweis darauf geben, wie sehr man das 'Schlechte' zur Kenntnis nimmt auf Kosten der Antizipation des 'Guten'. Die Aufforderung Adornos an die Soziologen, der prinzipiell menschlichen Freiheit eingedenk zu sein, verweist im Namen auf einen möglichen Zustand der Menschheit, wo die 'empirische Methode' überflüssig wird. In der 'schlechten Gegenwart' ist sie es nicht, denn die Menschen verhalten sich tendenziell wie Quanten.

Sagte Walter Benjamin, gewiß kein Positivist, einmal, daß die Gewalt des Daseins heute mehr bei Fakten als bei Überzeugungen liege, so hat er dem Bewußtsein jener heute allgegenwärtigen Übermacht des Seienden Ausdruck verliehen, der der Geist nicht anders sich gewachsen zeigt, als indem er mit Seiendem, mit Fakten sich sättigt. Galten diese einmal als blind und geistfremd, so kann heute der Geist, der einmal sich souverän dünkte, einzig daran sich bewähren, daß er die Fakten zum Sprechen bringt. Ist er aber auf Empirie verwiesen, so kann er nicht den Methoden kontrollierter empirischer Forschung sich verschließen ... *SOZ I; 539*

Die Übermacht des Seienden zeitigt sich durch Verwaltung, und folgerichtig hat etwa auch die Statistik ihren Ursprung in Verwaltungsproblemen.[9] Das korrespondiert mit der Existenz von Ideologie, insofern falsches Bewußtsein immer auch verwaltetes Bewußtsein ist. Demgemäß läßt sich eigentlich mit empirischen Methoden nur 'falsches Bewußtsein' messen:

Selbst unter diesem lastenden Vorbehalt jedoch gewinnen die Ergebnisse der Meinungsforschung veränderten Stellenwert, sobald sie gemessen werden können an der realen Beschaffenheit dessen, worauf die Meinungen gehen. Die dabei hervortretenden Differenzen von sozialer Objektivität und dem wie immer auch allgemein verbreiteten Bewußtsein von jener Objektivität markieren eine Einbruchstelle der empirischen Sozialforschung in die Erkenntnis der Gesellschaft: in die der Ideologien, ihrer Genese und ihrer Funktion. Solche Erkenntnis wäre wohl das eigentliche, wenn auch gewiß nicht das einzige Ziel der empirischen Sozialforschung. *SOZ I; 213*

Die Reflexion auf die tatsächlichen Machtverhältnisse, — also die reflexive Erstellung dessen, was die Ideologie macht, steht dann im gewissen Sinne der 'empirischen Methode' entgegen, dem sogenannten Abbild eines gesellschaftlichen Zustandes, in dem Ideologie vorherrscht. Um die Tatsache der Ideologie nicht zur Wahrheit werden zu lassen, bedarf es der 'subjektiven Reflexion'.

Wissenschaft hieße: der Wahrheit und Unwahrheit dessen innewerden, was das betrachtete Phänomen von sich aus sein will; *SOZ I; 212*

Anbei scheint es erwähnenswert, daß die wissenschaftstheoretische Aufarbeitung statistischer Methoden[10] zu einem Ergebnis kommt, das ähnliche Züge aufweist wie die Adornoschen Eingrenzungs-Bemühungen. Ein etwas schwieriger Gedankengang schafft den Konnex: Ideologien haben an sich das Moment der Nicht-Kommunizierbarkeit, d.h. das Individuum, das eine (ideologische) Meinung abgibt, kann diese nicht an einer Realität diskursiv rechtfertigen, sondern kann jene Meinung nur behaupten, wenn es den Diskurs über die Realität an einer (notwendigen) Stelle abbricht. Erst in dem Moment, wo die diskursive Reflexion in der Meinung der Realität nicht adäquat wird, kann die Meinung selbst als objektiver Ausdruck des Individuums gehandhabt werden. Wenn es der Soziologe mit einem durch und durch reflektierenden Individuum zu tun hätte, so könnte er keine 'Meinung' eruieren, sondern nur die diskursive Realisation der gesellschaftlichen Realität. Das Individuum reduziert sich so auf seinen objektiven Ausdruck. Damit ist der Soziologe aber seinerseits auf seine Subjektivität zurückgeworfen, denn die Nicht-Kommunizierbarkeit der Meinung zwingt ihn in eine Teilhabe an dieser. Wenn er nun die Meinung einer wahrscheinlichen Verteilung unterwirft, so ist das bloß Ausdruck dessen, daß er mit dem Individuum nicht kommunizieren konnte. Die Wahrscheinlichkeitsverteilung einer Meinung beruht so auf dem, was der Soziologe, der auf seine eigene Subjektivität zurückgeworfen wird, daraus macht. Indem nämlich das Individuum sich in einer Meinung ausdrückt, kann der Soziologe nicht wissen, was an dieser 'wirkliche Subjektivität' des Individuums ist. Was das soziale Phänomen von sich aus will, kann nie objektiv 'wahr' sein, sondern unterliegt in seiner möglichen Wahrheit der subjektiven Reflexion des Soziologen. 'Wahr' könnte eine Meinung nur sein, wenn sie sich selbst aufhebt. Das ist dann der 'qualitative Anteil' an einer Soziologie, die Adorno anstrebt. Der Ausdruck 'Qualität' leitet eine Umdimensionierung der Soziologie ein, die sich in Adornos 'empirisch-soziologischen' Arbeiten im Vorrang des Interviews ausdrückt. Als Supplement zur statistischen Erhebung, die ein Bild des Unwahren ist (— und somit selbst unwahr wird), findet Kommunikation statt: — Kommunikation mit dem Besonderen. Die Meinung als Schein des Individuums wird rückgeführt auf das, was kein Schein ist: nämlich die Not des Individuums, sich eben diesem Schein anheim zu geben.

...; von gesellschaftlich notwendigem Schein kann einzig im Hinblick auf das gesprochen werden, was kein Schein wäre und was freilich im Schein seinen Index hat.

ND; 198

Der 'qualitative Anteil' an der Soziologie wäre mithin eine sozial-psychologische Implikation. Das vergesellschaftete Individuum wird grundgelegt auf seine psychische Struktur, die sowohl Index der Gesellschaft als auch Signum des Individuellen ist. Damit wird zugleich die Nivellierung des Individuums aufgehoben, denn die psychische Struktur ist die Bedingung der Möglichkeit eines authentisch kommunizierenden Individuums.

Die Entmündigung des Subjekts ist ein Problem, das nicht nur in einer soziologischen Gestalt auftritt, sondern auch seine Wirkung im Alltag hat; — besonders in dem des Theoretikers. Die Subtilität der Entmündigungs-Mechanismen wirft ein Licht auf den Zustand des autonom sich wähnenden Denkens in einer 'verhärteten' Gesellschaft. Es geht um dies: — wenn ein Mit-Mensch etwas 'Falsches' oder 'Böses' tut (wie etwa in Konzentrationslagern Leute zu vergasen, oder jenseits von Adorno: Demonstranten als 'Terroristen' zu beschimpfen), — so hat man entweder die Möglichkeit, Verständnis zu entwickeln oder einer Wut sich hinzugeben. Verständnis ist die sozial-psychologische Implikation: die Einsicht in die Notwendigkeit der psychischen Struktur des anderen (— und damit auch die Einsicht in die relative Notwendigkeit seiner Tat). Die mögliche Wut andererseits, die dem anderen die volle Verantwortlichkeit unterschiebt (— insofern die Wut eben auf diesen konkret anderen gerichtet ist), tut so, als gäbe es kein 'notwendig falsches Bewußtsein'. Das Dilemma liegt aber anderswo: — man kann die Entmündigung im Sinne des vollen Verständnisses für die Tat des anderen als Mechanismus der sublimierten Wut begreifen, wodurch das sozial-psychologische Implikat sich dem Verdacht aussetzt, selbst falsch zu sein. Diese Frage ist eng verbunden mit immanenten Fragestellungen der Psychoanalyse. Dort geht es um Ich-Funktionen, — also um das Prinzip der Eigenverantwortlichkeit des Individuums. Gleichzeitig geht es darum zu eruieren, was notwendig die Ich-Funktion deformiert, — um neurotische Anteile: notwendig falsche Ich-Funktionen. Wenn man nun eine volle Einsicht in die Notwendigkeit einer

Neurose hat (hier 'Not-wendigkeit' im vollen Sinne!), so kann man eigentlich schlecht den Anspruch haben, diese Neurose zu heilen. An der Neurose muß daher immer auch eine Dimension des Nicht-Notwendigen dabei sein; — d.h. es wird ein Rest von intakter Ich-Funktion angenommen: ein Punkt, wo mögliche Eigenverantwortung beginnen kann. (Die Psychoanalyse kann sich hier auf die prinzipiell intakten 'intellektuellen Fähigkeiten' des Neurotikers berufen, die diesem ermöglichen, die 'rationale' Kommunizierbarkeit seiner neurotischen Anteile als Initialisierung seiner Heilung ins Werk zu setzen.)

Wie unsagbar schwer es hingegen im Alltag ist, solch einen Punkt zu finden, liegt wohl daran, daß der andere im sozialen Alltag nicht klinisch neutralisiert werden kann, sondern eingreift in den Alltag des Beurteilenden. Wenn 'Denken die Wut sublimiert hat' (*KSG; 150*), so schlägt es sich auf die Seite des 'Verzeihens' — wird also in gewisser Weise passiv.

Adorno hat zweifellos seine Wut sublimiert, wobei aber der affektive Anteil (— der 'vorwissenschaftliche Impuls') in Form einer insistierenden Thematisierung transparent geblieben ist. Die Frage 'Wie ist Auschwitz möglich?' durchzieht quasi als Leitthema sämtliche soziologischen und kultur-theoretischen Schriften Adornos. Auch geht er dieser Frage 'qualitativ' in Interviews nach. Der Gestus von 'Schuld und Abwehr' ist durchaus der, zu einem hinzugehen, ihn zu packen und zu schütteln mit der Frage: 'Warum hast du mitgemacht?'. Mag Adorno in 'Schuld und Abwehr' theoretische Askese geübt haben (*SOZ II; 153*) —: also vorsichtig mit Interpretationen, — wahrscheinlich im Wissen um (Gegen-)Übertragungsmechanismen, umgangen sein, so ist es in den 'Studien zum autoritären Charakter' der Fall, daß in den Adornoschen Deutungen und Interpretationen recht unvermittelt ein affektiver Impuls durchschlägt, der weitergehendes Verständnis verhindert. Der großzügige Umgang mit psychoanalytischen Kategorien, oftmals hart an der Grenze zu Pseudo-Deutungen, hat genau die Funktion, den anderen vorzeitig entmündigen zu können. Das Denken hat hier die Wut sublimiert, weil der Impuls (sei es die Angst, sei es der Haß auf latent faschistoide Charaktere) anscheinend zu mächtig war: die Sublimation ist aber nicht vollends geglückt.

Nach seinem Glauben gefragt, bekennt er sich zur »Naturverehrung«, begeistert sich — wahrscheinlich aufgrund latenter Homosexualität — für Sport und Lagerleben. Er ist ein gutes Beispiel für das Syndrom, in dem heidnischer Pantheismus, »Machtglaube«, das kollektivistische Führerideal und eine allgemeine ethnozentrische und pseudokonservative Ideologie sich verbinden. *SC; 287*

Das qualitative Moment fällt in solch einer Interpretation weg: das Individuum wird in seiner Kategorisierung ein Beispiel und damit auch quantifizierbar. Der Induktionsschluß von 'Lagerleben' auf 'Homosexualität' nimmt dem Individuum, um das es hier geht, jede Chance, diskursiv den qualitativen Grund seiner Vorlieben zu vermitteln. Die Induktion bricht hier a priori die Kommunikation ab. Ein weiteres Beispiel:

> Das verbindende Element, das ihn von dem früheren Interesse an Religion zum späteren am Fotografieren hinführte, ist offensichtlich Neugier, der Wunsch, die Dinge »zu erkennen«, eine Sublimierung des Voyeurimus. *SC; 299*

Faschistoide Tendenzen, — das was gefährlich ist, — werden kurzerhand erklärt, und damit faßbar gemacht. Das Moment des Unbegreiflichen fällt weg, — anscheinend notwendig. An einer Stelle scheint bei Adorno selbst durch, daß Denken nicht immer voll sublimieren kann, sondern mitunter zur 'Waffe' werden will:

> In Verbindung mit dieser Studie kommt eine ganz andere Reflexion, und zwar eine pragmatische, zum gleichen Schluß: die Notwendigkeit für die Wissenschaft, Waffen gegen die potentielle Drohung der faschistischen Mentalität zu finden. Es ist eine offene Frage, ob und in welchem Umfang der faschistischen Gefahr mit psychologischen Mitteln wirksam begegnet werden kann. *SC; 308*

Wogegen soll aber dann die Psychologie kämpfen? Soll man massenweise Leute aufklären, daß sie Voyeuristen sind oder latent homosexuell? Dieser Schluß hat eine Affinität zur Gewalt, wie alle Versuche der Massen-Aufklärung. Vergleichbar etwa dem Ansinnen der 'progressiven' Studentengeneration 68-72, allen 'bürgerlichen Individuen' die 'Charaktermaske' gleichsam herunter zu reißen. Gewalt ist es deswegen, weil solch intendierte Aufklärung kategorial verfährt und die Kommunikation nicht zuläßt.

Soziologie, wenn sie sich auf eine pragmatische Dimension einläßt, muß entweder eine konkrete oder abstrakte Schuld-Zuschreibung betreiben. Abstrakte Schuldzuschreibungen (abstrahiert von den Akteuren) hat zwar die Wut auf den anderen sublimiert, — nicht aber die Wut überhaupt. Sie setzt sich ins Recht, indem sie ihr aggressives Potential in der Nivellierung des konkreten Individuums etwa in psychischen Kategorien auslebt. Der Soziologe sucht die Schuld für den Skandal (s.o.), der ihn Soziologe werden ließ. Soziologie hat so in verschiedenen Modi der Sublimierung die Analyse der Schuld zur Aufgabe. Was in den Naturwissenschaften als 'Ursache' traktiert wird, wird in den Sozialwissenschaften, sobald sie das handelnde Individuum als qualitativen Faktor (samt Entscheidungsfreiheit) gelten lassen, zur Frage der Schuldzuschreibung. Die Zuspitzung dieser Frage taucht heute in der sogenannten 'Rechts-Soziologie' auf (ein Bereich übrigens, um den sich Adorno erstaunlicherweise nie gekümmert hat). Hegel konnte in seiner 'Philosophie des Rechts' noch eine eindeutige Aussage über die Schuld machen: "Wie aber die Handlungen nach ihrem äußerlichen Dasein Zufälligkeiten der Folgen in sich schließen, so enthält auch das subjektive Dasein die Unbestimmtheit, die sich auf die Macht und Stärke des Selbstbewußtseins und der Besonnenheit bezieht, — eine Unbestimmtheit, die jedoch nur in Ansehung des Blödsinns, der Verrücktheit, u. dgl. wie des Kindesalters in Rücksicht kommen kann, weil nur solche entschiedenen Zustände den Charakter des Denkens und der Willensfreiheit aufheben und es zulassen, den Handelnden nicht nach der Ehre, ein Denkendes und ein Wille zu sein, zu nehmen."[11]

Hier ist ein Grenzstrich möglicher Entmündigung gezogen (— obwohl Hegel die konkreten Individuen gegenüber dem Weltgeist und dessen List ja längst entmündigt hat). Wichtig aber die Ausnahmefälle, die mit Blödheit, Verrücktheit und Kindesalter angegeben werden. Mit psychoanalytischem Wissen ist diese Grenze nicht mehr aufrechtzuerhalten: Momente der Regression, des Wahnhaften und der Verdummung sind nicht mehr externe Kontingenzen, sondern zum einen interpretierbar als gesellschaftlich produziert und zum anderen nicht eingrenzbar. Die Frage nach der Schuldzuschreibung transformiert sich so in die, wie sehr gesellschaftlich bedingte 'Verblödung', gesellschaftlich bedingter 'Wahn' und die Regressionsmechanismen als kulturelles Erbe aufs Individuum übergegriffen haben. Maßgebend für diese Frage ist der theoretische Ansatz der Psychoanalyse, denn:

> Die Freudsche Theorie ist an Einzelfällen ohne jede statistische Breite entwickelt worden und hat sich deshalb von seiten der orthodoxen Psychologie und Sozialwissenschaft den Vorwurf der ungerechtfertigten Generalisierung gefallen lassen müssen. Heute, da man Erhebungen auf Grund des psychoanalytischen Bezugssystems durchführt, strukturiert sich das Erhebungsmaterial im Sinne der Theorie und zugleich mit zureichender statistischer Trennschärfe (...). *SOZ I; 487*

Darin besteht nun eine Chance, eine Synthese von qualitativer und quantitativer Analyse in der Erforschung des Sozialen zu leisten. Das, was die Psychoanalyse auszeichnet, ist, daß sie ihre Theorie an leibhaften Individuen entwickelt hat in mühseligen Kommunikationsversuchen. Das 'Unteilbare' an ihnen, — das was sie nicht mit-teilen konnten, war ihr Unbewußtes. Daß eigentlich erst in Anbetracht dieses Unbewußten eine sinnvolle Soziologie zu betreiben ist, wäre die kanonische Aussage der Adornoschen Soziologie. Das wirft allerdings gegenüber der Psychoanalyse als theoretischem System einige Probleme auf, denn für Freud war das Soziale Derivat psychischer 'Urphänomene' und gegenüber aktuellen psychischen Strukturen ein Epiphänomen. Das führt Adorno zu einer paradoxen Interpretation:

Freud hatte recht, wo er unrecht hatte. Die Gewalt seiner Theorie zehrt von seiner Verblendung gegenüber der Trennung von Soziologie und Psychologie, die allerdings das Resultat jener gesellschaftlichen Prozesse ist, die manche Revisionisten, in der Sprache der deutschen philosophischen Tradition, die Selbstentfremdung des Menschen nennen. (... Im Gegensatz dazu / r.s.) hat Freud eben durch seine psychologische Atomistik einer Realität, in der die Menschen tatsächlich atomisiert und durch eine unüberbrückbare Kluft voneinander getrennt sind, adäquat Ausdruck verliehen. Das ist die sachliche Rechtfertigung seiner Methode, in die archaischen Tiefen des Individuums einzudringen und es als ein Absolutes zu nehmen, das nur durch Leiden, Lebensnot an die Totalität gebunden ist. *SOZ I; 35*

So wäre denn das Soziale der Ausdruck dieses Leids und dieser Lebensnot: — hätte seinen Ursprung in der Natur, deren Totalität und Objektivität darin besteht, daß sie Leid zufügt und das Leben zur Not macht. Das gibt einen, in seiner Abstraktheit sicherlich anzweifelbaren Algorithmus fürs Soziale, den Adorno ausformuliert:

Sogar die Veranstaltungen, welche die Gesellschaft trifft, um sich auszurotten, sind, als losgelassene, widersinnige Selbsterhaltung, zugleich ihrer selbst unbewußte Aktion gegen das Leiden. *ND; 203*

Das Unbewußte ist Ausdruck von Not und Leid, und dies ist zugleich das Soziale, denn alle noch so skandalösen Veranstaltungen der Menschheit referieren dem. Damit wäre auch das anfängliche 'cui bono' beantwortet.

Der Trick der Psyche, so die Psychoanalyse, besteht nun darin, ein 'Ich' hervorzubringen, das, mit allerlei Funktionen ausgestattet, seinem Leid eine Wendung geben kann. Vor Freud mußte es sublimieren, — nach Freud hatte es die Chance, analysiert zu werden, d.h. die Notwendigkeit der Sublimation kraft seines 'Ichs' einzusehen. Der Fehler, der dabei nach Adorno gemacht wird, ist der, daß mit der Festsetzung der Ich-Funktion als Instanz der Aufhebung des Leids diesem die soziale Dimension genommen wird.

Noch die gelungene Kur trägt das Stigma des Beschädigten, der vergeblichen und sich pathisch übertreibenden Anpassung. Der Triumph des Ichs ist einer der Verblendung durchs Partikulare. *SOZ I; 57*

Eine Verblendung, die ihre Wurzeln in der Privatisierung des Leids hat. Das Soziale als Anpassung und gleichzeitiger Widerspruch gegen Naturzwang schafft diese seine Genesis ab, indem es das einzelne Ich, selbst Produkt dieser Genesis, auf das Leid als sein eigenes zurückwirft. Die Not des Sozialen reproduziert sich im Individuum: der Modus der Reproduktion ist aber die Geschichte. Nur entzieht sich diese Dimension dem Ich samt seinen Funktionen, denn es steht als Leidensprodukt selbst nicht außerhalb dieser Historizität:

Das Ich, als entsprungenes, ist ein Stück Trieb und zugleich ein anderes. Das kann die psychoanalytische Logik nicht denken und muß alles auf den Nenner dessen bringen, was das Ich einmal war. Indem sie die Differenzierung, die Ich heißt, revoziert, wird sie selber, was sie am letzten wollte: ein Stück Regression. Denn das Wesen ist nicht das abstrakt Wiederholte, sondern das Allgemeine als Unterschiedenes. *SOZ I; 84*

Daß das Ich etwas anderes sein soll, diese Aussage ist der Versuch, das Ich aus dem Immanenz-Zusammenhang seines Leids heraus zu reißen; eigentlich die Hoffnung, daß das Ich, das ja im Laufe seiner Geschichte tatsächlich sich nur abstrakt wiederholt hat, endlich daraus klug werde. Das 'Klug-Werden' würde die Einsicht in das sein, was der Preis für die 'Realitätstüchtigkeit', die das Ich aus eigenem Gesetz anstrebt, ist. Die Realität wird in der Psychoanalyse als prinzipielle gehandhabt; — das Ich kann sich zu ihr, als einem ihm schlechthin vorausgesetzten, nur anerkennend verhalten. Daß es sich aber überhaupt zu ihr verhalten kann, indem es die Triebe und Bedürfnisse an ihr so reguliert, daß es relativ autonom bleiben kann (— Narzißmus), ist für Freud die Initialisierung des Humanen, dessen Geschichtlichkeit bei ihm sich auf die Extrapolierung dieser Bewegung beschränkt. Was in grauen Vorzeiten noch wirkliche Notwendigkeit aufwies, — nämlich die Realisierung einer prinzipiellen Realität, wird, wenn man es heute behauptet, virtuell und abstrakt. Damals war es vielleicht noch hehre Notwendigkeit, das 'Gesetz des Vaters' anzuerkennen, um nicht Gefahr zu laufen, von diesem erschlagen zu werden. Heute existieren Gesetze, die keinem 'Vater' mehr zugerechnet werden können, sondern nur noch einem anonymen Verwaltungsapparat. Die Freudschen Abstrakta von der wiederherzustellenden 'Arbeits- und Genußfähigkeit' verlieren, da sie im Grunde auf einer Transformation archaischer Konstellationen beruhen, ihre Sinnfälligkeit. Solange man arbeiten mußte, um zu überleben, war diese Maxime sicherlich im Recht; — solange es noch keine Kulturindustrie gab, die das 'Genießen' einem wie auch immer scheinhaften, aber dennoch öffentlichen Diskurs unterwarf, war die Bemühung, dem Ich zur Fähigkeit eines gegenüber den sozialen und kulturell-habituellen Restriktionen autonomen Genusses zu verhelfen, eine legitime Angelegenheit. Heute, im Zeitalter der Rationalisierung, läßt sich schlecht von 'Arbeit' im Allgemeinen sprechen. Ein Arzt könnte oft besser daran tun, seinem Patienten zu raten, mit dem Arbeiten ganz aufzuhören. Oder auch wenn ein Psychoanalytiker einen Homosexuellen 'heilen' will, so verhindert er, daß dieser sein Glück in der 'Homosexuellen-Bewegung' sucht und eventuell auch finden kann. Der Anachronismus entsteht dort, wo eine 'Notwendigkeit' historisch überholt zu sein scheint. Das trifft sich auch mit der von Marx postulierten 'antagonistischen Form' der Gesellschaft, insbesondere der der kapitalistischen. Die Vergesellschaftung der Individuen, — das, was sie unter das Gesetz der Entsagung zwingt, erwirkt ebensosehr die Bedingungen der Möglichkeit dieser Zwangsgestalt. Daß allerdings diese Möglichkeit sich nicht realisiert, liegt an den unausgeschöpften Möglichkeiten einer 'rationalen Realitätsprüfung':

Die Aporie weist auf die Psychoanalyse als solche zurück. Einerseits gilt ihr Libido als die eigentliche psychische Realität; Befriedigung als positiv, Versagung, weil sie zur Erkrankung führt, als negativ. Andererseits aber nimmt sie die Zivilisation, welche die Versagung erzwingt, wenn nicht geradezu unkritisch, so doch resigniert hin. Im Namen des Realitätsprinzips rechtfertigt sie die seelischen Opfer des Individuums, ohne das Realitätsprinzip selber einer rationalen Prüfung auszusetzen. *SOZ I; 39*

Damit wird dem Ich aufgebürdet, die Realität nicht nur anzuerkennen, sondern auch zu prüfen. Die 'Realitätsprüfung' in der Psychoanalyse beschränkt sich darauf, die narzißtische Stabilisierung gegenüber einer prinzipiellen Realität zu gewährleisten. Was aber Adorno verlangt, ist dies, daß das Ich die Realität, jenseits des Immanenzzusammenhanges seines Leids und seiner Befriedigungsmöglichkeiten prüft: — d.h. seinen Triebansprüchen und der Realität einen status quo zu verschaffen. Das Ich ist aber bei Freud so konzipiert, daß es wesentlich diese Triebansprüche abwehrt zugunsten einer Realisierung der prinzipiellen Realität. An dieser Stelle nun greift Adorno kurzentschlossen in das Lehrgebäude der Psychoanalyse ein, um eine (mögliche) Berichtigung vorzustellen:

Die Leistung der Abwehr wird aber nicht bewußt, kaum überhaupt vom Ich selber vollbracht, sondern von einem psychodynamischen Derivat, einer gleichsam verunreinigten, aufs Ich gerichteten und dabei unsublimierten und undifferenzierten Libido. Fraglich selbst, ob das Ich die Verdrängungsfunktion, die wichtigste der sogenannten Abwehr, ausübt. Vielleicht wäre das »Verdrängende« selbst als von ihren realen Zielen abgeprallte und darum aufs Subjekt gerichtete, narzißtische Libido anzusehen, die dann freilich mit spezifischen Ichmomenten fusioniert wird. *SOZ I; 72/73*

Damit wird das Ich nicht entmächtigt, sondern, im Gegenteil, befreit aus der Immanenz seiner Funktionen. Wenn das Ich nämlich sich nur an einer vorgegebenen Realität 'abfunktionieren' könnte (also bloß eine 'Funktion' hätte -- siehe 'Einleitung'), so bricht die Kommunikation an der Vorherrschaft dieser Funktionen ab, und das Ich ist wiederum schuldlos. Um das Ich zu 'befreien', muß es seiner 'Funktionen' entledigt werden:

Dann wäre die »Sozialpsychologie« nicht, wie man es heute gern hätte, wesentlich Ichpsychologie, sondern Libidopsychologie. *SOZ I; 73*

Das legt erstmal den Verdacht nahe, daß dem Ich ein quasi metaphysischer Stellenwert zugeschrieben wird: transzendierend aus dem Immanenzzusammenhang seines (physischen) Leids. Die Konstruktion wäre konkreter so zu benennen, daß 'es' ein Ich braucht, das Leid ertragen kann, — also nicht blindlings vor diesem in Rationalisierungen flieht, — und dadurch eben seinen Bann abwirft. Die 'Realitätsprüfung' würde dann nicht mehr durch das 'Über-Ich' erfolgen (das dem Ich vorgibt, was Realität sei), sondern Realitätsprüfung in dem von Adorno angesprochenen 'kritischen' Sinne fiele dem Ich zu, — freilich ohne das 'Über-Ich' eliminieren zu können:

Ein »bewußtes« Überich verlöre mit seiner Undurchsichtigkeit eben die Autorität, um derentwillen die apologetische Theorie daran festhält. *SOZ I; 65*

Psychoanalyse als radikale Aufklärung und zuinnerst Kritik an jeder Metaphysik habe, so Adorno, das Kind mit dem Bade ausgeschüttet. Das Verdikt der Psychoanalyse über das Ich, daß es nicht Herr im eigenen Hause sei, — also gleichsam Knecht, schreibt diese Knechtung als über-geschichtliche fest. Dabei vergißt sie, daß im Moment der Illusion der Herrschaft des Ichs selbst ein Stück Transzendenz des Bewußtseins liegt. Man muß das ganz streng sehen: Ein Ich, das sich (notwendig-scheinhaft) als Herr dünkt und diesen Gedanken nicht aufgibt, hat an der Erfahrung seiner eigenen Knechtschaft (gegenüber dem Über-Ich und sonstigen psychischen Instanzen) gleichzeitig die Erfahrung der realen Überschreitungskraft seines Ichs, indem es erkennt und leidet. Dieses ist ein Focus von Nicht-Identität, dessen ungeheure Offenheit jeder, der begonnen hat, auf psychoanalytischen Geleisen zu reflektieren, erfahren muß. Man kann sich eben nicht einfach sagen, daß man halt auf Grund gewisser Über-Ich-Strukturen zu

Zwangshandlungen genötigt sei: in diesem Sagen liegt keine Identität: — keine Befriedigung und Versöhnung. Man konstituiert sich bereits darin als anderes, — und auch wenn dies andere Schein wäre (— wenn man der Zwangshandlung nicht entkommt), — so ist dieser Schein doch real. Hält die Psychoanalyse dem Ich vor, daß seine Transzendenz Schein wäre, so erinnert Adorno an die Hegelsche Einsicht, daß 'der Schein dem Wesen wesentlich ist'; — 'auch' ist, um es einzuschränken. Das findet in den "Minima Moralia" seinen vehementen Ausdruck:

So wird Psychoanalyse das Opfer eben der Substitution des zugeeigneten Überichs durch die verbissene Übernahme eines beziehungslosen Äußeren, welche sie selber verstehen lehrte. Das letzte großkonzipierte Theorem der bürgerlichen Selbstkritik ist zu einem Mittel geworden, die bürgerliche Selbstentfremdung in ihrer letzten Phase zur absoluten zu machen und noch die Ahnung der uralten Wunde zu vereiteln, bei der die Hoffnung eines Besseren in der Zukunft liegt. *MM; 79/80*

Um aber der Psychoanalyse nicht Unrecht zu tun, muß gesagt werden, daß diese Kritik eine konzeptionelle ist. Der praktisch-klinische Anteil an der Psychoanalyse muß sowieso immer vom theoretischen Anspruch abweichen und ist in dieser Differenz enorm fruchtbar.[12]

Die Psychoanalyse stellt sich aber auch als Theorie des Sozialen, — der Kultur vor, und da ist es angebracht zu zeigen, daß das Ich nicht nur eine Funktion eines libidinösen Mechanismus' ist, sondern daß, indem diese libidinöse Ökonomie einer Historie unterliegt, das Ich diese Geschichte erkennen, — auf sich nehmen kann, indem es vielleicht diese 'uralte Wunde ahnt'. Diese evoziert die Kultur, — die Zivilisation, welche die Aufgabe hat, die Wunde zu verdecken: — das Leid und damit das Individuelle zu integrieren in einen Zusammenhang der Verblendung. Wäre Geschichte bloß das, so wäre sie blinde Naturgeschichte, insofern die Verdeckung des Leids einem Naturzwang folgt. Die Frage ist, ob Geschichte dies tatsächlich ist, ob der Schein total werden kann, oder ob das Ich als Zivilisationsprodukt seine illusionäre Verfassung kraft dieser überschreiten kann. Diese Frage teilt Adorno der 'Sozialpsychologie' zu:

Relevant wird die Psychologie nicht allein als Medium der Anpassung, sondern auch dort, wo die Vergesellschaftung im Subjekt ihre Grenzen findet. Dem gesellschaftlichen Bann opponiert es mit den Kräften aus jener Schicht, in der das principium individuationis, durch welches Zivilisation sich durchsetzte, noch gegen den Zivilisationsprozeß sich behauptet, der es liquidiert. (...) Ob die Prozesse der Integration, wie es den Anschein hat, einzig das Ich zu einem Grenzwert schwächen, oder ob, wie in der Vergangenheit, die Integrationsprozesse stets noch, oder erneut, das Ich kräftigen können, danach ist mit Schärfe bislang kaum gefragt worden. An einer Sozialpsychologie, die in den sozialen Kern der Psychologie eindringt, nicht ihr einen kargen Zusatz soziologischer Begriffe beimischt, wäre es, diese Frage aufzunehmen; mit Rücksicht auf die Subjekte dürfte sie entscheiden. *SOZ I; 92*

Man kann diese Frage, wenn man sie mit 'Rücksicht auf die Subjekte' entscheiden kann, nur eigentlich an die Subjekte selber richten, — d.h. diese Frage muß innerhalb von Kommunikation und nicht systematisch beantwortet werden. Genauer: die (virtuellen) Subjekte müssen die Antwort selbst geben und nicht der Soziologe. Der kann höchstens das Gespräch beginnen. Andererseits weiß der Soziologe, daß er kaum die Chance hat, auf ein 'authentisches Ich', das zudem kommunizieren kann, in den Dimensionen der Soziologie (— die vergesellschaftete Menschheit) zu treffen. Das liegt aber am soziologischen Denken und an der Menschheit im gleichen Maße. Wenn sich das soziologische Denken vor dem Druck der Realität beugt, — sich auf Tatsachen einrichtet, so ist es tendenziell der Ideologie verfallen; — jener Ideologie, die die Realität zum anonymen Prinzip macht und damit der Schuldfrage entgeht. Das Moment der Ideologie hat seinen Ursprung im Ideologie-Kritischen: in der 'Entlarvung' des Scheins als Schein. Die Empathie ist dann perfekt, wenn man, wie ein aktueller Soziologe, kategorisch sagen kann: "Die Soziologie ist der Feind des Ich. Das Bewußtsein, das der individuelle oder kollektive Akteur von sich selber hat, liefert weder den Sinn der Situation, in der er sich vorfindet, noch die Begründung für seine Verhaltensweisen."[13] Damit ist die Kommunikation abgebrochen; — wenn die Illusion des Akteurs total ist, kann er eigentlich nichts aussagen. Wenn nun der Soziologe solchen Standpunkt einnimmt, so ist er Vollstreckungsorgan der Rechtfertigung der Realität, die sich selbst auf Kosten des 'Geistes' zu rechtfertigen bestrebt ist. Wenn man einem Akteur, etwa einem KZ-Wächter, eine totale und notwendige Illusion unterstellt, — ihm also die Schuld nimmt, so rechtfertigt man damit die Realität der Vergasung. Prekär ist dies deswegen: — die Vergasung haben auch die faschistischen Ideologen gerechtfertigt, und der Soziologe unterscheidet sich von diesen in seiner Aussage nur noch in der Behauptung, daß die Faschisten selbst ihre eigene historische Bedingtheit nicht erkannt haben. Paradox, aber folgerichtig ist dann der Gedanke, daß, selbst wenn die Faschisten ihre historische Bedingtheit erkannt hätten, sie trotzdem keine andere Chance gehabt haben würden, als weiterhin ihren Untaten nachzugehen, — diesmal soziologisch abgesichert. Und so war es denn tendenziell auch: die faschistischen Ideologen rechtfertigten sich mit dem Hinweis auf 'eherne Gesetze von Rasse und Blut' und bedauerten durchweg die Unmenschlichkeiten, die man dabei in Kauf nehmen müsse. Diese Verstrickungen der soziologischen Bemühungen sind Resultat eines dialektischen Sachverhaltes, der darin besteht, daß die Realität der Ideologie die Ideologie der Realität ist; — d.h. daß das Prinzip der Realität (— als Negatives der Ideologie) an sich selbst ideologisch ist.

Weil aber Ideologie und Realität derart sich aufeinanderzubewegen; weil die Realität mangels jeder anderen überzeugenden Ideologie zu der ihrer selbst wird, bedürfte es nur einer geringen Anstrengung des Geistes, den zugleich allmächtigen und nichtigen Schein von sich zu werfen. *SOZ I; 477*

Die Illusionierung des Subjekts ist so total, daß es, wenn es sich anstrengt, wirklich Subjekt werden könnte, denn mit ihrer Totalität verliert die Illusionierung eben ihre Notwendigkeit. Und das ist vielleicht auch die implizite Bewegung der Soziologie: nämlich solange die Nicht-Existenz, die Nichtigkeit oder Virtualität der Subjekte zu behaupten, bis es eingesehen wird: ... von Subjekten.

Die 'großen soziologischen Systeme' unterscheiden sich im wesentlichen dadurch, wie sie das Subjekt des Sozialen traktierten bzw. wo sie es ansiedelten. Bei Weber etwa verlor sich das Subjekt in einer Synopsis des Sozialen: erhalten wähnte er es in der partiellen Nicht-Integrität der 'subjektiven Zweckrationalität'. Das tut so, als ob das Subjekt in seiner Zwecksetzung autonom wäre. Diese Autonomie wird in dem Moment nichtig, wo sie sich mit einer 'objektiven Richtigkeitsrationalität' vertragen muß, die dem Subjekt ein äußerliches Prinzip[14] ist. Das Subjekt bleibt nur dann erhalten, wenn es nicht 'richtig' handelt, d.h. Zwecksetzung und objektive Durchführbarkeit divergieren, und ist so ohnmächtig auf sich selbst zurückgeworfen. Schuld wird zur privaten Untat. Dem trugen Schütz und Parsons auf verschiedene Weise Rechnung.[15] Während Schütz das Nichtig-Werden des Subjekts im sozialen Handlungsraum ausformulierte[16], verurteilte es Parsons über den Umweg der Transzendentalisierung zur Nichtigkeit.[17] Bei Schütz existiert so etwas wie ein Relevanz-Postulat, das das Subjekt sowohl in positiver als auch in negativer Richtung übersteigen kann. Dieses Postulat hat sein reales Pendant in der verwalteten Gesellschaft: Es ist wirklich so, daß Handlungen einer Hierarchie unterliegen, die darüber entscheidet, ob sie thematisiert werden sollen. Solange Realität die Relevanzen definiert, ist soziales Handeln etwas, was vom Subjekt abgelöst externen Gesetzen unterliegt. So formuliert auch Schütz folgerichtig das soziale Handlungsfeld als anonym: es konstituiert sich durch die Austauschbarkeit der Subjekte. Dahinter steht der Gedanke, daß die Sinnimplikation des Handelns nicht vom Subjekt geleistet wird, sondern von einem wie auch immer gearteten (intersubjektiven) sozialen Agens. Das Subjekt weiß also von vorneherein nicht, wofür das, was es tut, gut ist. Es kann sich in seinem Handeln irren, — irrt sich sogar meistens notwendig. Die einzige Aufforderung, die der Soziologe ans Subjekt richten kann, ist die, sich möglichst wenig zu irren, — sich einer gesellschaftlichen Rationalität (die von den vorsichtigeren Soziologen freilich nur in potentia angesetzt wird) anzupassen. Dennoch ist in der Nichtigkeit des Subjekts Raum für den notwendigen Irrtum, und der Irrtum ist nicht Schuld des Subjekts, — eben weil es gegenüber der Realität nur ein Subjekt ist. Wenn etwa G.H. Mead sich Gedanken zu einer Ethik macht, so hört sich das so an:

"Unsere Gesellschaft wird aus unseren gesellschaftlichen Interessen gebildet. Unsere gesellschaftlichen Beziehungen schaffen Identität. Wenn aber die unmittelbaren Interessen mit anderen, von uns bisher nicht erkannten Interessen in Widerspruch geraten, neigen wir dazu, diese anderen Interessen zu übersehen und nur jene zu beachten, die sich uns unmittelbar darbieten. Die Schwierigkeit liegt für uns darin, diese anderen und umfassenderen Interessen anzuerkennen, und sie dann zu den unmittelbaren Interessen in eine rationale Beziehung zu bringen. Hier ist Raum für Irrtümer ... Irrtümer aber sind keine Sünde."[18]

Leider aber entspringen alle Sünden den Irrtümern. Daß dem (privaten) Subjekt Irrtümer erlaubt sein sollen, — wie Kindern es erlaubt ist, in gewissen Grenzen Blödsinn zu machen, — ist ein Effekt dessen, was vorhin die Ideologie der Realität genannt wurde. Um es noch-einmal zu verdeutlichen: Es ist unsagbar schwer, etwas nicht zu entschuldigen. Wenn man etwa die Biographie des Mörders an Dutschke betrachtet, so kann einen das Mitleid überkommen und man kann sich sagen, er sei eben ein armes Opfer seiner (sozialen) Verhältnisse gewesen. Man kann die Schuld auf die Massenmedien verschieben. Betrachtet man aber die Biographie eines 'Bild-Reporters', so kann man sich wahrscheinlich dasselbe sagen. Sie alle haben sich geirrt, weil sie gegenüber der Realität machtlos waren. Als poetisierender Philosoph wie Sartre kann man zwar recht gut damit umgehen, indem man krude Resümees zieht: 'Halb Opfer, halb mitschuldig wie wir alle'; — aber als Soziologe hat man es furchtbar schwer, wirklich auszumachen, wo ein Individuum gegenüber der erdrückenden Realität 'mitschuldig' sein soll. Vor diesem Problem tritt die Soziologie die Flucht nach vorne an, indem sie die Schuld funktionalisiert, — das Soziale zur Funktion ihrer selbst macht. Der Ursprung der Schuld liegt dann irgendwo in der Konstitutionsphase der Gesellschaft als System, und da dies blind, — unter Naturzwang, — vonstatten ging, wird die Schuld als natürliche Kontingenz gehandhabt. So etwa bei Parsons, bei dem das Subjekt den Status eines natürlich-kontingenten Seins annimmt, das sich gegenüber dem System 'Gesellschaft' transzendental verhält. Damit ist wieder ein Stück Wahrheit ausgesprochen: die natürlichen Subjekte sind Bedingung der Möglichkeit von Gesellschaft, — verschwinden aber in deren Wirklichkeit. So ist zwar ein 'Kapitalist' (um diesem trivialen Beispiel zum Recht zu verhelfen!) die Bedingung der Möglichkeit fürs Kapital: gegenüber diesem wird er aber gänzlich nichtig und die Bedeutung seiner Existenz verschwindet vor der Wirklichkeit des Kapitals. Im 'Funktionalismus' wird mit dem Subjekt auch die Geschichte des sozialen Systems transzendental. Der Vorwurf der 'kritischen Dialektiker' an die Funktionalisten, ihr Verfahren sei 'ahistorisch', hat sein volles Recht.[19] Nur sind dann die, die den Vorwurf gemacht haben, in der Verlegenheit, zeigen zu müssen, wo Geschichte gegenüber dem aktuellen System nicht transzendental ist. Genauer gesagt: es müßte ein Punkt angegeben werden, wo Geschichte noch nicht die autonome Reproduktion sozialer Strukturen war, und wo sie in diese übertrat: — wo also etwas falsch gelaufen ist. F. Grenz, ein neuerer Adorno-Rezipient, versucht den Adornoschen Gedanken vom 'Mißlingen der Kultur' zu datieren. Wie sehr dieser Versuch bloßer Versuch bleiben muß, verdeutlicht das vorgängige Paradoxon eines solchen Gedankenganges.[20] Wenn damals konkrete Individuen besser hätten handeln können, so sind es sie, die Schuld am Mißlingen der Kultur haben. Aber welcher Soziologe würde sagen: 'Am 6. 11. 1846 haben die Personen Müller, Meier und Kunz, — Vertreter der Werktätigen, aus Dummheit oder falschem Ehrgeiz die Kultur mißlingen lassen'. Wenn aber dem nicht so gewesen ist, so trug die Geschichte das Moment des Mißlingens der Kultur damals schon in sich, und das wirkliche Mißlingen war bloße Reproduktion (unter begünstigenden Kontingenzen — wie Meier, Müller und Kunz) dieses Moments. Damit kann man aber nichts mehr datieren, denn was die 'Geschichte' in sich trägt, hat kein Datum.

Damit ist nicht gesagt, daß geschichtliche Vorgänge nicht zeitlich bestimmbar oder lokalisierbar wären; — allein ein Datum ermöglicht die Identität, die Fixierung eines Ereignisses, und dagegen steht die Rede. Der schmale Grenzgang zwischen dem Mythos des 'Unbegreiflichen' und einem falschen Determinismus wäre nach Adorno der Gang des Soziologen.

Datierbarkeit ist Repräsentation, ein Modus der Darstellung. Etwa in einer Biographie. 'Große Biographien' (Gorki, Canetti, Keller etc.) zielen immer zentral auf ein Schlüsselerlebnis, auf einen Zeitpunkt, der ihnen es gestattet hat, auszubrechen aus einem Bann, — aus einem System. In der funktionalistisch orientierten Soziologie, die meist mit dem Anspruch auftritt, Systemtheorie zu sein, werden solche individuellen Schicksale (mit ihrem realen Zeit-Moment) als kontingent gesetzt. D.h. Systemtheorie trägt dem Stachel der Geschichte schon Rechnung, — auch der prinzipiellen Subjektivität als Handlungsträger. Nur wird das Subjekt zum Resultat und nicht zum Agens. Das sieht dann, etwa bei Luhmann, so aus[21]: Systeme, — soziale Systeme haben die Aufgabe der Komplexitätsreduktion und entsprechend der Stabilisierung von Strukturen. Nun aber tritt eine 'funktionelle Ambivalenz' auf: indem Systeme sich auf Komplexität einlassen (— sie zu integrieren versuchen), so destabilisieren sie sich vorübergehend. Etwa in der Recht-Sprechung: — wenn eine Gesellschaft anfängt, in ihren Bestrafungsmodi Rücksicht auf Komplexität zu nehmen (etwa der psychische Zustand des Täters zur Zeit der Tat), so wird die Recht-Sprechung (vorübergehend) instabil, weil sie keinem kanonischen Prinzip mehr folgen kann. In dieser funktionellen Ambivalenz tritt Subjektivität als Resultat auf (— etwa daß ein einzelner Richter nach eigenem Gutdünken entscheidet). Dieses Auftreten von Subjektivität steht aber in Diensten der Systemstabilisierung: Die neue Recht-Sprechung wurde eingeführt, um eine größere Instabilität zu verhindern, die darin bestanden hätte, daß gesellschaftliches Wissen (etwa in der Psychologie etc.) mit der Recht-Sprechung divergiert.

Die Wendung, das Subjekt in toto als Resultat sozialer Funktionen anzusiedeln, entspringt einer den Adornoschen Gedanken nicht unähnlichen Ambition einer radikalen Kritik an der abendländischen Kultur. War die kritische Funktion älterer Soziologien noch darauf beschränkt, gegen die Ideologie des Individuellen zu argumentieren, so ist die Version, die schon die Idee eines möglichen Subjekts als Illusion erscheinen läßt, in ihrem Kritikanspruch total; und vermuten läßt sich, daß diese Totalität subtil mit der der gesellschaftlichen (— vergesellschafteten) Realität korrespondiert. Der 'Strukturalismus' hat für sich diesen Kritikanspruch programmatisch ausformuliert. Das System des Sozialen mit seinen Funktionen wird hier gedacht als eine sich autonom strukturierende Struktur. Homolog gesetzt wird hierzu die Struktur sprachlicher Systeme, die, so heißt es, Sinn konstituieren und damit auch ein Subjekt, das sich an diesem orientiert. Streng genommen bedeutet dies, daß in dem Moment, wo ein 'Wesen' die Chance hätte, Subjekt zu werden, — nämlich dann, wenn es zu sprechen beginnt, je schon vergesellschaftet ist in dem Sinne, daß es absolut einer Regel-Ganzheit eines Signifikations-Systems folgen muß. Die soziale Dimension dessen, bzw. das, was die Soziologie untersucht, sind dann Derivate des Systems der Signifikanten wie habituelle Systeme oder symbolische Handlungselemente.[22] Wenn man also zeigen will, wie die Sprache im Menschen zu sprechen beginnt[23], oder wie symbolische Formen im Menschen sich zu Handlungen umsetzen, so hat man die 'ureigenste Fähigkeit' des Subjekts, — nämlich zu denken (und damit Negation zu leisten), als vorgängige Illusion definiert. In dieser Absolutheit wird Kritik unkritisch, denn nichts bleibt übrig als Warten im Einverständnis auf eine gewaltige epistemologische Umwälzung, die 'den Menschen verschwinden läßt wie am Meeresufer ein Gesicht im Sand'.[24]

Die Desillusionierung, die solchgeartete Sozialwissenschaft betreiben will, hat keine Adressaten. Sie zeigt einen Immanenz-Zusammenhang auf, der jedes transzendierende Moment immer schon integriert hat. Die Soziologen dieser 'Schulen' können sich somit als externe Heroen begreifen oder aber als 'nützliche Idioten' des von ihnen behaupteten Systems. Im letzteren liegt ein Stück Hoffnung, das freilich dann auch ungewollt metaphysische Züge trägt: nämlich daß in der Desillusionierung, die zwar in der abendländischen Kultur strukturell angelegt ist, man dennoch den Zusammenbruch oder die Selbstaufhebung dieser Strukturen beschleunigen kann.

Obwohl Adorno, wie bereits erwähnt, eine 'erstaunliche Nähe' zum Strukturalismus nachgesagt wird (bzw. zum Post-Strukturalismus), ist seine Intention ziemlich eine andere. In der Kritik an der 'Wissenssoziologie' (eine Form von Soziologie übrigens, die durchaus in den Kanon der aufgezählten paßt) wird explizit der Rekurs aufs 'individuelle Sein' geleistet, und damit jenes Theorem kritisiert, daß

... eine Übereinstimmung von gesellschaftlichem und individuellem Sein gewissermaßen transzendental voraus (setzt), deren Nichtexistenz einen der vordringlichsten Gegenstände der kritischen Theorie bildet. Sie ist nur insoweit die Lehre von den Beziehungen der Menschen, wie sie auch die Lehre von der Unmenschlichkeit ihrer Beziehungen ist. *PR I; 39*

Nun aber das Gegenteil vorauszusetzen, nämlich die Divergenz von gesellschaftlichem und individuellem Sein, ist legitim, aber kaum einholbar. Selbst Adorno entzieht sich die Möglichkeit des Einholens in Behauptungen wie der von der totalen Verhärtung der Gesellschaft und ähnlich gearteten, die haufenweise etwa in den 'Minima Moralia' auftauchen. Solche Sentenzen sind im strengen Sinne 'meta-soziologisch'. Soziologie ist ihrem Ursprung nach der Versuch, etwas in Ordnung zu bringen, und zwar nicht nur theoretisch. Die französischen 'Ideologen'[25] wollten das Soziale verwalten, um es zu bessern. Ein Teil davon ist geblieben: mancher gelernte Soziologe wird heute von Kommunalverwaltungen angestellt, um etwa eine bessere Integration der Ausländer zu planen. Gegenüber dieser Tätigkeit ist jede Behauptung, man könne nichts bessern, meta-theoretisch. Das wirft Adorno auch der Wissenssoziologie vor:

Die Wissenssoziologie richtet der obdachlosen Intelligenz Schulungslager ein, in denen sie lernen soll, sich selber zu vergessen. *PR I; 50*

Wenn die Intelligenz, eben auch die Soziologen, sich nicht vergessen, sich ein Obdach geben, indem sie einer konkreten Tätigkeit nachgehen, so kommt diese Intelligenz in die Verlegenheit, etwas wider besseres Wissen zu tun; — eine Verlegenheit, die schon einmal angesprochen wurde. Verharrt man in der Meta-Soziologie (— das sind schlicht die Gedanken darüber, ob man die Welt per Soziologie bessern kann), so kann man gegenüber der Realität sich nur abwartend verhalten. Etwa so:

Keine höhere Gestalt der Gesellschaft ist, zu dieser Stunde, konkret sichtbar: darum hat, was sich gebärdet, als wäre es zum Greifen nah, etwas Regressives. (...) Demgegenüber ist der kompromißlos kritisch Denkende, der weder sein Bewußtsein überschreibt noch zum Handeln sich terrorisieren läßt, in Wahrheit der, welcher nicht abläßt. *KSG; 149/150*

Die Frage ist, ob dies nicht langweilig ist. Andererseits ist das Arbeiten in Kommunal-Verwaltungen als Soziologe sicherlich auch langweilig; — von 'lähmender Stereotypie' (s.o. *SOZ I; 579*). Diese Stereotypie korrespondiert mit Ohnmacht; also dem Gefühl, in seinen Besserungs-Versuchen regelmäßig an den vorhandenen Machtverhältnissen zu scheitern. Die Gefahr in der ständigen Wiederkehr des Scheiterns liegt darin, daß man das Scheitern nicht mehr als Scheitern erlebt, sondern als Verfassung der Realität, — und damit die eigenen Besserungs-Versuche disqualifiziert. Derjenige hingegen, der von vorne-herein die Unmöglichkeit der Besserung bezweifelt, hält sich, so Adorno, die Möglichkeit der Besserung prinzipiell offen: auf einem meta-theoretischen Standpunkt. 'Meta-Soziologie' meint Vorsicht gegenüber dem Praxis-Anspruch der Soziologie (ex origine). Wenn Soziologie ihrem ursprünglichen Impuls folgen will, indem sie versucht, etwas in Ordnung zu bringen, so liefert sie sich der Gefahr aus, sich der 'Ideologie der Realität' zu unterwerfen. So kann zum Beispiel ein Soziologe in der Kommunalverwaltung planen, Kurse für Ausländer einzurichten, die bewirken sollen, daß diese sich besser der deutschen Lebensform anpassen können. Damit hat er einerseits vorrangige Not gelindert, — andererseits aber die Utopie der freien Bezugnahme verschiedener Kulturen verraten. Der praktische Soziologe müßte dies also tun, und sich gleichzeitig sagen können, daß es eigentlich nicht das Richtige war. In ähnlicher Weise könnte der 'Meta-Soziologe' vorgehen, wenn er sich nicht vergißt. Wenn er das Richtige tut, indem er überhaupt nichts tut, — sich nicht zum 'Handeln terrorisieren' läßt, müßte er sich gleichzeitig sagen können, daß dieses Nichts-Tun eigentlich genauso falsch ist. Der 'praktische Soziologe' kann dieser Spannung (— die uneingelöst eben das Gefühl von Langeweile evoziert) entgehen, indem er seinen Impuls gegenüber der Realität in der Abarbeitung an dieser nichtig macht. Der 'Meta-Soziologe' kann es, indem er diese Spannung zu einer Melancholie hochstilisiert. W. Lepenies[26] hat diesen Mechanismus recht triftig aufgezeigt; — nämlich wie Handlungshemmung als Resultat des 'theoretischen Standpunkts' gegenüber der Gesellschaft, wie ihn zum Beispiel die theoretischen Soziologen einnehmen, in Melancholie umschlägt. Gehlen und Adorno sind ihm hierfür die aktuellen Beispiele. Lepenies kritisiert diese Position als spezifische Form von Ideologie, wobei Melancholie als das Privileg der 'Sorglosen' erscheint: "Dialektik wird hier so subtil wie ohnmächtig gegenüber den Verhältnissen. Nicht mehr nach Sattheit und Hunger wird gefragt, sondern auf die Tischsitten derer geachtet, die sich ums Essen nicht sorgen zu brauchen."[27] Der Vorwurf ist richtig, aber schief: nach Sattheit und Hunger fragen sich hierzulande hauptsächlich protestantische Pastoren, die aber ihrerseits ideologische Sitten (— auch Tischsitten) haben, welche nichts anderes als Derivate des Systems von Hunger und Sattheit auf der Welt sind. Was dabei Adorno angeht, so steht ja hier der Melancholie ein Krankheitsbewußtsein (— siehe Einleitung) entgegen; ein Bewußtsein, das aus leidvollen praktischen Erfahrungen entspringt.

Wie aber sehen die praktischen Erfahrungen und die Eingriffe in Praxis bei Adorno aus? --- Mitunter ganz krude, — etwa so:

Ich habe nach meiner Rückkehr (aus Amerika/Emigration / r.s.) nach Deutschland mit solchen Menschen unmittelbare Erfahrungen gemacht. Einmal bin ich an einer Gruppe von Chauffeuren vorbeigekommen, die damals in dem Pool für die amerikanische Besatzungsmacht beschäftigt waren. Sie schimpften untereinander wüst auf die Juden. Ich ging zum nächsten Schutzmann und ließ sie verhaften. *KSG; 129*

Das ist nun wirklich Praxis; — allerdings nicht die des Soziologen: der weiß, daß Verhaftungen nichts nützen, — im Gegenteil die Sache eher noch verschlimmern. Diese 'praktische Tat' Adornos hat aber auch noch andere Aspekte:

Auf der Wache habe ich mich lange und eingehend vor allem mit dem Rädelsführer unterhalten ... *KSG; 129*

Mit dem breitet sich die ganze Problem-Palette aus: Einerseits werden die Chauffeure entmündigt (— in Gewahrsam genommen) — andererseits wird der Versuch gemacht, sie zum Sprechen zu bringen: ihnen die Chance zu geben, ihre Unmündigkeit aufzuheben. Daß Adorno seine 'praktische Tat' gegenüber den Chauffeuren, sicherlich unbewußt, ein paar Seiten vorher am Beispiel der richtigen Erziehungsmaßnahmen gegenüber Kindern rechtfertigt, ist in diesem Zusammenhang sehr signifikant. Es geht um Kinder, die anti-semitische Äußerungen übernommen haben (— ihnen wird die totale Bewußtlosigkeit über die Äußerungen, — also eigentlich die totale Ideologie unterstellt):

Wo es nicht gelingen sollte, individuell auf sie einzuwirken, muß man sie wohl schon in der Schule mit Autorität konfrontieren, man muß ihre ideologische Wirkung auf die anderen unter Strafe stellen, die Strafen dann auch durchführen. *KSG; 126*

Bis hierher ist eigentlich etwas Falsches gemacht worden: es hat überhaupt keinen Sinn, solche Kinder zu bestrafen, — ebensowenig wie Chauffeure, die über Juden schimpfen, verhaften zu lassen. Dann aber, wie auch im Falle der Chauffeure, die Korrektur der Praxis:

Wichtiger aber ist, daß man diese Kinder zum Sprechen bringt, daß sie lernen, sich auszudrücken, und zwar gar nicht nur wegen der kathartischen Wirkung, die von der Sprache überhaupt ausgeht. *KSG; 126*

Wenn man Chauffeure verhaften und böse Kinder bestrafen läßt, so hat man verwaltet, denn anders als per Verwaltung läßt sich so etwas nicht bewerkstelligen. Wenn man sich aber der Verwaltung, schärfster Ausdruck der 'schlechten Welt' bedient, so hat man sich mitschuldig gemacht:

Die praktischen Aussichten (— der 'Eingriffe' / r.s.) sind darum beschränkt. Wer überhaupt Vorschläge anmeldet, macht leicht sich zum Mitschuldigen. *E; 8*

Verwaltung ist immer schon Abbruch von Kommunikation: in ihr werden Individuen als Repräsentanten gehandelt; — wenn man bestraft, so bestraft man eigentlich nicht das Individuum in seiner authentisch-geschichtlichen Form, sondern in seinem Repräsentationsvermögen. Jeder Eingriff in Praxis muß die Unmenge der Individuen zusammenfassen in ein repräsentatives Merkmal, das es zu fördern oder zu bekämpfen gilt.

Eigentlich hätte Adorno adornianischer gehandelt, wenn er angesichts der Chauffeure sich 'Gedanken' gemacht, die Wut in Leiden umgewandelt und diese dann für seine 'Meta-Soziologie' fruchtbar gemacht hätte. Das geht aber nicht immer. Soziologie als der Blick aufs Soziale läßt sich nicht denken ohne den Impuls der Besserung. Warum macht man sich sonst Gedanken über 'Ursachen' der schlechten Verfassung der Menschheit, wenn nicht diese Ursache den 'archimedischen Punkt' der Änderung implizite vorstellen soll. Diesen Impuls kann man solange restriktiv handhaben, solange man in der Theorie (— als Organ des Blicks, s.o.) sich anstrengen muß, um etwas zu sehen. Rückt hingegen das Übel von sich aus in das Blickfeld, wie im Beispiel der Chauffeure, fordert der Impuls sein Recht in der Abschaffung der soziologischen Restriktion. So konnte es Adorno sich auch nicht versagen, gegen die 'Notstandsgesetze' (deren Planung 1968) aufs 'schärfste zu protestieren' (*KSG; 144*), — obwohl er wissen hätte müssen, daß er sich mitschuldig an jenem 'schärfsten Protest' macht, der dann in den Studenten-Unruhen gipfelte, die er vehement ablehnte. Die soziologische Restriktion des soziologischen Impulses ist das eigentlich Schwierige daran, und daß Soziologie eine 'Theorie der Praxis' ist, genau in dem tendenziell doppeldeutigen Sinn des Wortes, kann als Ausdruck dieser Schwierigkeit verstanden werden. Manchmal schlägt sich der Soziologe Adorno auf seiten des Impulses:

> Reine Gesinnung jedoch, die sich Eingriffe versagt, verstärkt ebenfalls, wovor sie zurückschreckt. Den Widerspruch zu schlichten steht nicht bei der Reflexion; ihn diktiert die Verfassung des Wirklichen. In einem geschichtlichen Augenblick aber, da allerorten Praxis abgeschnitten dünkt, die aufs Ganze sich bezöge, mögen selbst armselige Reformen mehr Recht annehmen, als ihnen an sich gebührt. *E; 8*

Diese 'Armseligkeit' in Kauf zu nehmen, lehnt Adorno an anderer Stelle ab:

> Der Sprung in die Praxis kuriert den Gedanken nicht von der Resignation, solange er bezahlt wird mit dem geheimen Wissen, daß es so doch nicht gehe. *KSG; 148*

Man kann daraus vorläufig eine merkwürdige Wendung konstatieren; war einer 'Theorie der Praxis' eigentlich immer die Aufgabe zugedacht, zu zeigen, wo ein Eingriff möglich sei, deutet sich bei Adorno eher so etwas an wie die Aufgabe, zu zeigen, wo der Eingriff nicht möglich ist. Ist eine 'Theorie der Praxis' gegenüber der Praxis restriktiv, — betont also Vorsicht, so muß sie aber zugleich konkret jenen Eingriff formulieren, demgegenüber sie zur Vorsicht rät. Im Aufsatz über 'Sexualtabus und Recht heute' (*E*), formuliert Adorno programmatisch Besserungsvorschläge (— per Verwaltung). Dann aber:

Durchaus ist damit zu rechnen, daß solche Untersuchungen sich als praktisch undurchführbar erweisen, oder daß es nicht gelingt, eine Methode zu entwickeln, welche die Ergebnisse sicherstellt und eindeutig macht. Selbst das jedoch hätte Erkenntniswert: allein schon, daß der unterstellte Schaden weder sich beweisen noch negieren läßt, müßte die Gesetzgebung dazu veranlassen, mit dem Begriff jenes Schadens überaus vorsichtig zu verfahren. *E; 124*

Diese Formulierung wäre auch für Adornos Protest gegen die Notstandsgesetze gültig: Zwar müsse man aufs 'schärfste protestieren', — aber gleichzeitig unendlich vorsichtig in diesem Protest sein (— und allererst die Frage, ob das überhaupt geht!). So mutet das paradox an: der 'schärfste Protest', der zugleich unendlich vorsichtig sein soll. Dieses Paradoxon hat aber nicht nur seine Existenz an den 'Notstandsgesetzen'; — vielmehr ist gegen die ganze Schlechtigkeit der Welt aufs 'schärfste zu protestieren'. Nicht also in der Adäquanz soziologischer Erkenntnis gegenüber ihrem Objekt, sondern in der Spannweite von radikalem Protest und theoretischer Restriktion des Eingriffes stellt sich die Frage der Soziologie. In dieser Fragestellung kann sie sich auch vom Problem der Praxis überhaupt abgrenzen. Wenn Adorno innerhalb der Musik-Theorie streng auf Praxis kommt, — etwa in (*KOF; GK; DI*), — so ist dies relativ problemlos. Man kann einem 'ersten Violinisten' empfehlen, so und so zu geigen, ohne daß man sich veranlaßt fühlt, dabei auf seine Ontogenese zu rekurrieren oder auf seine Sozialisation. Die Restriktion gegenüber dem Eingriff ins Soziale, bzw. die Vorsicht korrespondiert mit der Evidenz des Sozialen, — oder besser: mit dessen notwendiger Nicht-Partikularität. Angesichts des Sozialen, so kann man sagen, ist es angebracht, immer das Ganze mitzudenken. Theorie ist einzig in der Lage, das Ganze zu reflektieren und von daher diesem Ganzen, — welche Form die 'verhärtete Gesellschaft' annimmt, zu widerstehen:

Während Theorie aus dem gesellschaftlichen Gesamtprozeß nicht herausoperiert werden kann, hat sie in diesem auch Selbständigkeit; sie ist nicht nur Mittel des Ganzen sondern auch Moment: sonst vermöchte sie nicht dem Bann des Ganzen irgend zu widerstehen. *ST; 190*

Praxis ist aber zur Partikularität verurteilt: will man den archimedischen Punkt, von dem 'nicht repressive Praxis' aus möglich sei (*ST; 186*) finden, so muß man vorher das Ganze, was man ja aus den Angeln heben will, — umfassen. In diesem Versuch kommt man zu keinem Ende. Dementsprechend muß Praxis aufs Ganze verzichten und die Zwecke partikularisieren. Dabei nimmt man die Gefahr auf sich, man könnte etwas falsch machen. Die Auseinandersetzung zwischen Adorno und seinen 'aktivierten Studenten' ist auf seiten Adornos von dieser Angst geprägt: seine bis ins Absurde gesteigerte Restriktion gegenüber praktischen Eingriffen, — die Denunziation der Revolte als Pseudo-Aktivität, — die psychologisierende 'Entlarvung' der Akteure als Opfer ihrer eigenen Regressions-Bestrebungen, entlädt die Spannung, die im Adornoschen Werk zwischen 'schärfstem Protest' und 'unendlicher Vorsicht' angelegt ist, eindeutig zugunsten der Vorsicht. Diese aber, — und das ist die verborgene Ironie darin, wird selbst praktisch. Selten hat Adorno vehementer in Praxis eingegriffen als in jenen Schriften, die vor diesem Eingriff warnen: diese haben eindeutige Adressaten. Man hat unwillkürlich das Gefühl, daß Adorno, zwecks Aufrechterhaltung der Spannung innerhalb einer Theorie der Praxis, die ja die Soziologie ist, sich deswegen dem einen Pol zugeschlagen hat, weil der andere (— seine Studenten) sich verselbständigt hat.

Die Freude darüber, daß nun endlich mal auf die Straße gegangen wird, war bei Adorno sicherlich vorhanden; — wenn nicht, ist es unerklärlich, warum er so vehement abgewehrt hat. Diejenigen, die damals nicht auf die Straße gingen, waren doch sicherlich ein geeigneteres Objekt für fundamentale Kritik. Die Ambivalenz gegenüber dem 'praktischen Eingriff' ist ja in seinem Werk angelegt, und ambivalent waren auch seine Vorgefühle gegenüber der Studentenrevolte, — hier aber noch mit dem Primat der Sympathie:

Erst in jüngster Zeit werden Spuren einer Gegentendenz gerade in verschiedenen Gruppen der Jugend sichtbar: Widerstand gegen blinde Anpassung, Freiheit zu rational gewählten Zielen, Ekel vor der Welt als Schwindel und Vorstellung, Eingedenken der Möglichkeit von Veränderung. Ob demgegenüber der gesellschaftlich sich steigernde Destruktionstrieb doch triumphiert, wird sich weisen. *SOZ I, 368*

Wenn nun aber die Eingriffe tatsächlich geschehen, so muß anscheinend auch die Ambivalenz des 'Meta-Soziologen' praktisch werden. Damit steht Adorno durchaus nicht allein: Theoretiker der Sozialwissenschaften, sofern sie irgendwie 'progressiv' sind, erleben Revolten (meist seitens der von ihnen gelehrten Jugend) immer auch mit einem nicht zu verhehlenden Maß an Freude: Freilich, — da sie die Aufgabe der Restriktion, die im Denken des Ganzen liegt, haben, fällt auch die Kritik an diesen Revolten ungleichmäßig heftiger aus, als es, in Anbetracht eben dieses Ganzen, angebracht wäre. Denken ist Verhalten (*ND; 399*); — hier im strengen Sinne des Wortes. Zurückgehalten wird der dem Denken eigene Impuls zur Veränderung, denn an ihm unterliegt das Denken der Gefahr, aufzuhören. Adornos Kritik an Kants 'praktischer Vernunft', auf die später noch ausführlicher eingegangen wird, hat in diesem Phänomen seine Wurzeln. Das 'Vermögen der Zwecke', — notwendig in der 'reinen Vernunft' angelegt, sabotiert deren Freiheit. Für Adorno wäre das die Freiheit zur Spannung, zum Unentschiedenen. Wenn nun der soziologische Gedanke diese Spannung aufrecht erhalten soll, so muß er vorrangig sich negativ zu dem verhalten, was ihn aushob: zur Erkenntnisfunktion und zur Änderung des Erkannten. Das Erkennen, um zu rekapitulieren, ist deswegen mit Vorsicht (auch ein Modus der Negation) zu behandeln, weil das soziale Objekt listig ist, — sich konstitutiv einer Täuschung anbietet. Es geht nicht darum, Realität zu erkennen, so wie sie ist, denn wie sie ist, ist sie ideologisch; d.h. sie schlägt die soziale Erkenntnis selbst in ihren Bann. Die Alternative dazu, nämlich im Gegensatz zur Erkenntnis übers soziale Individuum (das dann keines mehr ist), die Kommunikation, — die Befragung jenes, ist deswegen negativ, weil es im Maßstab der Soziologie authentisch-kommunizierende Individuen nicht gibt. Ebenso muß sich der soziologische Gedanke gegenüber seinem eigenen Impuls zur Besserung negativ verhalten. Eingriffe partizipieren immer an der schlechten Verfassung des Sozialen selbst und tragen an sich die Züge von Verwaltung, — sowohl, wenn es um 'armselige' Reformen geht, als auch in Revolten.

Das Ziel richtiger Praxis wäre ihre eigene Abschaffung. *ST; 178*

Die Alternative, nämlich nicht in Praxis einzugreifen, nichts zu tun, ist das Negative per se. Das einzig Positive, was dem soziologischen Gedanken übrig bleibt, ist sein eigenes Verhalten (— in seiner Negativität). Wenn man das so sagt, hat man eigentlich nur eine Tendenz angesprochen, die in allen 'großen' soziologischen Werken sowieso vorhanden ist. Ihr Gegenstand ist immer auch das Maß ihres eigenen Verhaltens gegenüber ihrem Objekt, bzw. dieses konstituiert sich erst in diesem Maß. Ein Muster-Beispiel mag Webers Aufforderung zur 'Wertfreiheit' sein, in der die soziale Welt erst thematisiert werden kann. Diese Wertfreiheit wird dann gegenüber den sozialen Objekten behauptet, und diese Behauptung, — die Durchführung der 'Wertfreiheit' ist dann das Programm seiner Soziologie, wobei er freilich aber an entscheidenden Stellen von dieser Intention abweicht. In der Soziologie verhält man sich negativ, wenn man 'Wertfreiheit', — also Bedürfnislosigkeit gegenüber dem Sozialen voraussetzt. Das bringt die Idee nahe, daß es sich beim so vorgestellten Soziologen um einen Phänomenologen Husserlscher Prägung handelt, der Erfahrungen am Sozialen in eigene Bestände zurücknimmt, um sie dort in aller Ruhe und Stille (der Monaden) ordnen oder auch negieren zu können. Der Phänomenologe aber 'verhält' sich nicht: er muß von außen affiziert werden, einen Anstoß bekommen, den er selbst nicht in seine 'epoché' mitnehmen kann. Der Soziologe Adornoscher Prägung unterscheidet sich vom Phänomenologen, um ein schönes Wort von Hegel aufzugreifen, dadurch, daß er porös ist. In seinen Poren sitzt das Soziale, das er in keinem Rückzug loswerden kann. Wenn er sich verhält, so verhält er sich nicht nur vor einem Sozialen, sondern immer auch zu ihm. So ist, meine ich, Adornos soziologische Anstrengung zu verstehen: Wenn er angesichts von Praxis ein Verhalten predigt im Sinne von Rücknahme des Impulses, so ist das seinerseits eine Gestalt von praktisch-sozialem Verhalten. Oder auch: er fragt nicht einfach, wie 'Auschwitz möglich ist', sondern verhält sich zu dieser Frage. Wenn es einmal soweit gekommen wäre, diese Frage wirklich mit Stringenz zu beantworten, — zu wissen, warum es notwendig möglich war, — dann wäre das Unglück nicht mehr aufzuhalten, denn dies setzt die Erkenntnis der Welt, so wie sie ist, voraus:

Vor der Welt, wie sie ist, kann man sich gar nicht genug fürchten. *ST; 188*

Und weil der Soziologe die Welt, die er erkennen will, so fürchtet, muß er sich vor ihr verhalten. In diesem Verhalten hat er sich auch gleichzeitig sozial verhalten, denn er hat die Angst (— bei Freud noch das Unbehagen) am Sozialen zur Kenntnis genommen.

Und so soll sich auch der Soziologe nach Adorno verhalten.

Kunst

Die bedrohte Philosophie · Demontage des ästhetischen Glücks · Rausch und falsche Immanenz · Geschichte und Rücksicht auf Darstellbarkeit
Traum und Aufwachen
Das Schweigen der Sirenen

Adorno und Beckett · Endspiel
Mimesis · Ironie · Konvergenz und Symbiose

Auferstehung des Fleisches
Sublimierung und Metaphysik
Versöhnungsprobleme · Ästhetische Theorie

Jeder große Philosoph hat eine Ästhetik geschrieben oder hat sich zumindest über Kunst Gedanken gemacht. Schönheit hat nämlich schon immer der Wahrheit Konkurrenz gemacht und zwar, wenn es um das Glück geht. Der Philosoph nimmt ein mühseliges Geschäft auf sich, um einer virtuellen Wahrheit ein Stück Glück abzuringen; — in der Kunst wird Glück als Resultat unmittelbarer sinnlicher Erfahrung erzeugt, was auf einer einfachen Tautologie beruht: Wenn Schönheit qua Kunst keine Befriedigung gewährt, — also im weiteren Sinne Glück, so gibt es keinen Grund für ihre Existenz. Die Möglichkeit, Glück auch nicht über den Umweg von Wahrheit zu erreichen, ist für die Philosophie zweifellos bedrohlich; — sie muß sich deswegen daran machen, aufzuklären, was es mit der Kunst in Wahrheit auf sich hat. Erst wenn Kunst im System oder Anspruch der Wahrheit lokalisierbar ist, d.h. wenn sie der Wahrheit dienstbar gemacht worden ist, vergeht ihr bedrohlicher Charakter. So haben auch vorrangig die großen Philosophen die Funktion der Kunst als Minderung von Leiden ausgewiesen. Die Anschauung der Wirklichkeit, — nach Aristoteles ein unbehagliches Geschäft[1], — kann ersetzt werden durch die Anschauung eines Abbildes, das Vergnügen, Glück verspricht. Das Unbehagen an der Wirklichkeit wird so abgeschafft. Auch Kant definiert die Schönheit als Form einer Anschauung, die Lust evoziert, insofern Lust die unmittelbare Vorstellung der Zwecke ist[2]. Das meint, daß Kunst die Suche nach dem Zweck einspart, und somit das Unbehagen an der Zwecklosigkeit der Welt zu umgehen vermag. Das 'ästhetische Urteil' ist ihm ein Vor-Urteil. Hegel spricht es klarer aus: "Denn in dem Inneren einer solchen, in dem reinen Denken, in der Welt der Gesetze und deren Allgemeinheit kann der Mensch (es) nicht aushalten, sondern bedarf auch des sinnlichen Daseins, des Gefühls, Herzens, Gemüts usf. (Man beachte die Geringschätzung! / r.s.) Die Philosophie denkt den Gegensatz, der dadurch hereinkommt, wie er ist, seiner durchgreifenden Allgemeinheit nach und geht auch zur Aufhebung desselben in gleicher allgemeiner Weise fort: der Mensch aber in der Unmittelbarkeit des Lebens dringt auf eine unmittelbare Befriedigung."[3]

Und von dieser Not aus nimmt Kunst ihren Gang. Auch Nietzsche konstruiert den Ursprung der Kunst im selben Kanon: "In der Bewußtheit der einmal geschauten Wahrheit sieht jetzt der Mensch überall nur das Entsetzliche oder Absurde des Seins, jetzt versteht er das Symbolische im Schicksal der Ophelia, jetzt erkennt er die Weisheit des Waldgottes Silen: es ekelt ihn. (...) Hier, in dieser höchsten Gefahr, naht sich, als rettende, heilkundige Zauberin, die Kunst: sie allein vermag jene Ekelgedanken über das Entsetzliche oder Absurde des Daseins in Vorstellungen umzubiegen, mit denen es sich leben läßt ...“[4]. Solche Herleitungen nehmen Kunst ihr absolutes Recht: Kunst ist nur solange von Nöten, wie der Mensch Not erleiden muß bzw. wie der mühselige Gang der Wahrheitssuche noch nicht abgeschlossen ist. So kann dann auch der Künstler, etwa Schönberg, behaupten, daß Kunst nicht vom ‘Können’, sondern vom ‘Müssen’ kommt. Damit, in dieser Definition des Schönen wird es gleichsam rückhaltlos: schön ist etwas nicht an sich, sondern nur gemäß einer Funktion, die in einer Illusionierung über die Wahrheit besteht. Daß diese Illusionierung möglich ist, liegt daran, daß der Mensch Mittel hat, sich der Gefährlichkeit der Welt zu entziehen. So ein Mittel sind die Fesseln des Odysseus:

Die Bande, mit denen er sich unwiderruflich an die Praxis gefesselt hat, halten zugleich die Sirenen aus der Praxis fern: ihre Lockung wird zum bloßen Gegenstand der Kontemplation neutralisiert, zur Kunst. *DA; 34*

Was Odysseus will, ist eigentlich ganz legitim: er will Glück genießen, ohne sich in Gefahr zu begeben. Das aber wird ihm von Adorno (— und Horkheimer) als List ausgelegt. List jedoch impliziert das Unlautere, Unwahre. Aber solange die Sirenen den Menschen ins Verderben stürzen, ist das Mittel der Kunst, die Befriedigung gewährt, von Nöten. Es ist ein Umweg, der seinen Grund im Unvermögen des Menschen hat, — zum Beispiel im Unvermögen des Odysseus, den Gesang der Sirenen zu überleben. Kunst ist eine Notwendigkeit, fast ein Überlebensmittel:

Wer Kunst abschaffen will, hegt die Illusion, die entscheidende Veränderung sei nicht versperrt. *ÄT; 373*

Will die Philosophie gegenüber der Kunst ins Reine kommen, so genügt es nicht, sie aus den Nöten des Menschen herzuleiten; vielmehr muß sie zeigen, wo sie gegenüber der Philosophie unnotwendig wird oder besser: wo Philosophie die Not, die das Kunstwerk gebar, überschreiten kann. Da aber das Kunstwerk seine Existenzberechtigung vorrangig aus dem Glück, das es gewährt, ableitet, muß Philosophie sagen, warum dies Glück kein echtes Glück ist. Es müßte dem Odysseus gesagt werden, daß das Glück im Hören der Sirenen kein echtes war, daß sein Glück größer, stabiler, echter gewesen wäre, wenn er sich nicht gefesselt hätte. Ein schwieriges Unterfangen! Dennoch bewältigte die klassische Philosophie diese Aufgabe durch das Theorem der Antizipation, am ausgeprägtesten wohl bei Schiller[5]: Man sagt dem Odysseus, daß seine Fesselung bloße Vorübung sei; — daß das echte ungefesselte Glück kommen werde, sobald er sich an den Gesang der Sirenen so gewöhnt hätte, daß er die Fesseln nicht mehr brauche. Diese Gewöhnung, die eine Beherrschung der Gefährlichkeit der Welt erreichen soll, ist zugleich auch der geschichtliche Ort der Kunst. Die Fesseln sind zeitliches Mittel: — sie vermitteln natürliche Ohnmacht mit natürlichem Glücksbestreben. Somit ist es ein Widerspruch im Natürlichen, der Kunst erzeugt. Man darf aber nicht vergessen, daß Odysseus als Grenzfall konstruiert wird: zwar sind die Sirenen Natur bzw. weltliche Realität, aber in der Fesselung werden sie ihrer Wirkung beraubt. Die Authentizität der Sirenen, die in ihrer verderblichen Wirkung besteht, wird deformiert; — was Odysseus erlebt, ist nur noch ähnlich dem, was man wirklich erlebt, wenn man dem Gesang lauscht.

Odysseus fixiert sich, um zu überleben; — gleichzeitig kann er nicht authentisch erleben. Das Schöne, was er erleben will, fürchtet er zugleich. Kant hat diesen Umstand gesehen: "Also kann für die ästhetische Urteilskraft die Natur nur sofern als Macht, mithin dynamisch-erhaben gelten, sofern sie Gegenstand der Furcht ist. Man kann aber einen Gegenstand als furchtbar betrachten, ohne sich vor ihm zu fürchten, wenn wir ihn nämlich so beurteilen, daß wir uns bloß den Fall denken ...".[6] Damit wird der Kunst ein Widerspruch zugerechnet, der ihr mögliches Glück demontiert: Vor Augen wiederum Odysseus, der im Gesang der Sirenen unglücklich wird, weil er nicht frei ist. Das Glück, das er erlebt, wird zum Schein: der Gesang der Sirenen ist, wie Kant sagt, bloß vorgestellter Fall. Die List, mit der dieser Fall hergestellt wird, ist zugleich Selbstüberlistung des Subjekts, sofern es um den authentischen Genuß kommt. Der Schein der Wirklichkeit will sich transzendieren: das Kunstwerk bekommt die Tendenz, sich selbst aufzulösen, — wie auch Odysseus verzweifelt versucht, vom Mast, an den er sich fesseln ließ, loszukommen; — mithin sein Werk zu zerstören.

Schein ist nicht die characteristica formalis der Kunstwerke sondern material, die Spur der Beschädigung, die jene revozieren möchten. *ÄT; 164*

Das 'ästhetische Glück' wird in seinem Anspruch vom Philosophen insofern negiert, als es an der Kategorie des 'Scheins' festgemacht wird. So konnte Kierkegaards Ethiker seinem Widerpart, dem Ästhetiker sagen: "Dessenungeachtet hast Du keine Anschauung vom Leben. Du hast etwas, was einer Anschauung ähnlich sieht. (...) Du bist zufrieden im Vergleich zu denen, die der Befriedigung nachjagen, das aber, worin Du nunmehr zufrieden bist, ist die absolute Unzufriedenheit."[7] Diese Demontage des Glücks an der Kunst vollzieht auch Adorno:

Das Glück an den Kunstwerken ist jähes Entronnensein, nicht ein Brocken dessen, woraus Kunst entrann; stets nur akzidentell, unwesentlicher für die Kunst als das Glück ihrer Erkenntnis; der Begriff des Kunstgenusses als konstitutiver ist abzuschaffen. (...) Glück an den Kunstwerken wäre allenfalls das Gefühl des Standhaltens, das sie vermitteln. *ÄT; 30/31*

Die Bewegung des 'ästhetischen Glücks' wird der der Dialektik des Scheins nachgezeichnet: es kann 'notwendigen Schein' geben, der, indem er seiner eigenen Scheinhaftigkeit inne wird, Trauer hinterläßt:

Hat das Subjekt in der Erschütterung sein wahres Glück an den Kunstwerken, so ist es eines gegen das Subjekt; darum ihr Organ das Weinen, das auch die Trauer über die eigene Hinfälligkeit ausdrückt. *ÄT; 401*

— und es gibt einen Schein, der in seiner Immanenz als eben dieser Schein verbleibt, und damit falsch wird. Die Dekonstruktion eines Scheins im Sinne eines falschen 'ästhetischen Glücks' ist dann die Aufgabe des Philosophen, aber auch nicht nur des Philosophen. Etwa wenn man, — heute bereits keine Utopie mehr, — an 'Glückspillen' denkt; — ein technisches Mittel zwar, aber das Glück, das versprochen wird, kann die Mittelbarkeit oder Unvollkommenheit vergessen machen. Vielleicht ist die Anstrengung, die Philosophie angesichts der Möglichkeit jener 'Glückspillen' leisten muß, das Zentrum aller ästhetischen Theorie. Wie aber läßt sich stringent gegen solche Pharmaka argumentieren? Man müßte sagen können, was Glück ist, bzw. negativ: was Glück auf keinen Fall sein kann. Solche Negativität ist empirisch schon gegeben: Der Gedanke an 'Glückspillen' ist von einem gewissen Grauen immer begleitet. Man glaubt nicht an solches Glück oder besser: die Vorstellung von Langeweile, — Verlust des Reizes taucht im Kontext dieser Möglichkeit beharrlich auf.[8] Das künstliche Glück hat aber durchaus seine Reize, — was selbst Adorno nicht übersieht:

Es kann reizvoll sein, durch einen musikalischen Regen einen wirklichen zu überbieten, gleichsam aus der Intention, besser zu regnen, als die Natur es vermag. *KOF; 99*

Wenn es aber nur noch musikalisch regnet, so wird das langweilig. Außerdem geht die Intention verloren, weil man kein Maß mehr hat, an dem sich die Differenz von Reiz und Nicht-Reiz feststellen ließe. Die Erfahrung von Glück, von Befriedigung, wird als Erfahrung einer Differenz, die sich in der Zeit auftut, angenommen. Das hat anthropologischen Stellenwert. Die Rauschmittel, etwa Opium, versprechen Erfahrung von Glück in Differenz zur 'normalen Erfahrung'. Wird die Differenz tendenziell aufgehoben, d.h., nimmt man viel Opium, so transzendiert das Mittel des Reizes, das Rauschgift, kraft seiner natürlichen Verfassung und der natürlichen Verfassung des Körpers des Menschen die Immanenz dieses Glücks: der Körper verlangt nach Opium, um einen transformierten Zustand von 'Normalität' überhaupt erreichen zu können. Das nennt man dann Sucht. Aber nicht nur der eigene Körper verhindert solche Immanenz der Lust: — der Körper partizipiert seinerseits an einer Geschichte, weil Lust keinen Ort im Körper hat, sondern vermittelt wird durch die Verfassung sozialer Objekte. So führt Adorno gegen den Rausch an, daß dessen Ritual, sobald es institutionalisiert wird, dem Rausch seine spezifische Funktion, seine konkrete Lust nimmt:

Keiner, der vom Profitsystem profitiert, vermag darin ohne Schande zu existieren, und sie entstellt noch die unentstellte Lust, obwohl die Ausschweifungen, *welche die Philosophen beneiden* (von mir hervorgehoben / r.s.), zu Zeiten gar nicht so langweilig mögen gewesen sein, wie jene versichern. *MM; 232*

Die Kulturindustrie macht die 'dionysischen Feste' unmöglich; — der Philosoph zieht seine Schlüsse daraus, und erspart sich auch das Beneiden der Ausschweifungen:

Solcher Widerwille vermag so anzuwachsen, daß schließlich aller Rausch inmitten der Versagungen lieber unterbleibt, als durch Verwirklichung an seinem Begriff zu freveln. *MM; 233*

Das kann sich der Philosoph gut vor Augen führen, indem er einen der zahlreichen Plätze der 'Drogen-Scene', die es heute in Deutschland gibt, aufsucht, und sieht, daß er es nicht mit 'glänzenden Gestalten' eines dionysischen Festes zu tun hat, sondern mit traurigen Figuren, Objekten sozialer Verhältnisse usw.; der Frevel am Begriff des Rausches wird hier offensichtlich. Der Philosoph, der den Rausch (als Erscheinungsform ästhetischen Glücks) ablehnt, sieht sich nicht mehr in Verlegenheit, etwa moralisch argumentieren zu müssen ('Das darf man doch heute nicht mehr'!), sondern er kann auf den immanenten Widerspruch der Sache selbst verweisen:

Die krude Alternative von objektivem Sinn und subjektivem Glück, (...) Das Entweder-Oder ist falsch. Der mit grimmigem Behagen ausgemalte Zustand von vollkommener Immanenz transzendiert sich selber, nicht vermöge einer von außen herangebrachten, ohnmächtigen Selektion des Wünschbaren und Verwerflichen, sondern vermöge seiner objektiven Beschaffenheit. *PR I; 135/136*

Hier ist zwar Huxleys 'Brave New World' gemeint, aber es ist ebensogut auf den Rausch wie auf die Kunst anwendbar:

Einheit ist Schein, so wie der Schein der Kunstwerke durch ihre Einheit konstituiert wird. *ÄT; 455*

Nur kann man die Kunst damit noch nicht abschaffen wollen, denn die Einheit des Scheins (als falsche Immanenz) hebt sich selbst auf. Die kritische Demontage des 'ästhetischen' Glücks wird in eine Art Heuristik zurückgenommen, denn das ästhetische Glück ist oft stärker als der Impuls, ihm kritisch zu widerstehen. Solange der Mensch, auch der Philosoph, anfällig bleibt für den ästhetischen Schein, kann nichts entschieden werden:

Ob die Verheißung Täuschung ist, das ist das Rätsel. *ÄT;193*

Die Konkurrenz zwischen Kunst und Philosophie bestünde nunmehr darin, wer denn dieses Rätsel lösen kann. Der Philosoph hat für sich das Recht, daß er dem immanenten Widerspruch des Ästhetischen nachgehen (ergründen) kann, während Kunst eben nur der Ort der Austragung ist. Das führt zwangsläufig auf eine geschichtliche Dimension, denn wenn der Philosoph sehen will, wohin der ästhetische Widerspruch führt, so hat er a priori Geschichte als das Sich-Transzendieren des Kunstwerks:

Bewußtsein durchschaut das Beschränkte des schrankenlos sich selbst genügenden Fortgangs als Illusion des absoluten Subjekts, gesellschaftliche Arbeit spottet ästhetisch des bürgerlichen Pathos, nachdem die Überflüssigkeit der Arbeit real in Reichweite kam. Einhalt gebietet der Dynamik der Kunstwerke sowohl die Hoffnung auf die Abschaffung von Arbeit wie die Drohung des Kältetodes; beides meldet objektiv in ihr sich an, von sich aus kann sie nicht wählen. Das Potential von Freiheit, das in ihr absehbar wird, ist zugleich von der gesellschaftlichen Verfassung inhibiert und ist auch darum der Kunst nicht substantiell. *ÄT;333*

Nun liegt es wieder am Bewußtsein, denn Kunst hat ja zur Aufgabe, die Nöte zu lindern, und diese Nöte entstehen in den sozialen Existenzbedingungen des Menschen. Einerseits muß also Kunst versuchen, die Nöte vergessen zu machen, andererseits muß sie die Nöte in ihrer Spezifität begreifen, um überhaupt etwas dagegen unternehmen zu können:

Daher die Ambivalenz ästhetischer Konstruktionen. *ÄT;333*

Es ist die Ambivalenz des Odysseus, der einerseits mit List eine Technik findet, um seine Not, die darin besteht, dem Gesang der Sirenen nicht standhalten zu können, abzuschaffen; andererseits er, in Bewußtsein über seine Fesselung, der Not doch nicht entrinnt, sondern diese nur transformiert. Um dem Bann der Sirenen zu entgehen, nimmt er einen anderen Bann auf sich. Die Not wird in der Kunst ausbalanciert;

Kunst ist kein wohlumgrenzter Umfang, sondern eine momentane und zerbrechliche Balance ... *ÄT;445*

Die List, Technik, mit der das Kunstwerk konstruiert wird, ist letztlich auch eine Technik und List gegen den Schein. So muß Kunst im Schein einen intermittierenden Zustand erreichen, um sich selbst zu erhalten. Wenn Menschen sich wie Tauben verhalten würden, die nach einem berühmten Beispiel Trauben auf einem Bild anpickten, so würden sie das Bild vernichten und außerdem den Schein des Schönen. Die Trauben auf dem Bild dürfen nur insofern schön sein, als sie gleichzeitig ihr bloßes Gemalt-Sein mitausdrücken. Die Enttäuschung (Entzauberung, Demontage des ästhetischen Glücks) der Menschen, wenn sie an den Trauben auch genagt hätten, käme daher, daß sie wissen, wie echte Trauben schmecken. (Über die Enttäuschung der Tauben kann man nichts sagen.) Wenn es aber unbekannt wäre, wie echte Trauben schmecken, so wäre keiner auf die Idee gekommen, sie zu malen. Enttäuscht wäre der Mensch aber auch, wenn er anstatt schön gemalter Trauben nur lila Punkte auf dem Papier sehen würde. Sie müssen schon 'echt' wirken, aber eben nicht ganz echt. Der Schein der 'Echtheit' der Trauben versucht einen Zustand der Immanenz herzustellen: daß also Trauben Trauben für sich selbst sind, und nicht nur fürs Papier oder für das imaginierende Auge. Diesen Schein der 'Echtheit' kann man aber nur durch Einführung einer räumlichen Dimension herstellen; erst an perspektivisch richtig gezeichneten Trauben picken die Tauben. Der Mensch aber weiß, daß der Raum am Bild aufhört, daß er nicht hineingehen kann in das Bild. Andererseits ermöglicht die Technik der perspektivischen Malerei auch Darstellungen von Visionen, denn perspektivische Malerei hat an sich das Moment von Überlistung der Natur. Das Energieproblem, das sich naturwissenschaftlich auf diverse Sätze der Thermodynamik zurückführen läßt, und das zudem der Menschheit Not bereitet, kann in der Malerei überwunden werden, z.B. durch bergauf-fließendes Wasser.[9] Die Rationalisierung der Mittel der Kunst, Anpassung ans Objekt, etwa durch perspektivische Malerei, geben ihr auch die Freiheit, sich negativ gegenüber der Ratio zu verhalten, die ja auch die thermodynamischen Sätze in die Welt gebracht hat:

> Nie Negativität des Begriffs von Kunst betrifft sie inhaltlich. Ihre eigene Beschaffenheit, nicht die Ohnmacht von Gedanken über sie verbietet, sie zu definieren; ihr innerstes Prinzip, das utopische, revoltiert gegen das naturbeherrschende der Definition.
>
> *OL; 190*

Die Nöte des Menschen sind fundiert in seiner Ohnmacht gegenüber Natur. Die Technik der Kunstwerke, ihre Rationalisierung als virtuelle Beherrschung der Darstellung von Objektivität, ist somit wesentlich zur Linderung dieser Nöte:

Solange der Kunst ihr Material und ihre vergegenständlichten Formen heterogen, fremd kontrastiert sind, solange vermag sie nicht, ihrem mimetischen Impuls rein nachzugeben. (...) Rationalität (ist) die immanente Bedingung des Nichtrationalen entfalteter Kunst. *MST III; 636*

Nicht-Rationalität bedeutet die Hinwegsetzung über die empirische Welt. Darstellung, Werkhaftes, also das, was Kunst ausmacht, ist immer schon ein Überschreiten empirischer Gegebenheiten. Die Mittel der Darstellung jedoch entstammen der Welt. Der 'reine mimetische Impuls' will aber keine Rücksicht auf die Welt, auf Mittel nehmen, andererseits kann er ohne diese Mittel nicht zum Ausdruck gelangen. Der Umweg, den Kunst beschreiten muß, ist einer über Rationalität; genauer: eine 'Rücksicht auf Darstellbarkeit'. Die Geschichte der Kunst ist eine Geschichte dieser Rücksicht: der Ausdruck, das Dargestellte will diese Geschichte verleugnen:

... denn Kunstwerke folgen ihrem Formgesetz, indem sie ihre Genesis verzehren. *ÄT; 267*

Das konstruktive (innovative) Moment, die Eigendynamik der Mittel machen das Kunstwerk in gewisser Weise autonom: 'sie folgen ihrem Formgesetz', wie Adorno sagt, indem sich ihre Mittel verselbständigen. Die Mittel sind Produkt einer Rücksicht, — etwa wenn man seine Liebe zu einer Person kundtun will, so geht das nur, wenn man ein Mittel findet, das dann meist die Sprache ist. So entsteht manches Liebesgedicht, — eine Verselbständigung der Mittel, denn man kann nicht sagen, wie die Form des Gedichtes mit dem Ausdruck der Liebe zusammenhängen soll. Das Gedicht, seine Schönheit deformieren sogar in gewisser Weise diesen Ausdruck: der Künstler vermag auf die geliebte Person durch das Gedicht eine Wirkung ausüben, aber meist ist es nicht die seines genuinen Anspruchs. Die 'Rücksicht auf Darstellbarkeit' ist ein psychoanalytischer Terminus; — und nicht von ungefähr hat nach Adorno die Kunst eine Affinität zu psychoanalytischen Befunden:

Reduktion auf den reinen Ausdruck allein schafft Raum für eine autonome Konstruktion, die keiner der Sache äußerlichen Schemata mehr sich bedient, und bedarf der Konstruktion zugleich, um den reinen Ausdruck gegen seine Kontingenz zu festigen. Konstruktion aber wird zur künstlerischen (...) nur dadurch, daß sie an Heterogenem, ihr gegenüber Irrationalem, gleichsam Stofflichem sich sättigt; sonst bliebe sie zum Leerlauf verurteilt. Nach der Sprache der Psychoanalyse gehörten im emanzipierten Werk Ausdruck und Konstruktion so zusammen wie Es und Ich. *NL; 443/444*

Die Kontingenzen des 'reinen Ausdrucks' liegen daran, daß das Es sehr unspezifisch in seinem Ausdruck ist. Etwa, wenn einer, wie oben, anstatt ein Liebesgedicht zu schreiben, nur brüllt, so wird das Gebrüll als reiner Ausdruck (des Es) kontingent; die geliebte Person könnte aber, anstatt zu verstehen, ebensogut vermuten, daß da einer abgeschlachtet wird. Der Liebende muß Balance halten zwischen Gebrüll und Platonismus: zwischen Ich und Es, denn die oben zitierte 'momentane und zerbrechliche Balance der Kunst' ist nach Adorno:

... vergleichbar der von Ich und Es im psychologischen Haushalt. *ÄT; 445*

Das Zusammen- oder Gegeneinanderspiel von Ich und Es wird in der Psychoanalyse vorrangig am Traum zu demonstrieren versucht, und so bekommt der Traum auch, sowohl von seiten der mit Kunst Beschäftigten als auch von seiten der mit der Psyche Beschäftigten; — bekommt also der Traum eine virtuelle Nähe zum Kunstwerk. Der Traum, so heißt es, ist entstellte, deformierte Gestalt eines Wunsches bzw. seiner Erfüllung. Das Material, in dem der Wunsch zum (entstellten) Ausdruck kommt, ist geschichtlich: entweder 'Kindheitseindrücke' oder 'Tagesreste'. Beides ist Ausdruck der sozialen Realität des träumenden Individuums. Aber nicht nur der Wunsch wird entstellt, auch das Material erfährt durch den Wunsch, der an ihm auf Widerstand stößt, eine Deformation. Einerseits muß der Wunsch, Impuls des Es, Rücksicht auf diese Derivate sozialer Realität nehmen, um überhaupt zur Darstellung zu kommen; andererseits wird dieses Material in Rücksicht auf den Wunsch deformiert. Der Einspruch des Materials gegen den Wunsch, das, was in der Psychoanalyse als 'Zensur' gehandhabt wird, ist kein Drittes gegenüber Wunsch und Material, sondern ist vielmehr im Verhältnis beider angelegt. Das soziale Objekt, etwa die Eltern, von denen man ja nach Freud des öfteren träumen soll, haben als Bedingung ihrer (sozialen) Existenz an sich das Tabu über der geschlechtlichen Vereinigung. Dieses Tabu wird an ihnen gewissermaßen 'materiell'. Die konstruktive Tätigkeit des Traumes, die Entstellung, festigt den Ausdruck gegen seine Kontingenzen: gegen das Aufwachen. Der Schlaf als dasjenige Stadium, wo das Subjekt wirklich in eine völlige Immanenz gerät, 'reines Subjekt' wird, wird vom Traum beschützt, — so wie das konstruktive Moment in der Kunst, analog, den Anspruch des 'reinen Ausdrucks' als Allegorie des Glücks schützen will. Das geht aber nicht. Ein auch noch so befriedigender Traum kann nicht verhindern, daß man einmal aufwacht, daß Kontingenzen wie Wecker oder Hunger in diese Immanenz des Schlafes einbrechen.

Die Sprengung der Immanenz, die Ent-Täuschung beim Aufwachen, findet Ausdruck in den Bildern des Surrealismus. Der Surrealismus deformiert den Anspruch der Kunst selbst: er will das Auge entsetzen. Es ist ein verzweifelter Rettungsakt, ein Versuch, das Traumbild festzuhalten, und dabei aber nur die Entstellung festhalten zu können.

... die Entstellungen bezeugen, was das Verbot dem Begehren antat. Durch sie errettet er (der Surrealismus /r.s.) das Veraltete, ein Album von Idiosynkrasien, in denen der Glücksanspruch verraucht ... *NL; 105*

Wird die Entstellung selbst dargestellt, so ist sie nicht mehr in Diensten der Darstellung: darin liegt ein befreiendes Moment, — etwas, das Reflexion einleitet, aber auch einen Verzicht.

Verwandt der Photographie ist der Surrealismus als erstarrtes Erwachen. *NL; 105*

Vielleicht ist die Geschichte der Kunst ein beständiges Aufwachen, so zumindest will sie der Philosoph haben; — kontinuierliches Aufwachen als Effekt eines Widerspruchs in der Sache selbst. Daß Kunst wirklich aufwacht, weil sie wissen will, ob sie geträumt hat oder nicht, ist zum Gegenstand der Kunst selbst geworden, das, was man als 'Moderne' bezeichnet. Kafka sieht im gefesselten Odysseus, Urbild des Kunstwerks als List gegen Natur, eine fatale Verdoppelung: Odysseus überlistet Natur nur, indem er sich selbst in einer 'kindischen' Weise täuscht. Die Parabel vom 'Schweigen der Sirenen'[10] ist es wert, hier vollständig niedergeschrieben zu werden; einmal legitimiert durch sich selbst und durch ihre Hermetik, die jede Kürzung verbietet, zum anderen durch Adornos Vorliebe für Kafka, denn:

Wen einmal Kafkas Räder überfuhren, dem ist der Friede mit der Welt ebenso verloren wie die Möglichkeit, bei dem Urteil sich zu bescheiden, der Weltlauf sei schlecht ...
NL; 426

Das Schweigen der Sirenen

"Beweis dessen, daß auch unzulängliche, ja kindische Mittel zur Rettung dienen können:

Um sich vor den Sirenen zu bewahren, stopfte sich Odysseus Wachs in die Ohren und ließ sich am Mast festschmieden. Ähnliches hätten natürlich seit jeher alle Reisenden tun können, außer denen, welche die Sirenen schon aus der Ferne verlockten, aber es war in der ganzen Welt bekannt, daß dies unmöglich helfen konnte. Der Sang der Sirenen durchdrang alles, und die Leidenschaft der Verführten hätte mehr als Ketten und Mast gesprengt. Daran aber dachte Odysseus nicht, obwohl er davon gehört hatte. Er vertraute vollständig der Handvoll Wachs und dem Gebinde Ketten und in unschuldiger Freude über seine Mittelchen fuhr er den Sirenen entgegen.

Nun aber haben die Sirenen eine noch schrecklichere Waffe als den Gesang, nämlich ihr Schweigen. Es ist zwar nicht geschehen, aber vielleicht denkbar, daß sich jemand vor ihrem Gesang gerettet hätte, vor ihrem Schweigen gewiß nicht. Dem Gefühl, aus eigener Kraft sie besiegt zu haben, der daraus folgenden alles fortreißenden Überhebung kann nichts Irdisches widerstehen.

Und tatsächlich sangen, als Odysseus kam, die gewaltigen Sängerinnen nicht, sei es, daß sie glaubten, diesem Gegner könne nur noch das Schweigen beikommen, sei es, daß der Anblick der Glückseligkeit im Gesicht des Odysseus, der an nichts anderes als an Wachs und Ketten dachte, sie allen Gesang vergessen ließ.

Odysseus aber, um es so auszudrücken, hörte ihr Schweigen nicht, er glaubte sie sängen, und nur er sei behütet, es zu hören. Flüchtig sah er zuerst die Wendungen ihrer Hälse, das tiefe Atmen, die tränenvollen Augen, den halb geöffneten Mund, glaubte aber, dies gehöre zu den Arien, die ungehört um ihn verklangen. Bald aber glitt alles an seinem in die Ferne gerichteten Blick ab, die Sirenen verschwanden förmlich vor seiner Entschlossenheit, und gerade als er ihnen am nächsten war, wußte er nichts mehr von ihnen.

Sie aber — schöner als jemals — streckten und drehten sich, ließen das schaurige Haar offen im Winde wehen und spannten die Krallen frei auf den Felsen. Sie wollten nicht mehr verführen, nur noch den Abglanz vom großen Augenpaar des Odysseus wollten sie so lange als möglich erhaschen.

Hätten die Sirenen Bewußtsein, so wären sie damals vernichtet worden. So aber blieben sie, nur Odysseus ist ihnen entgangen.

Es wird übrigens noch ein Anhang hierzu überliefert. Odysseus, sagt man, war so listenreich, war ein solcher Fuchs, daß selbst die Schicksalsgöttin nicht in sein Innerstes dringen konnte. Vielleicht hat er, obwohl das mit Menschenverstand nicht mehr zu begreifen ist, wirklich gemerkt, daß die Sirenen schwiegen, und hat ihnen und den Göttern den obigen Scheinvorgang nur gewissermaßen als Schild entgegengehalten."[11]

Man könnte diese Parabel Kafkas als Modell einer 'Negativen Dialektik' ausgeben, — eine Produktion von Verblendungen. Wenn die Sirenen sich negativ zu Odysseus verhalten, indem sie ihn mit der Vernichtung bedrohen; — Odysseus aber sich seinerseits zu den Sirenen negativ verhält, indem er ihre verderbliche Macht mit dem Mittel der Fesselung verneint, so könnte nach positiv-dialektischer Figuration die affirmative Gestalt des ästhetischen Glücks dabei herauskommen. Das tut es aber bei Kafka nicht. Die Negation, List des Odysseus, ist reine Selbsttäuschung: sein Erfolg resultiert nicht kraft Täuschung der Natur, sondern aus Selbsttäuschung. Dennoch eröffnet diese Fabel drei mögliche Orte: einmal einen an der Peripherie, den Kafka bzw. ein Künstler, der dies schreiben kann, selbst einnimmt; der Ort derjenigen, die 'schon aus der Ferne vom Gesang der Sirenen angelockt werden' und daher nicht zur List greifen können. Der zweite Ort, derjenige des Odysseus, der glaubt, ästhetisches Glück per List erreichen zu können, und eine lächerliche Figur dabei wird, denn solche Leute haben nur 'Wachs und Ketten' im Kopf, — ihre Instrumente, und vergessen dabei das Beste. Sie sind Ausdruck, wenn man so sagen darf, der Ideologie. Der Anhang eröffnet einen dritten Ort, der 'kaum begreifbar' ist: nämlich die Möglichkeit, trotz Ideologie, quasi durch sie hindurch, die Wahrheit wissen zu können. In dieser Position weiß Adorno sich mit Kafka einig:

> Nicht Demut hat Kafka gepredigt, sondern die erprobtesten Verhaltensweisen wider den Mythos empfohlen, die List. Ihm ist die einzige, schwächste, geringste Möglichkeit dessen, daß die Welt doch nicht recht behalte, die, ihr recht zu geben. (...) Dem eigenen Spiegelbild soll der Mythos erliegen. *PRI; 339/341*

Kafka aber ist kein Philosoph; wenn er dennoch Gedanken von philosophischer Dignität ausdrücken kann, so sind es solche gegen Kunst. Das ist das, was Kunstwerke, nach Adorno, authentisch machen kann, denn, wie es über die Kafkaschen heißt:

Als Demontagen des Scheins sprengen sie die Kunst von innen her ... *NL; 426*

Was es aber mit authentischer Kunst auf sich haben soll, dafür weiß Adorno noch ein besseres Beispiel als Kafka.

Im Kontext des Namens Adornos taucht immer wieder der von Samuel Beckett auf. Das ist nicht erstaunlich, denn Adorno selbst wählte Beckett nicht selten, um an dessen Werk als 'authentischem' etwas zu demonstrieren. Umgekehrt ist dies aber nie der Fall gewesen: Beckett hat sich nie auf Adorno berufen, hat nie dessen Philosophie als authentischen Kommentar zu seinem Werk deklariert. Die von Adorno inaugurierte Nähe seiner Gedanken zu dem, was in Becketts Werk, insbesondere in seinen Dramen Gestalt annimmt, wird von seinen Kritikern wie von seinen Schülern recht unbedacht übernommen. So heißt es etwa bei L. Goldmann: "Dies führt Adorno zu der Idee einer reinen negativen Dialektik, zur ablehnenden und zur Forderung der Verarmung des Inhalts, zu einer Verarmung und ablehnenden Haltung, deren Ideal Beckett sei."[12] Und bei M. Lüdke wird unter dem Titel einer 'Logik des Zerfalls'[13] ebenso eine Wahlverwandtschaft herausgestellt, als ob ein Gedanke sich nur in zwei verschiedenen Medien entäußert, respektive der spezifischen Gestaltung, die solch ein Gedanke bei der Wahl seines Mediums zwangsläufig erfährt. Die damit unterstellte Transparenz der Medien ist aber sehr problematisch; Beckett selbst schreibt nämlich 'Wie es ist'[14], und das impliziert, daß jeder Kommentar zu dem eigentlich überflüssig ist. Indem aber Adorno eine 'ästhetische Theorie' schreibt (die zudem noch Samuel Beckett gewidmet werden sollte), kann er nicht umhin, mehr zu sagen als das, was auch 'fortgeschrittenste' Kunst zu sagen im Stande ist; er muß also in bezug auf Beckett sagen können, wie das, was da (so) ist, wirklich ist, oder zumindest wieso das, was da ist, so ist. D.h. Adorno muß sich die Interpretierbarkeit des konkreten Werks offenhalten; — und an Beckett stellt sich Adorno diese Aufgabe:

Das deutende Wort bleibt deshalb unvermeidlich hinter Beckett zurück, während doch seine Dramatik gerade vermöge ihrer Beschränkung auf abgesprengte Faktizität über diese hinauszuckt, durch ihr Rätselwesen auf Interpretation verweist. Fast könnte man es zum Kriterium einer fälligen Philosophie machen, ob sie dem gewachsen sich zeigt. *NL; 284*

Und wenn Adorno diese 'fällige Philosophie' in Form seiner 'ästhetischen Theorie' nachliefert, so hat er den 'Kampf' aufgenommen, eine Probe aufs Exempel (— also implizite auf Beckett) versucht. Man könnte nun meinen, Philosophie, die 'dem' sich gewachsen zeigt, wäre eine solche, die das Rätsel des Kunstwerks zu lösen vermag. Dem ist aber nicht so:

Der Rätselcharakter überlebt die Interpretation, welche die Antwort erlangt. Ist der Rätselcharakter der Kunstwerke nicht lokalisiert in dem, was an ihnen erfahren wird, im ästhetischen Verständnis; springt er erst in der Distanz auf, so rechnet dafür die Erfahrung, welche in die Kunstwerke sich versenkt und die mit Evidenz belohnt wird, ihrerseits zu dem Rätselhaften: daß ein vieldeutig Verschlungenes gleichwohl eindeutig und demgemäß verstanden werden kann. *ÄT; 189*

Rätsel gibt es zweierlei; einmal 'natürliche Rätsel', — also alles, was da so ist, und einmal künstliche Rätsel, die eigentlich nur da sind, damit man sie auflöst. Der, der das Rätsel stellt, so meint man, hat auch die Lösung dafür. Es gibt aber auch Rätsel, bei denen, nachdem der Gefragte sein Unvermögen zur Lösung kundtut, der Fragende sagt, daß er es selbst nicht weiß. Solche Rätsel sollen lustig sein. Kunst ist, bei Beckett, solch ein Rätsel; allerdings eines ohne Frage. Die Frage stellt sich erst der Interpret und somit behandelt er diese Rätsel qua Natur. Die Natur sagt ja auch immer 'Wie es ist'. Gewachsen soll sich also Philosophie der Fortdauer des Rätsels zeigen oder sogar der Fortdauer der Kunst selbst. Diese dauert fort, indem sie vor dem eigenen Rätselcharakter verstummt, so wie derjenige, der ein Rätsel stellt, die Antwort verheißt, und im 'weiß ich selbst nicht' das ganze Rätsel 'entzaubert'.

Ästhetische Transzendenz und Entzauberung finden zum Unisono im Verstummen: in Becketts œuvre. *ÄT; 123*

Damit ist aber Beckett nicht einzigartig, sondern bloß hervorragendes Exekutiv-Organ der 'Idee von Kunst', also ihrer möglichen Authentizität:

Dieses Mehr seiner Kontingenz zu entreißen, seines Scheins mächtig zu werden, als Schein ihn selbst zu bestimmen, als unwirklich auch zu negieren, ist die Idee von Kunst. *ÄT; 122*

Das 'Mehr', — die die Rätselkonstellation übersteigende Antwort, wird zu einem 'Nicht-Mehr' in der Kunst: einem Verstummen. Das Verstummen im Beckettschen Werk ist der Verzicht auf Evidenz. Der Beckettsche Gestus läßt sich so beschreiben: Nach einem Räsonnement, das auf Evidenz zusteuert, geschieht ein radikaler Abbruch in den unausgesprochenen Worten: 'egal-weiter'. Der Verzicht auf Evidenz hätte Ähnlichkeiten mit dem Kantschen Diktum, daß Schönes 'ohne alles Interesse'[15] nur betrachtet werden kann, wenn nicht diese Interessenlosigkeit bei Beckett in der Kunst selbst angelegt wäre. Genau dies weckt dann das Interesse des Betrachters. Die Kantsche Ästhetik nimmt eben noch durchaus das Kunstwerk als Rätsel und Lösung in Einheit. In Becketts Werk wird aber, invers, die Lösung buchstäblich verbaut: "Aber man muß aufpassen in der Abgeschlossenheit, man muß sich Fragen stellen, zum Beispiel die, ob man noch lebt, und wenn nicht, wann alles zu Ende gegangen ist, und wenn ja, wie lange es noch dauern wird; und man muß gleichgültig bleiben gegen alles, was einen hindert, den Faden des Traums zu verlieren. Ich stelle mir gerne Fragen, eine nach der anderen, nur um sie zu betrachten. Nein, nicht gerne, nur aus Vernunftgründen, um glauben zu können, daß ich noch immer da sei. Und das sagte mir doch nichts, noch immer da zu sein. Das nannte ich nachdenken."[16] Das Verstummen bei Beckett ist gestisch, und es ist auch kein wirkliches Verstummen. Schweigen bedeutet die vollkommene Neutralität, — die aber stellt Beckett in seinem Werk nicht her, denn er hat es mit Inhalten, Bedeutungen zu tun. Nun kann ein Interpret daherkommen und sagen, die oben zitierte Passage drücke eine 'Wirklichkeit' aus, — nämlich die vom Unvermögen des Denkens in einer verwalteten Welt etc. Natürlich ist aber alles, was in der Passage steht, unwahr. Auch wenn etwas von der 'allgemeinen Stumpfsinnigkeit' der Gegenwart darin angelegt sein sollte, ist es doch eine Übertreibung im qualitativen Sinne. Damit hätte man das Moment der Transzendenz im Beckettschen Werk aufgespürt: das Überschreiten des Schlechten hin zum Schlechtesten. Darin, so würde Adorno behaupten, liegt die Entzauberung jenes Scheins, womit sich das Schlechte im Kunstwerk als Normales ausgeben kann. Die Verweigerung einer Lösung, einer Apotheose in den Dramen Becketts; — der Befreiung also zum Guten oder Bösen entzaubert das Tragische: es ist nur noch langweilig. Es liegt aber in Becketts Werk noch mehr: ein ausgesprochen aggressiver Impuls gegen das, was Interesse wecken könnte. Diesen Impuls, der in der Psychoanalyse als 'Abwehr' gehandhabt wird, evoziert das Gefühl von 'Lächerlichkeit'. Das Komische, das in Becketts Werk allemal seinen Ort hat, ist Vermeidungsarbeit: Aufsparung von Interesse. Die Reduktion des Lebendigen auf das Mechanische, bei Bergson Konstruktionspunkt des Komischen[17], erspart die Auseinandersetzung eben mit dem Lebendigen. Bei Beckett sieht man das recht schön darin, daß die Deskription erotischer Szenen aus der Ruhe des Textes herausgleitet und emphatisch 'Lächerlichkeit' ansteuert.[18] Es ist hier nicht mehr ein Verzicht auf Evidenz, nicht mehr eine 'Interessenlosigkeit' vorherrschend, sondern Arbeit am Objekt in einer bestimmten Intention: — die, es abschaffen, zumindest neutralisieren zu wollen. Die Nivellierungsarbeit am Objekt, die bei Beckett in die Sprache selbst eingreift, hat die Aufgabe, in der Vernichtung bzw. Neutralisation der Objekte das eigene Ich unbeschädigt zu halten. Abwehr, wie gesagt: "... aber Fortschritte, genau gesagt Trümmer in Aussicht wie im teuren zehnten Jahrhundert im teuren zwanzigsten Jahrhundert genug um zu sagen zu sich selbst zu einem erträumten Neuling ah wenn du gesehen hättest vor vierhundert Jahren was für Umwälzungen (...) ... und ich keine Runzel keine einzige."[19] Als psychisches Phänomen ist die Abwehr spontan; wenn sie aber in Kunst geschieht, so ist die Implikation von 'neurotischem' oder 'ideologischem' Verhalten sehr problematisch:

Die Kunstwerke sagen, was mehr ist als das Seiende, einzig, indem sie zur Konstellation bringen, wie es ist, »Comment c'est«. (...) Negativ sind die Kunstwerke a priori durchs Gesetz ihrer Objektivation: sie töten, was sie objektivieren, indem sie es der Unmittelbarkeit seines Lebens entreißen. Ihr eigenes Leben zehrt vom Tod. (...) Nur kraft ihres Tödlichen haben sie teil an Versöhnung. *ÄT; 200-202*

Destruktion soll teilhaben an Versöhnung, — zumindest im Kunstwerk, denn hier ist die Destruktion Schein, — sie wird nur gespielt. Freud hat in seiner Einführung des 'Todestriebs'[20] diese Verfahrensart am Spiel eines Kindes eindringlich geschildert. Dies Kind will sich auch gleichgültig machen gegen das Objekt, indem es jenes so traktiert, wie Beckett die Agenten seines Werks behandelt. Becketts Figuren inszenieren eine totale Ambivalenz: das 'Fort-Da' des Kindes bei Freud hat unübersehbare Ähnlichkeit mit dem 'So ist es — so ist es doch nicht' bei Beckett. Beiderorts ist die Funktion der Ambivalenz in der Darstellung darin zu sehen, daß man irgendeinmal sagen kann: 'egal wo oder wie'. Maßgeblich für Freud ist, daß die Darstellung eine Wiederholung einer ursprünglich 'traumatischen Erfahrung' ist, wobei aber die Darstellung als 'spielerische Inszenierung' eine Inversion von Erleiden und Agieren, von Eindruck und Ausdruck anstrebt. Die Darstellung der Ambivalenz ist nur im Spiel möglich: — das Spiel eröffnet einen Raum der Freiheit, die Freiheit zur Ambivalenz, — was auch Freud in diesem Kontext der Kunst zurechnet.[21]

Ambivalenz per se, und, wie geschildert, zugleich schwierige Konstruktion der Philosophie, ist das Ende. Die Ambivalenz des menschlichen Endes, — des Todes läßt sich wohl im Begriff des Menschen selbst aufweisen, denn nichts ist so human wie die Endlichkeit, — nichts aber auch so inhuman wie der Tod, weil in ihm sich das Humane schlechterdings selbst aufhebt. Über diese Ambivalenz hat Beckett ein Spiel inszeniert, das 'End-Spiel' — und wenn Adorno dieses Spiel zu verstehen versucht, so muß er implizite auch die Funktion des Spiels (als Kunst) zu verstehen versuchen, zumal Beckett, gefragt nach dem Sinn seines 'Endspiels' eben auf den Charakter des Spiels insistierte.[22] Wenn man aber 'Spiel' verstehen will, so kann man in den ersten 'spielerischen' Gesten des Kleinkindes etwas Wesentliches entdecken; — die vor die Augen gehaltenen Hände:

Das liegt auf dem Grunde eines künstlerischen Verhaltens, wie es jene als inhuman denunzieren, deren Menschlichkeit bereits in Reklame fürs Unmenschliche übergegangen ist, auch wenn sie es noch gar nicht ahnen. Unter den Motiven von Becketts Reduktion auf den vertierten Menschen ist das wohl das innerste. Am Absurden seiner Dichtung hat teil, daß sie ihr Antlitz verhüllt. *NL; 290*

Wenn ein Kind durch Verdecken der Augen kund geben will, daß es nichts sieht, so ist es vorderhand in einer Ambivalenz: es muß nämlich das, was es nicht sehen will, sehen. Das Spiel aber entsteht erst dort, wo das Kind zwischen den vorgehaltenen Händen durchgucken muß, um zu sehen, ob ein anderer sieht, daß es nichts sieht, denn das Nicht-Sehen des Kindes hat zur Funktion, den eigenen Blick vor den Augen der anderen zu verstecken. Wenn:

Die adäquate Haltung von Kunst (die) wäre (...), mit geschlossenen Augen und zusammengebissenen Zähnen... *ÄT; 475*

so wäre das eine virtuelle Adäquanz, denn sie kann sich ein Blinzeln nicht versagen:

Vielmehr greift Kunst gestisch nach der Realität, um in der Berührung mit ihr zurückzuzucken. *ÄT; 425*

Die Darstellung der Ambivalenz ist das Mittel zu ihrer Abschaffung oder vielmehr: die Ambivalenz als Dargestellte und im Spiel als solche Aufgehobene kann auch kritisch werden:

Die protestlose Darstellung allgegenwärtiger Regression protestiert gegen eine Verfassung der Welt ... *NL; 289*

So versteht nun Adorno dieses 'Endspiel'; — wenn Beckett in seinem Stück sein Antlitz verhüllt, so gibt er damit zu erkennen, daß er mit dem, was er eventuell als Welt sehen könnte, nicht einverstanden ist. Er will das Elend nicht sehen, — deswegen stellt er es dar, — und kommt damit zu einem Ende, das der Philosophie, die sich ja bekanntlich nicht abbremsen läßt, verwehrt bleibt (s.o.):

Das Elend der Teilnehmer am Endspiel ist das der Philosophie. *NL; 295*

Im 'Endspiel' sieht Adorno also auch sein eigenes Elend dargestellt, aber, gemäß der Funktion des Spiels, in dieser Darstellung auch die Möglichkeit der Abschaffung des Elends:

Zur Substanz des Lebens, das der Tod ist, werden dem Stück die Exkretionen. Aber das bilderlose Bild des Todes ist eines von Indifferenz. In ihm verschwindet der Unterschied zwischen der absoluten Herrschaft, der Hölle, in der Zeit gänzlich in den Raum gebannt ist, in der schlechterdings nichts mehr sich ändert, — und dem messianischen Zustand, in dem alles an seiner rechten Stelle wäre. *NL; 321*

Im Tod herrscht Indifferenz vor. Ist der Tod allerdings nicht wirklich, sondern bloß vorgestellt, — dargestellt, so führt dies gedanklich zur Funktion der Mimesis.

In der 'Dialektik der Aufklärung' wird dieser Begriff hergeleitet als List des Lebendigen, sich durch Anpassung an die Umgebung einer Gefahr zu entziehen. Das aber ist noch keine Mimesis, sondern Mimikry. M. Lüdke hat diesen Sachverhalt betont, indem er die Mimesis, nach Adorno, als Hinzutreten von Rationalität zur Mimikry definiert.[23] Verstehen kann man das etwa so: ein Lebewesen, das sich seiner Umgebung gleichmacht, gibt virtuell sein Leben auf, — stellt sich tot, weil sich sein Leben erst in der Differenzierung zur Umgebung konstituieren kann. So ist jede Mimikry ein Sich-totstellen. Jedoch ist dies eine Funktion des Lebens selbst. Wird nun Anpassung bewußt, rational gehandhabt, so fällt dieser Charakter, nämlich Funktion des Lebendigen zu sein, weg: Mimesis als werkhafte ist vom Lebendigen abgehoben.

Nur die bewußt gehandhabte Anpassung an die Natur bringt diese unter die Gewalt des physisch Schwächeren. Die Ratio, welche die Mimesis verdrängt, ist nicht bloß deren Gegenteil. Sie ist selber Mimesis: die ans Tote. *DA; 53*

Mit der Ratio tritt also die mimetische Funktion aus dem unmittelbaren Naturzusammenhang heraus: Anpassung und Nachahmung wird zum Werk, — zur Funktion der Ratio. Indem aber sich der Geist seinem anderen, dem Material anpaßt, hebt er sich in dieser Funktion selbst auf: je mehr er die Formen gestalten will, desto mehr Rücksicht muß er auf diese Formen nehmen; — muß seinen eigenen 'Tod' am Material in Kauf nehmen.

Mimesis ist in der Kunst das Vorgeistige, dem Geist Konträre und wiederum das, woran er entflammt. In den Kunstwerken ist der Geist zu ihrem Konstruktionsprinzip geworden, aber genügt seinem Telos nur dort, wo er aus dem zu Konstruierenden, den mimetischen Impulsen, aufsteigt, ihnen sich anschmiegt, anstatt daß er ihnen souverän zudiktiert würde. Form objektiviert die einzelnen Impulse nur, wenn sie ihnen dorthin folgt, wohin sie von sich aus wollen. Das allein ist die Methexis des Kunstwerks an Versöhnung. *ÄT; 180*

Die mimetische Funktion ist den Kunstwerken erlaubt, denn:

Wollte Kunst unmittelbar Einspruch erheben gegen das lückenlose Netz, so verfinge sie sich erst recht: darum muß sie, wie es exemplarisch in Becketts Endspiel geschieht, die Natur, der sie gilt (— mithin dem Leben und seiner Ambivalenz / r.s.), aus sich eliminieren oder sie angreifen. Ihr allein noch möglicher parti pris ist der für den Tod ...
ÄT; 201

Die mimetische Funktion ist den Kunstwerken deswegen erlaubt, weil sie in ihnen gebrochen wird. Die Anpassung ist nur gespielt, und deswegen mag sie auch gegen eben diese zu protestieren. Der Protest ist der den Kunstwerken immanente Verweis auf ihre Unwirklichkeit:

Die Unwirklichkeit der Spiele gibt kund, daß das Wirkliche es noch nicht ist. *MM; 306*

... aber es tut nicht nur seine Unwirklichkeit kund, sondern auch einen moralischen Aspekt der dargestellten Wirklichkeit:

Jedes Werk sagt wie ein Mime: bin ich nicht gut; darauf antwortet wertendes Verhalten.
ÄT; 392

Kurz, — Kunst kann sich durch ihre Negativität vor dem 'Nicht-gut-sein' retten. Das Endspiel —

... ohne daß das Kunstwerk, welches das Chaos objektiviert, selber ins Chaos versänke.
GK; 340

— überlebt.

Wenn das 'Endspiel' Muster für 'authentische Kunst' sein soll, so ist auch der dem 'Endspiel' eigene ironische Gestus wesentlich. Der Ironiker sagt auch nur — wie es ist — und hält sich daran schadlos. Die 'protestlose Darstellung' entzieht sich dem aktuellen Geschehen, und die Ironie ist das dazugehörige Mittel, sich aus den Verstrickungen des Lebens zu lösen, — frei zu werden. Damit kann man auch, zumindest nach Kierkegaard, einer drohenden Melancholie entgehen: "Die Ironie setzt Schranken, verendlicht, begrenzt und gewährt damit Wahrheit, Wirklichkeit, Inhalt; sie züchtigt und straft und gibt damit Haltung und inneren Zusammenhalt. (...) (Es ist) die Reinigungstaufe der Ironie, welche die Seele aus dem Gebundensein ihres Lebens im Endlichen (...) befreit."[24]

Hegel, bei dem Ambivalenz eine Funktion des Weltgeistes ist, kann die Ironie als Modus der 'Befreiung' nicht gelten lassen: sie wird zur schlechten Subjektivität: "So liegt allerdings in der Ironie jene absolute Negativität, in welcher sich das Subjekt im Vernichten der Bestimmtheiten und Einseitigkeiten auf sich selbst bezieht; indem aber das Vernichten (...), nicht nur (...) das an sich selbst Nichtige (...), sondern gleichmäßig auch jedes an sich Vortreffliche und Gediegene trifft, so behält die Ironie als diese allseitige Vernichtungskunst (...), zugleich die Seite der inneren unkünstlerischen Haltlosigkeit."[25] — und über die Ironiker im Allgemeinen heißt es: "Das aber sind schlechte, untaugliche Subjekte, die nicht bei ihrem gewichtigen und festen Zweck bleiben können, sondern ihn wieder aufgeben und in sich zerstören lassen."[26]

Ironie antizipiert das Ende über einen kommunikativen Akt, — deutlich am Beispiel der Selbstironie. Wenn einer sich andauernd über sich selbst lustig macht, so wird er schlechterdings unangreifbar; er nimmt sich vor dem anderen zurück und unterbricht die Arbeit der Vermittlung, — zweifellos ein 'gewichtiger Zweck'. Aber, — und das macht die Sache wieder schwieriger, es gibt auch eine Ironie, eine Selbstironie, die durchaus versöhnlich ist und sogar Kommunikation fördern kann. Es ist sogar so, daß eine gewisse Selbstironie zwangsläufig Sympathie erzwingt und die Kommunikation oder Vermittlung, wenn nicht nach Kierkegaard befreit, so doch erleichtert, etwa in Kontrast zur Kommunikation mit einem, der verbissen an der Wahrheit festhält. In der Ironie kann eine Einsparung von Vermittlungsarbeit geschehen, die den Charakter von Vermittlung selbst hat. Wenn einer etwa nach einer hartnäckigen Diskussion von sich selbst sagt: 'Ich habe recht, weil ich halt immer recht haben muß', so gibt er sehr viel zu verstehen. Er sagt 'wie es ist', aber dieses 'es', einmal so dargestellt, verliert, — obwohl wahr, seine Kraft und wird versöhnlich: — man kann sich dann über die oben ins Beispiel geführte Hartnäckigkeit nicht mehr so recht ärgern. Damit hat der, der sich ärgern wollte, verloren, — aber auf eine versöhnliche Art und Weise.

Jedes Kunstwerk ist ein Vexierbild, nur derart, daß es beim Vexieren bleibt, bei der prästabilierten Niederlage ihres Betrachters. *ÄT; 184*

Der Ironiker fügt allen anderen eine Niederlage zu, indem er seine eigene Niederlage darstellt, — zeigt, daß er sich selbst nicht ernst nimmt. Die Verbindung zum Kunstwerk besteht darin, daß auch das Kunstwerk sich nicht ernst nimmt, — nichts Gutes und nichts Wahres vorstellen will. Der Ironiker bringt sich eine Niederlage bei, die ihm sowieso irgendwann einmal von überlegenen Mächten beigebracht worden wäre: Mimesis! In den "Minima Moralia" läßt Adorno Ironie nicht mehr gelten:

Das Mittel der Ironie selber ist in Widerspruch zur Wahrheit geraten. Ironie überführt das Objekt, indem sie es hinstellt, als was es sich gibt, und ohne Urteil, gleichsam unter Aussparung des betrachtenden Subjekts, an seinem Ansichsein mißt. (...) Dabei setzt sie die Idee des Selbstverständlichen (...) voraus. (...) Sondern Einverständnis selber, das formale Apriori der Ironie, ist zum inhaltlich universalen Einverständnis geworden. (...) Kein Spalt im Fels des Bestehenden, an dem der Griff des Ironikers sich zu halten vermöchte. Dem Stürzenden schallt das Hohngelächter des tückischen Objekts nach, das ihn entmächtigte. Der Gestus des begriffslosen 'So ist es', ist genau der, den die Welt einem jeglichen ihrer Opfer zukehrt, und das transzendentale Einverständnis, das der Ironie innewohnt, wird lächerlich vor dem realen derer, die sie zu attackieren hätte. Gegen den blutigen Ernst der totalen Gesellschaft, die ihre Gegeninstanz eingezogen hat als den hilflosen Einspruch, den ehedem Ironie niederschlug, steht einzig noch der blutige Ernst, die begriffene Wahrheit. *MM; 280-283*

Danach wäre das 'Endspiel' eigentlich nicht möglich, — überhaupt wäre Kunst als solche fragwürdig. Die 'Ästhetische Theorie', die in ihrem Auftakt das 'Existenzrecht von Kunst' bezweifelt (*ÄT; 9*), trägt das, was in den 'Minima Moralia' entschieden zu sein scheint, — wie das obige Zitat belegt, — sehr viel toleranter aus. Denn Kunst enthält alle Untugenden, die Adorno an den Philosophien anderer kritisiert. So ist etwa der Gestus des 'So ist es' reine Ontologie, — Manifestation eines Uneinholbaren. Daß Kunst dennoch ein Existenzrecht hat, liegt vielleicht daran, daß der 'blutige Ernst der begriffenen Wahrheit' — also die Philosophie in ihrem Tun auch nicht weiter hilft. Zumindest krankt sie an eben diesem 'blutigen Ernst', nämlich der begrifflichen Wahrheit als ihrem Telos:

Von Philosophie, überhaupt vom theoretischen Gedanken kann gesagt werden, sie leide insofern an einer idealistischen Vorentscheidung, als sie nur Begriffe zur Verfügung hat; einzig durch sie handelt sie von dem, worauf sie gehen, hat es nie selbst. Ihre Sisyphusarbeit ist es, die Unwahrheit und Schuld, die sie damit auf sich lädt, zu reflektieren und dadurch womöglich zu berichtigen. Sie kann nicht ihr ontisches Substrat in die Texte kleben; indem sie davon spricht, macht sie es bereits zu dem, wovon sie es abheben will. *ÄT; 382/383*

Die Philosophie hat also Distanzlosigkeit zu beklagen: Ihr Zweck, nämlich begriffliche Wahrheit zu evozieren, ist ihr Kreuz. Die Versuchung, der zu erliegen die Philosophie immer Gefahr geht, ist die, den Begriff abschaffen zu wollen, — das ontische Substrat qua Ausdruck doch in die Texte zu kleben. Das hat somit eine starke Affinität zur Ironie als dem Konstruktionsprinzip des ästhetischen Ausdrucks. Diese Affinität ist real geworden in den diversen Philosophien, insbesondere im neueren französischen Strukturalismus.[27] Sisyphos darf aber nicht ironisch werden; — in dem Moment, wo er Distanz schafft, indem er sich die Zwecklosigkeit seines Tuns vorstellte, hätte er nicht mehr die Kraft, weiterzumachen. Andererseits kann er sich nur vor den Göttern retten, wenn er weitermacht, denn sonst hätte er ihre Rache, — zweifellos den Tod zu fürchten. Den fürchtet auch der Philosoph.

Das Tödliche der Kunst, von dem bereits gesprochen wurde, ist zugleich ihr Zweckloses:

... ihr Begriffsloses, ihr Unterschied von der signifikativen Sprache. *ÄT; 211*

Wenn nun die Philosophie ihre Sisyphosarbeit am Begriff leisten muß, die Kunst aber Begriffloses vorstellt, so liegt die Idee nahe, daß die Heilung, die Rettung in einer Konvergenz von Kunst und Philosophie liegen könnte. Diese Konvergenz ist nach Adorno gegeben, aber nur in der Negativität. Die Philosophie einerseits möchte natürlich den Begriff loswerden, kann das aber nicht, weil sie sich dann selbst aufgibt. So ist auch jeder Versuch innerhalb der Philosophie, die Begriffe durch Ausdruck zu umgehen, bloßer Aufschub des Begriffes. Die Kunst andererseits, wenn sie Begriff werden will, hebt sich auch auf, weil sie dann den Ausdruck bindet und so an seinem Anspruch frevelt. Sie will aber Begriff werden, denn nur durch diesen ist ihr Wahrheitsgehalt verbürgt.

Philosophie und Kunst konvergieren in deren Wahrheitsgehalt: die fortschreitend sich entfaltende Wahrheit des Kunstwerks ist keine andere als die des philosophischen Begriffs. *ÄT; 197*

Umgekehrt aber:

In Wahrheit gehen alle Begriffe, auch die philosophischen, auf Nichtbegriffliches ... *ND; 23*

Kunst, die ihre Wahrheit analog dem philosophischen Begriff entfaltet, steht vor der unangenehmen Situation, daß der philosophische Begriff seinerseits auf Nichtbegriffliches in der Entfaltung seiner Wahrheit geht, — also auf das, wovon Kunst loskommen will. Somit hat auch Kunst ihre Sisyphosarbeit zu verrichten: ihre eigene Verhinderung, Wahrheit zu werden, einzuholen:

Zu ihrem Wahrheitsgehalt stehen die Kunstwerke in äußerster Spannung. Während er, begriffslos, nicht anders als im Gemachten erscheint, negiert er das Gemachte. Ein jedes Kunstwerk geht als Gebilde in seinem Wahrheitsgehalt unter; durch ihn sinkt das Kunstwerk zur Irrelevanz hinab, und das ist allein den größten Kunstwerken vergönnt. Die geschichtliche Perspektive eines Untergangs der Kunst ist die Idee eines jeden einzelnen. Kein Kunstwerk ist, das nicht verspräche, daß sein Wahrheitsgehalt, soweit er in ihm als daseiend bloß erscheint, sich verwirklicht und das Kunstwerk, die reine Hülle, zurückläßt (...) *ÄT; 199*

Die mögliche Konvergenz von Philosophie und Kunst ist also nur in der Versagung gegeben. Vorausgesetzt beiderseits, daß Authentizität waltet, was für das Kunstwerk die Trauer über sein eigenes Mißlingen ausdrücken soll, denn:

Kein Netz ist unter den authentischen Kunstwerken gespannt, das in ihrem Sturz sie behütete. *ÄT; 415*

In der Trauer können Philosophie und Kunst einig sein; — die Konkurrenz zwischen ihnen ist sinnlos geworden. Ihre mögliche Koexistenz hat etwas von einer Symbiose: Philosophie weiß um ihre Unzulänglichkeit und läßt Kunst, unter der Voraussetzung, daß sie auch um ihre Unzulänglichkeit Bescheid weiß, — was dann Authentizität ergibt, — ihr Existenzrecht. Symbiose heißt aber auch die Koexistenz von Heterogenem, Unversöhnlichem. Das Existenzrecht der Kunst kann nicht allein daher kommen, daß sie von der Philosophie, ob ihrer Unzulänglichkeit, gebilligt wird; außerdem, wenn sowieso nur Trauer in Aussicht steht, müßte es egal sein, ob man nun Künstler oder Philosoph ist. Ein produktives Moment, das über diese negative Konvergenz als Versagung hinausgeht, müßte eruierbar sein. Symbiose ist keine Koexistenz auf Leben und Tod. Die Koexistenz in der Symbiose transzendiert die bloße Selbsterhaltung und ermöglicht ein 'angenehmeres Leben' — aufs Humane übertragen: Glück. So ist das Krokodil nicht auf die Vögel angewiesen, die die Speisereste aus seinem Maul picken; — es kann auch ohne sie überleben, — wie umgekehrt diese Vögel auch andere Nahrungsquellen als die Speisereste im Maul eines Krokodils zur Verfügung haben. Auch die Vögel, die in einem Ameisennest nisten, könnten sich selbst ein Nest bauen, wie umgekehrt die Ameisen, die sie nisten lassen, nicht deswegen überleben, weil sie gerade von jenen zwei Vögeln, die sich bei ihnen eingewirtet haben, nicht gefressen werden. So braucht die Philosophie keine Kunst, um sich darüber klar zu werden, daß die Wahrheit nicht an einem guten Ende offen dasteht, — wie auch die Kunst die Philosophie nicht braucht, um ihre Selbstauflösung zu betreiben. Die Koexistenz in der Symbiose hat ein produktives Moment, in dem es nicht mehr ums reine Überleben geht, sondern dieses als prinzipielle Möglichkeit von Utopie gestaltet:

Das Differential des Neuen ist der Ort von Produktivität. *ÄT; 402*

Von der bedrohlichen Kategorie des Neuen strahlt stets wieder die Lockung von Freiheit aus, stärker als ihr Hemmendes ... *ÄT; 404*

Und so finden Kunst und Philosophie immer wieder zusammen, trotz der Bedrohlichkeit, wie, um es zu sagen, Weib und Mann.

Proust, der es ja bekanntlich geschafft hat, sich in Adornos 'geistiger Existenz' einen Platz zu sichern (s.o.), hat sich eines Tages in ein Zimmer eingeschlossen, hingesetzt (oder hingelegt) und zu schreiben begonnen. Von da an war er so gut wie tot. Sein weiteres Leben bestand nur im Schreiben, und Schreiben als Äußerungsform eines Lebens geht über in ein anderes; — nämlich das Leben des Geschriebenen. Proust schrieb über sein Leben, das er im Buche auferstehen sehen wollte. Vielleicht wollte Proust einzig leben, — absolut leben, und konnte dies nur durch Schaffung eines Kunstwerkes fertig-bringen; — also sein eigenes Leben in einer Art Aufhebung zu einem zweiten Leben zu gestalten. Um sein erstes Leben absolut zu leben: dazu fehlte ihm, so läßt sich annehmen, die Zeit. Als er dieses aufgab, hatte er genug Zeit, um die fehlende des ersten Lebens einzuholen. Denn das erste Leben verschwindet zu rasch — läßt sich in seinem Verschwinden kaum aufhalten. Das nötigt zur Rekonstruktion. Das Erinnern als Rekonstruktion läßt ein virtuelles Subjekt, sei es das Proustsche, erstarren, wie auch ein Kunstwerk als permanente Erinnerung seiner selbst starr ist. Denn die 'Unmittelbarkeit' des ersten Lebens kommt dem Kunstwerk nicht zu:

Kann man aber Natur gleichsam nur blind sehen, so sind bewußtlose Wahrnehmung und Erinnerung, ästhetisch unabdingbar, zugleich archaische Rudimente, unvereinbar mit steigender rationaler Mündigkeit. Pure Unmittelbarkeit reicht zur ästhetischen Erfahrung nicht aus. *ÄT; 109*

Das vollzieht in aller Konsequenz Proust, der es, indem er sich schützt vor jedem Reiz, — vor jeder 'Natur', — erst gar nicht zur 'Unmittelbarkeit' kommen läßt.

Weil nichts bei ihm Bestand hat als das bereits durch die Erinnerung Vermittelte, haftet seine Liebe am zweiten schon vergangenen Leben eher als am ersten. *PRI; 225*

Das allerdings trägt einen stark katholischen Zug; — der Katholizismus, der bekanntlich die 'Auferstehung des Fleisches' in sein Glaubensbekenntnis aufgenommen hat, predigt ja auch die Hingabe des ersten Lebens zugunsten eines zweiten, das Bestand hat und überdauert. Einzig, daß dies zweite Leben kein erinnertes, sondern ein zukünftiges ist, — aber das macht nach Adorno kaum einen Unterschied:

Worauf die Sehnsucht an den Kunstwerken geht (...), das verwandelt sich ihr in Erinnerung. (...) Seit der Platonischen Anamnesis ist vom noch nicht Seienden im Eingedenken geträumt worden, das allein Utopie konkretisiert, ohne sie an Dasein zu verraten. *ÄT; 200*

Auch dem Katholizismus sein 'Paradies' ist eine Erinnerung. Man könnte dem Katholizismus und auch Proust den Verzicht auf 'sinnliches

Glück' vorwerfen, — das, was man Sublimierung nennt. Eine mögliche Alternative zu Proust wäre die Intention C. von Brentanos[28], der aus seinem ersten Leben ein Kunstwerk, — also ein zweites Leben unmittelbar machen wollte. Brentano wollte beides: sinnliches Glück und Erinnerung, Dauer zugleich. Er schloß sich deshalb nicht wie Proust ein, sondern versuchte sein erstes Leben so gut wie möglich zu leben. Daß Brentano gegen Ende seines Lebens doch durch und durch katholisch wurde, mag etwas von der immanenten Widersprüchlichkeit dieser Intention anzeigen.[29] Anzunehmen ist, daß das Leid eines so versuchten Lebens übermächtig wurde, weil eben die künstlerische Gestaltung, und sei es auch die des eigenen Lebens, das Leid nicht aufheben kann.

Mitschuld trägt die (...) Kunst, weil sie den Schmerz durch Imagination ebenso mildert, wie, durch die geistige Totalität, in der er verschwindet, ihn beherrschbar macht und real unverändert läßt. *ÄT; 172/173*

Die Aufhebung des Leids ist aber der Kunst inaugural, — wenigstens in den Bestimmungen, die sie von der Philosophie erfährt. Auch Freud, der in jedem Kunstwerk eine mehr oder minder geglückte Sublimation sah, vertritt diesen Gedanken, denn wenn ein Triebanspruch in 'sozial erwünschte Leistung' umgesetzt wird, so liegt es nahe, anzunehmen, daß derjenige, der solche Sublimation nicht vollbringt, sozial unerwünscht ist; — was wiederum nur sein eigenes Unglück bedeuten kann. Nun aber gibt es in der Kunst das Phänomen, daß die Leistungen der Künstler häufig sozial unerwünscht sind, — was sich im Widerstand des Publikums gegen jede 'Moderne' ausdrückt. So kommt Adorno dazu, gegen Freud, von der:

... Sublimierung (...), die es wahrscheinlich gar nicht gibt. *MM; 286*

— zu sprechen, und zwar eben am Beispiel des Künstlers:

Künstler sublimieren nicht. (...) Vielmehr zeigen Künstler heftige, frei flutende und zugleich mit der Realität kollidierende, neurotisch gezeichnete Instinkte. (...) Ihr Teil ist vielmehr hysterisch outrierte Hemmungslosigkeit über allen erdenklichen Ängsten; Narzißmus, bis an die paranoische Grenze getrieben. Gegen das Sublimierte haben sie Idiosynkrasien. (...) Daß eine unzensiert ausgedrückte Triebregung auch dann nicht verdrängt heißen kann, wenn sie das Ziel, das sie nicht findet, gar nicht mehr erlangen will, leuchtet gewiß ein. (...) Soviel bleibt dem Ausdruck (— dem künstlerischen / r.s.) mit der Verdrängung gemeinsam, daß in ihm die Regung durch die Realität blockiert sich findet. (...) ... jeder gelungene Ausdruck des Subjekts, ließe sich sagen, ist ein kleiner Sieg über das Kräftespiel seiner eigenen Psychologie. (...) Die das vollbringen, haben dafür als Individuen ausnahmslos teuer zu zahlen, hilflos zurückgeblieben hinter dem eigenen Ausdruck ... *MM; 284-286*

Proust hatte also sein zweites Leben teuer zu bezahlen, denn er blieb wahrhaft hinter seinem Romanwerk 'hoffnungslos' und 'hilflos zurück'. Fleisch, — jenes, das Leid evoziert, bleibt Fleisch, — auch wenn es als Vergeistigtes aufersteht. Wie das aber mit der Sublimierung ist, die es ja nach dem Adorno der 'Minima Moralia' vielleicht gar nicht gibt, bleibt noch auszumachen. Der Ausdruck, bzw. wie wir es oben bezeichnet haben, die Darstellung, ist schon, wie Adorno sagt, ein 'Sieg über die psychischen Kräfte', die ja meist nur in einer prinzipiellen Ambivalenz vorhanden sind, und die sich im Ausdruck, — in der Darstellung fangen können. Nur schleicht sich in diesen Ausdruck die Ambivalenz (hinterrücks) wieder ein, denn das Kunstwerk stößt die Realität ja von sich ab, — will autonom werden, und gerät dadurch wieder in eine Ambivalenz, denn andererseits erhebt es ja den Anspruch, Ausdruck dieser Realität zu sein. Aber, — und das macht den Einwand Adornos wider Freud problematisch, — der Künstler kann ja gar nichts Unsublimiertes ausdrücken, denn im Ausdruck selbst ist ja die Sublimation bereits angelegt. Schon indem man sich hinsetzt und etwas aufschreibt, verzichtet man eigentlich auf das Triebobjekt, oder nach Cocteau: "Erst setzt man sich, dann denkt man."[30] Indem aber der Künstler in der Adornoschen Beschreibung das, was ihn nötigte, sich hinzusetzen, nachträglich ausdrücken will, ist sein Ansinnen doch eines gegen Sublimation. Immerhin aber läßt sich schlecht davon sprechen, ohne die Sublimation selbst vorauszusetzen. So heißt es auch später bei Adorno über die Kunst:

... vorweg hat sie teil an der Sublimierung. *ÄT; 19*

Denn das Leben selbst, so läßt sich anfügen, beinhaltet in seiner Vergänglichkeit und Deformation die Sublimierung. Der Künstler wehrt sich gegen die Sublimation und somit auch in gewisser Weise gegen das Leben. Aber nicht im Verzicht auf dieses Leben, sondern im Versuch, dem Leben unsublimierte Momente abzutrotzen:

Durch die Bestimmung der Kunst als eines Geistigen indessen wird das sinnliche Moment nicht bloß negiert. (...) Was den obersten Kunstwerken als metaphysische Gewalt darf zugeschrieben werden, war über die Jahrtausende hin verschmolzen mit einem Moment jenes sinnlichen Glücks, dem autonome Gestaltung immer entgegenarbeitete. Allein dank jenes Moments vermag Kunst, intermittierend, Bild von Seligkeit zu werden. Die mütterlich tröstende Hand, die übers Haar fährt, tut sinnlich wohl. Äußerste Beseeltheit schlägt um ins Physische. *ÄT; 412*

Dieser Umschlag ist die Inversion jenes Vorgangs, bei dem einst Physisches in Beseeltheit umschlug, — der Zusammenhang, den die Sublimierung stiftet und gleichzeitig vergessen machen will, wird in der Kunst wieder hergestellt:

Weniger besitzen sie (— die Kunstwerke /r.s.) Idealität, als daß sie vermöge ihrer Vergeistigung ein blockiertes oder versagtes Sinnliches versprechen. *ÄT; 126*

Auch die pathogenen Somatisierungen sind Ausdruck einer Blockierung von Gefühlen, Begierden etc. Die verdrängten Triebe, — jene, die vielleicht zur Sublimation anstehen, verschwinden in der Somatisierung nicht, sondern werden, in zweiter Gestalt, im wahrsten Sinne des Wortes (— am kranken Körper) ausgelebt.[31] Analog wäre die Sublimation der Kunst kein Vergessen (des Triebziels), sondern der Versuch, dem Trieb das Ziel in einem zweiten Leben abzutrotzen. Wenn man vom 'zweiten Leben' spricht, so liegt nichts näher als die Vergegenwärtigung des 'Schauspielers', der ja dieses 'zweite Leben' a priori vorstellen möchte. Die Idee des Schauspielers ist die der von Adorno oben angesprochenen 'Metaphysik' (der Werke): Der Schauspieler, wenn er auf der Bühne steht, gestaltet sein Leben, qua körperlichen Ausdruck, nicht von seiner 'ersten und immanenten Natur' her, sondern regelrecht von einer externen, zweiten Instanz, — etwa einem Text. Gleichzeitig aber ist ein guter Schauspieler nur der, welcher dieses zweite Leben so auslebt, als wäre es das erste; so, als wäre dieses erste Leben schon ein Schauspiel (— also in Rücksicht auf die notwendige Kontiguität von Sublimierung und Leben) — und der 'wahre Schauspieler' möchte denn dieses eine Schauspiel des Lebens präsentieren:

Virtuosität muß nicht auf die Wiedergabe sich beschränken, sondern ebenso in der Faktur sich ausleben; ihre Sublimierung drängt sie dazu. Sie verhält das paradoxale Wesen der Kunst, das Unmögliche als Mögliches zur Erscheinung. (...) Nicht umsonst ist der Name Artist dem Zirkuskünstler gemeinsam mit dem der Wirkung Abgewandtesten, der die vermessene Idee von Kunst verficht, dem eigenen Begriff rein zu genügen. *ÄT; 415*

Die Aura des Schauspielers, wörtlich wie metaphorisch, ist recht ambivalent. Einerseits haftet ihr etwas Erotisches an, wie überhaupt in:

... ihrem erotischen Moment, (...) die Kunst dessen gemahnt (wird), was zu sublimieren ihr nie ganz gelang. *ÄT; 469*

Also etwas Unsublimiertes und damit tendenziell Echtes oder Wesentliches. Andererseits ist dem Schauspieler in seiner Aura wie auch der Kunst das Element des Unechten, Unwahren, philosophisch gesprochen, des 'Ideologischen' beigegeben. Für dieses steht eben die Metaphysik des 'zweiten Lebens', — die Einsicht der Kritik, daß solche Versuche zum Scheitern verurteilt sind; — daß das Versprechen von Sinnlichkeit nicht per Kunst eingelöst werden kann, denn es besteht ein Hiatus zwischen einer 'mütterlichen Hand', die einem, wie nach Adorno in Mahlers Musik (*BM; 44*) übers Haar streichen soll, und einer leibhaftigen. Man kann die Differenz höchstens vergessen, bzw. die metaphysische Gewalt der Kunstwerke steht einem beim Vergessen hilfreich zur Seite. Metaphysik überhaupt kann als Vergessen leibhaftiger Gegenwart verstanden werden; — freilich in einem etwas komplizierten Gedankengang. Jedes Erinnern ist zugleich Vergessen, denn Erinnern ist, nach einer Einsicht der Psychoanalyse, immer selektiv. Erinnert etwa Mahlers Musik an eine 'mütterliche Hand', so wird darüber vergessen, daß Musik nicht gleich 'Mutter' sein kann. Metaphysik als das Erinnern eines Nicht-Leibhaften, — wörtlich: die Inaugurierung eines Externen ins Physische, hat auch eben dieses Moment des Vergessens an sich.[32]

Was die theoretische Kritik der Kunst antut und zumutet, wird ihr von dieser heimgezahlt: Zur Aura der Kunst gehört ihre Theoriefeindlichkeit, — schön zu sehen am bereits vorgestellten Beckettschen Beharren, daß sein 'Endspiel' nur ein Spiel sei, und daß es weiter darüber nichts zu sagen gibt. Durch den kritischen Einwand wird die Kunst am Vergessen gehindert. So kann man jedem Theaterstück vorhalten, daß es gespielt wird, — jedem Roman ankreiden, daß er geschrieben wird, während ein Großteil der Menschheit verhungert. Die Künstler halten ihrerseits jenen, die solche Einwände hervorbringen, vor, daß sie ihr Leben vergeuden, — in ihrem Festhalten an diesem einen Leben es zwangsläufig versäumen müssen. Das ursprüngliche Argument gegen die Kunst, — daß sie es nämlich mit Vergeistigtem zu tun habe, wird umgedreht: dem Theoretiker wird vorgeworfen, daß er erst recht sublimiere. Trotz der möglichen Symbiose zwischen Kunst und Theorie, — krude-polemisch formuliert: zwischen dem möglichen falschen (zweiten) Leben und dem wahren (ersten) Nicht-Leben; — trotz also einer möglichen Symbiose, die in Adornos 'Ästhetischer Theorie' angedeutet wird, bleibt ein Moment von Unversöhnlichkeit. Dies ist ausgetragen in dem schon erwähnten Frühwerk von Kierkegaard: 'Entweder-Oder'. Nur daß bei Kierkegaard der Antipode zu dem 'Ästhetiker' ein 'Ethiker' ist, und nicht wie bisher bei uns ein 'Theoretiker'. Fragt sich, ob vielleicht der Theoretiker gegenüber der Möglichkeit des ästhetischen Glücks nicht je schon eine 'ethische Position' einnehmen muß. Der Ästhetiker bei Kierkegaard äußert sich nicht zufällig in einem 'Tagebuch eines Verführers'.[33] Der Verführer will, wie Odysseus, das Objekt überlisten, — in konkreten Fällen eine Frau. Er muß sein 'erstes Leben', — d.h. den unmittelbaren Triebanspruch verleugnen, — er muß täuschen, um ans Ziel seiner Wünsche zu gelangen. Der Einwand des 'Ethikers' ist nun der, daß der Verführer in seinem Erfolg scheitert, denn was er erhält sei ja bloß der Abglanz des Objekts seiner Begierden, denn das verführte Objekt reagiert seinerseits mit einer Täuschung. Die Begierde, die der Verführer wecken will (psychoanalytisch gesprochen: — das narzißtische Potential, das er dem Objekt entlocken will) — trifft nicht ihn selbst, sondern nur das, zu was er sich mittelbar gemacht hat. Deswegen scheitert der 'Verführer' bei Kierkegaard, gerät in Verzweiflung und Melancholie, — denn das Leben (das 'erste') rächt sich bitter an demjenigen, der ihm jene schon erwähnten 'unsublimierten Momente' abtrotzen will. Der 'Ethiker' bei Kierkegaard, der sich vorderhand damit beschäftigt, die 'Ehe', — eine Art von Symbiose zu verteidigen, will zwar auch das 'ästhetische Glück' — kann es aber nur haben in einer totalen Niederlage vor Gott;— jener religiösen Wendung, die Kierkegaards letzte Lösung vorstellt. Diese religiöse Wendung ist Ausdruck der Einfügung in die:

... universale Niederlage, die das Lebensgesetz eines jeden einzelnen ist. *MS; 62*

Aber das Lebensgesetz des einzelnen ist nicht so abstrakt, wie Kierkegaard es konstruiert; Adornos Kritik an Kierkegaard, die den Untertitel: 'Konstruktion des Ästhetischen' trägt, will 'mythische Formen' entkleiden, und sie auf einem gesellschaftlichen Hintergrund transparent machen. Erst diese Transparenz könnte bewirken, daß man angesichts solcher 'Lebensgesetze' nicht in 'Furcht und Zittern' verfällt. Aus Angst vor der Opferung an dieses 'universale Lebensgesetz' opfert Kierkegaard im voraus, indem er das Opfer, die Entsagung, für unausweichlich erklärt. Kierkegaard verweigert so das 'eigentliche Opfer': — jenes ist als Metapher für Sublimierung auch gleichzeitig einzige Bedingung möglicher Befreiung aus der Versagung. Verweigert man das Opfer, indem man es aus Angst vorwegzunehmen versucht, so führt das nach Kierkegaard zur Schwermut, oder nach Adorno zum Faschismus:

Mit ihrem jüngsten, freilich schon im Faschismus praktizierten Trick funktioniert Ichschwäche, die Unfähigkeit zur Sublimierung, sich ins Höhere um, belohnt die Linie des geringsten Widerstandes mit einer moralischen Prämie. *ÄT; 372/373*

Adorno schreibt hier über diejenigen, die Kunst abschaffen wollen, und dazu durchaus in Analogie verhält sich Kierkegaard, der ja auch die Kunst, — die Ästhetik abschaffen will, indem er sie scheitern läßt. Seine 'Konstruktion des Ästhetischen' ist eine Fehlkonstruktion, die eigentlich nur dazu da ist, Utopie zu nivellieren. So in der Rechtfertigung der 'Ehe', — zweifellos auch ein Zustand der Versagung, — die nach Kierkegaard aber einzige Möglichkeit ist, die Schwermut abzuwehren. Die Ehe als garantierte Wiederholung schreibt das Unveränderliche fest, — schließt die Möglichkeit der Veränderung aus (Kierkegaard versteht die Ehe emphatisch im christlichen Sinne, — nämlich das Treueversprechen in alle Ewigkeit.) Wenn aber Utopie einzig in ästhetischer Form darstellbar ist, so ginge es darum, das Unversöhnliche von sozialer Realität und ästhetischer Sphäre auszuhalten, und nicht davor zu fliehen und damit die Utopie zugunsten einer Einfügung in ein 'Schicksal menschlicher Existenz' zu vernichten:

Was so höhnisch der »Ethiker« dem Ästhetiker als Hybris der Größe vorwirft, ist doch im Kleinen dessen bestes Teil als Zelle eines Materialismus, der »nach einer besseren Welt« sich umsieht, nicht um träumend die gegenwärtige zu vergessen, sondern zu verändern aus der Kraft eines Bildes, das wohl als ganzes »nach dem abstrakten Maßstab 'überhaupt' gezeichnet« sein mag, dessen Konturen jedoch in jedem einzelnen dialektischen Moment leibhaft und eindeutig sich erfüllen. *KI; 234*

Der 'Ästhetiker' opfert sich nicht im voraus: er opfert sich konkret an seine Utopie. Somit schützt er sich nicht vor der möglichen Negativität der Utopie, die in deren Scheitern besteht, sondern rechnet diese Negativität zur Utopie selbst. Das Unversöhnliche daran besteht durchaus darin, daß man sich einerseits sagen muß, daß es nicht geht, — andererseits nicht darauf verzichtet. Wieder ist es das strenge Bild der Symbiose: — ein Vogel, der einem Krokodil ins Maul fliegt, spielt eigentlich mit seinem Leben. Gerade darin besteht aber die Utopie der Versöhnung zwischen Krokodil und Vogel: — nämlich daß letzterer nicht gefressen wird und ersteres seinen 'unermeßlichen Hunger' überwindet. Die Utopie verheißt eine Überwindung der 'Tatsachen des Lebens', die in diesem Falle in den 'Instinkten' der Teilnehmer liegen. Hätte der Vogel eine Theorie, — würde er auf die 'Tatsachen des Lebens' reflektieren und sie nicht vergessen können: — er würde den Flug nie wagen. Ähnlich steht es wohl auch mit der Liebe: — hier erhebt ebenfalls die Reflexion Einspruch gegen das Wagnis der Preisgabe. Genau wie der Vogel gefressen werden kann, so droht dem Liebenden jederzeit das Verlassen-Werden. Die Ehe, die aus der Gestalt der Liebe einen Vertrag machen will, verrät die Utopie um ihre wesentliche Negativität: — sie will das Opfer festschreiben und damit das Überleben garantieren. Daß Liebe einmal opferlos werden könnte, — daß sie selbst sich nicht fesseln muß wie Odysseus, geht dabei verloren. Ähnlich steht es auch mit der Kunst, — und deswegen ist das Bild der Symbiose und der Liebe nicht bloß eine Allegorie über Ästhetik, sondern trifft auf deren Spannung zur Theorie. Der andauernd mögliche Einspruch gegen das Bild des Glücks, — diese Drohung wird im Bild auf sich genommen. Das Kunstwerk, das gelingen will, opfert die Gewißheit seines Gelingens zugunsten des Bildes oder wie wir oben sagten: — der Darstellung. Die Utopie der Versöhnung in der Darstellung zwingt die unversöhnlichen Momente zur Einheit und damit zum Vergessen ihres Anspruchs. Der Vogel, der seine Angst vergißt, wie das Krokodil, das seinen Hunger vergißt: so soll sich der Geist schutzlos dem Bilde opfern und das Bild seine Vergänglichkeit als bloßes Produkt des Geistes vergessen.

Dadurch spielt Einheit, real heute wie stets das Entzweiende, in Versöhnung hinüber. In den Kunstwerken läßt die zerstörende Gewalt des Mythos nach, in ihrem Besonderen der jener Wiederholung, welche der Mythos in der Realität verübt, und die das Kunstwerk zur Besonderung zitiert durch den Blick der nächsten Nähe. In den Kunstwerken ist der Geist nicht länger der alte Feind der Natur. Er sänftigt sich zum Versöhnenden. Nicht bedeutet sie nach klassizistischem Rezept Versöhnung: diese ist ihre eigene Verhaltensweise, die des Nichtidentischen innewird. Der Geist identifiziert es nicht: er identifiziert sich damit. *ÄT; 202*

Vielleicht ist in diesen Sätzen am besten ausgedrückt, was unter einer 'Ästhetischen Theorie' zu verstehen sei: eine Theorie, die deswegen 'ästhetisch' ist, weil sie die Ambivalenz der Kunst nachvollzieht: diese zu ihrer eigenen macht. Adorno hat keine Theorie über Ästhetik geschrieben: es geht ihm auch weniger um die Ästhetik (— das, was der theoretische Geist an Kunst identifizieren kann), sondern um die Theorie, sofern ihr die Möglichkeit von Kunst gegenüber steht. Die ästhetische Theorie ist der Versuch der Antwort auf die Frage, die eine 'Dialektik der Aufklärung' offen läßt. Odysseus war zweifellos ein Theoretiker, aber er war auch ein Mythos in der 'genuinen' Gestalt eines Kunstwerks. (Nicht umsonst spricht man vom vor-Homerischen und nach-Homerischen Griechentum.) Kunst wird zur Kunst, den Mythos zu handhaben: sie gibt dem Mythos 'das Seine' um den Preis, daß sie sich von Theorie abspaltet. Die Partikularität von Kunst indessen führt zu ihrer Aufhebung: — einer Tendenz, die man als die 'Moderne' bezeichnet, wofür auch der Name Becketts steht. Das Leiden an der Zwangsgestalt der Natur reproduziert sich so im Leiden an der Partikularität des Umgangs mit dem Mythos, der selbst nur das Resultat des Leidens vorstellt. Da aber auch die Theorie an ihrer Partikularität (— dem Entzweienden) leidet, gibt es eine Einheit im Leiden. Wie diese in 'Versöhnung hinüberspielen' kann, dies zu zeigen stellt sich dann als Aufgabe einer 'Ästhetischen Theorie'. Vielleicht so, daß wenn Theorie sich die Frage nach der Versöhnung stellt, sie ästhetisch werden muß. Wie aber soll dieses 'Müssen' begründet werden? — oder kann es sein, daß dies gar nicht begründet werden muß? Es handelt sich ja um die Spannung, in die Theorie in ihrer Bewegung von sich aus gerät. Diese Spannung anzunehmen ist dann ein Gebot, ein Sollen, welches den Fortgang der Theorie als das, was sie an Praxis fesselt, begleitet.

Musik

Schreiben über Musik · Nominalistische
Anstrengungen · Modelle von
Objektivität · Musik und Glück
Von der Langeweile · Zeitprobleme

Das namhaft Nichtidentische und
seine Geschichte · Reihentechnik
Jazz · Polemik und Medium
Der Ort der Liebe

Musik, wenn man sie hört, hat eine Wirkung; sie evoziert ein Gefühl, von dem man eigentlich nur weiß, daß es ein Gefühl ist. Zwar lassen sich grobe Charakteristika des Gefühls angeben, wie Trauer, Sehnsucht oder Glück, aber was dies dann heißen soll, kann man nicht sagen. Sagen kann man letztlich nur, daß solche Musik 'schön' sei. Die Transzendenz des Kunstwerks über seine begriffliche Interpretation zeigt sich nirgends so deutlich wie in der Musik. Auch Hegel sah, "... daß die Musik unter allen Künsten die meisten Möglichkeiten in sich schließe, sich nicht nur von jedem wirklichen Text, sondern auch von dem Ausdruck irgendeines bestimmten Inhalts zu befreien."[1] Ausdruck ohne Inhalt ist reiner Ausdruck. Das legt die Idee einer Vorherrschaft des Gefühls nahe, psychoanalytisch gesprochen eine Dominanz des Es. Solche Musik, die dies programmatisch aufnimmt, wie etwa die

> ... ersten atonalen Werke (...) (,die) Protokolle im Sinne von psychoanalytischen Traumprotokollen (sind). *PNM; 44*

wirken dann nicht mehr allgemein schön. Daß Musik erst mit Ratio komponiert werden muß, bevor sie ein 'reines Gefühl' ausdrücken kann, macht die ganze Sache sehr problematisch. Musik ist immer schon geschrieben und damit fixiert.

> Sobald die Musik das Ausgedrückte, ihren subjektiven Gehalt, scharf, eindeutig fixiert, erstarrt er unter ihrem Blick zu eben dem Objektiven, dessen Existenz ihr reiner Ausdruckscharakter verleugnet. *PNM; 53*

Musik tut also nur so, als ob sie 'reiner Ausdruck' sei, als ob sie Exekution reiner Innerlichkeit wäre. Damit wird gleichzeitig ihre Zugehörigkeit zur Kunst angesprochen, denn das Kunstwerk lebt ja vom Rettungsakt gegenüber dem eigenen Schein (s.o.). Sie bietet sich aber auch damit der Kritik an, denn Kritik blüht dort auf, wo Schein sich einstellt:

> Daher handelt Musiksoziologie von Musik als Ideologie, aber nicht nur als Ideologie. Dazu wird Musik erst als objektiv unwahre oder als Widerspruch ihrer eigenen Bestimmung zu ihrer Funktion. *KF; 10*

Wie aber läßt sich über irgendeine Musik sagen, was denn nun ihre Bestimmung sei. Daß sie ein Gefühl der Schönheit evozieren soll, kann es nicht sein, denn einerseits:

> Keine Schönheit kann heute der Frage mehr ausweichen, ob sie denn auch schön sei und nicht durch prozeßlose Affirmation erschlichen. *ÄT; 347*

und andererseits ist:

> ... auf das sogenannte Gefühl in solchen Situationen kein Verlaß; meist zehrt es von der wiederholenden Reproduktion vergangener musikalischer Reaktionsweisen ... *GK; 343*

Wenn also Musik schön sein soll, dann nur in ehrlicher Weise, — nicht erschlichen durch Affirmation. Die Schönheit darf nicht einfach dasein, — sie muß begründbar sein, um dem Verdacht der Ideologie zu entgehen. Ideologiekritik lebt vorrangig von der konkreten Unwahrheit bzw. Inadäquanz ihres Objekts. Musik aber verweigert sich dem konkreten Ausdruck. So muß also Kritik der Musik, — also das Schreiben über sie, sich einer etwas umständlichen Technik bedienen. Sie muß Musik, bevor sie walten kann, übersetzen in Sprachlichkeit und darf dann erst kritisieren. Bevor man über Musik schreiben kann, muß man sie interpretieren, — durchaus im doppelten Sinne des Wortes, denn der Interpret (— der mit dem Instrument), muß ja auch dem reinen Ausdruck der kontingenten Noten erst spezifische Gestaltung verschaffen. Der schreibende Interpret läßt die Musik in sich erklingen als spezifische, und kann dann sagen, ob sie schön war. Die interpretierbare Musik, — die, welche auf Noten erscheint, ermöglicht erst die Kritik, wie überhaupt 'höhere und bessere' Musik sich leichter interpretieren läßt:

Die soziologische Interpretation von Musik ist um so adäquater möglich, je höher die Musik rangiert. Bei simpler, regressiver, nichtiger wird die Interpretation fragwürdig.
KF; 22

Die Übersetzungsarbeit des musikalischen Ausdrucks ist deswegen schwierig, weil Musik nicht diskursiv ist, — man kann sich an ihr nicht rückversichern, was sie denn nun mit diesem Akkord gemeint habe; sie bezeichnet nichts, auf das man rekurrieren könnte. Man kann höchstens den musikalischen Ausdruck auf seiner impliziten metaphorischen Ebene substituieren durch sprachliche Metaphorik. Etwa kann gesagt werden, daß gewisse Stellen aus dem Beethovenschen Violinkonzert wie eine moralische Argumentationsfigur klingen, oder mit Adorno über Berg:

In ihm (— einem ganztönig alterierten Akkord /r.s.) kommen die erregten Sextolen melancholisch zur Ruhe. *BB; 64*

Die melancholischen Sextolen mögen als Metapher noch relativ allgemein-einsichtig sein, — aber wenn man anfängt, den musikalischen Ausdruck zu übersetzen, kann es auch so aussehen:

Wirbel des Triangels: eine Frau wird ihres Körpers inne und schüttelt die Locken.
QF; 281

Die Melancholie der Sextolen läßt sich interpretieren, ebenso wie eine Frau, die ihre Locken schüttelt; — also das, was die Musik an Interpretation oder Assoziation hervorruft. Musik selbst aber verweigert sich der Identität. Sie gibt sich nur als Unbestimmbares, Flüchtiges, das jeden Begriff von sich abstößt. Das Ungenügen an der Übersetzung des musikalischen Gehalts in begriffliche Sprache liegt darin, daß die Interpretation nie die Musik einholen kann, — ja selbst gegen die Musik geschieht, denn:

... die Musik sagt gewissermaßen voilà. *BM; 62*

Zu etwas, das nur voilá sagt, kann man sich nicht direkt verhalten, — man kann es nur zur Kenntnis nehmen. Musik tut aber so, als ob sie mehr sagen würde: sie besteht 'gewissermaßen' nur aus Redundanzen; — Information, die anzeigt, daß Information da ist, sich aber der Eindeutigkeit verwehrt. Zweifellos vermittelt Musik etwas, aber dieses Etwas hat keinen Punkt, an dem es fixiert werden könnte:

Musik zielt auf eine intentionslose Sprache. Aber (...) allenthalben ist sie von Intentionen durchsetzt (...) Intentionen sind ihr wesentlich, aber nur als intermittierende. Sie verweist auf die wahre Sprache als auf eine, in der der Gehalt selber offenbar wird, aber um den Preis der Eindeutigkeit, der überging an die meinenden Sprachen. *MST III; 650/651*

Die Aufgabe des Interpreten, des Kritikers der Musik, und zugleich auch seine Legitimation bezieht dieser aus dem Impuls der Musik, den reinen Gehalt, — Etwas als Etwas auszudrücken, und nicht den Umweg über den Begriff zu nehmen. Die verlorene Eindeutigkeit wird ihr vom Interpreten zurückerstattet um den Preis der Reduktion. Die 'wahre Sprache', die Adorno in der Musik vermutet, taucht auch bei Benjamin in dem Essay 'Über die Aufgabe des Übersetzers' auf: — dort wird von der 'reinen Sprache' gehandelt, die von einer bestimmten Sprache überdeckt wird.[2] Der Übersetzer hat die Aufgabe, auf diese 'reine Sprache' zu lauschen, um dann in der Übersetzung diese 'reine Sprache' wieder durch ein anderes Medium zum Ausdruck zu bringen. Bei Benjamin ist diese 'reine Sprache' fast eine logische Notwendigkeit aus der Tatsache der Übersetzbarkeit von Kunstwerken. Die Nicht-Identität der Medien würde sonst jede Übersetzung a priori unmöglich machen. In der Musik scheint diese 'reine Sprache' auch gegeben zu sein: die Charakteristik dieser bestimmt sich ja so, daß einerseits etwas vermittelt wird, andererseits kein reflexives Medium vorhanden ist. Es fehlt in der reinen Sprache eben jene 'Rücksicht auf Darstellbarkeit', — das, was das Es, — den virtuell 'reinen Affekt' auszeichnet.

Der Affekt kollidiert mit der Zivilisation, die ihn als unerzogen zum Schweigen verhält; unersättliche Musik ist die Resultante des Konflikts. (...) Der sich nicht halten kann, flüchtet zur unbegrifflichen Sprache, die schrankenloses Weinen und schrankenlose Liebe eben noch gestattet. *BM; 173*

Das mag das Wesen der Musik sein, — nämlich als Ausdruck des Affektes kontingent (s.o.) zu werden. Musik hat aber neben ihrem Wesen auch eine Geschichte, die mit dem des Affektes durchaus analog ist, denn:

Fraglos ist die Geschichte der Musik eine fortschreitender Rationalisierung. *KF; 13*

Rationalisierung ist hier als Technik der Beherrschung der musikalischen Mittel zu verstehen; als Spezifikation des Mediums des Ausdrucks und damit des Ausdrucks selbst. Diese Rationalisierung geht einher mit der Befreiung des Materials: zu Haydns Zeiten wurde ein 'ohrenbetäubender Krach' als Metapher absoluter Unruhe durch einen Paukenwirbel dargestellt. Haydn mußte darauf Rücksicht nehmen, daß nur die Pauke Krach machen darf; — in neuer Zeit wird ein 'ohrenbetäubender Krach' durch ein Orchester wirklich als solcher dargestellt, etwa durch chromatische Akkorde. Die Spezifikation des Ausdrucks führt aber nicht zur Ähnlichkeit mit reflexiver Sprache: vielmehr, da Musik ja Affekte ausdrückt, bedeutet Spezifikation die der Affekte. Der Paukenwirbel war da noch eher reflexiv, denn er konnte so etwas wie ein Symptom vorstellen, — war kanonisches Zeichen und damit übersetzbar. Wird aber nur Krach gemacht durch das ganze Orchester, so wird der Ausdruck in der Sprengung kanonischer Formen, — in der Befreiung des Materials — kontingent, denn absolute Unruhe äußert sich nicht mehr symptomatisch. Wenn die Geschichte der Musik die fortschreitender Rationalisierung ist, so soll dies dem Einholen des 'Irrationalen', des bloßen Ausdrucks dienen. Je stärker aber der 'reine Ausdruck' zum Tragen kommen soll, desto strenger und rationaler die Konstruktion. Die Konstruktion aber verschwindet in der Musik: Nichts klingt zufälliger und chaotischer als die am strengsten durchkonstruierten Werke, etwa der Schönbergschule. Dieser Sachverhalt bedeutet etwas Wichtiges; zum Beispiel, daß 'schrankenlose Liebe' nicht nach Rousseauschem Muster etwas Einfaches ist, sondern etwas hoch Komplexes.

Vom ursprünglichen Berührtsein durch Musik, vom Traum, daß es anders sein sollte...
MS; 141

... bleibt übrig die Möglichkeit der Interpretation dieses Ursprungs, denn, — und das scheint das Besondere an der Musik für Adorno zu sein, — je strenger das Werk konstruiert ist, desto mehr referiert es seinem Ursprung. Musik, die an 'ihrer Sprachähnlichkeit leidet' (*MST III; 659*), kann nur durch die Konstruktion des Impulses als Kritik an den Formen ihr Leid einschränken.

Gegenüber der meinenden Sprache ist Musik eine von ganz anderem Typus. In ihm liegt ihr theologischer Aspekt. Was sie sagt, ist als Erscheinendes bestimmt zugleich und verborgen. Ihre Idee ist die Gestalt des göttlichen Namens. Sie ist entmythologisiertes Gebet, befreit von der Magie des Einwirkens; der wie immer auch vergebliche menschliche Versuch, den Namen selber zu nennen, nicht Bedeutungen mitzuteilen.
QF; 252

Musik vollbringt nominalistische Anstrengungen; sie, wenn ihr auch der Name Gottes versagt bleibt, eröffnet zumindest die Möglichkeit der Nennung.

Damit gewinnt sie Modellcharakter. Man könnte einwenden, daß, wenn schon Musik die Möglichkeit des Namens eröffnet, es doch ein krudes Unterfangen ist, sie zu interpretieren. Andererseits kann Musik den Namen nicht aussprechen, denn sie kann überhaupt nichts sagen.

Darum gehört die Idee der Interpretation zur Musik selber und ist ihr nicht akzidentell. *MST III; 651*

Sie ist beredt und stumm zugleich: wie ein Liebesgeständnis, in dem alles gesagt werden will, und am Ende nichts gesagt wird. Auch in der Musik hat man es also mit einer Konstellation der Versagung zu tun, — aber nicht mit irgendeiner, sondern mit einer ganz besonderen. Ist es in den diversen anderen Ausdrucksformen des 'Geistes' der Fall, daß diese Konstellation erst durch selbstkritische Anstrengungen erreicht werden kann, so ist die Musik fast so etwas wie ein unmittelbarer Ausdruck der Versagung selbst: zumindest ist ihre Geschichte als Rationalisierung eine Destruktion des eigenen Scheincharakters. Der Soziologe etwa kann, nachdem ihm eine befriedende Erkenntnis versagt blieb, zur Ideologie sich flüchten. Auch ein Schriftsteller kann angesichts eines 'Unsagbaren' zur Allegorie sich flüchten oder durch eine Symbolkette sich in eine falsche Immanenz des Glücks begeben; — mit anderen Worten: durch Darstellung in Zeichen und Bildern kann der Triebanspruch an einem Substitut sich fangen. Die Musik unterscheidet sich davon, denn:

Die Libido ist, psychoanalytisch gesprochen, nach innen gewandt; aber im bildlosen Raum der Musik sind ihr viele Sublimierungen versagt. *MS; 138*

Der Unterschied scheint quantitativ zu sein: nicht alle Sublimierungen, sondern bloß 'viele' sind da versagt. Wenn sie sublimiert, — nach Adorno gegen das ihr wesentliche Bilderverbot verstößt, so klingt sie 'falsch'. Musik will ja reiner Ausdruck sein, — etwa von Glück. Wenn sie nun dieses Glück an ein Bild bindet, es identisch mit irgendetwas macht, etwa mit einem bestimmten Akkord, so hört sie tendenziell auf, Musik zu sein, denn die Konsequenz wäre die absolute und unendliche Wiederholung dieses Akkordes. Geht Musik also Identitäten ein, — seien sie auch bloß virtuell, so frevelt sie an ihrem "Ursprung", — dem Traum vom anderen, — von dem, was nicht in einem Substitut aufgeht. Frevelt sie, wird sie falsch:

... falsch wird das technische Kunstwerk überall dort, wo es jene Nicht-Identität ignoriert, Ungleichnamiges behandelt, als wäre es gleichnamig; *KF; 237*

Der Protest des Kindes, den Namen eines vertrauten Gegenstandes herzugeben für etwas anderes, hat Ähnlichkeiten mit der neuen Musik. Das Kind will in der 'Frühphase' seines Spracherwerbs das Verhältnis von Besonderem und Allgemeinem nicht anerkennen. Vielleicht liegt auch darin das 'ursprüngliche Berührtsein durch Musik' (s.o.), denn das Kind wird im Fortschritt seines Spracherwerbs doch einmal gezwungen, dies einzusehen, und nicht umsonst hat man bei manchen Musikwerken das Gefühl, daß da ein Kind spricht, das sich noch nicht artikulieren kann. Kinder werden von Erwachsenen nie 'süßer' gefunden als in der Zeit, wo sie sprechen lernen.

Indem die neue Musik, in der Verneinung von Besonderem und Allgemeinem, hindrängt auf die absolute Identität, will sie zur Stimme dessen werden, was nicht in jener verschwindet, des Nicht-Identischen. *KF; 228*

Zur 'Stimme des Nicht-Identischen' zu werden ist eine sehr schwierige Aufgabe, homolog zu der, das Unbewußte zum Sprechen zu bringen, denn ebensosehr, wie der genannte Name die Identität ermöglicht, kann ein gesprochenes Unbewußtes kaum mehr von sich behaupten, daß es unbewußt wäre. Der Name, ursprünglich Signum des Individuellen, — also das, womit gerufen werden kann, kann die 'Parusie'[3] des Gerufenen substituieren. Sobald das Individuum, das durch seinen Namen seine Nicht-Identität zu anderem (— es ist nur dies, nichts anderes!) behaupten kann; sobald es also durch den Namen genannt werden kann, droht ihm in diesem Namen seine Verallgemeinerung, denn der Name ist auch in der Abwesenheit des Individuums aussprechbar. Daß dieser Umstand auch ein Problem der Zeitlichkeit ist, und daß Musik eben diese Zeitlichkeit zum Wesensmoment hat, wird später noch angesprochen werden. Auch das Unbewußte, auf den Begriff gebracht, droht in diesem sich zu verlieren, da der Begriff selbst Derivat einer grundsätzlichen Sublimation ist, und das Unbewußte selbst definitiv das Nicht-Sublimierte sein soll. Die Stimme des Nicht-Identischen muß also selbst in sich jene Differenz aufweisen, die zwischen Stimme und dem, was es benennen soll, liegt. Diese Differenz, — eine

Erfahrung von Leid, kann nach Adorno in der Musik durch die Dissonanz ausgedrückt werden. Dissonanz ist sinnvoll nur als Negatives anzusprechen; — als Negatives gegenüber einem historischen Fundus eines Objekts. Die Geschichtlichkeit des Objekts ist gleichsam seine Vergewaltigung durch einen Formenkanon historischen Bewußtseins, — seine Einpressung in eine Konsonanz. Dissonanz drückt immer ein Anders-Sein gegenüber Tradiertem aus. Darum ist auch die 'neue Musik' als Stimme des Nicht-Identischen der Vollzug einer Geschichte der Negativität:

> Vielleicht ist die Emanzipation der Dissonanz überhaupt nicht erst, wie die offizielle Musikgeschichte lehrt, das Ergebnis der spätromantisch-nach-Wagnerischen Entwicklung, sondern der Wunsch danach hat als Nachtseite die gesamte bürgerliche Musik seit Gesualdo und Bach begleitet, vergleichbar etwa der Rolle, die der Begriff des Unbewußten insgeheim in der Geschichte der bürgerlichen Ratio spielt. Dabei handelt es sich um keine bloße Analogie, sondern die Dissonanz war von Anbeginn Bedeutungsträger alles dessen, was dem Tabu der Ordnung verfiel. Sie steht ein für die zensurierte Triebregung. *PNM; 146*

Das Unbewußte hat es an sich, nur dann zu erscheinen, wenn man leidet, bzw. das Unbewußte erscheint überhaupt nur in einer Dissoziation, und an dieser leidet man gewöhnlich. Dissonanz stellt, allgemein gesprochen, eine Unordnung vor, und ihr musikalischer Ausdruck wäre entsprechend dem Gefühl, daß das eigene Leben nicht in Ordnung ist. Steht die Dissonanz noch unter dem Primat der Konsonanz, — ist sie also partikular gesetzt, so wird auch die Unordnung, die sie ausdrückt, partikular, d.h. einer Ordnung immanent. Wird jedoch die musikalische Ordnung aufgesprengt, daß man nicht mehr sagen kann, was Dissonanz ist und was nicht, so wird die Unordnung, der Verlust des ordnenden Zentrums (Dominante) zum Ausdrucksgehalt selbst. Hegel, der ja bekanntlich an der Macht der Ordnung festhalten konnte, verstand den Ausdruck der Trauer, des Verlustes noch partikular: "Sollen nun Schmerz, Freude, Sehnsucht usf. in der Melodie wiederklingen, so hat die wirkliche, konkrete Seele in der ernsten Wirklichkeit dergleichen Stimmungen nur innerhalb eines wirklichen Inhalts, unter bestimmten Umständen, in besonderen Begebnissen, Handlungen, Situationen usf. Wenn uns der Gesang die Empfindung z.B. der Trauer, der Klage über einen Verlust erweckt, so fragt es sich deshalb sogleich: was ist verloren-gegangen? Ist es das Leben mit dem Reichtum seiner Interessen, ist es Jugend, Glück, Gattin, Geliebte, sind es Kinder, Eltern, Freunde usf.? Dadurch erhält die Musik die fernere

Aufgabe (...) dem Ausdruck selber die gleiche Besonderung zu geben."[4] Das setzt aber einen Zustand voraus, in dem das traurige Moment in seiner Besonderung das Glück des Ganzen bzw. dessen Sinnhaftigkeit noch konstituieren kann. Hegel schreibt der Seele nur eine endliche Trauer zu, die sich als Moment von Irrationalität beschränken muß. Die Konkretisierung der Frage, was da verloren gegangen ist, impliziert schon, daß man es zurückerhalten könne.

Nicht umsonst assoziieren empörte Hörerbriefe mit manchen Kompositionen Schrekkensereignisse, Panik; unter den avancierten Partituren heute klingen einige, wie man amerikanisch sagen würde, buchstäblich, als wären sie out of this world. Dieser Ton crescendiert mit der Rücksichtslosigkeit, die durch integrale Konstruktion die anheimelnde Spur des Menschlichen versagt. Er ist der richtigen Bewußtseins von der dinghaften Entfremdung und Depersonalisierung dessen, was über die Menschheit verhängt ist, schließlich von der Unfähigkeit des Sensoriums, das Verhängte überhaupt noch zu adaptieren. (— eben im Vergleich zu Hegels Anspruch; / r.s.) Der Ton der neuen Musik entsetzt sich davor, daß es zur Angst als Vermittlung zwischen dem Subjekt und dem, was ihm geschieht, nicht mehr kommt. (....) Nur durchs bilderlose Bild der Entmenschlichung hindurch hält diese Musik das Bild eines Menschlichen fest; *QF; 482*

Diese neue Musik wäre nach diesem Zitat ein Modell von Objektivität, wenn Objektivität das Scheitern des menschlichen Glücksanspruchs in der jeweils historisch konkreten Gestalt ist. Das Modell dieser Objektivität ist das 'bilderlose Bild', der 'unaussprechliche Name' oder ein 'stummes Lautwerden'. Was besagen solche Termini?

Vielleicht ist der Terminus des 'scheiternden Glücksanspruchs' jenen äquivok, denn ein Glücksanspruch kann eigentlich nicht scheitern, weil er nicht eingelöst werden kann. Der Anspruch auf Glück kann sich höchstens mit irgendeiner konkreten Gestalt von Glück, qua falschem oder richtigem Kompromiß versöhnen, d.h. versöhnen mit seiner eigenen Einschränkung, denn jede konkrete Gestalt von Glück bedeutet gleichzeitig deren Vergänglichkeit. Der Anspruch selbst, als Einspruch gegen diese Vergänglichkeit, hat in Musik seinen Ausdruck:

Seit Musik existiert, war sie der wie immer auch ohnmächtige Einspruch gegen Mythos und immergleiches Schicksal, gegen den Tod selber. *QF; 387*

Der Anspruch als Einspruch gegen die konkrete Gestalt, etwa in dem Sinne des 'das ist es noch nicht', — also absolute Tanszendenz, generiert sich aber erst aus dem Scheitern, indem er der Vergänglichkeit und gleichzeitig der Ohnmächtigkeit seiner selbst inne wird. Der Terminus des scheiternden Glücksanspruchs, in sich kontradiktorisch, ist auf einer Meta-Ebene zu verstehen:

Die Schocks des Unverständlichen, welche die künstlerische Technik im Zeitalter ihrer Sinnlosigkeit austeilt, schlagen um. (....) Alle Dunkelheit und Schuld der Welt hat sie auf sich genommen. All ihr Glück hat sie daran, das Unglück zu erkennen; all ihre Schönheit, dem Schein des Schönen sich zu versagen. (...) Sie (— die neue Musik / r.s.) ist die wahre Flaschenpost. *PNM; 126*

Das Scheitern hier ist dargestellte Objektivität: nicht diese selbst. Objektives Scheitern ist nichts anderes als das Unglück in seiner Unmittelbarkeit: es aufzuhalten durch die Darstellung bedeutet die Rettung des Anspruchs vor dem Scheitern. Daß in dieser Darstellung selbst wiederum Glück ermöglicht wird, liegt nach Adorno daran, daß der Einspruch rein negativ ist; — nicht zu einem Bild und damit zur Ideologie eines Pessimismus ausarten kann. Musik, ebenso wie sie dem Bild widerspricht, kann diesen Widerspruch nicht als Positives halten.

Musik, die zauberischste aller Künste, lernt den Zauber brechen, den sie selber um alle ihre Gestalten legt. (...) Sie sagten, daß Liebe und Glück falsch sind in der Welt, in der wir leben, und daß alle Gewalt der Liebe übergegangen ist an ihr Gegenteil. (...) Indem es die Angst des hilflosen Menschen ausspricht, könnte es den Hilflosen, wie immer schwach und verstellt, Hilfe bedeuten, und aufs neue versprechen, was der uralte Einspruch der Musik versprach: Ohne Angst leben. *BW; 143*

Aber so klar ist das in der Musik auch nicht. Die konkreten Gestalten des Glücks verlocken nämlich dazu, den Anspruch eingelöst zu wähnen; — die Angst, daß es doch nicht so sei, ist verdrängbar. Es bedeutet schon eine große Anstrengung, sich in der Anfangsphase einer Liebesbeziehung zu sagen, daß dies die wahre Liebe ja doch nicht sein könnte. Ebenso kann man kaum Beethoven hören und sich sagen, daß dies nicht schön sei, weil es Ideologie, — falsch — ist, z.B. der immanente Systemzwang bei seinen Symphonien. Das kritisch-wache 'Bewußtsein der Ohren' kann auch als Tyrannei empfunden werden: "Was sich jedoch bei den Adepten einer 'New Simplicity' unverhohlen zeigt, ist wachsende Gleichgültigkeit und Unempfindlichkeit gegenüber einer zentralen These Theodor W. Adornos, die jahrzehntelang gewissermaßen Musikgeschichte gemacht hat: gegenüber der These, daß Musik, die etwas taugt, 'durch und durch geschichtlich' sei, so daß ein Komponist (...) der 'Tendenz des Materials' gehorchen müsse, einer Tendenz, die gewissermaßen diktiert, was die geschichtliche Stunde fordert. Man ist es, grob gesagt, leid, sich vom Materialbegriff tyrannisieren zu lassen; ..."[5]. Denn in der Musik geht es ja um nichts, — um recht wenig. Die 'unendliche Vorsicht' des Soziologen, der eingreifen will (s.o.), läßt sich herleiten aus dem Stand der historischen Situation samt der

Möglichkeit des Mitschuldig-Werdens an dieser. Warum man aber in der Musik unendlich vorsichtig sein sollte, ist a priori nicht recht einsichtig, denn man ändert am Leid der Menschheit wenig, indem man so komponiert wie Schönberg. So auch das Diktum, — ein typisches für den frühen Adorno:

In der Wirklichkeit, in der wir leben, kommt es nicht darauf an, naturhaft fröhlich in den Tag hinein zu leben, wie die Musikanten in die Zeit hinein musizieren; die Wirklichkeit muß durchschaut werden. *IM; 69*

Da muß denn doch gesagt werden, was man, —in der Musik, — davon hat, wenn man die Wirklichkeit durchschaut, zumal die Musik ja keineswegs das prädestinierte Organ hierfür vorstellt. Man könnte ja so sagen, daß man Musik, wie ideologisch auch immer, in gewissen Augenblicken sich doch zu genießen erlaubt, — Augenblicke, die quasi gegenüber der ernsten Wirklichkeit, die man ja auch durchschauen will, eine externe Position einnehmen. So ist es oft der Fall, daß durchaus kritische Gemüter, wenn sie einen Tag voller 'Streß' hinter sich haben, sich einfach nicht mehr in der Lage fühlen, etwa Webern zu hören, sondern lieber Jazz, — denn sie waren doch tagsüber kritisch genug in ihrem mehr oder minder evidenten Alltag, der doch viel näher an die entscheidenden Prozesse der sozialen Welt heranreicht als ihr abendliches Musik-Hören. Sie wollen entspannen, genießen und nicht mehr angespannt 'kritisch sein'. Dagegen lautet der Adornosche Einspruch:

...; die zur Delikatesse erniedrigte Musik kommt im Ekel zu sich selbst. *MST III; 603*

Der Ekel ist elaboriert: er kommt nicht von selbst; — er kommt nur durch das angestrengte Ohr. Die Unhaltbarkeit solcher Vorstellungen, — nämlich daß man sagen könnte, man solle nur 'wahre' Musik hören, dispensiert aber nicht unbedingt von der kritischen Einstellung. Vielmehr kommt diese Unhaltbarkeit, wie die Delikatesse, die sie kritisiert, zu sich selbst; — zwar nicht im Ekel, aber dennoch im Verzicht:

Nimmt man aber das Komponieren todernst, so muß man schließlich fragen, ob es nicht insgesamt heute ideologisch wird. Man muß deshalb unmetaphorisch und ohne den Trost, so könne es nicht bleiben, die Möglichkeit des Verstummens ins Auge fassen. *IM; 113*

Dieser Satz läßt immerhin die Möglichkeit offen, die Musik auch nicht todernst zu nehmen, — und da Adorno ja auch weiterkomponiert hat und auch Toleranz gegenüber denjenigen zeigte, die weiterkomponiert haben, läßt sich daraus schließen, daß er alles doch nicht so ernst nimmt. So kann Adorno dann auch, freilich an etwas subalternerer Stelle, über den 'Bettelstudent' schreiben:

...; die Operette verstellt keiner radikalen Intention den Raum und trägt eher dazu bei, das Bewußtsein des saturierten Opernabonnenten aufzulockern.[6]

Ob nun Musik so ernst ist oder nicht, ist aber eigentlich gar keine so wichtige Frage; jene wäre vielmehr danach zu stellen, was es mit dem Verhältnis von Glück und Musik auf sich hat. Die bisherigen Bestimmungen sind ja mehr oder minder abstrakt; d.h. sie haben nichts mit den Motiven eines konkret musik-hörenden Individuums zu tun.

Man hört Musik meist in der Freizeit, weil man in dieser Zeit hat, sich ein Zeit-Erlebnis zu gönnen. Musik fordert ihre Zeit, die man sich nehmen muß. Es gibt aber auch ein Musik-Hören, das 'nebenbei' geschieht, — etwa beim Arbeiten, damit diese 'schneller von der Hand geht'. Nichtsdestoweniger ist auch dies ein Zeit-Erleben. Dieses Erleben hat schon Hegel als die 'elementarische Macht der Musik' begriffen.[7] Der Musik ist die Zeit absolut wesentlich; — konstruiert wird sie nur respektive eines zeitlichen Verlaufs. Sie stellt in sich eine Gegenwart her, die in einer Reihe verschwindender Augenblicke zu einer Art Dauer kommt. Diese Dauer ermöglicht eine Identität, die man eine absolute nennen kann: die Erinnerung setzt in ihr kein Verschiedenes, sondern wird als Verlaufendes diese Gegenwart selbst. Bergson[8] hat an dieser Dauer ein utopisches Moment herausgearbeitet. Zeit ist aber immer dual; — neben der virtuellen Möglichkeit einer 'reinen Dauer', wie sie die Musik verheißt, gibt es die Zeit, welche bei Bergson als metaphysische traktiert wird, — eine Zeit, die vom unmittelbaren Erleben Abstand nimmt und ein Raster eruiert, das das Erleben in abgemessene Sequenzen zwingt. Diese Zeit konstituiere überhaupt das menschliche Ich-Bewußtsein, wobei natürlich die Konsequenz nahe liegt, daß dieses Bewußtsein selbst Metaphysik ist. Husserl[9] konnte dies recht stringent demonstrieren: das Ich ist nur per Reflexion denkbar und zwar so, daß das Ich das jeweilige unmittelbare Erleben überdauert und zur zeitinvarianten Instanz wird. Die 'reine Dauer' als verschwindende Gegenwart verspricht zwar das Glück des unmittelbaren Erlebens, erzeugt aber andererseits, da nun mal das Ich-Bewußtsein anthropologischen Stellenwert eingenommen hat, die Furcht vor der Vergänglichkeit sowohl des 'Erlebens' als auch des daran glücklichen oder traurigen, jedenfalls des bei-sich-selbst-seienden Ichs:

Aber die Menschen fürchten die Zeit und erfinden deshalb kompensatorische Zeitmetaphysiken ... *MS; 65*

Obwohl das mit dem 'Erfinden von Zeitmetaphysiken' nicht so einfach ist[10], wäre doch das Erleben der 'reinen Dauer' eine Angelegenheit, die der menschlichen Gattung Leid bereitet. Alles, was Gegenwart hat, kann ebensogut nicht sein, verschwinden. Das übliche, aber evidenteste Beispiel, was eigentlich gar kein Beispiel mehr ist: — wieder die Liebe. Wenn man, sofern es überhaupt möglich ist, liebt, so darf man sich eigentlich nicht daran erinnern, daß das auch einfach aufhören kann. Da dies Erinnern aber unumgänglich ist, andererseits die Liebe oder Lust Ewigkeit verlangt, kann man oft nicht umhin, diese Ewigkeit vertraglich festzulegen wie etwa in der Ehe oder durch subtilere Implikationen, um die Zeit, die Gegenwart des Glücks zu überlisten bzw. das Erleben abzusichern gegenüber der Zukunft, die diesem Erleben ein Ende bereiten kann, denn jede Gegenwart verschwindet in der Zukunft. Damit wird man aber auch nicht glücklich, denn jede so geartete Liebe droht in Langeweile umzuschlagen. Die Not der Vergänglichkeit in der 'reinen Dauer' ruft in ihrer Abschaffung eine andere Not hervor: die der Langeweile. Liebe will sich für eine lange Weile halten; — ist sie für diese festgeschrieben, so will sie nicht langweilen. Vor einem ähnlichen Problem steht auch die Musik:

Sie (— die Musik /r.s.) muß andererseits mit der Zeit selbst fertig werden, nicht an sie sich verlieren; muß ihrem leeren Fluß sich entgegenstemmen. Der alte Zweck profaner Musik, der des Divertissements, das von der langen Weile ablenkt, zeugt davon.

MST III; 628

Langeweile hat auch den Aspekt des Zeitverlustes; wenn etwas zu lange weilt, dann nur gegenüber einer prinzipiellen Frist von verfügbarer Zeit. Langeweile empfindet man, wenn man nichts zu tun weiß, obwohl sehr viel zu tun wäre.

...: erst an der symphonischen Zeit wird das Grauen dessen lesbar, was die Zeit verloren hat wie Peter Schlemihl den Schatten. *BM; 210*

Die verlorene Zeit, — das, woran man leidet und was etwa Proust veranlaßt hat, ein Riesen-Werk zu schreiben, wird in der Musik erinnert, aber nur in authentischer Musik. Schlechte Musik hält, nach Adorno, diese Zeit nicht aus:

Aus dem musikalischen Kairos, dem Triumph über die lange Weile im übervollen und explodierenden Augenblick, springt etwas wie die Abschaffung der musikalischen Zeit heraus, oder wird wenigstens intendiert. *GK; 386*

Musik ist versucht, die ihr eigene Dimension der Dauer zu überlisten, indem sie einen Rhythmus des Vergessens eingeht, — ihren eigenen Zeitcharakter verleugnet. Es ist das Bild von der rastlosen Beschäftigung als Verdrängungsmittel. Zeit ist mitunter auch das, was man aushalten muß bzw. soll. Wenn man in der Liebe das Bild der geliebten Person oder der Liebe selbst über die jeweilig unmittelbare Dauer hinaus verlängert; — die verschwindende Gegenwart also, wie oben gesagt, zu überlisten versucht, so wird man zurückgeworfen auf die eigene Zeit des Ichs; — was nicht nur metaphorische Einsamkeit anspricht. Das ist nun die wahre lange Weile, denn das Ich kann mit seiner Zeit nur bei sich selbst verweilen, und diese Weile des Ichs überdauert. Langeweile korrespondiert mit der Abschaffung des Objekts, dessen Rücknahme in eigene Bestände; — ist letztlich Abbruch von Kommunikation. Wenn, wie in der vorhin angesprochenen Ehe es öfters der Fall ist, nicht mehr kommuniziert werden kann, nimmt oft eine ritualisierte Form des Zusammenlebens den Ort der Kommunikation ein und vermeidet die Langeweile. Zumindest ist es der Versuch, denn das Ritual tut so, als ob das Objekt und damit mögliche Kommunikation anwesend wäre. Außerdem ist ein Ritual immer entlastend. Derselben Versuchung durchs Ritual entgeht auch Musik nicht, — denn ihr scheint das gleiche Problem gestellt zu sein. Strawinsky ist der Ehemann:

Anstatt die Spannung von Musik und Zeit auszutragen, schlägt er dieser eine Finte. Darum schrumpfen ihm alle die Kräfte ein, die der Musik zuwachsen, wo sie Zeit in sich aufnimmt. *PNM; 178*

Seine Musik weiß von keiner Erinnerung und damit von keinem Zeitkontinuum der Dauer. Sie verläuft in Reflexen. *PNM; 151*

Musik also, die ihre Zeit nicht austrägt, sondern durch ritualisierte Formen ihre Spannung im Ausdruck vermindert, ritualisiert den Ausdruck selbst und eliminiert damit vorsätzlich (— wie der Vorwurf Adornos lautet) Subjektivität. Das entspricht durchaus in einem größeren Rahmen der allgemeinen gesellschaftlichen Tendenz: nämlich durch ritualisierte Formen der Beschäftigung (sprich 'Zeitüberwindung') die Möglichkeit von Subjektivität zu nivellieren, — etwa im Sport oder in der 'popular music'.

To escape boredom and avoid effort are incompatible — hence the reproduction of the very attitude from which to escape is sought. To be sure, the way in which they must work on the assembly-line, in the factory or at office-machines denies people any novelty. They seek novelty, but the strain and boredom associated with actual work leads to avoidance of effort in that leisure-time which offers the only chance for really new experience. As a substitute, they crave a stimulant. Popular music comes to offer it. Its stimulants are met with the inability vest effort in the ever-identical. This means boredom again. It is a circle which makes escape impossible.[11]

Die Leute, die diesem Zirkel nicht entkommen können, kann man kaum kritisieren, — nur die Musik, die dem entgegenkommt. Denn Musik hat die Möglichkeit, diesem Ritual vorzubeugen und nicht nur die Möglichkeit: — es liegt in ihrem 'Wesen', Ausdruck des Einmaligen zu sein: — ihr eigenes Verschwinden auszuhalten und auszutragen, dem Tod, gegen den Einspruch erhoben wird, ins Gesicht zu schauen. Genau das soll, nach Adorno, gute Musik bewerkstelligen; — daß sie es kann, — dafür muß Webern herhalten:

Der absolute Laut der Seele, mit dem sie ihrer selbst innewird als bloßer Natur, ist seiner Musik Gleichnis für den Augenblick des Todes. Sie stellt ihn vor nach jener Überlieferung, welche die Seele, flüchtig und ephemer, aus dem Körper wie einen Falter entflattern läßt. Sie ist Grablegende. (...) Das absolut Vergängliche, der tonlose Flügelschlag gleichsam, wird dieser Musik zum schwächsten, doch beharrlichen Siegel der Hoffnung. Verschwinden, Vergängnis selber, die in nichts Seiendes mehr sich festmacht, ja nicht einmal mehr sich selber vergegenständlicht, wird ihr zur Zuflucht der schutzlos preisgegebenen Ewigkeit. *KF; 125*

Die musikalische Radikalität Weberns, diese 'Grablegende', die jedes Sterbe-Ritual verneint und nur unmittelbar sterben will; — den Augenblick des Todes als erfüllten vorzeigt, entspricht vielleicht dem Anspruch des bilderlosen Bilds oder dem des 'scheiternden Glücksanspruchs', denn im Tode scheitert das Glück sowieso. Wie aber solche Utopie irgendwie im sozialen Leben Fuß fassen soll, ist völlig schleierhaft, genauer: eine Unmöglichkeit. Daß sie das gar nicht soll, — also im Status ihrer Negativität verbleiben, ist leicht gesagt. Negativität kann Musik immer herstellen, wenn sie will; — es muß also darum gehen, diese Negativität kritisch zu machen gegen das, was negiert werden soll; mit anderen Worten: bestimmt. So kann man auch die absolute Liebe, die die Wiederholung und das Ritual nicht kennt, zwar behaupten, aber diese Behauptung verliert ihren kritischen Impuls mit ihrer Unbestimmtheit. Die Gefahr dabei ist, daß diese Utopie sich selbst abschirmt gegenüber sozialer Realität: Fetischisierung ihrer selbst (vgl. *PNM; 107*). Der 'Laut der Seele' ist nicht mehr reine Natur: sie als solche darzustellen ist Ideologie, — genauso wie es 'reine Lust' nicht gibt. Musik, die diesen absoluten Laut oder die 'reine Lust samt reinen Tod' ausdrücken will, gerät dazu in Widerspruch:

Wahrhaft befreite, zu sich gekommene, mit ihrem Zeitverlauf versöhnte Musik dann möchte alle Wiederholungen abschütteln. Aber der Sachverhalt rechtfertigt seine dialektische Behandlung, weil jene Sehnsucht kaum weniger an einem Widerspruch laboriert als die Verfahrungsart, gegen die sie sich sträubt. Wodurch immer Musik sinnvoll sich artikulierte, ihre innere Logizität war an offene oder latente Wiederholungen gebunden. Ohne Ähnlichkeit oder Ungleichheit ist musikalische Form schwer vorstellbar. Noch das Postulat des Wiederholungslosen, der absoluten Ungleichheit fordert ein Moment von Gleichheit, an dem gemessen das Ungleiche allein zum Ungleichen wird. Das drosselt das absolut Neue, nach dem in der Philosophie von Karl Heinz Haag geprägten Ausdruck, Unwiederholbare, die Utopie der Musik, die offener und irreversibler Zeit. *MST III; 613*

Wenn Musik, gute Musik so sein soll wie Weberns 'absoluter Laut der Seele', andererseits dies sich auf Grund eines dialektischen Gedankengangs als unmöglich herausstellt, so kann Musik offenbar nicht gut sein. Sie kann nur jeweils besser sein in Hinblick auf eine prekäre Balance, die sie halten muß zwischen dem Anspruch ihrer immanenten Utopie und dem möglichen Einspruch. Wenn Adorno die Musik mit dem 'Rumpelstilzchen' vergleicht (*KF; 109*), so wäre es doch erwähnenswert, daß eben dieses Rumpelstilzchen sich selbst zerreißt (— auch ein utopischer Akt).

Wenn Musik nur je besser sein kann, so wird ihr Anspruch, gute Musik zu sein, an eine Geschichte des 'Besser-Werdens' verwiesen: Nun läßt sich aber schlecht sagen, daß etwa Berg besser wäre als Mozart. Solcher Vergleich wird mit dem Hinweis auf die Inkommensurabilität abgeblockt. Vergleichbar ist Musik dort, wo ihr ein anderer Vergleich vorausgeht: nämlich die Interpretation des Werkes auf dem Hintergrund der jeweiligen Gesellschafts- bzw. Sozialgeschichte. Mozart war für seine Zeit vielleicht kritisch genug, ebenso wie Berg; bei beiden geht es um die historische Adäquanz, welche den Maßstab für ihre Güte bildet. Wenn man aber von jener historischen Adäquanz nicht in der Musik selbst erzählt, sondern in einem Buche, wie der 'Philosophie der neuen Musik', so setzt man sich großen Schwierigkeiten aus. Musik als das namhaft Nicht-Identische soll betrachtet werden auf dem Hintergrund einer Geschichtsschreibung, die allenfalls auf Entsprechungen zielt. Man muß diese Entsprechungen nicht unbedingt 'Identität' nennen, da dies immer einen Beigeschmack von 'kausaler Geschichtsschreibung' hat, aber wenn man sagen kann, — die und die Musik in ihrem Ausdruck wird ihrer Zeit gerecht, so impliziert dies doch, daß Musik etwas Bestimmtes, 'Identisches' ausdrückt. Dies wiederum gerät in Widerspruch zum immanenten Postulat der Musik; — nämlich gegenüber jedem bestimmten Ausdruck transzendent zu sein. Es müßte somit, an der Musik, eine Möglichkeit der Schreibung einer Geschichte des Nicht-Identischen geben. Die dialektische Methode, deren Adorno sich in der 'Philosophie der neuen Musik' explizit bedient, lebt davon, Unterschiedenes auf seine denkbare Einheit (d.i. die Identität als Begriff) zurückzuführen. Das läuft dann meist in Analogien ab; — man fühlt etwa in Strawinskys Musik, — mühsam genug — einen gewissen Zynismus und kann den dann auf den Begriff bringen. Warum ein gewisser Rhythmus zynisch sein soll, kann man nicht sagen; — nur daß er zynisch wirkt. Andererseits hat man einen Begriff von Zynismus als historischem Phänomen, — etwa in der faschistischen Art und Weise der Glücksverleugnung. Hier läßt sich dann zwischen Strawinsky und faschistischen Elementen eine Analogie herstellen. Das Ohr, daß diese geschichtsphilosophischen Implikationen im Hören leistet, ist aber individuell, — nicht diskursiv (s.o.). Das bringt den Verdacht nahe, daß man es im Versuch einer Geschichtssschreibung der Musik mit einer verkappten Wirkungsästhetik zu tun hat, denn die Analogie kann sich nur auf ein übersetzendes Subjekt letztlich berufen. Das, was an der Musik als objektiv erscheint, ihre konstruktiven Momente, lassen sich nicht mit 'objektiven Daten' der Geschichte in Einklang bringen. So, wenn man die Zeit des entfalteten Kontrapunktes in eine Kontiguität mit der Idee des Liberalismus bringen kann, — diesen selbst als Harmonie des Verschiedenen interpretiert, — so läßt sich reflexiv nicht stringent demonstrieren, was das eine mit dem anderen zu tun haben soll. Der Punkt liegt aber darin, daß es diese 'objektiven Daten' der Geschichte eigentlich nicht gibt. Die Idee des Liberalismus war nirgendwo anders manifest als in den Köpfen der Dokumente-generierenden Leute. Die bürgerlichen Revolutionen, die sich vielleicht daraus ergaben, taten diesen Ideen unrecht, wie auch umgekehrt diese Ideen selbst die Triebfedern dieser Revolutionen verkannten. Es gibt, und das wird sich jede Geschichtsschreibung eingestehen müssen, immer einen Überschuß an Ideen und auch immer einen Überschuß an 'Realität' — sofern eben diese nicht durch die Ideen eingeholt werden können; — dies ist mit anderen Worten: das Nicht-Identische. Die Geschichtsschreibung, die sich auf Dokumentationen qua Objektivitäts-Indices reduziert, tut sowohl den Dokumenten als auch der Objektivität unrecht. Erst wenn die Dokumente als Ausdruck von Subjektivität samt Glücksanspruch verstanden werden, — wenn also die Dokumente Kunstwerke wären, ließe sich Gerechtigkeit herstellen.

Die Formen der Kunst verzeichnen die Geschichte der Menschheit gerechter als die Dokumente.[12]

Denn Geschichte, selbst wie sie erscheint, ist je schon ihre eigene Interpretation. In dieser Interpretation wird Geschichte aber nicht identisch mit sich selbst. Die in den Dokumenten virtuell hergestellte Identität ist Schein, denn das Herstellen von Dokumenten, selbst der Wunsch, ein Ereignis oder eine Ereigniskette zu fixieren, lebt vom Impuls, dieses Ereignis zu überschreiten, — nicht identisch mit diesem zu werden. Man sieht das schön am Bedürfnis vieler Leute, ein Tagebuch zu schreiben, — also ihr eigenes Leben zu dokumentieren. Tagebücher entstehen am Ungenügen an der Privat-Historie; — das, was nicht mehr gelebt werden konnte, oder was zuviel gelebt wurde, findet Eingang in solche Tagebücher. Was ein Tagebuch von einem Dokument unterscheidet ist dies, daß ersteres meist versteckt wird: sich von der Öffentlichkeit absondert oder zumindest so geschrieben ist, daß es keiner außer dem Schreiber versteht. Tagebücher, obwohl geschrieben, verbergen sich in der einen oder anderen Weise. Das gibt ihnen etwas Musik-ähnliches: — wo die 'geheimsten Wünsche' sagbar sind, — dort soll verborgen werden, denn diese 'intimen Manifestationen' der Subjektivität verweigern sich der Kommunikation, — der Diskursivität. Das, was in den Tagebüchern steht, wird nicht mitgeteilt, obwohl es die Form einer Mitteilung hat; — ist, um hier die Adornosche Metapher anzuwenden, 'Ausdruck des Ausdruckslosen'. Tagebücher werden vom Schreiber selbst nur gelesen (— erst wenn er in die Gattung aufgegangen ist, also gestorben, darf dies auch die Gattung tun, denn dann ist ja der Schreiber mit ihr 'identisch' geworden); — er liest seine eigene Geschichte, die ihm so als Nicht-Identisches, als Textur gegenübertritt. Wie einer Tagebuch schreibt, so könnte gesagt werden, schreibt die Menschheit in der Musik ihre eigene Geschichte. In der Musik erscheint dann das Nicht-Kommunizierbare der Geschichte: — es ist in ihr verborgen und muß 'herausgelesen' werden:

Wesentlicher aber (...) ist der Gehalt: wie Gesellschaft in Musik erscheint, wie sie aus deren Textur herauszulesen ist. *MS; 257*

Gesellschaft könnte auch besser anderswo als in Musik erscheinen, wenn sie sich vor sich selbst nicht zu verbergen hätte. Was etwa an der Idee des Liberalismus, — jener Harmonie des Verschiedenen, im Zuge ihrer 'Verwirklichung' sabotiert wurde, findet Zuflucht in den kontrapunktischen Werken Bachs. Musik:

... errettet die Utopie in ihrem Niemandsland. *BM; 13*

Das Tagebuch als Niemandsland des Einzelnen überdauert seine Existenz, — sein Versteck wird aufgebrochen, der Gehalt, falls es sich um ein 'bedeutendes Leben' gehandelt hat, von fleißigen Biographen dechiffriert. Seitdem es aber eine Psychoanalyse gibt, versuchen die Hersteller des Textes selbst, diesen zu dechiffrieren. Diese Konstellation verändert auch das, was solche Leute in Tagebücher reinschreiben. Eigentlich, wie bereits gesagt, ist ja das Tagebuch nur dazu da, um gelesen zu werden, so wie die Interpretation der Musik wesentlich ist. Wenn nicht mit psychoanalytischen Intentionen, so werden Tagebücher doch meist auch dann vom Hersteller gelesen, wenn dieser merkt, daß sein Leben nicht mehr in Ordnung ist; — er will sich erinnern, — das Versäumte darin entdecken. So gab es auch keine Interpretation der Musik, solange sie unproblematisch erschien: erst in der Romantik wurde sie aufgenommen. Vorher hatte man nur über die Musik im Allgemeinen gesprochen, — ihr einen Ort zugewiesen[13]; als Medium des Verborgenen wurde sie erst später[14] statuiert. Der Einbruch des Problematischen in die Musik entspricht einem Prozeß, in dem Geschichte selbst problematisch wird. Man wird des Versäumten inne:

Darf in der Musik etwas romantisch heißen, dann ist es die Sehnsucht danach. *KF; 138*

— und beginnt dieses zu suchen. Geschichtsschreibung heute läßt sich nicht anders denken denn als Problemgeschichte.

Das Problem der Musik an sich selbst ist gereift in der Reihentechnik. Hier fesselt Musik sich selbst, denn der Glaube an ihre Transzendenz scheint verloren gegangen zu sein: sie glaubt nicht mehr an ihren stetigen Fortschritt zum Besseren, — nicht mehr an die Spontaneität ihrer eigenen Befreiung. Die Reihentechnik ist ein Konstruktionsprinzip und soll zwar, mathematisch hochgerechnet[15], eine unendliche Fülle von Möglichkeiten bergen; — nichtsdestoweniger ist es ein fundamentaler Eingriff in die 'künstlerische Spontaneität'. Diesen erachtet Adorno für notwendig, — vorerst aus didaktischem Blickwinkel:

Das didaktische Recht der Zwölftontechnik, ihre gewalttätige Strenge als Instrument der Freiheit tritt wahrhaft an jener anderen zeitgenössischen Musik hervor, die solche Strenge ignoriert. *PNM; 111/112*

Diese Selbstdisziplinierung scheint daher zu kommen, daß Musik einerseits aus einer Naivität, — die den Glauben an sich selbst beinhaltet, — herausgetreten ist, andererseits an ihrer Utopie festhalten will:

Musik, welche Versöhnung meint, ist am empfindlichsten gegen deren Schein. *KF; 144*

So wie der Tagebuchschreiber, nachdem ihm sein Tagebuch einmal problematisch geworden ist, sich auch meist auf protokollarische Eintragungen beschränkt, so verbietet sich Musik ihre 'scheinhaften' Exkurse und beschränkt sich auf den Ernst des Auszudrückenden:

Was die radikale Musik erkennt, ist das unverklärte Leid des Menschen. Seine Ohnmacht ist so angewachsen, daß sie Schein und Spiel nicht mehr erlaubt. Die Triebkonflikte, an deren sexueller Genesis Schönbergs Musik keinen Zweifel läßt, haben in der protokollarischen Musik eine Gewalt angenommen, die es ihr verwehrt, sie tröstlich zu besänftigen. *PNM; 46/47*

Einbruch der Technik in die Musik heißt, daß diese von ihrer natürlichen Verfassung Abstand nimmt, — der kompositorischen Spontaneität nichts Gutes mehr zutraut:

Denn Natur, Gegenbild menschlicher Gewaltherrschaft, ist selber deformiert, solange Mangel und Gewalt ihr angetan werden. *BM; 26*

Musik übt also Kritik an der eigenen Spontaneität mit Hilfe der Reihentechnik. Analog wäre der aufgeklärte Mensch, der sich, wenn er sich verliebt, die Frage stellt, ob diese Liebe denn nicht ideologisch sei. So einer mißtraut auch der spontanen Kraft der Liebe, bzw. er ist mit ihr, indem er sich kritisch 'verhält' (s.o.), uneins. Hier taucht natürlich wieder die Frage auf, ob diese repressive Überwachung der eigenen Impulse denn nicht etwas völlig Absurdes sei; — ein Vorwurf, dem sich die Reihentechnik eigentlich immer ausgesetzt sah. Ebenso verhält es sich mit den 'spontanen' Revolten in gesellschaftlichen Dimensionen: — auch hier, — etwa gegenüber den 'Studentenrevolten' kann man sich kritisch verhalten, wie Adorno es tat. Dagegen steht das Festhalten an der Technik der Reflexion als der einzigen Kraft, die sich a priori selbst mißtraut und damit vor Reinfällen geschützt ist. So bei Schönberg:

Der von Schönberg initiierten Tradition wohnt, wie gesagt, eine gewisse Neigung inne, dem Buchstaben Recht zu geben vor dem musikalischen Sinn: in kritischen Fällen die vermeintlich natürliche Reaktionsweise des Interpreten einzudämmen durch das, was geschrieben steht, weil vermeintlicher Natur mißtraut wird als einer sich selbst verborgenen Konvention. *GK; 325*

Musik in der Reihentechnik wird gewissermaßen philosophisch; — zumindest nimmt sie einen so gearteten Duktus an. Dieser besteht darin, daß das Ganze andauernd mitgedacht wird: d.h. jeder Ton, jedes Element hat an sich keine Unmittelbarkeit mehr, sondern läßt sich nur im Kontext aller möglichen Töne verstehen. Der musikalische Sinn wird dadurch zwar nicht verleugnet, aber unendlich belastet: — eigentlich kommt man nicht mehr recht zum Komponieren, weil man soviel denken muß. Eine Ironie in diesem Kontext ist Schönbergs Reaktion auf Adornos 'Philosophie der neuen Musik', denn genau das, was Adorno an Schönberg emphatisch schildert, wird von diesem gegen Adorno selbst gewandt. "Er, (— gemeint ist Adorno / r.s.) der wie man mir sagt, eine Ewigkeit braucht, um ein Lied zu komponieren, ahnt natürlich nicht, wie schnell ein wirklicher Komponist abschreibt, was er in seiner Fantasie hört. (...) Er scheint zu glauben, daß die Zwölfton-Reihe, wenn nicht am Denken, so doch am Erfinden hindert — der Arme."[16] Schönberg verhält sich so, als ob Adorno heimlich sein Tagebuch gelesen hätte. Die selbstgestellten Regeln der Reihentechnik verhindern natürlich nicht das Erfinden: vielmehr reduzieren sie das Erfinden rein auf sich selbst. Schönheit als überlieferte Form wird negiert, da man ihr mißtraut. So kann das 'arme' Subjekt nur noch erfinden, und nichts anderes als das. Damit es aber wirklich erfindet, — nicht der Täuschung unterliegt, es erfinde was, und in Wirklichkeit nur die tradierten Formen reproduziert, wird es mit der Anforderung der Reihe gleich vor das Problem des Ganzen (— als Möglichkeit) gestellt:

Die neue Musik hat, als Widerspruch zur spätromantischen, als Aufgabe doch geerbt, was in dieser selber sich auskristallisierte: einen Bewußtseinsstand, der auf keinen objektiv gültigen Formenkanon mehr sich verlassen kann und aus sich selbst, aus der eigenen Schwerkraft, aus den eigenen Gesetzen von Subjektivität heraus sich objektivieren muß. *KF; 140*

Der musikalische Impuls soll nicht mehr von außen reglementiert werden, sondern quasi von innen her. Die Reihentechnik ist in dem Sinne kein Formenkanon mehr, sondern die Fixierung der Materiatur des Ganzen der Musik. Das entscheidende Moment ist ein negatives: sobald der Komponist einen Ton hinschreibt, muß er weiterschreiben unter dem Verbot der Wiederholung. Der Zwang zur Wiederholung wird durch diese Regel gebrochen, die ihrerseits Zwang ausübt. Es ist auch in der Psychoanalyse das fundamentalste Problem, irgendwie diesen Zwang zur Wiederholung zu unterbrechen, denn die 'spontanen psychischen Akte' bringen immer nur Gleiches hervor. Es ist die psychoanalytische Technik, die dagegen steht. Sie fordert auf, frei zu assoziieren unter der repressiven Regel, nichts zu verschweigen. Freie Assoziation ist somit eigentlich unfrei, oder besser: sie laboriert an einem Widerspruch, der dem der Reihentechnik analog ist:

Je enger Technik und Gehalt im Komponierten sich verschwistern, desto weniger grob polarisiert sich die Bilderwelt. (...) »Wo Es ist, soll Ich werden«. *BM; 150*

Wenn aber, wie in der Psychoanalyse, immer einer da ist, der einen auffordert, sich durch repressive Regeln zu befreien, so tritt ein Phänomen auf, das man Übertragung nennt: — diese Instanz wird Residuum von Projektionen, — also all der alten Wünsche, die durch diese Instanz selbst zum Sprechen gebracht wurden. Die orthodoxe Psychoanalyse hat geglaubt, ihre Klienten dann entlassen zu können, wenn diese selbst den 'Glauben' an den Analytiker verloren haben; — der Übertragung entronnen sind und nicht mehr an dem Mittel ihrer 'Befreiung' festhalten. Ebenso steht es mit der Reihentechnik:

Mit andern Worten, aufs Überwintern ist nur zu hoffen, wenn die Musik auch von der Zwölftontechnik noch sich emanzipiert. (...) dadurch, daß die Zwölftontechnik vom freien Komponieren, ihre Regeln von der Spontaneität des kritischen Ohrs absorbiert werden. An der Zwölftontechnik allein kann Musik lernen, ihrer mächtig zu bleiben, aber sie kann es nur, wenn sie ihr nicht verfällt. *PNM; 110*

Musik, die sich in Regeln bannt, um durch diese frei und ungehindert aufspielen zu können, tut sich natürlich schwer, von diesen wieder loszukommen. Auch der Klient trauert seiner Analyse recht lange hinterher.

In der Trauer des Endes verspricht sich nochmals, leise, die Reihentechnik. *BB; 66*

Geht es aber um die Befreiung des musikalischen Impulses oder um die Psyche (sofern man eine solche als 'gefangen' bezeichnen kann), so gibt es hier wie dort Phänomene, die sich als Alternativen anbieten. In der Musik ist dies der Jazz. Hier ist auch der Fall, daß der musikalische Ausdruck 'rein' zur Geltung kommen soll, — namentlich in der 'freien Improvisation'. Das musikalische Subjekt, so heißt es, soll spontan seine Empfindungen umsetzen ohne Regeln des Umsetzens selbst. Und auch die Konvergenz von Jazz und 'ernster Musik', — seit den zwanziger Jahren kontinuierlich existent, mag darauf hinweisen, daß man es im Jazz mit einer Angelegenheit zu tun hat, die man nicht einfach, mit einer verwerfenden Geste, unter den Tisch fallen lassen kann. Kein Musik-Theoretiker der Neuzeit hat so auf den Jazz geschimpft wie Adorno. Dieser Umstand ist recht auffallend, denn die Art, wie Adorno an dieses Phänomen herangeht, steht im auffälligen Widerspruch zu seinem sonstigen Duktus. Auch die übliche Entschuldigung, Adorno hätte eben den Jazz zu wenig gekannt, vermag nur wenig zu erklären.[17] Einzig jene Passagen, wo Adorno sich über die Studentenrevolte ausgelassen hat, lassen sich mit denen über den Jazz noch vergleichen. So etwa der äußerst polemische Tonfall, der an Denunziation heranreicht:

Man muß viel freie Zeit und wenig Freiheit haben, um sich zum Jazzexperten auszubilden ... *DI; 38*

Auch die Art, wie Adorno den Jazz initial definiert, wird weder diesem selbst, noch Adornos eigenem Anspruch auf Differenziertheit gerecht:

Jazz ist Musik, die bei simpelster melodischer, harmonischer, metrischer und formaler Struktur prinzipiell den musikalischen Verlauf aus gleichsam störenden Synkopen zusammenfügt, ohne daß je an die sture Einheit des Grundrhythmus, die identisch durchgehaltenen Zählzeiten, die Viertel gerührt würde. *PRI; 144*

Das stimmt natürlich hinten und vorne nicht. Guter Jazz hat sowohl hoch-komplexe melodische, harmonische als auch metrische Strukturen. Daß alle rhythmischen Strukturen des Jazz schon bei Brahms dagewesen wären, ist schlicht falsch (vgl. *PRI; 148*). Brahms kannte noch keine Wechsel von sechser zu siebener Takten, wie sie Gillespie schon in den fünfziger Jahren praktiziert hat. Auch die Polyphonie hat schon in den vierziger Jahren in den Jazz Eingang gefunden; — und die Klangexperimente des Jazz lassen die der 'ernsten Musik' verblassen. Was beim guten Jazz einzig als 'Trivialität' auszuweisen wäre, ist der Gestus der Rückkehr. Diese Rückkehr zum Arrangement ist das Negativ zur Improvisation: sie läßt sich nur aus jener begreifen. Adorno sieht nur dieses Moment der Rückkehr, und folgert daraus:

... daß die Routine heutzutage der Improvisation kaum mehr Raum läßt und daß, was auftritt, als wäre es spontan, sorgfältig, mit maschineller Präzision einstudiert ist. (...) Daher reduzierten sich die sogenannten Improvisationen auf mehr oder minder schwächliche Umschreibungen der Grundformeln, unter deren Hülle das Schema in jedem Augenblick hervorlugt. *PRI; 147*

Improvisation, — und es läßt sich hier nicht anders als von Idealtypen sprechen, denn wertlose gibt es immer, — lebt davon, sich soweit wie möglich von diesem Schema zu entfernen. Sobald das eintritt, was Adorno ihr vorwirft, bekommt der Improvisierende das Gefühl von Verfehlung. Improvisation benennt das andere zum Thema, — ist ständiges Kommunizieren aus der Position des Fremden. D.h. Improvisation ist nicht unterstellte Spontaneität, sondern technischer Aufbau einer Negativität zum Arrangement. Nur das Zurück-Kehren ist ritualisiert. Dieses Ritual könnte der Kritik unterliegen, aber diese Kritik würde es dann jeder Musik zum Vorwurf machen müssen, daß sie ein Thema, ein Allgemeines hat. Die Bewegung der Improvisation: nämlich freie Entfernung vom Thema und die Rückkehr, könnte einer Ideologie vom 'happy end' entsprechen oder schärfer: der Ohnmacht des Subjekts, das sich ausleben will und am schlechten Ende doch in den Systemzwang des Ganzen zurückkehren muß. Ich würde diesem 'Ritual' aus eigener Erfahrung zugute halten, daß es nicht so sehr auf das Zurückkehren ankommt, als vielmehr auf das Moment des Übergangs vom Eigenen, d.h. der 'individuellen' Improvisation, — zum Allgemeinen. Gelingt dieser Übergang von der Einsamkeit zur Kommunikation, so ist ein Stück Utopie gezeichnet; — mithin gelingt dieser

Übergang selten. Dennoch, so läßt sich sagen, werden all die verfehlten Versuche, — die natürlich durchs Ritual aufgefangen werden, — in Kauf genommen, aber im Mißlingen der meisten Jazz-Stücke lebt die Utopie des glücklichen Übergangs fort. Wie dem auch sei: jedenfalls tut Adorno dem Jazz unrecht. Auch die soziologischen Implikationen:

Der Jazz entwirft Schemata eines gesellschaftlichen Verhaltens, zu dem die Menschen ohnehin genötigt sind. *PRI; 152*

— sind nicht stimmig. Soziologische Analysen hätten ohne weiteres zu konstatieren, daß die sogenannte 'ernste Musik' viel schneller und ohne größere Widerstände von der Gesellschaft assimiliert wird, als Teile des fortschrittlichen Jazz. Die paar Wiener und Pariser Skandale, die die 'Moderne' ausgelöst haben mag, sind recht magere Phänomene gegenüber der massiven Reaktion auf Phänomene wie das 'Woodstock-Festival'. Damit wären wir wieder bei der 'Problematik von Revolten'. Adornos Verhalten gegen Jazz sowie gegen die ihm immanente und explizite Möglichkeit der Revolte, ist vom Vorwurf der Anpassung geprägt. Allein das Argument, daß Jazz sich gut vermarkten läßt, reicht nicht hin, denn die Möglichkeit der Vermarktung sagt nicht unbedingt etwas über den Gegenstand aus. (Etwa Kafka, der ja auch vermarktet wird, und dennoch Adornos Sympathie genießt.) Die Anpassung soll dem Jazz eingeschrieben sein, und zwar so:

Ziel des Jazz ist die mechanische Reproduktion eines regressiven Moments, eine Kastrationssymbolik, die zu bedeuten scheint: gib den Anspruch deiner Männlichkeit auf, laß dich kastrieren, wie der eunuchenhafte Klang der Jazzband es verspottet und proklamiert, und du wirst dafür belohnt, in einen Männerbund aufgenommen, welcher das Geheimnis der Impotenz mit dir teilt, das im Augenblick des Initiationsritus sich lüftet. *PRI; 157*

Eine bemerkenswerte Theorie. Jazz soll Symbolik der Kastration sein, also die Unterwerfung und das Eingeständnis der eigenen Ohnmacht gegenüber einem Übermächtigen sein. Gleichzeitig aber zwingt der Jazz nicht direkt zur Kastration; — er lockt. Genau diese Verlockung auf den Verzicht des Anspruchs der Männlichkeit löst bei Adorno Schrecken aus:

Ich erinnere mich deutlich, daß ich erschrak, als ich das Wort — Jazz — zum ersten Male las. Plausibel wäre es, daß es vom deutschen Wort — Hatz — kommt, und die Verfolgung eines Langsameren durch Bluthunde entwirft. *MOMU; 117*

Das rehabilitiert natürlich in gewisser Weise Adornos undifferenzierte Betrachtung des Jazz, denn hier scheint eine affektive Komponente wichtiger zu sein als der Anspruch auf Differenziertheit. Ungeachtet also der speziellen Problematik des Jazz, kann man davon ausgehen, daß das, worauf Adorno im Jazz reagiert, etwas Reales beinhaltet, und sei es der Affekt der Abwehr allein. Zu fragen ist, was dieser Anspruch auf Männlichkeit sei, der da aufgegeben werden soll. Jazz, so Adorno, verzichtet auf die Reflexion, auf kritisches Verhalten und damit, im Adornoschen Verständnis, auch auf Glück. Spricht man aber von Männlichkeit, so scheint dieses Glück assoziiert mit Macht, — und richtig ist es auch die Ohnmacht, die im Jazz dargestellt wird, und die Adorno so abschreckt. Diese Ohnmacht wird aber mit dem Eingeständnis gleichzeitig 'verspottet' und verleugnet. Dem gegenüber steht der Anspruch der Reihentechnik als ewiges Aufbegehren, — ein Anspruch, der in diesem Kontext nur als einer, sich nicht kastrieren lassen zu wollen, interpretierbar ist. Der 'unsublimierte Triebanspruch' soll protokolliert werden, bevor er der Kastration anheim fällt, denn die Ohnmacht bleibt auch der Reihentechnik nicht erspart. Nur daß sie ihren Anspruch nicht verleugnet, nicht aufgibt und darum trauern kann.

Nirgendwo war Adorno 'engagierter' und polemischer als in seinen Schriften zur Musik. Diese Polemik ist etwa gegenüber Strawinsky recht systematisch entfaltet. Die Charakterisierung von Strawinskys Musik ist dabei recht gut gelungen, — nur die kritischen Implikationen, — die Übersetzung wird forciert in einer merkwürdigen Verbissenheit. Auffallend ist aber, daß gerade die Charaktere, die Adorno an Strawinsky kritisiert, er bei Beckett positiv erachtet.

Das schizophrene Gebaren von Strawinskys Musik ist ein Ritual, die Kälte der Welt zu überbieten. Sein Werk nimmt es grinsend mit dem Wahnsinn des objektiven Geistes auf. *PNM; 157*

Das ist ja auch in Becketts Endspiel der Fall: — den Wahnsinn der Welt durch ein Werk, das das Schlechteste vorstellt, zu übersteigen. Auch das Bild der Indifferenz, — am Endspiel noch als 'negative Utopie' gewertet, erfährt, sobald es bei Strawinsky, — oder sagen wir es besser: in der Musik auftaucht, radikale Kritik:

Der hebephrenen Gleichgültigkeit, die auf keinen Ausdruck sich einläßt, entspricht Passivität auch dort, wo Strawinskys Musik rastlose Aktivität vorstellt. Seine rhythmische Verhaltensweise kommt überaus nahe dem Schema der katatonischen Zustände. (...) So entsteht Strawinskys Schockmusik unter Wiederholungszwang, und der Zwang lädiert weiter das Wiederholte. *PNM; 163*

Auch ohne diese Charakteristika lassen sich Beckett und Strawinsky ohne weiteres assoziieren. Daß nun einerseits Strawinsky sich dieser 'Kälte' schuldig machen soll, Beckett aber nicht, kann nicht am Ausdruck, Duktus oder Gehalt liegen, sondern diese Ambivalenz bzw. Differenz im Urteil scheint durch die verschiedenen Medien bedingt zu sein. In der Schriftstellerei scheint erlaubt, was in der Musik verboten ist. Authentische Kunst, die es nach Adorno ist, trägt an sich das Zeichen der Unversöhnlichkeit. Kunst im allgemeinen ist ein Gleichnis der Welt, und als solche trägt sie darum Verantwortung, daß sie an kein falsches Ende gerät. Musik kann aber kein Gleichnis sein, denn sie ist Ausdruck des Nicht-Identischen. Musik transzendiert jedes Bild wie umgekehrt kein Bild an Musik heranreicht. Nicht nur, daß Musik kein Gleichnis für die Welt abgibt, — auch kann die außermusikalische Welt kein Gleichnis für die Musik hergeben.

Auch die Liebe ist gleichnislos. Wer sie erfahren hat, weigert sich, diese Erfahrung durch etwas auszudrücken, oder besser: er weiß, daß das Ausgedrückte nicht an seine Erfahrung heranreicht. Ähnlich verhält es sich nur mit dem Tod, den Musik im Einspruch ja auch vorzugsweise darstellen soll, — aber das ist ein anderes Kapitel. Grab- und Minnesang, auch Darwins Theorie, daß Musik ein 'Liebesschrei' ursprünglich gewesen sei[18], — geben von der Affinität von Musik und Liebe eine Ahnung. Liebe versucht sich ja mit der Versöhnung des an sich Unversöhnlichen, und wesentlich ist nicht ihr Scheitern an falschen Versöhnungen, sondern die Existenz des Versuchs.

Bergs Schwäche ist es, auf nichts verzichten zu können, während die Kraft aller neuen Musik im Verzicht liegt. Das Unversöhnte am späten Schönberg (...) ist der zu frühen Versöhnung Bergs überlegen, die unmenschliche Kälte der großherzigen Wärme. Die innerste Schönheit aber von Bergs späten Werken verdankt sich weniger der geschlossenen Oberfläche ihres Gelingens als ihrer tiefen Unmöglichkeit; dem hoffnungslosen sich Übernehmen... *PNM; 105*

Daß Bergs Werke sich mit der Versöhnung versuchen und sich dabei 'hoffnungslos übernehmen' macht sie zwar unterlegen, — tendenziell falsch, — aber schön und zugleich menschlich, denn:

Keine Musik aus unserer Zeit war so menschlich wie die seine; *BB; 14*

Musik soll letztlich doch schön sein; — sie zahlt dafür den Preis ihres Mißlingens. Adorno spricht oft, — besonders im Kontext von der schönen Musik Bergs — von der Schönheit, die im Mißlingen besteht. Das ist nicht einfach zu verstehen, denn nimmt man es wörtlich, so wird es falsch. Mißlingen in actú ist niemals schön, — höchstens quälend. Schönheit des Mißlingens bedeutet Schönheit trotz des Mißlingens; — ein Glück also, das dem Scheitern abgetrotzt ist. Aber dieser Trotz ist bei Adorno höchst ambivalent; — die tausend kritischen Einwände, die man angesichts einer möglichen Schönheit parat hat, sollen gegen die heroisch, existentialistische Formel des 'es war doch so schön' nicht vergessen werden. Von den kritischen Einwänden befreit nichts, denn sie sind der Versuch, Schönheit und Ohnmacht nicht in eins fallen zu lassen. Der Trotz selbst wird so zur kritischen Bewegung: einerseits kann man in der Liebe ein nahezu notwendiges Mißlingen antizipieren, andererseits wird dennoch geliebt; — und ein Drittes ist es, das Vergessen des Wahrheitsanspruches in der Schönheit zu revozieren: wenn man dem Unmöglichen etwas abtrotzt, so bleibt, trotz erfahrener Schönheit, die Trauer. Der Trotz richtet sich nicht nur gegen den Wahrheitsanspruch, sondern ebenfalls gegen die Schönheit. Auch Musik trotzt ihre Schönheit dem Wahrheitsanspruch ab, aber sie kann nur schön sein, wenn sie die Wahrheit des Unmöglichen, — nämlich unmöglich zu sein, in Rechnung stellt. Beide Elemente sind, nach Adorno, bei 'Carmen' zu finden:

> Das Mißverständnis der Liebe berichtigt Carmen: sie bekennt jenen Egoismus ein. Ihre Generosität ist es, keine Generosität zu behaupten und darum nichts besitzen, nichts halten zu wollen, in dieser Welt so wenig wie in der anderen. Dieser Gestus der Entäußerung, der Preisgabe jeglichen herrschaftlichen Anspruchs des Menschenwesens durch Carmens Fatalismus, ist eine der Gestalten von Versöhnung, die dem Menschenwesen gewährt werden, Versprechen der endlichen Freiheit. Das Verbot von Transzendenz sprengt den Schein der Natur, mehr zu sein als sterblich. Das ist die genaue Funktion der Musik in Carmen. *QF; 307*

Unwillkürlich tauchen auch hier Einsprüche auf; — zum Beispiel, daß in der Pluralität von möglichen Versöhnungen die Verleugnung der einen, wahren mitschwingt. Auch die Aufgabe des Anspruchs auf Macht, — beim Jazz als Einwilligung in Kastration und damit als regressives Moment interpretiert, — wird hier als Befreiung gehandhabt. Weiterhin scheint es Ideologie, daß die Einbekennung des eigenen Egoismus diesen gleicherhand abzuschaffen in der Lage sei. Und sicherlich gibt es ebenso berechtigte Einwände gegen die Musik von Bizet, die in ihrer artifiziellen Einfachheit dem Niveau von Operettenmusik bedenklich nahe kommt.

Schön kann man aber eine solche Musik dennoch finden, — und es ist nichts weiter als die radikale Ausformulierung eines Konzeptes des Nicht-Identischen; — Musik läßt sich nicht identifizieren. Sowohl das identifizierte 'Schöne' als auch das identifizierte 'Schlechte' reichen nicht an sie heran. Und gerade weil der Theoretiker an dies nicht heranreicht, soll er kritisch werden.

Kritik

Strategische Vorbehalte · Hegels Anspruch · Selbstschutz
des Begriffs · Erfahrung und Immanenz
Kritik und Maske

Kritik der Sprache · Heideggers Schuld
Versagte Ruhe · Nichts ist sicher
Auch nicht der Tod

Wenn Kritik einen Grund hat, ist es der, daß man mit etwas nicht einverstanden ist. Man kann dieses Etwas erschlagen, bekriegen oder eben kritisieren, — meist kann man nur letzteres. Jedenfalls äußert sich Kritik im:

... Widerstand (...) gegen alles bloß Gesetzte, das mit seinem Dasein sich rechtfertigt. *KSG; 10*

Kritik beschreibt vorerst zwei Positionen: das eine, das mit etwas nicht einverstanden ist, und das andere, das diesem einen begegnet als Bedrohliches. Der Algorithmus davon wäre der Empörungsschrei des Säuglings über die Welt, jener 'Ursprung der narzißtischen Kränkungen', — denn, und das gilt nicht nur für den Säugling, das, was einen bedroht, ist der Zustand der Welt überhaupt. Widerstand gegen die Welt ist schlechterdings nicht möglich: — schließlich lebt man in ihr und kann gar nichts anderes als ihr immanent zu sein. Aus dieser Konstellation gibt es freilich seit Hegel einen explizit formulierten Ausweg, nämlich den der 'immanenten Kritik'; — jener

... Hegelsche Überzeugung — eine Überzeugung, die ich mir rückhaltlos (! /r.s.) zu eigen gemacht habe — von dem Vorrang der immanenten Kritik. *PT II; 316*

Zu fragen wäre, was nun diese Immanenz für die Kritik oder für den kritischen Impuls bedeutet, und es trifft sich nicht zufällig, daß Adorno gerade Hegel, mit dem er rückhaltlos jene 'Überzeugung' teilt, 'immanent' kritisiert. Die Hegelsche Formulierung über die 'immanente Kritik' hat etwas von einer wirkungsvollen kriegerischen Strategie: wie wenn man von außen in die Festung des Feindes eindringt ('sich in den Umkreis seiner Stärke stellt', — wie es so schön heißt) und diese von 'innen' zerstört; — d.h. sich selbst vor dem Ansturm und den hierbei auftretenden möglichen Opfern bewahrt. Um dies zu bewerkstelligen, muß man sich maskieren, anpassen; — so tun, als ob man zum anderen gehöre. Der Affekt, dies andere gleichsam im Sturmlauf zu überrennen und zu zerstören, muß sich zurücknehmen vor der Strategie. Gleichzeitig ist aber eine solche Strategie nur angebracht, wenn der Feind wirklich mächtig und bedrohlich ist. Hegels Werk erfüllt diese Voraussetzungen, denn es behauptet Evidenz, was Adorno auch konzediert:

Kaum ein theoretischer Gedanke von einiger Tragweite heute wird wohl der Erfahrung des Bewußtseins, und wahrhaft nicht des Bewußtseins allein, sondern der leibhaften der Menschen gerecht, der nicht Hegelsche Philosophie in sich aufgespeichert hätte. *SH; 10*

Die Tragweite Hegels liegt wohl daran, daß sein Werk einigermaßen authentischer Ausdruck der Welt ist; daß man also, will man die Welt kritisieren, sich auf dieses beziehen kann. Das trifft sich auch mit der

Intention Hegels, der ja die Welt, — wie sie als Geist zu sich selbst kommen soll, behaupten will. Und so, wie die Welt bedrohlich wirkt, wirkt auch Hegels Werk: "Des öfteren scheint mir Hegel die Evidenz zu sein, die Evidenz aber ist schwer zu ertragen."[1] Weil eben Hegel immer, genau wie die Welt selbst, recht zu behalten scheint. So etwa schreibt Kierkegaard, den Adorno 'Hegel-hörig' nennt (*SH; 52*): "Es geht mit denen, die über Hegel hinausgekommen sind, wie mit den Leuten, die auf dem Lande wohnen, die ihre Briefe immer adressieren müssen — per — eine größere Stadt, so lautet die Adresse hier: an N.N. per Hegel."[2] Hegels Festung, sein System ist von außen nicht zu nehmen: die Schutzvorrichtung der Dialektik entmächtigt jeden äußerlichen Feind. Genau so, wie wenn man die Welt kritisieren möchte, keinen Ort findet, von wo aus man angreifen könnte. Die Schutzvorrichtung des Hegelschen Systems ist die, daß der Widerspruch zur Stabilität beiträgt: daß jeder Einwand von außen integriert werden kann, — in die Immanenz gerät. So schützt sich Hegel durch die 'Kraft des Widerspruchs' — durch eben diese 'immanente Kritik', die Adorno so rückhaltlos mit Hegel teilt. In dieser Immanenz kann aber Adorno immerhin eine Frage stellen:

Unausweichlich also die Frage, woher Hegel eigentlich das Recht nahm, was immer dem Gedanken begegnete, und den Gedanken selbst, dem Prinzip des Widerspruchs zu beugen. *SH; 71*

Hegels Werk scheint eine Anmaßung zu sein, wobei eben die Anmaßung darin besteht, für alles, — auch für jeden zu sprechen. Woher also nimmt Hegel das Recht, alles in die Immanenz seines Werkes zu ziehen? Diese Frage kann auch so verstanden werden: 'Hegel hat, als er sein System konstruierte, nicht an mich, an meine Person und mein Schicksal gedacht, und ich weigere mich, das Hegelsche Werk als mein Schicksal anzuerkennen.' Denn, nach Adorno hat seine Philosophie:

... kein Interesse daran, daß eigentlich Individualität sei. *ND; 336*

Hegel will über die bloße Individualität hinaus, die er als 'unglückliches Bewußtsein' bezeichnet.[3] Es ist aber gerade der kritische Impuls, der an Individualität festhält, denn das, was sich nicht anpassen will, ist der Glücksanspruch des Individuums. Andererseits, und hier kommt wieder Hegels Evidenz zu Wort, ist der Anspruch des Individuums meist auch angepaßt. Wie kann man von Individualität sprechen, wenn einer sich mit Frau, Familie und Fußballverein glücklich wähnt? — Man kann höchstens darauf verweisen, was dieses Glück ihn kostet, — daß er etwa kaum noch von einer Maschine zu unterscheiden sei, oder daß er dieses Glück mit einem zu frühen Tod bezahlt. Will man also da noch Kritik betreiben, so kommt das einer vorläufigen Vernichtung der Immanenz des anderen gleich, — seiner virtuellen Individualität. Aber sobald man einer Individualität die Virtualität unterstellt, so vernichtet man sie gleichsam: man versucht zu zeigen, daß dieser oder jener Ausdruck des jeweiligen Menschen nicht sein 'eigentlich-individueller' ist, sondern bloßes Resultat der in ihm wirkenden gesellschaftlichen Kräfte. So wird dieser Mensch in seinem 'Innersten', in seinem individuellen Glücksanspruch vernichtet, indem man dieses Glück als Unglück (— als 'unglückliches Bewußtsein') traktiert. Wichtig ist hier zu sehen, was auch an die Überlegungen im 'Soziologie-Kapitel' anknüpft, daß die Abschaffung der Individualität tendenziell die Bedingung der Möglichkeit von 'immanenter Kritik' vorstellt, denn man kann schlecht ein Individuum 'von innen' her kritisieren. Gelänge dies, so hätte man es nicht länger mit einem solchen zu tun, sondern eben, nach Hegel, mit einer bloßen Etappe des Weltgeistes.

Ob Hegel selbst sich von seiner Individualität befreien konnte, — diese Frage ist die nach der Möglichkeit seiner Evidenz. Adorno vollzieht dies so nach:

Der Mensch Hegel hat, wie das Subjekt seiner Lehre, im Geist beides, Subjekt und Objekt in sich hineingesaugt: das Leben seines Geistes ist in sich das volle Leben noch einmal. (...) Als sublimierter Geist tönt die Person vom Auswendigen, Leibhaftigen so wie nur große Musik: Hegels Philosophie rauscht. (...) (So) könnte man von einem spirituellen Leib reden. *SH; 52*

Was man dann noch Hegel vorwerfen kann, ist, daß er stirbt, — stirbt, trotz seines 'spirituellen Leibs'. Hegel, als Schöpfer der 'Logik', konzipiert sich ja als: "... reine Persönlichkeit, die allein durch die absolute Dialektik, die ihre Natur ist, ebensosehr alles in sich befaßt und hält, weil sie sich zum Freisten macht."[4] Dieser Anspruch auf 'reine Persönlichkeit', welcher nichts anderes als jener göttliche ist[5], der eine ganze Welt 'frei' in seine Immanenz bringen will, wirkt, wenn man einem sterblichen Menschen wie Hegel gegenübersteht, komisch. Zumindest wirkt es so auf Kierkegaard: "Hätte Hegel seine Logik geschrieben und ein Vorwort dazu, daß sie nur ein Gedankenexperiment sei, in welchem er sogar an vielen Stellen sich vor etwas gedrückt habe, so wäre er wohl der größte Denker, der gelebt hätte. Nun ist er komisch."[6] Kierkegaard wirft hier also Hegel vor, daß dieser sich zu sehr mit seinem Werk identifiziert hätte, denn nicht das Werk wirkt komisch, sondern jene leibhafte Person, die im Werk Anspruch auf Absolutheit erhebt. Ähnlich auch Adorno:

Kein Einwand gegen Hegel ist stringenter als der bereits von Kierkegaard geäußerte, er nehme seine Philosophie wörtlich. *SOZ I; 319*

Die Kritik des 'Wörtlich-Nehmens' ist bereits eine Kritik der Identitätsphilosophie: 'zu wörtlich nehmen' bedeutet, daß man das Bezeichnende mit dem Bezeichneten verwechselt. Adornos Kritik an Hegel ist eine Anklage gegen den Allmächtigkeitsanspruch des Begriffs, der alles in seinen Bann bringen will. Diese Anklage ist aber in gewisser Weise ohnmächtig, denn die Kritik am Allmächtigkeitsanspruch des Begriffs muß sich ihrerseits des Begriffs bedienen, und gerät damit a priori in die Immanenz des Hegelschen Werks, in dem der Begriff sich durch sich selbst kritisiert und damit jeder Kritik vorweg ist.

In derlei Sophismen stellt jedoch eine Identitätsphilosophie, die schon mit dem ersten Wort um jeden Preis, auch den schäbigsten, das letzte behalten will, weil sie am Ende recht haben soll, nicht nur sich dumm. Unmittelbar kann der Protest der Dialektik gegen die Sprache anders als in der Sprache gar nicht laut werden. Deshalb bleibt er zur ohnmächtigen Paradoxie verurteilt, und macht aus deren Not seine Tugend. *SH; 110*

Hier taucht nun die eigentliche Schwierigkeit der 'immanenten Kritik' auf, nämlich der Zwang der Immanenz selbst, der meist ein sprachlicher ist. Das findet sich nicht nur bei Hegel wieder: — etwa wenn ein kritischer Mensch sich in die 'Politik' begibt, um dort immanent etwas zu verbessern, läuft er meist Gefahr, daß er sich in der Aneignung des dort vorherrschenden Vokabulars, der spezifischen Sprachgestalten, in deren Bann gerät und seiner kritischen Gedanken enteignet wird. Die Maske, die man aufsetzt, um sich in die Festung des Feindes einzuschleichen, kann man so leicht nicht mehr absetzen. So befindet sich auch Adorno gegenüber Hegel in der großen Schwierigkeit, durch den Begriff hindurch (mit dem er sich 'maskiert' hat), Kritik an diesem zu üben. Programmatisch bedeutet dies, zu zeigen, wo der Begriff an seinem Anspruch scheitert; — allein der Begriff kann gar nicht scheitern. Aber genau das ist auch Ansatzpunkt einer Kritik an Hegel, — an der Dialektik, denn die Macht des Begriffes, alles in seine Immanenz zu bringen, ist gleichzeitig die Ohnmacht des Begriffes, aus dieser Immanenz auszubrechen. Die Dialektik war immer schon ein Modus der Aneignung, und zwar doppelte Aneignung: einmal in der Auseinandersetzung mit dem Objekt und ein zweites Mal in der Aufhebung. Dialektik, so wurde in der Einleitung gesagt, vollzieht eine Bewegung quasi als nominalistische Kritik. Der Begriff in seiner

Unmittelbarkeit erfährt sich als bloßer Name; d.h. er negiert den Zusammenhang, die Identität zwischen dem, was er begreifen will, und sich selbst. Diese Negation ist eigentlich Anerkennung des Objekts und Selbsteinschränkung der eigenen Macht. Die Erfahrung des Begriffs, die er in der Bewegung der Negation macht, nämlich bloßer Begriff zu sein, ein Name, der nicht identisch mit dem ist, worauf er geht, — diese Erfahrung ist analog zur narzißtischen Kränkung, die ja auch primär eine Erfahrung der eigenen Begrenztheit, Unvollständigkeit und Verlorenheit ist. Die Reflexion auf diese Erfahrung wäre Dialektik. Nun aber gibt Hegel den narzißtischen Anspruch, wenn man so sagen kann, nicht auf: er begreift diese Erfahrung als sein eigenes Werk, als Arbeit des Begriffs, und kann von daher behaupten, daß Aufhebung dieser Erfahrung im Begriff möglich sei. Damit ist die Erfahrung des Negativen dem Begriff immanent, sie war bloße Entäußerung im Dienste des Begriffs. Es ist darin die Konstruktion eines 'sekundären Narzißmus': eine Spiegelung des Begriffs am Objekt. Darin sieht nun Adorno eine Abkappung der Dialektik: die Bewegung der Negativität, was man ruhig mit 'leidvoller Erfahrung' übersetzen kann, wird an dem Punkt unterbrochen, wo der Begriff in seinem Versuch, dieser Erfahrung irgendwie mächtig zu werden, immer auf sich selbst zurückfällt, und dies nicht als seine Ohnmacht sondern als Allmacht begreift.

Er (Hegel / r.s.) vertraut nicht der Dialektik als der Kraft zur Heilung ihrer selbst sich an, und desavouiert seine Versicherung der dialektisch sich herstellenden Identität.

ND; 331

Die Wunde, die der Begriff erlitten hat durch die Erfahrung seiner Ohnmacht am Objekt, soll geheilt werden; nur kann der Begriff nicht warten, — vertraut nicht auf ein gutes Ende, sondern will sich vorschnell versichern. Das Schutzbedürfnis des Begriffs, des Subjekts im Hegelschen Werk, ist zu groß, um dies, so läßt sich annehmen, aushalten zu können. Der Begriff tut deshalb so, als ob er selbst sein anderes wäre, — als ob er sich selbst diese Wunde zugefügt hätte. Die narzißtische Kränkung, das Trauma, wirkt aber weiter in einem Zwang zur Wiederholung: — ein Zwang, dem der Begriff in Hegels Werk explizit andauernd ausgeliefert ist.

Die philosophische Emphase auf der konstitutiven Kraft des subjektiven Moments aber sperrt immer auch von der Wahrheit ab. So schleppen Tiergattungen wie der Dinosaurier Triceratops oder das Nashorn die Panzer, die sie schützen, als angewachsenes Gefängnis mit sich herum, das sie — so scheint es zumindest anthropomorphistisch —

vergebens abwerfen wollen. Die Gefangenschaft in der Apparatur ihres survival mag die besondere Wildheit der Nashörner ebenso erklären wie die uneingestandene und darum desto furchtbarere des homo sapiens. *ND; 181/182*

Was Menschen von Nashörnern unterscheidet, ist also dies, daß sie sich ihre aus Schutzbedürftigkeit entstandene Wildheit eingestehen können. Hegel bekennt das nicht ein: er behauptet seinen Panzer gegenüber der Welt. Adornos Kritik an Hegel ist eine Kritik am Systemanspruch der Totalität und damit auch Kritik an der Immanenz. Wie aber kann man Kritik an der Immanenz per 'immanente Kritik' üben? Wenn man von außen kritisieren wollte, so affirmiert man immer wieder nur jene Immanenz, die sich ja im Schutz vor diesem Aussen gebildet hat. Man müßte das Nashorn nicht angreifen sondern zähmen. Adorno sagt über die 'nicht-immanente Kritik':

Ich bemerke en passant, daß ich glaube, daß im allgemeinen überhaupt nur immanente Kritik wirklich sinnvoll ist, und daß transzendente Kritik immer ein Moment von Zufälligkeit hat, daß man von einem von außen gesetzten Standpunkt aus nämlich alles ganz nach Belieben verurteilen kann.[7]

Das ist eigentlich eine ungeheure Macht, wenn man alles nach Belieben verurteilen kann. Davor schützt sich eben das, was sich in seine 'Immanenz' einschließt. Die Zufälligkeit ist das eigentlich Bedrohliche und die Antwort darauf gibt das System, denn jedes System will sich vorderhand, wie N. Luhmann aufweisen konnte, vor Zufällen schützen.[8] Aber nicht nur ist es für das System bedrohlich, wenn 'transzendente Kritik' geübt wird, — auch der Kritisierende erfährt in solcher Kritik seine eigene Zufälligkeit und Ohnmächtigkeit. Transzendente Kritik ist eine Art Affekt, ein Zerstören-Wollen, das, wenn es, wie meistens, auf einen übermächtigen Feind trifft, selbst zerstört wird. Kant, der ja in der 'Kritik der reinen Vernunft' vorexerzieren wollte, wie 'immanente Kritik' zu funktionieren hätte, schreibt über sie: "Ohne dieselbe ist Vernunft gleichsam im Stande der Natur, und kann ihre Behauptungen und Ansprüche nicht anders geltend machen, oder sichern, als durch Krieg. Die Kritik dagegen, welche alle Entscheidungen aus den Grundregeln ihrer eigenen Einsetzung hernimmt, (...), verschafft uns die Ruhe eines gesetzlichen Zustandes, in welchem wir unsere Streitigkeiten nicht anders führen sollen, als durch Protest."[9]

Um wieder das Beispiel dessen aufzugreifen, der, wie man so sagt, den 'Gang durch die Institutionen' wagt, um dort etwas zu verändern; der also will, wie es Kant empfiehlt, friedlich vorgehen, indem er sich gewissen Gesetzen beugt und auch kraft dieser Gesetze etwas erreichen will. Demgegenüber stehen jene Leute, die 'transzendente Kritik' üben wollen, die den Krieg auf sich nehmen (— und dementsprechend sich den Namen einer 'Armee' zulegen). Hier wird nicht mehr 'sinnvolle Strategie' betrieben, was sich in der Ohnmacht jener Kritiker äußert, die in der bundesrepublikanischen Wirklichkeit immer in Selbstzerstörung umgeschlagen ist. Der Affekt, der dahinter steht, und der seinem eigenen Aufschub in eine 'sinnvolle Strategie' trotzt, generiert sich letztlich aus der Divergenz von erfahrenem Unrecht und den immanenten Möglichkeiten des Systems, diesem Unrecht zu begegnen. Es geht dabei um nichts weniger als um die Frage nach der Möglichkeit, ob diese Erfahrung in der Immanenz des Systems ausgeglichen werden kann; ob innerhalb des Systems das Unrecht abzuschaffen ist. Adorno verneint dies an Hegel:

Die gesamte Hegelsche Philosophie ist eine einzige Anstrengung, geistige Erfahrung in Begriffe zu übersetzen. Die Steigerung der Denkapparatur, die man so gern als Zwangsmechanismus rügt, entspricht proportional der Gewalt der Erfahrung, die bewältigt werden muß. (...) (Aber) Indifferenz zwischen der ausgedrückten geistigen Erfahrung und dem gedanklichen Medium ist nicht zu gewinnen. Das Unwahre der Hegelschen Philosophie manifestiert sich gerade darin, daß sie eine solche Indifferenz vorstellt als realisierbar vermöge zureichender begrifflicher Anstrengungen. Daher die ungezählten Brüche zwischen dem Erfahrenen und dem Begriff. Hegel ist gegen den Strich zu lesen ... *SH; 126*

Wenn man einen Text 'gegen den Strich' liest, also gegen seine Intention, so liest man eigentlich nicht mehr immanent, denn man leistet so schon im Lesen selbst Widerstand. Wenn man der Immanenz in der philosophischen Kritik da überhaupt noch einen Sinn geben will, so ist es der, daß man überhaupt das Werk, das man kritisieren will, liest. Das Lesen wäre dann allein der Duktus der Immanenz, was gar nicht so abwegig ist, denn Lesen bedeutet immer die Konzentration auf ein anderes. Das Lesen zieht von sich aus in die Immanenz, denn man nimmt darin Abstand von seinen eigenen Erfahrungen und läßt sich im Augenblick, wie man so schön sagt, fesseln, denn man hat es zu tun mit der:

... Welt der Bücher, die (...) gelesen werden und die so geschichtslos, so unempfindlich gegen geschichtliche Katastrophen zu sein scheinen, wie das Unbewußte selber.

SOZ I; 119

Dagegen, so Adorno, soll man sich aber durch 'kritische Gesinnung' wehren, d.h. soll seine Erfahrung nicht im Lesen aufgeben. So bedeutet auch das 'gegen den Strich lesen', daß:

... jede logische Operation (...) auf ihren Erfahrungskern gebracht wird. *SH; 126*

Aber es ist doch die Eigenart von Texten, nicht nur der Hegelschen, überhaupt, Erfahrungen in einer Allgemeinheit auszusprechen, allein durch die Textualität selbst. Im Lesen soll partizipiert, d.h. jene Individualität, die erst Erfahrung ('lebendige Erfahrung' — wie es in der Einleitung heißt) konstituiert, aufgehoben werden. Jeder Text tut der Erfahrung unrecht, indem er sie zur begrifflichen Allgemeinheit verhält. Die Hermeneutik, von Schleiermacher bis Gadamer[10], versucht diese Differenz zu tilgen, indem sie für den Erfahrungsaustausch der Gattung das prinzipielle 'Verstehen' setzt, dessen ausgezeichnetes Derivat eben der Text sein soll. Das Verstehen als Partizipation durch den Text hindurch ist aber keine Leistung des Individuums, sondern eben Leistung der Gattung. Die individuelle Erfahrung würde sich demgegenüber vielmehr in einem 'Nicht-Verstehen-Können' zeigen, was wiederum nichts anderes als die Erfahrung des Unrechts ist, denn würde man das Unrecht verstehen, so wäre es tendenziell keines mehr. Wenn das erfahrene Unrecht das Individuum als solches konstituiert und aus der Allgemeinheit heraushebt; und wenn:

Die einzige Forderung wohl, die ohne Unverschämtheit erhoben werden darf, die wäre, daß der ohnmächtige Einzelne durchs Bewußtsein der eigenen Ohnmacht doch seiner selbst mächtig bleibe. *SOZ I; 454*

— so wäre die Konsequenz ein kritischer Vorbehalt im Lesen; eine Rekurrenz auf sich selbst, auf die eigenen Ansprüche gegen das Unrecht, das vielleicht auch als Wahrheit, die immer eine Wahrheit der Gattung ist, im Text erscheint. Diese Rekurrenz könnte so aussehen:

Daß Carnap und Mises wahrer seien als Kant und Hegel, könnte selbst dann nicht die Wahrheit sein, wenn es zuträfe. *ND; 377*

Wie ein einzelnes Subjekt durch seine Ohnmacht hindurch doch seiner selbst mächtig bleiben könnte, wie dies möglich ist und trotzdem scheitert, sieht man am 'Hungerstreik' jener Leute, die 'transzendente Kritik' übten und auf ihre Ohnmacht per Rechtsprechung verwiesen worden sind. Dieser letzte Protest, die Androhung der Selbstzerstörung, ist der radikale Gegenpol zur Konzeption einer 'immanenten Kritik'; — die Nahrungsverweigerung ist die versuchte Selbstbehauptung eines 'reinen Subjekts', das die Autonomie über sein Schicksal erlangen will. Dieser Versuch aber, die Autonomie zu behaupten, endet, falls nicht eine Zwangsernährung dazwischen kommt, in der Aufhebung des Individuellen. Im Tod fügt sich das hungerstreikende Individuum in die Immanenz der Gattung. Daraus zu schließen wäre, daß nicht-immanente Kritik sich gar nicht positiv behaupten kann, sondern daß Kritik ihre Transzendenz je nur in einer Art Negativität haben kann.

... und transzendent demgegenüber ist nun das, was innerhalb der Grenzen möglicher Erfahrung sich nicht erschöpft, was transzendiert, was darüber hinausreicht, was mehr ist, was also wirklich jenes ist, was gemeint ist, wenn wir fragen: ja ist denn das nun in der Tat alles.[11]

Diese Frage geht aber jeder Kritik voraus, sie ist, um die 'Transzendenz' wörtlich zu nehmen, die Bedingung der Möglichkeit von Kritik überhaupt.

Es ist zugleich auch ihr Recht. Etwas in Frage stellen, diese Art von Überschreitung ist ein einsames Geschäft, und absolut unbefriedigend. Die einzige Erfahrung, von der man a priori angeben kann, daß sie sich nicht in den 'Grenzen möglicher Erfahrung' erschöpft, ist die, daß jede Erfahrung gleichzeitig auch das Ungenügen an ihr selbst beinhaltet. Die Struktur einer möglichen Antwort auf die Frage, ob es denn nun alles gewesen sei, ist vorgezeichnet in der christlichen Lehre. Gott gibt die Antwort, daß das eben noch nicht alles gewesen sei, sondern das Beste noch kommt. Wichtig dabei ist weniger das Paradies-Versprechen als vielmehr die Aufhebung der Einsamkeit des Fragenden, — denn er erhält eine Antwort. Kritik aber lebt davon, daß sie in ihrer Frage keine Antwort erhält, — daß das Ungenügen, das Leid an sich selbst nicht aufgeht. Kritik ist deshalb etwas radikal Nicht-Theologisches; ein Anspruch gegenüber jeder möglichen Antwort Gottes. Die Antwort, die Gott geben kann, ist identisch mit einer Bestimmung der Immanenz: — 'das ist nun die Welt, dein Schicksal und du mußt es damit gut sein lassen'. Kritik verweigert sich solcher Antwort, — etwa in der Adornoschen an Hegel:

Der Weltgeist scheint arg listig am Werk gewesen zu sein, wenn Hegel dabei, gleichwie zur Krönung seiner Erbauungspredigt (...) Heidegger voräfft: »Denn die Vernunft ist das Vernehmen des göttlichen Werkes.« Der omnipotente Gedanke muß abdanken und als bloßes Vernehmen sich willfährig machen. Hegel mobilisiert griechische Vorstellungen diesseits der Erfahrung von Individualität, um die Heteronomie des substantiell Allgemeinen zu vergolden. *ND; 318*

Immanente Kritik, wenn sie überhaupt Kritik bleiben will, muß an ihrer transzendenten Verweigerung festhalten. Transzendent ist aber allein das Besondere, — das Individuum in der Erfahrung des Ungenügens am Allgemeinen. Der Rekurs aufs Individuum ist so die Sprengkraft der Kritik; — die Maske, die dem Individuum die Immanenz ermöglicht, verhilft gleichzeitig dem wahren (individuellen) Gesicht,

Gesicht zu bleiben und sich so vor der Zerstörung zu schützen. Die Maske überführt das Allgemeine, an das sie sich anpaßt, der Illusion, eben weil sich hinter der Maske etwas verbirgt. Die Fiktion der Maske ist die Fiktion des Ganzen:

Der Anspruch, mit dem Ganzen das Besondere aufzusprengen, wird illegitim, weil jenes Ganze selber nicht, wie der berühmte Satz der Phänomenologie es will, das Wahre, weil die affirmative und selbstgewisse Bezugnahme auf jenes Ganze, als ob man es sicher hätte, fiktiv ist. *SH; 82*

Die Maske, die man aufsetzt, um gegen das Ganze kritikfähig zu bleiben, ist aber ein Umweg, eine Art Sublimierung des unmittelbaren Anspruchs. Der unmittelbare Anspruch wird aber dadurch nicht ausgeschlossen: er verbirgt sich nur hinter einer Gestalt, die ihn erst zum Ausdruck kommen läßt. Wenn es um Masken geht, so schreibt Lévi-Strauss: "... daß eine Maske nicht in erster Linie das ist, was sie darstellt, sondern das, was sie transformiert, d.h. absichtlich nicht darstellt."[12] Wenn also Adorno sich mit Hegel beschäftigt, ihn immanent kritisiert, so setzt er sich diese notwendige Maske auf, — indem er sich auf die Bewegung des Hegelschen Begriffs einläßt und dabei weiß, daß dies alles (notwendig) vorgeschoben ist:

...; ich bin der letzte, der diese Dinge unterschätzt, und das ist noch viel zu schwach und armselig gesprochen. Natürlich ist der letzte Angriffspunkt einer kritischen Theorie der Gesellschaft das reale Leben des einzelnen Menschen. *SOZ I; 582*

Jedoch es ist der 'letzte' Angriffspunkt (— wobei, wie es aus dem obigen Zitat schön hervorgeht, dies 'letzte' Adorno selber ist, was ja klar zu sein scheint, denn kein einzelnes Leben hat für Adorno mehr Realität als sein eigenes —). Man kann nämlich so schlecht am Leben des Einzelnen angreifen, — wie es zum Beispiel die Idee der schon zitierten 'R.A.F.' gutheißt, denn dann gibt man seine Maske preis und steht dann fast in 'reiner Negativität der Transzendenz' da, nämlich als Häufchen Elend. Die Disziplinierung durch die Maske der immanenten Kritik ist zwar emphatisch geboten, kann aber anscheinend nicht perfekt werden. In solchen Momenten der Inperfektion zeigt sich das Individuum mit all seinem virtuellen oder realen Recht zu einer Anklage; nennt die Dinge beim Namen und verhält sich nicht mehr. Etwa so:

Die kleinste Spur sinnlosen Leidens in der erfahrenen Welt straft die gesamte Identitätsphilosophie Lügen, die es der Erfahrung ausreden möchte. *ND; 203*

Die Kritik wäre also letztlich das Medium zwischen einer konstruierten Welt, die ein 'Geist' sich zurechtbastelt, und einer erfahrenen Welt. Kritik versucht das Unrecht, das an der Welt erfahren wird, in den

Konstruktionen aufzuzeigen. Die Forderung nach der Immanenz ist demgemäß zweischneidig: einmal wird in ihr Kritik diszipliniert, und zwar so, daß sie selbst auf, wenn man so sagen darf, der Konstruktebene, — also auf der Ebene des Geistes und seiner Begriffe verfahren soll; andererseits wird in ihr eine Erfahrung transparent: daß man, sobald man seine Individualität jenseits einer Allgemeinheit behaupten will, stets Gefahr läuft, vernichtet zu werden. Die Frage nach Anpassung und Widerstand ist nicht bloß eine strategische: es ist die Ambivalenz des Geistes selbst, denn einerseits kritisiert er, um Glücksansprüche zu schützen, andererseits muß er sich in seinem kritischen Impuls schützen. Das Konzept der 'immanenten Kritik' müßte daher, um nicht in den Bannkreis der Hegelschen Evidenz zu geraten, so umformuliert werden, daß bei aller Anpassung, — bei aller Empathie, die 'transzendente Position' der Erfahrung nicht verloren geht. Erst wenn dieser Übergang erreicht ist, kann man die Identitätsphilosophie wirklich 'Lügen strafen'. Und man kann nur eine Philosophie oder Theologie Lügen strafen, weil man über die erfahrene Welt schlecht sagen kann, daß sie lüge.

Man kann aber über die Welt, — wie sie erfahren wird, Lügen verbreiten, und diese Lügen lassen sich dann kritisieren. Lügen sind aber schon je begrifflich. Die 'Ur-Lüge' wäre demnach auf einer Meta-Ebene anzusiedeln: nämlich die Lüge des Begriffs selbst, sofern er sich als Ausdruck der Welt wähnt. In anderen Worten: jede behauptete Identität zwischen Begriff und Gegenstand ist tendenziell eine Lüge. Aber jeder Begriff behauptet ja etwas, — was Heidegger als die genuine Funktion des 'logos' vorstellt.[13] Jeder Begriff behauptet das zu *sein*, was er bezeichnet. Kritik wäre nun, sich gegen den Seinsanspruch des Begriffs zu wehren, oder besser, gegen alle Versuche, das 'Sein' irgendwie in den Begriff zu bringen.

Dieser Seinsanspruch wird aber nur manifest in den Dokumenten des 'logos': in den Texten. Der Text ist sozusagen der Schein der Welt, der sich als ihr Wesen behaupten möchte. Und das ist auch der Ort von Ideologiekritik: nämlich den Schein der Texte auf das hin transparent zu machen, was ihnen als Erfahrung zugrunde liegt. Adorno kritisiert an Hegel, daß er sein Werk 'zu wörtlich' nehme, daß also in seinem Werk die Begriffe die individuellen Erfahrungen verdrängen. Der Kritik oder, konkreter, der Ideologiekritik, ist nur zugänglich, was zur Sprache kommt, und was sich als Sprache für die Welt ausgeben will.

Aber Kritik setzt dann nicht nur bei dem ein, was zur Sprache kommt, sondern auch bei den Modi, wie es zur Sprache kommen will.

So wußte schon der 'junge Adorno' zu sagen:

...; es ist bei den Worten zu fragen, wie weit sie fähig sind, die ihnen zugemuteten Intentionen zu tragen, wieweit ihre Kraft geschichtlich erloschen ist, wieweit sie etwa konfigurativ bewahrt werden mag. Kriterium dessen ist wesentlich die *ästhetische* Dignität der Worte. *PF; 369/370*

Das, was der Sprache von vornherein zugemutet wird, ist, daß sie etwas über die Welt aussagt: — sie zum Sein im Sinne eines fest-geschriebenen verhält. Die 'ästhetische Dignität' der Worte, ihre fast kantische Würde, die sie, ebenfalls analog zu Kant, in die glückliche Lage versetzen soll, etwas über die Welt auszusagen; — dieses Kriterium also bedeutet, daß man als Philosoph doch versucht ist, ein 'ästhetisches Glück' in den Texten aufzusuchen, — den Glücksanspruch gegenüber der Welt in ihrer Erscheinungsform qua Text behaupten zu suchen. Ist das mit der 'ästhetischen Dignität' noch vage, so spricht sich das, was damit gemeint ist, klarer so aus:

Alle trügende Ontologie ist sprachkritisch zu entlarven. *PF; 371*

Das hat dann Adorno am konkreten Objekt versucht und zwar zeit seines Lebens vorzüglich an Heidegger. So heißt es, ganz ähnlich wie in der eben zitierten 'Frühschrift', fast vierzig Jahre später über Heidegger:

Was an der schlechten Sprachgestalt ästhetisch wahrgenommen, soziologisch gedeutet ist, wird abgeleitet aus der Unwahrheit des mit ihr gesetzten Gehalts, der impliziten Philosophie. *JG; 138*

Die 'schlechte Sprachgestalt' wäre dahin zu konkretisieren, daß der verwendete Begriff seiner selbst nicht mächtig bleibt, — abrutscht in einen 'Jargon', dessen Funktion nicht mehr Aussagen sind, sondern Appelle. Was Heidegger in seiner Sprache prima vista betreibt, ist eine Anstrengung des Begriffs: er will, und das ist aller Ontologie gemein, — auch der von ihm selbst so genannten und gegenüber 'bloßer Ontologie' abgegrenzten 'Fundamentalontologie'; — er will wissen, was an der Welt, an Sein wirklich im Begriff zu haben ist. D.h. er will die Selbstidentität des Begriffs als Welt erreichen. Er geht aber, im Gegensatz zu Hegel, nicht von der möglichen Identität aus, sondern reduziert diese Identität radikal auf einen Mangel, — auf eine Differenz; — oder besser noch: bei Heidegger bemächtigt sich nicht der Begriff der Welt, sondern der Begriff ist bloß welthaft in seiner Preisgabe, in seiner 'Hörigkeit'. Das ist nichts anderes als der Versuch, die 'Erfahrung' gegen den Anspruch des Begriffs zu behaupten, die Konstitution des Subjekts durch 'leidvolle Erfahrung', — was dann bei Heidegger als 'Sein zum Tode' erscheint, — diese Ohnmacht oder diesen Mangel als Wirklichkeit des Begriffs auszugeben. Das Merkwürdige daran, und es ist nicht von ungefähr Thema vieler Adorno-Rezeptionen[14], ist, daß Adorno durchaus zu ähnlichen Ergebnissen kommt. Heideggers Impuls, der Begrifflichkeit eine Wirklichkeit der Erfahrung abzuringen, ist wahlverwandt mit dem Adornoschen. Was aber als Erfahrung bei Heidegger erscheint, unterliegt, man kann es nicht anders sagen, dem Spott Adornos. Die Struktur der Erfahrung, die Heidegger festschreibt, zielt auf Authentizität, — auf Eigentlichkeit. Dämonisch begegnet Adorno diesem Versuch, Erfahrung authentisch festschreiben zu wollen. So der Gestus im 'Jargon der Eigentlichkeit' und im ersten Band der 'Philosophischen Terminologie', wo Adorno diese festgeschriebenen Erfahrungen destruiert mit dem Hinweis auf kritische, d.h. begriffliche Erkenntnis. Was Adorno Heidegger eigentlich vorwirft, ist, daß er es besser wissen sollte, — d.h. er kritisiert an Heidegger einen Mangel an Begriff, bzw. einen Mangel an Verantwortung gegenüber dem Begriff. Der Versuch nämlich, die Erfahrung benennen zu wollen, macht sich schuldig an der Erfahrung, denn das, was zur Benennung zur Verfügung steht, trägt an sich immer auch etwas anderes: ist Teil einer Welt, die soziologisch als 'katastrophal' gedeutet werden kann. Die Schuld Heideggers ist es also, die Erfahrung im Begriff benennen zu wollen, und dabei die soziologischen Implikationen dieser Begriffe zu vergessen:

> ... daß hier wirklich etwas wie eine sehr schwere Schuld des Heideggerschen Denkens vorliegt. In diesem Denken hat der Gedanke des Ersten einen höchst sublimierten ontologischen Sinn, nämlich den des Seins, das da jenseits der Scheidung zwischen dem Begriff auf der einen Seite und dem einzelnen Seienden auf der anderen Seite liegen soll, und wird, um die Konkretheit zu gewinnen, die ihn zu etwas jenseits dieser Spaltung machen soll, fast immer in Ausdrücken wie Boden, Ursprung, Grund ausgesprochen. Von diesen Ausdrücken beteuert Heidegger zwar immer wieder, sie besagen lediglich etwas über Seinsstrukturen, die keinerlei Implikationen haben sollen für die Bewertung irgendwelcher konkreter innergesellschaftlicher Phänomene; weil er aber die Ausdrücke notwendigerweise der Sphäre mehr oder minder zurückgebliebener agrarischer oder kleinhandwerkerlicher Verhältnisse entlehnt, kommt ein Changieren zustande, das eben doch auch gewisse Idealbilder eines heimatlichen, verbundenen, provinzialen engen Lebens mit jenen Seinscharakteren auf irgendeine Weise verkoppelt.
> *PT I; 151/152*

Das ist aber nicht nur Heideggers Schuld, sondern eine zentrale Aporie des Denkens oder Philosophierens überhaupt. Die Differenz zwischen Erfahrung und Begriff, die man konstatieren kann, will auch ausgedrückt werden. Als Differenz kann aber nichts ausgedrückt werden. D.h. es geht um den Modus der Substitution dieser Differenz, — um das, was im Kapitel über 'Kunst' als Rücksicht auf Darstellbarkeit erschien. Diese Aporie begegnet einem jeden Tag. Die Frage 'Wie gehts?', die fast nach jeder Begrüßung auftaucht, bringt einen immer in Verlegenheit; — eine Verlegenheit, die nichts anderes ist als die Aporie der Differenz. Sagt man etwas auf diese Frage, so hat man unwillkürlich das Gefühl, daß man gegenüber seiner Stimmung gefrevelt hat. Heideggers Philosophie, und man kann zur Erläuterung sie ohne schlechtes Gewissen auf dieses Moment reduzieren, versucht diese Frage authentisch zu beantworten, was dann meist in ein Sprachartefakt ausartet. Dieses Sprachartefakt kann aber, so würde Adorno behaupten, die Differenz nicht tilgen, — höchstens ergibt sich daraus ein Jargon, der ein Einverständnis der Sprache mit der Stimmung vortäuscht. Hier wäre nach Adorno das 'Tabu über die Antwort' (s.o.) angebracht, wenn das Schweigen als konsequente Exekution des Tabus nicht unhöflich wäre. Die Höflichkeit, die darin liegt, daß man auf diese Frage antwortet, ist jene Art Rücksicht, die eine soziale Welt zur Kenntnis nimmt. Man antwortet eben immanent, d.h. den sozialen Regeln entsprechend. Damit hat man die Differenz aufrecht erhalten, denn man weiß, daß es einem 'eigentlich' nicht so geht, wie man eben verlautet hat. Die Eigentlichkeit kommt hier nicht zu Wort, obschon es sie gibt. Daß sie nicht zu Wort kommt, nicht zu Wort kommen darf, zeigt ihre prinzipielle Negativität an. Die Worte nämlich, die einem in der Antwort zur Verfügung stehen, partizipieren an einer Welt, die die Frage eigentlich überflüssig macht. Das Prekäre aber zeigt sich in der Kritik: — hat Adorno gegen Hegel noch die Erfahrung als Möglichkeit der Sprengung begrifflicher Immanenz ins Feld geführt, so erscheint nun bei seiner Kritik an Heidegger die Erfahrung als etwas, was zu einer falschen Transzendenz verführt, sobald man sie auszusprechen versucht:

> In der universal vermittelten Welt ist alles primär Erfahrene kulturell vorgeformt. Wer das Andere will, muß von der Immanenz der Kultur ausgehen, um sie zu durchschlagen. Die Fundamentalontologie aber erspart sich das willentlich, indem sie einen Anfang draußen vortäuscht. Dadurch unterliegt sie den kulturellen Vermittlungen erst recht: sie kehren als soziale Momente ihrer eigenen Reinheit wieder. *JG; 84*

Heidegger operiert mit der Transzendenz der Erfahrung. Natürlich müßte man spätestens hier zwischen einem 'frühen' und einem 'späten' Heidegger unterscheiden. Ist noch in 'Sein und Zeit' der Versuch, die Eigentlichkeit als das Wesen einer bestimmten transzendenten Erfahrung herauszustellen, dominant, so ist es bei den späteren Arbeiten über Nietzsche, Schelling oder Hölderlin der Fall, daß Heidegger sich mehr darauf verlegt, das Verhältnis einer möglichen Transzendenz zu einer Immanenz, die eine sprachliche ist, zu beschreiben.

In 'Sein und Zeit' aber täuscht sich Heidegger über etwas. Vielleicht ebenso, wie man sich über die schon angesprochene Funktion der Höflichkeit täuscht. Wenn man nämlich die Unhöflichkeit als befreiendes Moment ansieht, vergißt man, daß die Unhöflichkeit dieser Kultur immanent ist, — indem etwa ein SS-Offizier einem Juden ins Gesicht schreien kann, er sei eine Sau. Unhöflichkeit wird so zur schlechten Transzendenz, und das betrifft auch Heidegger:

Nicht das ist der Einwand wider Heideggers Sprache, daß sie, wie jede philosophische, durchsetzt ist von Figuren aus einer Empirie, über die sie sich erheben möchte, sondern daß sie aus der schlechten Empirie Transzendenz macht. *JG; 97*

Wenn Heidegger die Maskierung verweigert, so ist sein Gesicht, sobald er es zeigt, doch nur wiederum eine Maske. Diese zweite Maske ist aber insofern gefährlicher, als sie nicht das Selbstbewußtsein einer Maske hat, sondern sich für Wahrheit, bzw. Authentizität hält. Die 'schlechte Transzendenz' ist der Ausbruch aus der Immanenz der Kultur, der keine Rücksicht auf sie nimmt, sondern zur Gewalt greift. Diese Gewalt sieht Adorno in Heideggers Terminologie angelegt. Das, worauf Kultur aufbaut, ist ja der Versuch, der Gewalt Herr zu werden. Daß sie diese bis jetzt nicht bewältigt sondern bloß unterdrückt hat, mag ihr Mißlingen anzeigen. Kritik an der Kultur und ihrer Immanenz richtet sich gegen das, was ihr mißlang, und nicht gegen sie selbst, denn gegen die Kultur als solche kann sich, nach Adorno, nur die Gewalt artikulieren. Der Traum oder die Utopie von einer von Unterdrückung befreiten Menschheit kann sich demgegenüber gar nicht positiv artikulieren, denn das betrifft eine der Kultur immanente Differenz. Das Unterdrückte in seiner möglichen Positivität, d.h. Artikulierbarkeit, ist selbst böse: — die Kultur abschaffen zu wollen, hilft nicht weiter, sondern legt bloß dieses Fundament frei:

Im Jargon der Eigentlichkeit stürzt am Ende die Kantische Würde zusammen, jene Menschheit, die ihren Begriff nicht an der Selbstbesinnung hat sondern an der Differenz von der unterdrückten Tierheit. *JG; 136*

Beleg für die Tendenz der Philosophie Heideggers ist dessen Nähe zum Faschismus. Diese Nähe taucht im Kontext der Adornoschen Kritik an Heidegger immer wieder auf, und zwar in einer recht subtilen Form. Adorno wirft Heidegger nicht vor, Faschist gewesen zu sein, aber er verweist durch soziologische Implikationen, sowohl in der Kritik an Heideggers Philosophie als auch an dessen Terminologie auf die mögliche Konsequenz; — anders gesagt: er läßt Heidegger nicht in Ruhe denken, sondern kritisiert genau diese Ruhe als falsche und fatale Versöhnung des Gedankens mit der Welt. Die Konsequenz der Illusion, in der Ruhe (des Schwarzwaldes) denken zu können, d.h. die Illusion, mit den Gedanken jenseits des gesellschaftlich vermittelten Seins zu stehen, — diese Konsequenz führt zu einer Kritiklosigkeit gegenüber dem vermeintlichen 'reinen Sein', das es nicht gibt, sondern das eben je schon gesellschaftlich vermittelt ist. Heidegger führt auch an, daß es das 'reine Sein' nicht gibt, aber dieses 'Nicht-Sein' wird bei ihm dadurch bloß zur Negativität verhalten. Kritiklosigkeit bei Heidegger äußert sich darin, daß er ein 'Schweigen' empfiehlt, — also eine spezifische Art des Rückzugs propagiert; — Rückzug vielleicht vor dem, was im gesellschaftlich vermittelten Sein oder auch in der Kultur mißlang. Im Faschismus ist dieser Rückzug in Gewalt umgeschlagen, und diese Gewalt war wiederum nichts anderes als der Ausdruck dessen, was innerhalb der Kultur mißlang. Das Unbehagen und die Ohmacht gegenüber der Kultur kann nur in einer Reflexion auf die Bedingungen der Kultur aufgefangen werden, und genau dies reflexive Moment hat der faschistischen Utopie, wenn man so sagen darf, gefehlt. Herausgekommen ist ein Gewaltstreich gegen ein Ersatzobjekt: die Juden wurden zum Symbol dessen, was man zerstören wollte und doch nicht konnte. D.h. es lag ein spezifisches Überschreiten der Differenz vor: — das geplagte (faschistische) Bewußtsein hat in der Not seiner Suche nach einem konkreten Ansatzpunkt zur 'schlechten Empirie' gegriffen, die darin lag, daß die bedeutenden kulturellen Innovationen wirklich zu einem großen Teil von Juden ausgingen. Dieser Kurzschluß des Bewußtseins über die eigene Not, der im Faschismus zur Katastrophe führte, spiegelt sich in Heideggers Philosophie wider:

> Nur weil mißlang, die Welt so einzurichten, daß sie nicht mehr den dem fortgeschrittensten Bewußtsein konträren Formkategorien gehorchte, muß das vorherrschende jene Kategorien krampfhaft zu seiner eigenen Sache machen. Weil aber der Geist ihre Unzulänglichkeit nicht vollends verdrängen kann, setzt er der gegenwärtigen, kraß sichtbaren Heteronomie eine sei's vergangene, sei's abstrakte entgegen, die Werte als causae sui und das Phantasma ihrer Versöhntheit mit den Lebendigen. *ND; 102*

Die Kritik richtet sich gegen alle Formen eines 'zur-Ruhe-Kommens' des Bewußtseins. Diese Ruhe ist, so Adorno, nämlich nur in einer Heteronomie, die a priori falsch ist, zu erreichen. Der Wunsch nach Ruhe jenseits einer Welt, in der man eigentlich gar nicht zur Ruhe kommen kann, weil das Schreckliche eine penetrante Permanenz aufweist; — der Wunsch nach Ruhe kann also nur Erfüllung finden, wenn die Welt vergessen wird, bzw. wenn man sich der Illusion anheimgibt, einen Punkt jenseits dieser Immanenz gefunden zu haben. Dafür steht die Religion ein oder andere Formen von falschem Bewußtsein, die dafür den Begriff des Schicksals parat haben, das eben von irgendeinem ruhigen Punkt aus 'geschickt' wurde. Der Philosoph darf sich diesen Schicksalsbegriff nicht leisten; — er hat zur Aufgabe, mit der Immanenz der Welt zurecht zu kommen:

Nachdem Millionen unschuldiger Menschen ermordet worden sind, als Philosoph sich so zu benehmen (— gemeint ist Heidegger r.s.), als ob es noch etwas Harmloses gäbe, worüber, wie man das so genannt hat, sich diskutieren ließe, und nicht so zu philosophieren, daß man sich vor den Ermordeten dabei nicht zu schämen braucht ...
PT I; 166

Die Ruhe, das Harmlose, das es nicht mehr geben soll, wäre das Einverständnis, — die Harmonie des Gedankens mit dem Gedachten. Das leitet über zu einer Kritik der Ontologie, die wesentliche Züge des gesamten Adornoschen Werks ausmacht. Ruhe heißt Festschreiben, etwas als fest und gewiß zu haben, so daß man sagen kann: 'So ist das'. Man will zu einem Urteil über die Welt kommen, um sie ein für allemal zu haben. Die Welt ist das, womit man sich auseinandersetzen muß, — was einen in Unruhe versetzt. Gegen diesen Sachverhalt steht aber ein genuines Bedürfnis, das Adorno das 'ontologische' nennt. Findet dieses Bedürfnis Befriedigung in der Philosophie, so nur um den Preis der Täuschung:

Der Wille, nicht sich abspeisen zu lassen, von Philosophie Wesentliches zu erfahren, wird deformiert durch Antworten, die nach dem Bedürfnis zugeschnitten sind, zwielichtig zwischen der legitimen Verpflichtung, Brot, nicht Steine zu gewähren, und der illegitimen Überzeugung, Brot müsse sein, weil es sein muß. *ND; 79*

Der Hunger der Philosophie nach Wahrheit, — ein Bedürfnis, das dem anderen nach Nahrung gleicht, geht auf einmaligen und grundlegenden Verzehr. Der Hungrige wünscht sich ja auch, ein für allemal gesättigt zu sein und nicht mehr zu hungern, — d.h. sich mit der Welt in Form der Nahrungssuche auseinanderzusetzen. Die Utopie der Sättigung ist eine gegen die Tatsachen des Lebens: die Nahrung verschwindet, indem man sie verzehrt. Das hat auch Philosophie zu berücksichtigen:

Wird ihr ein Standpunkt abverlangt, dann wäre er der des Essers zum Braten. Sie lebt von ihm, indem sie ihn aufzehrt; *ND; 41*

Philosophie muß hungrig bleiben; — einmal Verzehrtes verschwindet, ist nicht mehr zu haben und zu halten, sondern wird umgesetzt, verdaut oder eben, philosophisch ausgedrückt, 'vermittelt'. Die Not des Hungers ist seine Fortdauer: wenn man einmal gesättigt ist, so garantiert dies nichts. Die Sättigung verschwindet ebenso wie der Braten, der verzehrt wird. Diese Konstellation taucht in der Philosophie als Problematik des Urteils auf. Das Bedürfnis zu sagen: 'etwas ist etwas' hat eine Affinität zu dem Bedürfnis nach Sättigung, also 'etwas ißt etwas', — eine Affinität, die W. Hamacher in seiner Rezeption der Hegelschen Frühschriften sehr schön demonstriert hat.[5] Ungeachtet dieser Symbolträchtigkeit kritisiert Adorno an Heidegger die Funktion der Copula 'Ist', die ein Festes vortäuscht, aber nichts weiter ist als eine Relation zwischen Subjekt und Prädikat: — nicht dessen prinzipielle, — wenn man so sagen kann, — 'Relationiertheit'.

Die Copula erfüllt sich dem eigenen Sinn nach einzig in der Relation zwischen Subjekt und Prädikat. Sie ist nicht selbständig. Indem Heidegger sie als jenseits dessen verkennt, wodurch allein sie zu Bedeutung wird, übermannt ihn jenes dinghafte Denken, gegen das er aufbegehrte. *ND; 108*

Die Identitäts-Stiftung im Urteil ist aber bloß ein sprachlicher Akt; — Heideggers Trick ist die Behauptung, — weil Sprache Identität stifte, gäbe es Identität, worauf Adorno entgegnet:

Aber der konstitutive Anteil der Sprache an der Wahrheit stiftet keine Identität ... *ND; 117*

So wie die Sättigung bloß einen neuen Hunger evoziert, weil eben die Nahrung nicht Nahrung bleibt, sondern sich in die primäre Funktion des Lebendigen umsetzt, Energie wird, so ist das Urteil bloße Vermittlung, die in ihrer Mitte eben jene Differenz, die dem Hunger gleicht, wieder auferstehen läßt. Man muß immer wieder essen; jede Sättigung ist zufällig:

Insofern wäre das Ist den okkasionellen Ausdrücken zu vergleichen. Seine Allgemeinheit ist eine Anweisung auf Besonderung, die allgemeine Form für den Vollzug besonderer Urteile. *ND; 108*

Ein für allemal gesättigt ist man eigentlich nur im Tode. Dort scheint auch das Identitätsproblem gelöst zu sein, denn das einzig sichere, wie man so sagt, ist der Tod. Somit müßte eine Ontologie sich vom Tode her konstruieren, was die Heideggersche auch tut.

Gewalt wohnt (...) dem Kern der Heideggerschen Philosophie inne: der Konstellation, in welche sie Selbsterhaltung und Tod rückt. Daß der Tod, den das selbsterhaltende Prinzip als ultima ratio den ihm Unterworfenen androht, ins eigene Wesen jenes Prinzips gewendet wird, meint die Theodizee des Todes. *JG; 111*

Heidegger vollzieht im Satz 'Der Tod ist' ein absolutes Urteil, — gegen das man eigentlich schlecht etwas einwenden kann. Mit diesem festen Urteil glaubt er der Immanenz entronnen zu sein. Das gesteht ihm Adorno auch zu, aber, so der Einwand, vom Standpunkt des Todes aus läßt sich nicht philosophieren: kann man das Leben, über das man eine Aussage machen will, nicht einholen. Daß das Dasein (— Leben) ein 'Sein zum Tode' wäre, ist überhaupt die abstrakteste Formulierung über das Leben, und in dieser Abstraktheit falsch, denn jede versuchte Konkretisierung von diesem Standpunkt aus müßte zeigen, daß das Leben das ist, was sich mit seiner Bestimmung zum Tode eben nicht zufrieden gibt. Das Leben wäre die Differenz zum Tod: der Tod 'ist' somit nicht, sondern generiert eine Spannung als diese Differenz:

Leben wird nach dem ganz Abstrakten und dem ganz Konkreten polarisiert, während es einzig in der Spannung dazwischen wäre. *ND; 98*

Die Spannung drückt sich in der ganzen Kulturgeschichte aus: wurden doch viele Anstrengungen gemacht, um den Tod zu überlisten. Der 'Traum von der Unsterblichkeit' war nicht nur das, was Heidegger als 'Uneigentlichkeit' betitelt, sondern konstitutives Moment in der Geschichte der Kultur, implizite Philosophie. Nicht umsonst wähnt sich Heidegger am Ende einer Tradition der 'abendländischen Metaphysik', einer Tradition, die nach seiner Ansicht dem Tod nicht ins Auge sehen konnte. Ein neueres Beispiel dafür ist der 'Humanismus', den Heidegger kritisiert, weil er qua Metaphysik den Vorrang des Menschen vor seinem 'Sein' betont.[16] Humanismus, so Heidegger, sei ein haltloses System, weil seine Voraussetzungen die Negativität des Seins des Daseins übersehen. Adorno, obwohl er diese Kritik am 'Humanismus' weitgehend teilt, unterstellt Heidegger ein anderes Motiv:

Wohl wäre zu fragen, ob er nicht darum bloß das Gerede vom Humanismus, das abscheulich genug ist, abschaffen möchte, weil seine Lehre der Sache ans Leben will. *ND; 96*

Aber Adorno wird ja wohl auch gewußt haben, daß er sterben muß: daß, Heideggerisch gesprochen, das Urteil über sein Leben erst vom Tod her gefällt wird. Dieses Wissen wird aber von ihm als 'falsch' deklariert; d.h. Adornos Kritik an Heideggers koaliert mit einer Kritik am Tod:

Der Satz, der Tod sei immer dasselbe, ist so abstrakt wie unwahr; die Gestalt, in der das Bewußtsein mit dem Tod sich abfindet, variiert samt den konkreten Bedingungen, wie einer stirbt, bis in die Physis hinein. *ND; 364*

Die mögliche Kritik am Tod macht aber nicht bei dessen möglichen und variablen Erscheinungsformen halt: — sie richtet sich, so unmöglich das erscheint, gegen ihn selbst in seinem faktischen Anspruch. Das ist vielleicht dann auch der innerste Punkt der Adornoschen Kritik an Heidegger:

> Der Tod wird zum Stellvertreter Gottes, für den der Heidegger von Sein und Zeit noch sich zu modern war. Auch nur die Möglichkeit der Abschaffung des Todes zu denken, wäre ihm blasphemisch; das Sein zum Tode als Existential ist von der Möglichkeit seiner bloß — bloß! — ontischen Abschaffung ausdrücklich getrennt. *JG; 115*

Kritik als etwas radikal Anti-Theologisches erhebt selbst noch gegen die Immanenz des Todes, — eine 'schlechte, und diesmal wirklich schlechte Empirie' — Einspruch. Und das ist auch das zentrale Motiv der Adornoschen Kritik an Heidegger: nämlich den 'kritischen Gedanken' nicht in eine Selbstentmündigung vor irgendeinem Sein ausarten zu lassen. Kritik kann sich nicht auf etwas Sicheres zurückziehen, und deswegen muß sie weitergehen. Ihre Position ist eine ethische: sie ist die einzig mögliche Antwort auf die Praxis des Leids, und da diese fortdauert, kann sie selbst auch nicht aufhören.

Ein letztes Wort noch zu Heidegger: Sicherlich tut man ihm unrecht, wenn man ihn mit Adorno kritisiert: d.h. in der Adornoschen Kritik wird die ganze Vielfalt und auch Widersprüchlichkeit Heideggers reduziert auf eine Tendenz, die sicherlich durchgehend in seinem Werk manifest ist, aber eben bei weitem nicht den ganzen Heidegger ausmacht. Das, was Adorno in seiner Kritik an Heidegger will, läßt sich an einem Satz demonstrieren, den Heidegger am Ende seiner Weisheit zum besten gab, und der dahingehend lautet, daß man das 'Sein sein lassen soll'[17]. Kritik nach Adorno vollzieht die genaue Gegenbewegung: Kritik heißt, das Sein nicht in Ruhe zu lassen.

Philosophie

Der philosophische Gedanke · Und seine Abdankung
Kreditsysteme · Von der Leere zur Lehre
Der Philosoph und seine Libido
Dialektik · Negativität · Metaphysik
Eine Position

Appendix: Sprache bei Adorno

Die Frage: 'Wozu noch Philosophie', die Adorno gerne aufwirft[1], kann nur, auch wenn Adorno das nicht will, apologetisch beantwortet werden. Das liegt an der Unmöglichkeit, sie abzuschaffen, falls die Antwort so ausfallen würde, daß Philosophie eindeutig zu nichts mehr taugt. Man hat als Philosoph keine Wahl, denn die Philosophie kann sich selbst nicht abschaffen; — der Philosoph kann sich nur persönlich überlegen, ob er nicht besser mit der Philosophie aufhört. Wenn er damit aufhört, so betrifft das aber nicht mehr die Philosophie als Institution oder gesellschaftliches Phänomen, sondern nur noch ihn selbst als Philosoph. Die Frage überspannt also zwei Pole: einmal die Evidenz des Phänomens der 'Philosophie' überhaupt und andererseits den Modus, wie jemand dazu kommt, diese Evidenz zu seiner eigenen machen zu wollen, und sich dementsprechend 'Philosoph' nennt. In dieser Polarisierung ist die Durchführung der Frage vorentschieden: — man beantwortet die Frage nach der Philosophie gleichsam philosophisch. So auch die Adornosche Konstruktion des Rechts zu dieser Fragestellung:

Einiges Recht, trotzdem die Frage aufzuwerfen, habe ich bloß deshalb, weil ich der Antwort keineswegs gewiß bin. *E; 11*

Diese Ungewißheit verhält dann doch (— eben apologetisch im Gestus) zur Philosophie, denn eine mögliche gewisse Antwort würde die Frage gar nicht erst zulassen. Man kann nicht erst nach einer solchen Fragestellung mit Philosophie aufhören; — man hätte es früher tun sollen, denn die Frage zeigt an, daß man versäumt hat, rechtzeitig aufzuhören. So auch der Leitgedanke Adornos am Anfang seines, man kann so sagen, philosophischen Hauptwerks:

Philosophie, die einmal überholt schien, erhält sich am Leben, weil der Augenblick ihrer Verwirklichung versäumt ward. *ND; 15*

Damit wird Philosophie dichotomisiert: einmal hat sie eine Existenz 'vor dem Versäumnis' und ein andermal 'danach'. Es stellt sich hier die Frage, was eigentlich mit dem 'Augenblick der Verwirklichung', der ja versäumt wurde, gemeint ist. Natürlich korrespondiert dieser Terminus mit der Marxschen These von der Aufhebung der Philosophie durch den Versuch ihrer Verwirklichung. Das Aufhören der 'bloßen' Interpretation und das Einsetzen der Veränderung bzw. Verbesserung der Welt markiert, so Marx, einen Einschnitt in der Geschichte der Menschheit. Wenn nun Adorno vom Versäumnis spricht, so stellt er in der Nachfolge der Marxschen Theorie fest, daß dieser Einschnitt nicht stattgefunden hat. Nimmt man den Appell zur Verwirklichung der Philosophie nicht nur als propädeutisch-heuristische Figur, sondern als Handlungsanweisung, — also nimmt man diesen Appell ernst, was Adorno durchaus tut, so wird dabei dem Philosophen viel zugemutet: von ihm wird verlangt, er solle, nachdem er diese Aufhebung qua philosophischem Akt beschlossen hat, nun die Welt verbessern. Als einzelner Philosoph kann er das schlechterdings nicht. Also ist es die Philosophie als Phänomen überhaupt, der dieses abverlangt wird. Die 'Verwirklichung der Philosophie' kann daher nur bedeuten, daß die ganze Welt bzw. die Menschheit philosophisch wird. Dann wäre der 'Philosoph' auch aufgehoben. Das Versäumnis der Philosophie ist dies, daß es der Philosoph nicht geschafft hat, sich zu verallgemeinern, — oder: daß der philosophische Gedanke nicht die Kraft hatte, sich in die Allgemeinheit der Gedanken überhaupt zu vermitteln. Das schlägt sich nieder in seiner Vereinzelung: er hat sich nicht zur Allgemeinheit aufschwingen können; — also muß er (— der philosophische Gedanke sowie der Philosoph, der ihn hat) sich auf sich selbst besinnen:

Wer noch philosophiert, kann es nur, wenn er die Marxische These vom Überholtsein der Besinnung verneint. *E; 23*

Nach dem Versäumnis hat also der philosophische Gedanke das Schicksal seiner Vereinzelung auf sich zu nehmen. Der vormalige Anspruch, Allgemeinheit zu werden, ist mißglückt; — dennoch bleibt er als dieser Anspruch bestehen, — zumindest als das, was nicht eingelöst wurde.

Nachdem Philosophie das Versprechen, sie sei eins mit der Wirklichkeit oder stünde unmittelbar vor deren Herstellung, brach, ist sie genötigt, sich selber rücksichtslos zu kritisieren. *ND; 15*

So wäre nun der philosophische Gedanke einigermaßen mit sich selbst beschäftigt; — er selbst ist aber nichts anderes als der Anspruch auf Verwirklichung. Er wird von daher wieder der Wirklichkeit inne, die er nicht einlösen konnte.

Die ungeminderte Dauer von Leiden, Angst und Drohung nötigt den Gedanken, der sich nicht verwirklichen durfte, dazu, nicht sich wegzuwerfen. Nach dem versäumten Augenblick hätte er ohne Beschwichtigung zu erkennen, warum die Welt, die jetzt, hier das Paradies sein könnte, morgen zur Hölle werden kann. Solche Erkenntnis wäre ja wohl Philosophie. *E; 24*

Damit gerät aber der philosophische Gedanke in eine recht ambivalente Situation: einerseits muß er, indem er sich rücksichtslos kritisiert, seinen Anspruch auf Verwirklichung als falsch deklarieren, andererseits darf das nicht in eine Art Litanei des 'mea culpa' ausarten, denn der Anspruch darf nicht aufgegeben werden, zumal das, was ihn aushob, nämlich der miserable Zustand der Welt, — unvermindert fortdauert. Eine vertrackte Situation:

Weil Philosophie zu nichts gut ist, ist sie noch nicht verjährt; selbst darauf dürfte sie nicht sich berufen, wenn sie nicht ihre Schuld, die Selbstsetzung, verblendet wiederholen will. *E; 26*

Unter der 'Selbstsetzung der Philosophie' wäre zu verstehen, daß man sich Gedanken macht, um sie in die Tat umzusetzen; — ein philosophisches Subjekt, das sich kraft seines Denkens eine Welt entwirft, um sie dann zu erbauen. Die Schuld der Philosophie bestünde somit in der Illusion, daß das denkende Subjekt irgendwie substantiell ist.[2] Diese uralte, cartesianische Schuld (— wohlbemerkt: heute wird allenorts der 'cartesianische Irrtum' traktiert[3] — bei Adorno erscheint er als 'Schuld') — diese Schuld also, die vorderhand in der Nivellierung des Objekts besteht, ist, wie alle tradierte Schuld im Sinne der Erbsünde des Denkens, schwer abzutragen. Wir haben im Kapitel über 'Kritik' an Hegel aufzuzeigen versucht, daß es schlechterdings unmöglich ist, 'Objektivität als solche' zu denken, denn wenn man sie denkt, dann setzt man sie, und als solche ist sie nicht mehr 'Objektivität als solche'. Objektivität muß einem zustoßen, — quasi von außen, — das, was als Erfahrung sich gegen die Weltkonstitution des 'cogito' geltend macht. Denken also, insbesondere der philosophische Gedanke muß warten können, — muß sich in gewisser Weise in eine Passivität begeben. Die Konstruktion eines 'passiven Denkens' erscheint aber recht artifiziell, denn Denken ist a priori eine Aktion. Die Passivität wäre nur auf Umwegen zu erreichen; — indem man das Denken denkt:

Hinter jenem passivischen Moment verbirgt sich (...) eine Abhängigkeit noch des scheinbar Unabhängigen, der ursprünglichen Apperzeption, von jenem wie immer auch unbestimmten Objektiven. (...) Keine Objektivität des Denkens als eines Aktes wäre überhaupt möglich, wäre Denken nicht in sich selber, der eigenen Gestalt nach, immer auch gebunden an das, was nicht selbst Denken ist: darin ist zu suchen, was an Denken zu enträtseln wäre. *ST; 13*

Das, was nicht Denken ist, — zu denken und dann noch darin das Denken zu enträtseln: ein diffiziles Programm: Daß das denkende Subjekt, um das es hier geht, nicht substantiell ist, — dafür steht die Psychoanalyse ein. Leitgedanke hier ist das Freudsche Diktum, daß ein Wissen allein zur 'Heilung' nicht ausreicht. Da muß (— in der Kur) noch etwas geschehen, was nicht Denken ist, bevor etwas 'substantiell' werden kann, — d.h. bevor eine Verbesserung wirklich eintritt. Man kann nämlich nach Freud noch so gut über die eigene Neurose Bescheid wissen, — man wird sie durch dieses Wissen aber noch lange nicht los. Das Denken oder Wissen kann mithin selbst eine Funktion und konstituierendes Element jener Neurose sein; ein Rationalisierungsmodus und damit integriert in jene Ohnmacht, die als neurotische Verfassung eine virtuelle Souveränität des Subjekts verhindert. Die Rationalisierung muß sich mittels dessen durchschauen, was sie aushob: das 'Andere', was nicht denken ist, und was den daraus folgenden Zirkel unterbrechen kann, ist das Agieren (— in der psychoanalytischen Situation)[4]. Erst wenn dieses Agieren in der Kur zur Geltung kommt, kann 'wahres Wissen' entstehen; d.h. erst wenn man dem Wissen seine illusionäre Funktion (der Souveränität) nimmt, wenn das Ich aufgibt, per Denken 'Herr im eigenen Hause zu sein', ist wirkliche Erkenntnis möglich. Diese Konstellation aus der psychoanalytischen Theorie korrespondiert mit der Adornoschen Einschätzung der Aufgabe des philosophischen Gedankens nach dem Versäumnis (— und man darf nicht vergessen, daß eine Neurose ja ihren Ursprung auch immer in irgendeinem 'Versäumnis' oder einer Versagung hat); — nämlich daß er sich bescheiden muß:

Nur Denken, das ohne Mentalreservat, ohne Illusion des inneren Königtums seine Funktionslosigkeit und Ohnmacht sich eingesteht, erhascht vielleicht einen Blick in eine Ordnung des Möglichen, Nichtseienden, wo die Menschen und die Dinge an ihrem rechten Ort wären. *E; 26*

Der philosophische Gedanke darf sich, trotz seiner Ohnmacht, nicht wegwerfen; — schwieriger aber, nicht auf die List zu verfallen, so zu tun, als ob man seine Ohnmacht sich eingesteht im Wissen um die eventuelle Belohnung, — jenen 'Blick auf das Mögliche'. Diese Art von List, nämlich aktuelle Ansprüche aufzugeben, um hinterher ein Volles zu erhalten, ist dem Geist durchaus immanent. Die 'Mentalreserve' ist der Anspruch, an einem guten Ende sowohl das Andere (— die eigene Verwirklichung und Aufhebung) als auch sich selbst zu erhalten.

Die Enttäuschung darüber jedoch, daß gänzlich ohne Sprung, in eigener Bewegung, die Philosophie aus ihrem Traum nicht erwacht; daß sie dazu dessen bedarf, was ihr Bann fernhält, eines Anderen und Neuen — diese Enttäuschung ist keine andere als die des Kindes, das bei der Lektüre von Hauffs Märchen trauert, weil dem von seiner Mißgestalt erlösten Zwerg die Gelegenheit entgeht, dem Herzog die Pastete Souzeraine zu servieren. *ND; 184*

Das Kind ist eben unbescheiden. Kann man dies einem Kind noch nachsehen, so wird an die Philosophie die Forderung gerichtet:

Der Theorie ziemt Bescheidenheit: ein Schelm gibt mehr, als er hat. *KF; 240*

Dem philosophischen Gedanken soll also eine Art 'Redlichkeit' abverlangt werden: er darf die Belohnung in seiner Bescheidung nicht antizipieren, — darf also nicht über sich selbst hinaus sein. Das geht aber nicht. Denken ist absolut transzendental; denkt sich immer selbst mit und ist daher immer schon über sich hinaus. Dagegen helfen auch keine Appelle, denn selbst Sokrates, der oben zitierte Bescheidenheit gegen die Sophisten in die Philosophie inaugurierte, war ein Schelm, denn er hat sich nur dumm gestellt, um am Ende lachend recht zu behalten. Recht behalten zu wollen, — dieser Übermut gehört für Adorno an anderer Stelle (— wo er zu Studenten spricht) wesentlich zur Philosophie:

Ich habe den Verdacht, daß der alte Weise sich etwas zugute hält, was vielmehr der Jugend ansteht: der Elan der Jugend, nicht zu resignieren, nicht aufgeben zu wollen, der konstitutiv zum Begriff der Philosophie gehört. *PT I; 131*

Die Jugend in ihrem ungebrochenen Elan denkt frisch drauf los, gibt immer mehr, als sie hat. Man räumt eben der Jugend einen Kredit ein. Dieser Kredit ist auch für das Denken notwendig:

Immer sind die aporetischen Begriffe aporetisch, nicht nur, weil sie aus einer Aporie kommen, sondern sie bereiten wieder neue Aporien. Das ist eine Art Kreditsystem des Denkens: wo man das eine Loch zumacht, macht man dafür das andere auf. *PT II; 214*

Die Schwierigkeit bei diesem Kreditsystem besteht darin, daß es keine Instanz gibt, die, wenn der Kredit einmal überzogen sein sollte, den Nachschub sperrt; — die sagt: bis hierher und nicht weiter. Denken bleibt immer etwas schuldig. Philosophie muß, da es für sie das andere, das die Schulden einfordern könnte, nicht gibt, selbst, — aus eigenen Kräften mit diesem Kreditsystem zurechtkommen. Philosophie wird so eine Ökonomie des Denkens, — ein Versuch zu bestimmen, wie Denken funktionieren sollte, damit es nicht einmal bankrott geht. Die Schulden, die man macht, entstehen dort, wo Begriffe am Werk sind und sich gegen Erfahrung, gegen lebendige Erfahrung versündigen. Wenn der logos, um das schöne Wort von Heidegger erneut aufzugreifen, 'apophantisch' verfährt, — also einfach etwas behauptet, so stellt sich im gleichen Atemzug die Frage nach dem Recht dieser Behauptung. Die Antwort bleibt er aber schuldig, da jede Antwort abermals in Frage gestellt werden kann usw. Wir haben in der 'Einleitung' versucht, daraus die Adornosche Konzeption der Dialektik zu rekonstruieren, auf die wir in diesem Kapitel noch zurückkommen werden.

Wenn also philosophieren auch haushalten bedeutet, so wäre auch jede Philosophie an ihrer Ökonomie zu messen, — also daran, wie sie sich ihrer virtuellen Schulden zu entledigen versucht. Bei Hegel etwa gibt es am Ende eine saubere Bilanz: die alten Schulden werden immer in dem Moment getilgt, wo neue aufgenommen werden. Die neuen Schulden werden aber als die alten ausgegeben und so bleibt Hegel und sein Geist nichts schuldig. Letzterer macht sich nämlich zum eigenen Gläubiger und kann daher durch interne Transaktionen sein Geschäft sanieren. Bei Kant hingegen gibt es zwar einen Gläubiger, aber der wird einfach virtualisiert: Es gibt keinen Schuldner, denn man hat sich nichts geliehen; — man hat vielmehr etwas geschenkt bekommen, was dann 'ursprüngliche Apperzeption' heißt. (Als Dank für dieses Geschenk soll dann das Denken vernünftig werden.) Für Husserl gibt es selbst so ein ursprüngliches Geschenk nicht mehr. Sein ego nimmt alles, was es tut, für bare Münze, und bleibt so immer geschäftstüchtig. Das Motiv, keine Schulden machen zu wollen, — geschäftstüchtig zu bleiben, schlägt sich bei allen drei Philosophen in einer Konstruktion der Souveränität des Geistes nieder. Dieser hat aber:

... selber etwas Ephemeres, Dünnes, Ohnmächtiges angenommen. *SOZ I; 473*

Diese Art Ökonomie im philosophischen Denken hat, in der neueren abendländischen Geschichte, erst bei Nietzsche eine gewisse Wendung erfahren. Nietzsche entdeckt, daß der Philosoph ja für nichts haftbar zu machen ist, — weder mit Leib noch mit Seele für seine Schulden haftet, und deklariert die Philosophie gleichsam zu einer 'G.m.b.H.'. Nietzsche also befreit den Gedanken von seiner Schuld, und so wird für ihn Philosophie zu einer Art Spiel, bei dem es um Nichts geht. Der so befreite philosophische Gedanke wird zu einer 'fröhlichen' Wissenschaft. Nach Nietzsche waren es in diesem Jahrhundert insbesondere die Denker aus Frankreich, die den 'Ernst des Denkens' aufgaben und Philosophie zum Spiel deklarierten. Noch einigermaßen programmatisch erscheint dies bei Bataille[5], der zwischen einer 'beschränkten und einer allgemeinen Ökonomie' unterscheidet. Die beschränkte Ökonomie, die in der 'Geistesgeschichte' des Abendlandes vorgeherrscht habe, achte auf eine saubere Bilanz, — daß alles am Schluß sich ausgleiche, alles in Ordnung (— der Vernunft) sei. Die 'allgemeine Ökonomie' hingegen, konzipiert als eine Art Utopie (— samt üblicher Herleitung aus nicht-abendländischen Kulturen[6]), besteht im Moment des Verschwenden-Könnens. Was dies bedeutet, wurde im Surrealismus und im Dadaismus sichtbar: der Geist wird, um einen Ausdruck Adornos aufzugreifen, 'parataktisch'[7]; — d.h. er kümmert sich um keine Regeln mehr. Er entläßt sich aus seiner virtuellen Verantwortung und ist damit niemand mehr etwas schuldig.[8] Das aber setzt gleichzeitig voraus, daß es keine dem Denken immanente Intention von Erkenntnis oder Wahrheits-Suche oder Sinnbestreben mehr gibt. Diese Voraussetzung wird auch in neuester Zeit explizit gemacht durch eine Philosophie, die per Appell vom 'Sinn' loskommen will.[9] Dieses Nichts an Sinn, — was man auch Nihilismus nennen kann —, ist eine recht diffizile Angelegenheit. Einerseits ist der Sinnanspruch der Philosophie ja eine 'idealistische Erbschaft', die auch der Adornoschen Kritik unterliegt; andererseits ist es mit der Abschaffung des Sinns auch nicht so einfach:

Daß Menschen das Nichts wollen, wie gelegentlich Nietzsche suggeriert, wäre für jeden bestimmten Einzelwillen lächerliche Hybris, sogar wenn es der organisierten Gesellschaft gelänge, die Erde unbewohnbar zu machen oder in die Luft zu sprengen.

ND; 372

Bei Adorno ist das Denken, das seine Verwirklichung versäumt hat, darum hoffnungslos verschuldet. Die Hoffnungslosigkeit führt ihn aber nicht zur Wendung, aus der Philosophie ein Spiel zu machen, denn er hält am Prinzip der Verschuldung fest. Die Anstrengung des philosophischen Gedankens, seiner selbst mächtig zu bleiben, — einen Sinn zu finden

... als Widerstand gegen die sich ausbreitende Heteronomie. *E; 17*

läßt sich nach Adorno nicht durch den Appell substituieren, man solle diese Schuld nicht ernst nehmen, da es ja doch hoffnungslos sei. Die Hoffnungslosigkeit ist vorerst ganz persönlich gemeint: — man erfährt ja andauernd die Ohnmacht des Denkens gegenüber der 'fortschreitenden Katastrophe'. So mutet einem, der etwa in der Institution des Denkens, an den Universitäten, beschäftigt ist, sein tägliches Tun als Denken absurd an gegenüber dem, was sich so alles in der Welt abspielt. Aber auch für die persönlichen Probleme hält der philosophische Gedanke nicht mehr her.

Er muß wissen, daß sie (— die Philosophie / r.s.) nicht mehr für die Techniken der Bemeisterung des Lebens (...) verwendbar ist, mit denen sie so vielfach sich verschränkte. Philosophie bietet auch kein Medium der Bildung jenseits dieser Techniken mehr, wie während der Epoche Hegels ... *E; 11*

Wenn der Schauplatz der 'Bemeisterung des Lebens' der Philosophie entzogen ist, und wenn sie auch nicht mehr die Welt verbessern kann, — wenn sie also zweier ihrer ursprünglichsten Intentionen beraubt wird, — was soll sie dann noch?

Widerstand gegen die sich 'ausbreitende Heteronomie' kann man auch anders als durch Philosophie leisten, — etwa durch eine Privatmythologie. Und es ist ja auch wirklich so, daß der, der an die Sterne glaubt, auch auf seine Art Widerstand leistet. Nur ist dieser Widerstand bloß der des Einzelnen, und wenn es nur private Formen von Widerstand gibt, so affirmiert dies wiederum die Heteronomie. Der philosophische Widerstand muß daher ein Moment von Allgemeinheit haben. Verpflichtet sich aber Philosophie zu einer Allgemeinheit, so nimmt sie zwangsläufig ihren Anspruch auf Verwirklichung wieder auf. Wenn Philosophie gelehrt wird, — und meistens erscheint sie gar nicht anders als in der Form, daß ein Philosoph sein Wissen, sei es in Seminaren, sei es in Büchern, weitergibt, — wenn also Philosophie gelehrt wird, so kann der, der dies macht, meist nicht umhin zu glauben, daß dies zu etwas nütze sei; daß also in diesem Prozeß der Verallgemeinerung ein Stück Verwirklichung des philosophischen Gedankens liegt, indem das Publikum etwas versteht und danach etwas richtiger denkt, lebt und handelt. Der Kompromiß zwischen dieser, der lehrenden Philosophie eigenen Phantasie und ihrer Einsicht in die Unmöglichkeit der Weltverbesserung durch sich selbst, sieht meist so aus, daß man sein philosophisches Wirkungsfeld als begrenzt setzt; d.h. man traut sich durchaus zu, einen kleinen Kreis zu läutern, — die Allgemeinheit läßt man aber Allgemeinheit sein, indem man sich seine Ohnmacht in bezug auf eine mögliche Einwirkung auf diese zugesteht. Wie aber will Adorno 'Widerstand gegen die sich ausbreitende Heteronomie' leisten, wenn er sich gegen den Allgemeinheitsanspruch des philosophischen Gedankens stringent abgrenzt?:

An denen, die das unverdiente Glück hatten, in ihrer geistigen Zusammensetzung nicht durchaus den geltenden Normen sich anzupassen — ein Glück, das sie im Verhältnis zur Umwelt oft genug zu büßen haben —, ist es, mit moralischem Effort, stellvertretend gleichsam, auszusprechen, was die meisten, für welche sie es sagen, nicht zu sehen vermögen oder sich aus Realitätsgerechtigkeit zu sehen verbieten. Kriterium des Wahren ist nicht seine unmittelbare Kommunizierbarkeit an jedermann. *ND; 51*

Das liegt sicherlich an der bereits ausgebreiteten Heteronomie; — nämlich, daß der Philosoph, der nun wirklich nachgedacht hat, nicht seine Einsichten jedermann zugänglich machen kann. Dafür lassen sich viele soziologische Gründe angeben, wie Arbeitsteilung, die sich eben negativ auf die allgemeine Kommunikation auswirkt, oder eben der Fortbestand privilegierter Schichten, die das Glück der Nicht-Konformität haben. Was aber Adorno hier mit 'moralischem Effort' ausspricht, ist nicht ganz homogen mit seinen Äußerungen an anderer Stelle. In einem Aufsatz über 'Philosophie und Lehrer', wo er also aus seiner Praxis berichten kann, läßt er sich mit professoraler Würde über die Unfähigkeit der Studenten aus; — verteidigt mithin emphatisch irgendeinen Begriff von Philosophie als eine, die in Institutionen stattfindet. So heißt es über einen Prüfling:

…; davon abgesehen, daß er, wenn er so etwas meinte, es nicht zu artikulieren verstand, und Philosophie ist nun einmal, wie unser alter Lehrer Cornelius es definierte, die Kunst, sich auszudrücken. *E; 40*

Als Lehrer verlangt Adorno, daß man sich ausdrücken kann; als Philosoph will er aber den Ausdruck nicht dem Kriterium der allgemeinen Kommunizierbarkeit unterstellen; — verteidigt also eine gewisse Esoterik, die aber dann innerhalb der Philosophie, wenn es um eine Prüfung geht, doch in den Zwang zur Kommunizierbarkeit umschlägt. Das müßte demnach heißen, daß das, was nicht beliebig kommunizierbar ist, in der Philosophie als Lehre zum Ausdruck gezwungen werden muß.[10]

Nicht beliebig kommunizierbar ist dies, daß 'gute' Philosophie an tradierten Sinn-Strukturen rüttelt oder um es schärfer auszusprechen: an Verdinglichung, — und daß eben für diejenigen, denen solch Bewußtsein von Nöten ist, solche Kritik nicht einfach annehmbar ist. Derjenige, der sich aber zutraut, Philosoph zu werden, hat sich anderen Kriterien zu stellen. Der Philosoph als Lehrer nimmt seine Schüler in die Pflicht, sich artikulieren zu können, weil die Kritik, die Philosophie rücksichtslos an sich selbst betreiben muß, nur dann berechtigt ist, wenn sie sich darzustellen vermag. Diese 'Rücksicht auf Darstellbarkeit' (s.o.) ist der Bewegung des philosophischen Gedankens a priori eigen; — die Differenz allerdings zwischen Darstellbarkeit und Kommunizierbarkeit entspricht der Differenz von Philosophie und ihrem anderen, — jenem anderen, das sie einmal aus ihren Träumen aufwecken soll. Noch aber hat es Philosophie, indem sie fortdauert, mit sich selbst zu tun, und da muß sie sich schon nach dem, was sie geschichtlich vorstellt, richten bzw. damit zurecht kommen.

Wann immer wir heute versuchen, Philosophie zu treiben in dem emphatischen Sinn, daß wir verstehen wollen, was eigentlich ist, zehren wir doch von diesem idealistischen Motiv, noch das Seiende zu dechiffrieren, wie es eigentlich und ursprünglich nur dann möglich ist, wenn man das Seiende selber als Ausdruck von Geist, mit anderen Worten, als ein Sinnvolles begreift. *PT II; 77*

Man darf also nicht emphatisch Philosophie betreiben; — vielmehr ist es an der Zeit, das Sinnlose selbst zu begreifen. Will man es aber dann ausdrücken, und man kann schließlich und endlich nur mittels seines 'Geistes' etwas ausdrücken, so läuft man doch wiederum Gefahr, ein 'Sinnvolles' als Seiendes zu setzen:

Gilt schon Wagner gegenüber, daß man, wie man es macht, es falsch mache, so hilft am ehesten, wenn man das Falsche, Brüchige, Antinomische selbst zur Erscheinung zwingt, anstatt es zu glätten und eine Art von Harmonie herzustellen (...). Darum sind heute nur experimentelle Lösungen gerechtfertigt. *MST III; 562*

Die Harmonie wäre dann der Mythos (— besonders für Wagner), denn er verdeckt die Erfahrung des Brüchigen und Sinnlosen, denn im Mythos wird sie eher verdeckt. Nun ist es aber genau diese Erfahrung des Sinnlosen, die einerseits die Artikulation blockiert, denn 'Sinn' ist vorderhand ein sprachlicher Effekt, — andererseits aber motiviert das Nicht-Artikulierbare doch zum Ausdruck. Wenn nun eine Artikulation, eine Sprache das Sinnlose dennoch artikulieren will, so kann sie keine Begründung mehr geben, — sie kann den Ausdruck des 'Sinnlosen' nicht sinnfällig rechtfertigen. Die totale Integration des Sinnlosen, — so daß es Sinn werde, ist aber nach wie vor Anspruch der Philosophie:

Philosophisches Ideal wäre, daß die Rechenschaft über das, was man tut, überflüssig wird, indem man es tut. *ND; 58*

Der Mythos gibt auch keine Rechenschaft über das, was er tut. So will Philosophie sich verwirklichen — sich selbst beenden, — darf aber in diesem Ende kein Mythos werden, denn ihr Ausdruck stand immer gegen den Mythos. Ob sie nicht schon längst Mythos geworden ist, entscheidet sich daran, ob sie den Bruch in sich selbst artikulieren kann, ohne sich selbst zu spalten bzw. zu verlieren. Philosophie darf in ihrer Ambivalenz nicht auseinander brechen, — d.h. sie darf nicht vor dem Sinnlosen resignieren, noch verblendet den Sinn suchen. Das erzeugt eine Spannung:

Zwischen dem szientifischen Moment und dem mimetischen oder erfahrenden Moment in der Philosophie herrscht eine Spannung. Unwahr wird die Philosophie genau in dem Augenblick, in dem sie diese Spannung versäumt und nach dem einen oder nach dem anderen sogenannten Prinzip hin definitiv wird, sich darin festmacht.
PT I; 91/92

Diese Spannung hat aber Philosophie je schon versäumt, da sie sie nicht verwirklichen konnte. Daß diese Spannung erfahrbar ist, macht noch keine Philosophie aus. Erst wenn es gelingt, diese Spannung zu lehren, wird das Versäumnis getilgt sein:

Der Gedanke wartet darauf, daß eines Tages die Erinnerung ans Versäumte ihn aufweckt und ihn in die Lehre verwandelt. *MM; 101*

Wenn man einen Gedanken an sein Versäumnis erinnert, so gerät er in Spannung, denn er hat etwas 'gut' zu machen. Das tut er, indem er diese Spannung zu artikulieren versucht und sich so in 'Lehre' verwandelt. Nur kann dies der Gedanke nicht von selbst bewerkstelligen: Zur Lehre gehört ein Lehrer. Wenn man dies, so trivial es klingen mag, anspricht, so hat man es eigentlich nicht mehr mit der Philosophie, — d.h. mit einer Institution der Gattung zu tun, sondern mit dem oben erwähnten 'anderen Pol'; — nämlich dem Philosophen, einem spezifischen 'Ich', dessen (psychische) Verfassung so etwas wie eine Beschäftigung mit Philosophie erwirkt bzw. erzwingt. So ist dieser für Adorno, was das bisher Gesagte vermuten läßt, ein recht angespannter Mensch:

Wenn Sie mich fragen würden, was ein metaphysischer oder lassen Sie mich hier ganz schlicht sagen, was überhaupt ein philosophischer Mensch sei, dann würde ich Ihnen wohl kaum eine andere Antwort darauf wissen, als die, daß es ein Mensch ist, der diese Spannung selber in irgendeiner Weise im Ernst an sich erfährt und der in seinem Bewußtsein und in seiner Existenz dieser Spannung Rechnung trägt.[11]

Der philosophische Mensch, mit dem wir es nach Adorno zu tun haben, zeichnet sich durch eine Spannung aus. Um hier einen kleinen Sprung zu machen, der sich aber noch durchaus im Adornoschen Terrain bewegt, wäre festzustellen, daß solch ein Mensch gegen die Freudsche Einsicht lebt, daß das Tun und Treiben eines jeden auf Spannungsverminderung zielt. Der 'Adornosche Philosoph' hingegen darf diese Spannung nicht verringern: er muß ihr Rechnung tragen. Nun aber steht seit Freud das Denken im Verdacht, selbst eine spannungsvermindernde Funktion zu haben; — zumindest beginnt man auf Grund traumatischer Erfahrungen zu denken, um Erfahrungen solcher Art zu bewältigen:

Ich denke an eine Erfahrung der eigenen Kindheit, einen Abdeckerwagen vorbeifahren zu sehen, auf dem eine Anzahl von toten Hunden liegt, und sich dann plötzlich fragen: Was ist das? Was wissen wir eigentlich? Sind wir das auch selber? *PT II; 181*

Wenn aber das Denken nur die Funktion hätte, solche Erfahrungen zu beschwichtigen, so wäre es gebannt in einen Zirkel von Ideologie, — von einer bestimmten Konstellation, die aus der Not entstanden, und immer wieder nur auf diese Not reagiert. Solch Denken wäre a priori falsch, weil intentierte Wahrheit immer nur Resultat einer spezifischen Funktion wäre. Das ist auch eine der schwierigsten Fragen der Psychoanalyse: nämlich wie Denken dem Verdacht der Sublimierung entrinnen kann. Wenn nämlich Denken 'Probehandeln' sein soll, so ist es eben Aufschub einer wirklichen Handlung. Wenn andererseits die Sublimierung eine sozialadäquate Weise der Handlung vorstellen soll, so ist Denken immer sozialadäquat, solange es beim Denken, bei der Probe bleibt. Denken als Aufschub stellt das Prinzip der Sublimierung vor, was nicht heißen soll, daß es immer Sublimierung sei. (Vermittelnd steht hier der Terminus des 'Aufschubs': Sublimierung bedeutet immer den Aufschub unmittelbarer Triebbefriedigung zugunsten einer Ersatzlösung. Denken als 'Probehandeln' ist aber das Prinzip des Aufschubs.) Das Freudsche Werk muß sich, um nicht in eine verhängnisvolle Aporie, die Nihilismus wäre, zu geraten, gegenüber einer prinzipiellen Sublimation als transzendent begreifen. Es muß also die Spannung, die im Denken als Sublimierung verringert wird, irgendwie wiederbeleben. Die Spannung besteht nunmehr darin, einerseits zu wissen, daß Denken eine ökonomische Funktion hat, — andererseits trotzdem zu denken; d.h. dieser Funktion zu entrinnen, indem man sie denkt. Etwa so:

> Dieses Geistige hat in sich dadurch, daß es nie ohne das Moment von Lust oder Schmerz vorgestellt werden kann, selber deutlich ein stoffliches Moment, ein nichtintentionales, ein nicht auf Erkenntnis bezogenes (...) Moment. *PT II; 177*

Dieses Moment ist ein narzißtisches: d.h. Erkenntnis steht nicht nur im Dienst dessen, was man erkennen will, — richtet sich also nicht nur auf das andere bzw. das Objekt, sondern hat ebensosehr die Funktion, das erkennende Ich zu stabilisieren. Wenn man sagen kann: 'Ich weiß', — so hat das auch die Dimension, daß das 'Ich', welches 'weiß', dem Objekt überlegen ist bzw. seiner sich bemächtigen kann. Das 'Ich' ist gegenüber dem anderem sozusagen im Recht:

> ... was Freud Narzißmus genannt hat und was man in schlichter Rede mit Eitelkeit bezeichnen kann, daß die Versuchung, sich ins Recht (...) zu setzen, fast prohibitiv ist für das Denken. Daß man darüber hinauskommt, darauf käme es in der Philosophie eigentlich an. *PT I; 204*

Denken ist eine Funktion des Ichs: — es setzt sich dadurch ins Recht, indem es im Wissen eine sekundäre Herrschaft über das Objekt pflegt. Philosophisches Denken wäre dagegen ein Andenken gegen diese Funktion und zugleich ein Andenken an den 'Ursprung des Denkens' selbst. Der Einwand aber bleibt, daß, soviel man auch gegen die Ansprüche des Ichs anzudenken bestrebt ist, dies doch nur letztendlich eine Funktion dieses denkenden Ichs vorstellt; — daß also im philosophischen Denken nichts anderes geschieht als ein Progress von Sublimation. Dem Einwand kann nur durch den Hinweis begegnet werden, daß mit einer möglichen Progression der Sublimation auch eine Progression des Verdachts stattfindet. Daß also, wenn nach Adorno philosophisch gedacht wird, die mögliche Einsicht in eine Sublimation immer schon auch Widerstand gegen diese bedeutet. So verhält sich der

Philosoph gegen die Ansprüche des Ichs, das sich seinerseits, diesmal im anderen Sinne des Wortes, gegenüber der Welt 'verhält'. In diesem Verhalten kritisiert sich der Philosoph 'rücksichtslos', — d.h. ohne Rücksicht auf die Ansprüche seines 'Ichs'. Der Philosoph hat sich in und zu folgender Konstellation zu verhalten:

Weil noch die fernsten Objektivierungen des Denkens sich nähren von den Trieben, zerstört es in diesen die Bedingung seiner selbst. Ist nicht das Gedächtnis unabtrennbar von der Liebe, die bewahren will, was doch vergeht? (...) Ja ist nicht die einfachste Wahrnehmung an der Angst vorm Wahrgenommenen gebildet oder der Begierde danach? Wohl hat der objektive Sinn der Erkenntnisse mit der Objektivierung der Welt vom Triebgrund immer weiter sich gelöst; wohl versagt Erkenntnis, wo ihre vergegenständlichende Leistung im Bann der Wünsche bleibt. Sind aber die Triebe nicht im Gedanken, der solchem Bann sich entwindet, zugleich aufgehoben, so kommt es zur Erkenntnis überhaupt nicht mehr, und der Gedanke, der den Wunsch, seinen Vater, tötet, wird von der Rache der Dummheit ereilt. *MM; 158*

Indem der Philosoph in seinem Tun die Erfahrung (des Triebs) sublimiert, bleibt er diesem etwas schuldig. Der Trieb als Voraussetzung der Erfahrung von 'gut und schlecht' hält das Denken, das darüber urteilen will, in Spannung.

Wenn nun Philosophie dieser Spannung Rechnung tragen soll, so wird sie dies nur, wenn sie mit dem ihr immanenten Widerspruch agiert; wenn sie also dialektisch wird. Philosophie wird so nach Adorno fast mit Dialektik identisch:

... und ich kann mir nun einmal eine Einleitung in die Philosophie anders denn als eine Einleitung in die Dialektik nicht vorstellen. *PTI; 198*

Wenn Denken seinen Ursprung in der Not hat bzw. sich an leidvollen Erfahrungen gebildet hat, so ist es zugleich Widerspruch gegen diese Erfahrungen; Widerspruch gegen das Objekt, an dem man diese Erfahrungen gemacht hat. Widerspruch gegen Erfahrung bedeutet ein in Frage-Stellen der Notwendigkeit dieser Erfahrung, in dem Sinne etwa, wie man frägt: 'muß das denn sein?' In der Einleitung (s.o.) wurde die Frage des Kindes nach dem Grund des Namens für etwas als Muster für Dialektik aufgezeigt. In dieser Frage liegt nun Widerstand gegen das ontische Substrat im Begriff oder gegen dessen vorgestellte Unmittelbarkeit; — und das Weiter-Fragen des Kindes wäre, analog einem Stufenmodell, das Insistieren auf Vermittlung.

Nichts anderes aber heißt Dialektik, als auf der Vermittlung des scheinbar Unmittelbaren, und der auf allen Stufen sich entfaltenden Wechselseitigkeit von Unmittelbarkeit und Vermittlung zu insistieren. Dialektik ist kein dritter Standpunkt ... *E; 21*

Dialektik wäre deshalb der Philosophie eigen, weil sie sich mit keiner Antwort zufrieden geben darf. Der Modus der Frage generiert immer eine Spannung gegenüber der Erfahrung. Denken, das auf eine Behauptung von Unmittelbarkeit zielt, versucht mit dieser Behauptung die Spannung zu verringern im Sinne einer Antwort, die die Frage als Spannung beendet. Ähnlich wie das Kind verhält sich übrigens der Psychoanalytiker, der noch bei den scheinbar plausibelsten Erklärungen eine Frage stellen kann. Die Frage 'Was fällt ihnen dazu ein?', — die meint: 'Warum fällt ihnen das ein?', läßt das Denken, das es als Verdrängung, Rationalisierung oder eben als Sublimierung verdächtigt, nicht in Ruhe. Die Fortdauer der Frage ist hier wie in der Philosophie überhaupt der Versuch, nicht voreilig durch falsche oder unzureichende Antworten die Wahrheit zu verpassen bzw. eine mögliche Antwort zur absoluten Konkretion zu zwingen (— eben im Gestus von: 'was soll das heißen?'). Erst wenn die Antwort so konkret wird wie das Leid, das die Frage evozierte, könnte Dialektik aufhören. Da aber Denken nur durch die 'Eiswüste der Abstraktion' hindurch (s.o.) Konkretheit erreicht, und das Ende dieser Eiswüste noch lange nicht in Sicht ist, gibt es für die Fragen keinen Grund, aufzuhören. Man kann aber aufs Fragen vergessen:

Tatsächlich sind in der Philosophie Fragen von anderem Gewicht als in den Einzelwissenschaften, wo sie durch die Lösung fortgeschafft werden, während ihr philosophiegeschichtlicher Rhythmus eher der von Dauer und Vergessen wäre. *ND; 71*

Dialektik hat vor Adorno aufs Weiterfragen vergessen, sich mit einer Technik von Scheinantworten zufrieden gegeben: sie hat das Recht der Frage gleichsam für eine Antwort genommen:

Sie (— die Dialektik / r.s.) hat sich in der Folge (...) zur Methode der Kritik ausgebildet, Asyl allen Gedankens der Unterdrückten (...). Aber sie war als Mittel, Recht zu behalten, von Anbeginn auch eines zur Herrschaft, formale Technik der Apologie unbekümmert um den Inhalt... *MM; 330*

Die Antwort, die Recht behalten will, figuriert immer mit den Prinzipien der Logik (— und Hegel nennt seine Dialektik ja noch recht unbefangen eine 'Wissenschaft der Logik'). Der Schluß, — also das, was behauptet wurde, verweist, indem er in Frage gestellt wird, auf seine Prämissen und gibt sich in der Ableitung daraus eine virtuelle Evidenz. Der Schluß, — also das, womit man eine Frage beendet, wäre im Falle der Frage nach dem Grund des Namens aufgebaut auf die Prämissen, daß erstens Dinge Namen haben, und zweitens dieses 'etwas' eben ein Ding sei. Der Dialektiker oder das Kind, — je nach dem, — hat aber auch dazu eine Frage parat: die Prämisse, die als abstrakte Universalie fungiert, wird ihrerseits durch eine Frage ('Warum haben alle Dinge Namen?') konkret gemacht; d.h. die ontische Behauptung wird auf die Ebene der Erfahrung zitiert, denn es ist fraglich, ob es eine Erfahrung des 'Namens aller Dinge' gibt. Die Logik, deren sich die Antwort bedient, muß nun, was sie sicherlich kann, neue Prämissen setzen, um abermals antworten zu können. Der Haken dabei aber ist, daß damit die Evidenz der Prämissen des vorherigen Schlusses aufgehoben wird, denn indem eine neue Prämisse gesetzt wird, ist die alte quasi außer Kraft gesetzt. Durch die Frage muß sich die logische Figur, deren sich die Antwort bedient, zurücknehmen, — zumindest, was die Prämissen betrifft. Dieser Umstand widerlegt die Logik nicht, die schlechterdings (im wahren Sinne des Wortes) nicht zu widerlegen ist, aber er nimmt ihr das Zwingende.

Dialektisches Denken ist der Versuch, den Zwangscharakter der Logik mit deren eigenen Mitteln zu durchbrechen. *MM; 199*

Der Zwang, der von der Logik ausgeht, ist der Schluß: Daß etwas also so sei und nicht anders. Dies ist auch explizit ein Fundament der Logik, nämlich das 'tertium non datur'[12]. Das meint eigentlich, daß nichts zugleich evident und nicht-evident sein kann. 'Eigentlich': — das betrifft nicht die heutige Logik, sondern ihren Ursprung. Die Festsetzung einer einzigen Evidenz erinnert Adorno an den Monotheismus:

Dieses Moment des entweder so oder so — du kannst nicht das eine und das andere haben; du darfst nicht denken, was von deinem Zentralpunkt abweicht, — das geht wahrscheinlich zurück doch auf den Monotheismus; *PT I; 215*

Heute beruft sich natürlich die Logik nicht mehr auf den einzigen Gott, sondern auf die Sprache, die eben eine Ambivalenz ausschließt, — jene 'natural language'[13], die gleichsam als Stellvertreter Gottes die Richtigkeit von Aussagen gewähren soll. Hegels Dialektik geht eine Strecke weit gegen Evidenzen vor, — findet aber im Schluß eine absolute Evidenz, — nämlich die des Begriffes. Das bestätigt wiederum gewissermaßen, daß Hegels Dialektik doch eine Logik ist; daß sie schließen kann durch eine Selbstevidenz des Begriffes, der hier gar nicht so weit von der 'natural language' entfernt zu sein scheint. Im Setzen des Begriffs als absoluten (— unumgehbaren), etwa im Verweis, daß die Frage nach dem Begriff selbst nur wiederum den Begriff ins Recht setzt, wird eine Allgemeinheit beschworen, die auf Kosten der konkreten Erfahrung geht. Adorno beschreibt es allegorisch:

Der Dialektiker (— Hegelscher Prägung / r.s.) kennt Unglück und Preisgegebensein der unverheiratet Alternden, das Mörderische der Scheidung. Indem er jedoch antiromantisch der vergegenständlichten Ehe den Vorrang vor der ephemeren, nicht im gemeinsamen Leben aufgehobenen Leidenschaft erteilt, macht er sich zum Fürsprecher derer, die die Ehe auf Kosten der Neigung betreiben, die lieben, womit sie verheiratet sind, also das abstrakte Besitzverhältnis. *MM; 332*

Die Frage, die das 'Mörderische der Scheidung' impliziert, — nämlich daß man etwas nicht sicher hat, jene Unsicherheit also, die die Frage in Kauf nimmt, wird nivelliert durch die Feststellung, daß diese Unsicherheit ja nur in Kauf genommen wurde, um eine größere Sicherheit zu bekommen. Gemeint ist damit, daß der Dialektiker auch das 'Mörderische der Ehe' kennt[14], die Nicht-Ehe aber als schlimmer erfährt, — nämlich als Einsamkeit (bzw. Unsicherheit, die die Frage evoziert) und von daher die Ehe anerkennen muß. Darin liegt die schon oft erwähnte Figur der Negation der Negation, gegen die die Adornosche Dialektik ja vorgeht. Die Negation der Ehe würde eben jene Einsamkeit hervorrufen, die schlimmer ist als das 'Mörderische der Ehe'. Also negiert sich diese Negation und kommt so auf die Ehe zurück.

Es liegt aber an der Art der Negation, — nämlich bestimmt zu sein. Diese Form von 'bestimmter Negation'[15] inauguriert schon jenes 'tertium non datur', nämlich als Bestimmung durch die Negativität im Gestus: 'Dies ist nicht so'. Die originäre Form der Frage, und wir setzen hier die 'Frage' äquivok mit 'Negation', hat aber eher die Form des Unbestimmten. Die Frage nach dem 'Warum' schließt eben nicht die Möglichkeit aus, daß es so sei; — ihr Gestus ist vielmehr jene Art von Negation, die auf Unsicherheit insistiert, indem in ihr implizit ausgesagt wird, daß es nicht so sein muß. Diese Art von Negativität behauptet nicht den Widerspruch, der dann als behaupteter nach Hegelscher Manier aufgehoben werden kann, sondern konstatiert ihn bloß; — d.h. der Widerspruch gegen eine Behauptung behauptet nicht das Andere, sondern stellt sich als diese mögliche Behauptung des Anderen gleichzeitig selbst in Frage:

Dialektik als Verfahren heißt, um des einmal an der Sache erfahrenen Widerspruches willen und gegen ihn in Widersprüchen zu denken. Widerspruch in der Realität, ist sie Widerspruch gegen diese. *ND; 148*

Bestimmte Negation kreiert in ihrem Charakter als negative Bestimmung unter der Hand wieder ein Positives. Wenn man etwas verneint, — also sagt, daß es nicht so sei, so weiß man meistens schon, warum man es verneint. Bestimmte Negation hat dann nicht mehr die Form der Frage, sondern eher die des Besser-Wissens. Diese Negation verlangt je schon eine Position, von der aus sich negieren läßt. Darin nun liegt eine fundamentale Struktur des Diskurses oder wenn man so will: der Kommunikation überhaupt; — nämlich daß vom Widersprechenden verlangt wird, daß er sich ins Recht zu setzen hat. Man kann dann nicht mehr einfach sagen, dieses und jenes sei nicht so, ohne zu wissen, wie es denn nun wirklich sei. D.h. das, was eigentlich die Negation motiviert, — nämlich Widerstand gegen Erfahrenes (Schlechtes) — wird aufgehoben in jenem Modus von Negation, der schon denkende Bestimmung ist. Auf der anderen Seite steht das, was man durchaus mit Recht als affektive Abwehr bezeichnen (— und verdächtigen) kann; — allein dieser Affekt kommt der 'authentischen' Form der Negation viel näher. Das meint den oben schon zitierten Willen, sich nicht abspeisen zu lassen, sondern darauf zu bestehen, daß etwas falsch sei (oder schlecht), auch wenn man nichts Besseres zu bieten hat. Der Affekt; — daß einem etwas nicht paßt, in gewisser Weise der Rekurs auf 'primäre' narzißtische Ansprüche, ist in seiner Negativität quasi unendlich. Der Affekt kann sich nicht durch sich selbst negieren, es sei denn, er wird verdrängt. Die 'ewige Unzufriedenheit', die solcher Affekt mit sich bringt, nötigt aber meist dazu. Verdrängte Abwehr zeichnet so der Hegelschen Figur der Negation der Negation ihre Struktur vor, — könnte man ja die Positivität, also einen Status von Frieden und Ruhe, in dem man etwas sicher und widerspruchslos hat, durchaus begreifen als eine geglückte Verdrängung. In dem Sinne, daß ein Triebanspruch mit irgendeinem sozialen Objekt identisch wird und daran Ruhe findet, bzw. daß der Trieb, der solches Objekt gefunden hat, nun endlich Ruhe gibt. Die Identität geht so auf Kosten des Anspruchs des Triebes, der da sagt, daß es ihm noch nicht genug sei. Wenn nun der Trieb sich Beulen holt an der sozialen Verfassung der Objekte, auf die er angewiesen ist, so ist dies Negativität; — der Trieb ist mit der Welt, so wie sie ist, nicht einverstanden und will sie auch abwehren. In diesem Verhältnis von Erfahrung und Welt ist das Adornosche 'Nicht-Identische' angesiedelt. Dieses festzuhalten ist seine, gegen Hegel gerichtete Intention:

Den dialektischen Widerspruch, Ausdruck des unauflöslich Nichtidentischen, wiederum durch Identität glätten heißt soviel wie ignorieren, was er besagt (...). Daß die Negation der Negation die Positivität sei, kann nur verfechten, wer Positivität, als Allbegrifflichkeit, schon im Ausgang präsupponiert. Er heimst die Beute des Primats der Logik über Metalogische ein, des idealistischen Trugs von Philosophie in ihrer abstrakten Gestalt. *ND; 162*

Adornos Konzeption der Negation ist nicht produktiv, — will sich nicht einer 'Konsequenzlogik' stellen und führt zu nichts. Konsequenz meint hier nichts anderes, als die Negation evident zu machen durch Bestimmung einer Position, aus der heraus negiert wird. Das unterliegt immer dem Verdacht, daß man so die schlechte Welt, die man negiert, am Ende rechtfertigt, indem man mit ihr doch Frieden schließt. Adornos Konzept von Negation führt zu nichts, denn das Negierte

... ist negativ, bis es verging. *ND; 162*

Mithin bleibt ein Zustand von Negativität erhalten, solange die Welt Anlaß zum Widerspruch bietet. Diese Negativität bedeutet, daß kein falscher Verzicht, keine Einschränkung des Triebanspruchs festgeschrieben werden soll (— obwohl das faktisch unumgänglich ist). Das Festschreiben ist Ontologie, und so kommt Adorno dazu, zu sagen:

Wenn irgend wäre Ontologie ironisch möglich, so als Inbegriff von Negativität. Was sich selbst gleich bleibt, die reine Identität, ist das Schlechte; zeitlos das mythische Verhängnis. (...) Wollte man eine Ontologie entwerfen und dabei dem Grundsachverhalt folgen, dessen Wiederholung ihn zur Invariante macht, so wäre es das Grauen. Vollends eine Ontologie der Kultur hätte aufzunehmen, worin Kultur überhaupt mißlang. Ort philosophisch legitimer Ontologie wäre mehr die Konstruktion der Kulturindustrie als die des Seins; gut erst das der Ontologie Entronnene. *ND; 128*

Wenn das Grauen invariant sein soll, so doch nur ironisch, d.h. mit dem Index der Negativität, denn das Grauen will man ja beständig loswerden. Negativität bei Adorno ist das Andauern des Unversöhnlichen, — des Objekts oder der Welt, die einem nicht paßt. Verdrängt man dieses Grauen nicht oder versucht es nicht als mit dieser Objektivität identisch zu deklarieren, so hat man gleichzeitig der Objektivität den Vorrang eingeräumt, denn in solch einem Widerspruch wird, falls man daran nicht zu Grunde geht, an ihr festgehalten. (Im Übrigen sei vermerkt, daß F. Grenz[16] in seiner versuchten 'Auflösung einiger Deutungsprobleme', die die Adornosche Philosophie aufwerfen soll, Negativität bei Adorno recht anders, als hier geschehen, interpretiert. Für Grenz gibt es einen Unterschied zwischen 'physiognomischer' und 'bestimmter Negation', wobei er erstere eher so begreift, wie hier die 'bestimmte' Negation begriffen wird. Im Adornoschen Werk wird recht selten mit dem Terminus der 'physiognomischen' Negation operiert, was nicht besagen soll, daß er keine evidente Interpretationsgrundlage abgeben würde; — mithin unterscheidet sich Grenz von der vorliegenden Arbeit dadurch, daß er der Negativität als einer Form von Ambivalenz, Unsicherheit, Preisgabe etc. keinen Ort einräumt. Das scheint aber gerade bei Adorno von großem Gewicht zu sein.)

Wieso aber kann man, was Adorno des öfteren tut, einen 'Vorrang' des Objekts behaupten? — ist es nicht vielmehr so, daß in der Erfahrung des Widerstands am Objekt, — also das, was man unmittelbare Erfahrung nennt, gar nicht mehr behauptet werden kann und daß weiterhin, indem man solchen Vorrang behauptet, eigentlich den Vorrang der Behauptung behauptet. Da gibt es nämlich ganz subtile Mechanismen der Ohnmacht, — etwa, wenn einer von sich sagt, er sei zu nichts fähig und sich dadurch Souveränität verschafft, gewissermaßen eine Unangreifbarkeit, denn er hat damit alle Ansprüche, die von einer sozialen Welt kommen könnten, von vornherein abgekappt. Die Behauptung des Vorrangs der Objekte ist somit a priori widersprüchlich, aber genau dieser Widerspruch, z.B. das Entdecken der Mechanismen der Ohnmacht, die eine Souveränität eines Subjekts wieder ins Recht setzen wollen, ist nach Adorno die Objektivität:

Die objektiven Widersprüche durchfurchen das Subjekt, sind nicht von diesem gesetzt, nicht aus seinem Bewußtsein hervorgebracht. Das ist der wahre Vorrang des Objekts ... *ÄT; 479*

Somit wäre die Behauptung des Vorrangs des Objekts immer das Nachvollziehen eines Widerspruchs; — die Behauptung muß so gegen die ihr eigene Intention ankämpfen, die da die Eigenkonstitution des behauptenden Subjekts gegenüber dem Objekt ist.

... daß kein Gedanke mehr wahr ist, der nicht auch die Interessen dessen, der ihn hegt, und wären es die objektiven, verletzt. *ÄT; 380*

Die Interessen dessen, der einen Gedanken hegt, sind vorderhand die, eine Not, die von einem Objekt kommt, abzuwenden, indem er dieses Objekt gedanklich erfaßt. Dieser prinzipielle 'Ursprung' des Denkens am Objekt (— prinzipiell deswegen, weil Denken nicht an diesem Ursprung verbleibt, sondern ihn transzendiert und in dieser Transzendenz dem Vergessen ausgeliefert ist); — dieses Angewiesen-Sein auf ein Materielles bürgt, nach Adorno, für die Objektivität des Denkens selbst. Schwierig wird die Angelegenheit dort, wo man mit Adorno feststellen muß, daß jener Ursprung als objektiver zugleich Widerspruch gegen die Objektivität, gegen das Materielle ist. Subjektivität ist so Objektivität und Widerspruch gegen diese zugleich. Da gibt es keine Ausflüchte etwa derart, daß letztendlich alles Objektivität sei oder daß in Abhebung von einer ursprünglichen Konstellation nun Subjektivität vorherrsche. Nachvollzogen werden kann diese Antinomie, indem man die Spuren des Objekts an dem, was Subjektivität gegen diese entwirft, verfolgt. Ideologiekritik, wie sie Adorno u.a. an

Husserl praktiziert[17], versucht genau jenes Denken, das sich von den Objekten abheben will, der Abhängigkeit von diesen zu überführen. Husserl ist ja auch ein ganz besonders radikales Beispiel für ein Denken, das gegen eine Welt das Denken gleichsam als weltschöpfend geltend machen will. Husserl kreiert aus der Bewegung der Abstraktion, die darin besteht, daß von einem Ereignis, — einem Zusammentreffen mit einer Gestalt von Objektivität die Bedeutung bzw. der Sinn extrahiert wird, also das, was Subjektivität 'für sich' aus Not daraus macht, eine Welt, die er dann als absolut setzt. Daß Denken seine eigenen Abstraktionsprodukte für gegeben hält, ist das, was man nach Adorno Metaphysik nennen kann. Ein schönes Beispiel für das, was Metaphysik sei und wie sie gleichzeitig zu kritisieren ist; — ein Beispiel, das eher subaltern wirkt, aber dennoch von zentraler Bedeutung ist, ist für Adorno das Bild des Denkens selbst:

> Die Vorstellung von dem, der sich hinsetzt und »über etwas nachdenkt«, um zu eruieren, was er noch nicht wußte, ist so schief wie die umgekehrte von den angeflogenen Intuitionen. Denken gerät in der Arbeit an einer Sache und an Formulierungen; sie sorgen für sein passivisches Element. Extrem gesagt: Ich denke nicht, und das ist wohl Denken. Kein schlechtes sinnliches Zeichen dafür wäre der Bleistift oder Füllfederhalter, den einer beim Denken in der Hand hält, (...) der offenbar anders als schreibend überhaupt kaum denken konnte (...). Derlei Instrumente, die man gar nicht praktisch zu benutzen braucht, mahnen daran, daß man nicht drauflosdenken soll, sondern an etwas. *ST; 18/19*

(Was Ärgeres hätte Husserls 'ego' gar nicht treffen können: die Voraussetzung für seine weltschöpfende Aktivität ist gerade ein affizierender Bleistift.) Das Festhalten am Objekt als 'Ursprung' des Gedankens, — dieses materielle Etwas, an das, auch wenn man noch so frei drauflosdenkt, immer mitgedacht wird, steht auch für die Psychoanalyse ein. In der Analyse von Neurosen etwa, welche ja auch in gewisser Weise 'Metaphysik' sind, weil sich ein Sinn (— als Zwang) von seiner materiellen Gestalt gelöst hat und nun scheinbar frei, beliebige Objekte in Anspruch nimmt, wird ebenfalls versucht, ein 'ursprüngliches Objekt' ausfindig zu machen, an dem diese (verfehlte) Sinnbildung stattgefunden hat. Im Rekurs aufs Materielle wird Denken seiner Geschichte inne: es setzt sich nicht mehr als absolut, sondern wird sich jener Kette von Ereignissen unterordnen, die es konstituiert haben. Das Materielle ist die Matrix, auf der das Denken als Geschichte stattfindet. Metaphysik ist demgegenüber der Versuch, sich von dieser Matrix zu lösen, — die eigene Geschichte als Spur des Materiellen zu vergessen. Der Rekurs aufs Materielle ernüchtert zwar das Denken, — ist als diese Ernüchterung seit dem Versäumnis sicherlich auch notwendig; gleichzeitig sabotiert aber dieser Rekurs die dem Denken immanente Utopie: daß nämlich Begriff und Sache identisch werden. Diese Utopie ist dort real, wo sie als Erfahrung auftritt:

Was metaphysische Erfahrung sei, wird, wer es verschmäht, diese auf angebliche religiöse Urerlebnisse abzuziehen, am ehesten (...) sich vergegenwärtigen, an dem Glück etwa, das Namen von Dörfern verheißen wie Otterbach, Watterbach, Reuenthal, Monbrunn. (— Da fehlt, eigenartig genug, Amorbach! /r.s.) (...) Dem Kind ist selbstverständlich, daß, was es an seinem Lieblingsstädtchen entzückt, nur dort, ganz allein und nirgend sonst zu finden sei; es irrt, aber sein Irrtum stiftet das Modell der Erfahrung, eines Begriffes, welcher endlich der der Sache selbst wäre, nicht das Armselige von den Sachen Abgezogene. *ND; 366*

Metaphysik wird so zum originären Modell von Widerstand gegen die Erfahrung der Ohnmächtigkeit des Begriffs. In dem Moment aber, wo Metaphysik ihren Irrtum, ihr Antinomisches begreift, und trotzdem den Rekurs aufs Material vergißt, wird sie schlecht. Adorno ist streng genommen kein 'Antimetaphysiker', wie etwa Heidegger[18], sondern einer, der darum trauert, daß Metaphysik nicht mehr möglich ist. Der Versuch der Metaphysik, sich selbst zu retten, läuft auf eine Vernichtung der ihr originären Utopien heraus, wie etwa die Wendung in der christlichen Dogmatik, die, angesichts der Medizin, — eine Disziplin, die den Rekurs aufs Materielle gegen das Christentum vollzog, — die Flucht nach vorne ergriff, und sich dabei ums 'Beste' brachte:

Die christliche Dogmatik, welche die Erweckung der Seelen mit der Auferstehung des Fleisches zusammendachte, war metaphysisch folgerechter, wenn man will: aufgeklärter als die spekulative Metaphysik: so wie Hoffnung leibhafte Auferstehung meint und durch deren Vergeistigung ums Beste sich gebracht weiß. *ND; 393*

So ist es die Metaphysik, die hoffnungslos der Geschichte des Denkens hinterher hinkt und in diesem Versäumnis zu Lösungen greift, die das Beste preisgeben:

Dahin ist es mit der Metaphysik gekommen. *ND; 361*

Auf dieses Beste will die Adornosche Philosophie verweisen, obwohl sie metaphysisch nicht mehr sein kann. Etwa nach dem Motto '— traurig, aber wahr —' daß Metaphysik zu Grunde gehen muß.

Aber Denken, selber ein Verhalten, enthält das Bedürfnis — zunächst die Lebensnot — in sich. Aus dem Bedürfnis wird gedacht, auch, wo das wishful thinking verworfen ist. Der Motor des Bedürfnisses ist der der Anstrengung, die Denken als Tun involviert. Gegenstand von Kritik ist darum nicht das Bedürfnis im Denken sondern das Verhältnis zwischen beiden. Das Bedürfnis im Denken will aber, daß gedacht werde. Es verlangt seine Negation durchs Denken, muß im Denken verschwinden, wenn es sich real sich befriedigen soll, und in dieser Negation überdauert es, vertritt in der innersten Zelle des Gedankens, was nicht seinesgleichen ist. (...) Solches Denken ist solidarisch mit Metaphysik im Augenblick ihres Sturzes. *ND; 399/400*

Diese Apotheose der 'Negativen Dialektik' weist dem Denken eine Position zu: nämlich dort zu sein, wohin die Metaphysik stürzt. Was diese Solidarität allerdings der Metaphysik nützen soll, ist eine andere Frage; — wichtig aber, daß das Denken innerhalb seiner eigenen Geschichte, die von der Metaphysik geprägt ist, einen Ort finden soll, an dem es dieser seiner Geschichte Rechnung tragen kann.

So wäre man denn versucht, auch Adorno, — philosophisch gesehen, eine Position zuzuweisen, indem man sagt, daß das, was er zu halten bestrebt ist, er sowieso nicht halten kann, und von daher je schon eine manifeste Position einnehmen muß: also Stellung bezieht im philosophischen Kanon, indem er in gewisser Weise Philosophie betreibt. Anders kann Interpretation kaum verfahren: irgendetwas muß sie für bare Münze nehmen. Das heißt nichts weiter, als daß der Interpret in der Ausübung seiner Tätigkeit ja nicht nur im Spannungsfeld von Intention und textueller Wirklichkeit agiert, sondern daß er sich ebensosehr in einer Kontextualität bewegt, die ihn auffordert bzw. verleitet, den Text irgendwie einzuordnen, sei es, indem man seinen 'realgeschichtlichen Hintergrund' aufdeckt, sei es, indem man ihn mit anderen aktuellen Texten vergleicht. Interpretieren, Verstehen kann nicht umhin, den Text und damit auch das intentionale Moment am Autor zu fixieren, auch wenn dieser, wie Adorno, dagegen polemisiert:

Vom Denkenden wird heute nicht weniger verlangt, als daß er in jedem Augenblick in den Sachen und außer den Sachen sein soll — der Gestus Münchhausens, der sich an dem Zopf aus dem Sumpf zieht, wird zum Schema einer jeden Erkenntnis, die mehr sein will als entweder Feststellung oder Entwurf. Und dann kommen noch die angestellten Philosophen und machen uns zum Vorwurf, daß wir keinen festen Standpunkt hätten. *MM; 91*

Dieser Standpunkt ist aber mittlerweile im offiziellen Philosophiebetrieb Adorno längst zugeordnet worden; — er läuft dort unter 'Kritische Theorie' und diese läuft unter der Rubrik eines unorthodoxen 'Neo-Marxismus'. Wie diese Zuordnung funktioniert, sieht man recht schön an einer etwas selbstgerechten Rede N. Elias', anläßlich der Verleihung des 'Adorno-Preises'[19]; — dort heißt es: "Man denke etwa an eines seiner Hauptwerke, die Minima Moralia, wo man, fasziniert weiterlesend, die entschiedene Antwort immer von neuem sozusagen hinter der nächsten Ecke erwartet. Aber sie kommt nicht. (...) Zuweilen verspottet er ganz ausdrücklich Menschen, die eine positive Antwort erwarten. Ob nicht vielleicht der Preis, den er für seinen humanen Marxismus zu zahlen hatte, eine letztliche Unschlüssigkeit, eine Paralyse des Vermögens zu eigener theoretischen Synthese, die über Marx hinausging, und die entsprechende Resignation, das Gefühl einer mangelnden Selbsterfüllung war?"[20] Elias spekuliert hier über das intentionale Moment in Adornos Werk, — also ob die scheinbare Standpunktlosigkeit im Text getragen würde durch eine Position, die im Text selbst nicht auftaucht. Sicherlich ist es nicht verfehlt, im Adornoschen Werk Züge zu vermuten, die durch Marx und seine theoretische Hinterlassenschaft geprägt sind, aber unstimmig wird es dort, wo man Adorno auf einem Raster von Marxismus zu interpretieren versucht. Wollte man bestimmen, was 'marxistisch' sei, — also jenes Moment herauspräparieren, das eine Entelechie der Gedanken dessen ausmachen soll, der da ein 'Marxist' geheißen wird, so kommt man nur zu trivialen oder sehr vagen Bestimmungen. So kann man den 'marxistisch' nennen, der sich selbst als 'Marxist' bezeichnet und dementsprechend handelt, lebt und schreibt. Das trifft auf Adorno keineswegs zu. Wollte man aber Marxismus am Ideal einer herrschaftsfreien Gesellschaft bzw. am Festhalten an diesem Ideal bestimmen, so kann man letztlich nicht mehr sagen, was daran noch 'marxistisch' sein soll. Und wenn man das 'marxistische' Element in der methodischen Ausrichtung dingfest machen will, — also daran, daß in der Analyse irgendwelcher Phänomene zuerst nach deren gesellschaftlichem Raum samt zugehöriger Produktionsverhältnisse gefragt wird, so ergibt sich im konsequenten Weiterdenken dieses Ansatzes das Resultat, daß Adorno eigentlich kein Marxist gewesen sein kann:

> Denkbar, daß die gegenwärtige Gesellschaft einer in sich kohärenten Theorie sich entwindet. Marx hatte es insofern leichter, als ihm in der Wissenschaft das durchgebildete System des Liberalismus vorlag. Er brauchte nur zu fragen, ob der Kapitalismus in seinen eigenen dynamischen Kategorien diesem Modell entspricht, um in bestimmter Negation des ihm vorgegebenen theoretischen Systems eine ihrerseits systemähnliche Theorie hervorzubringen. *SOZ I; 359*

Es ist eigentlich eine irrelevante Frage, ob denn nun Adorno 'Marxist' gewesen sei oder nicht, zumal die von Marx geprägten Anteile wie solche, die sich gegen Marx richten, im Adornoschen Werk offen zu Tage liegen. Was das intentionale Moment, mit dem wir uns beschäftigen, — was also dieses angeht, und nach dem zu fragen wäre, ob denn Adorno 'im Grunde seines Herzens' nicht doch ein Marxist gewesen sei, so kann man getrost mit 'ja' antworten, vorausgesetzt, daß es einen solchen Herzensgrund bei Adorno wirklich gegeben hat. Etwas diffiziler ist es mit den neueren Versuchen, Adorno in der Nähe der Frühromantik anzusiedeln, wobei hier die Achse: 'Schelling-Nietzsche-Freud' als Interpretationsgrundlage dienen soll. Diffiziler deswegen, weil eine explizite Auseinandersetzung Adornos mit der 'Frühromantik' nicht vorliegt. Das Stichwort für diese Positions-Zuweisung ist das der 'Subjektkritik', wie sie z.B. bei Novalis, Adornosche Argumentationsfiguren antizipierend, auftauchen soll[21]. Es wäre sicherlich eine lohnenswerte Aufgabe, dieses Stück Philosophiegeschichte nachzuvollziehen; — also angefangen von den Schellingschen Differenzen zu Hegel, über die romantische Philosophie, über Nietzsche und schließlich zu Freud eine Linie der 'Subjektkritik' aufzuspüren, die dann im Adornoschen Werk ihren aktuellen Ausdruck findet. Abgesehen davon, daß es bereits zahlreiche Literatur zu diesem Thema gibt[22], scheint es wichtiger auf die schon erwähnte 'Nähe' Adornos zum Strukturalismus (— oder Poststrukturalismus) einzugehen, zumal auch der Strukturalismus sich als legitimer Erbe der Romantik begreifen will (— insofern Romantik immer Kritik an einem System des 'Geistes' war). Zwar bestimmt sich eine mögliche Position Adornos auch in der Ahnenreihe, die man ihm zuweisen könnte, aber die Ahnen stehen dann doch nur immer wieder für den Zusammenhang des Gegenwärtigen, wie auch Geschichte immer nur in dem kulminiert, was sie aktuell macht. Die Aktualität des Adornoschen Werkes ist daher an dem aufzuweisen, was andernorts Aktualität für sich beansprucht, — in unserem Falle der (Post-)Strukturalismus. Auch dieser hat seine Ahnen in Freud und Nietzsche[23], und nicht zuletzt koinzidieren dessen subjektkritische Effekte mit denen der Frühromantik, für die die Namen von Novalis, Schlegel und Tieck stehen. Der Zug also, die möglichen Erfahrungen von Wirklichkeit sich nicht vorschnell durch ein philosophisches System verbauen zu lassen, — jene ästhetische, aber begrifflich ohnmächtige Erfahrung in den Vordergrund rücken zu lassen; — dieser Zug soll Adorno wesentlich mit der Frühromantik und dem 'Post-Strukturalismus' verbinden. Allein auf diesen subjektkritischen Effekt kommt es nicht an: weder bei Adorno noch bei den Post-Strukturalisten; — vielmehr gibt es eine gemeinsame Wurzel beider, die sich nicht am Effekt festmachen läßt, und die philosophie-geschichtlich wesentlich aktueller ist als der Verweis auf die Frühromantik: gemeint ist Husserl. Die Verankerung des Strukturalismus in dem, was nach Husserl kam, wie auch die im Adornoschen Werk präsente Auseinandersetzung mit dem Komplex 'Husserl-Heidegger' ist unübersehbar[24]. Wenn wir hier nun Adorno eine mögliche Position zuweisen wollen, dann soll dies in der Aufweisung der entscheidenden Differenz zwischen ihm und dem 'Post-Strukturalismus' geschehen. Dazu ist aber vorerst notwendig, auf Husserl zurückzugreifen.

Husserl schwebte eine Weltkonstruktion vor, die auf möglichen Gesetzen der Erfahrung des Subjekts beruht. (Merleau-Ponty machte daraus eine 'Phänomenologie der Wahrnehmung'.[25] Indem aber ein so projektiertes Subjekt in der Lage wäre, die Welt aus dem Fundus der Funktionsweisen seiner Erfahrungen zu rekonstruieren, wäre das Prinzip des Subjektiven gleichsam aufgehoben: sein transzendentaler Stellenwert wäre substituiert durch die vollkommene Objektivität seiner Bewegung. Solch ein Rekurs auf ein Subjekt, das 'Herr im eigenen Hause' ist, indem es die Objektivität seiner Erfahrungen, Wahrnehmungen etc. begreift, — d.h. sich nur der Objektivität seiner selbst ausliefern muß, weil es um seine Macht und Ohnmacht Bescheid weiß; — dieser Rekurs hat eigentlich eine recht aufklärerische Dimension an sich, die den jungen Adorno, den 'Schüler' Husserls sicherlich fasziniert haben mag. Die Intention solcher Philosophie ist der der Psychoanalyse durchaus verwandt[26]: Indem das Subjekt sich als Funktion seiner Erfahrungen zu objektivieren versucht, sich selbst also als Transzendentes abschafft, braucht es sich nicht mehr zu fragen: 'Was geschieht mit mir?' — ist also nicht gefesselt an die Unerklärbarkeit seiner inneren Vorgänge, sondern kann in der Rekonstruktion seines Ausgeliefertseins an bestimmte Gesetze 'seiner selbst mächtig' bleiben. Husserl allerdings neutralisiert die Prinzipien der Erfahrungen, indem er von deren Qualitäten abstrahiert; gemeint ist damit, daß die Erfahrungen von 'gut und böse', — also die von Leid und Glück in seinen phänomenologischen Anstrengungen nivelliert werden. Das Husserlsche Subjekt versucht sich vor diesen Qualitäten, indem es seine Erfahrungen in eine epoché einschließt, also eine Verfügbarkeit über 'Freud und Leid' aufrecht erhalten will, zu retten. Husserls Phänomenologie verfährt so, daß ein Subjekt, das gerade eine 'leidvolle Erfahrung' hinter sich hat, sich sagen kann: Mein Leid ist doch nur der Index eines noematischen Prinzips, also objektivierendes Moment meiner Wahrnehmung; — meine Wahrnehmung selbst bleibt davon unberührt. Es ist, mit anderen Worten, der Versuch, das Leid als konstitutives einer

Objektivität der Wahrnehmung durch ein neutrales Wissen über diese Wahrnehmung abschaffen zu wollen. Demgegenüber insistiert schon der junge Adorno darauf, daß die Qualität kein den Gesetzen der Erfahrung untergeordnetes Prinzip ist, sondern daß gerade diese Qualität die Erfahrung objektiviert. Am Beispiel eines wahrgenommenen Baums, der abbrennt, — ein Beispiel, das Adorno von Husserl übernommen hat, führt Adorno in seiner Dissertation die Wendung gegen Husserl ein:

Schließlich aber — und das entscheidet — ist es geradezu *falsch*, zu sagen, das »Baumwahrgenommene« als solches könne nicht abbrennen. Nicht abbrennen kann das Wahrnehmungs*erlebnis* — von dem dinglichen Zusammenhang, den es symbolisiert, kann jedoch sehr wohl gesagt werden, er »könne abbrennen«, d.h. sich in einen höheren gesetzmäßigen Zusammenhang einordnen, und sehr wohl kommen diesem Zusammenhang bestimmte Eigenschaften zu. (...) Der *Begriff* des Dinges an sich folgt notwendig aus den transzendentalen Bedingungen unseres Bewußtseins und ist darum als solcher unveränderlich. Aber die unter diesen Begriff des Dinges an sich fallenden Einzeldinge können sich sehr wohl verändern. *Einzelne Dinge können abbrennen.* *PF; 47/49*

Hier also, in dieser frühen Kritik Adornos erscheint schon so etwas wie die Behauptung einer Differenz zwischen Begriff, der die Erfahrungen in ein spezifisches Kondensat transformiert, und Einzelobjekten: — also Konkretem, das den Begriff sprengt. Aber nicht nur sprengt, sondern gleichzeitig die 'wirkliche Qualität' der im Begriff gefaßten Wahrnehmung als die Differenz im Begriff sichtbar macht. Das Symbolisierte, so Adorno, kann sich nicht vor dem 'Abbrennen' schützen, also vor dem Einbruch realer Qualitäten. Adornos Loslösung von Husserl basiert genau auf dem Moment, wo er diese Qualität der Wahrnehmung nicht als 'hausgemacht' aufgreift, um sie in einen Begründungszusammenhang (— jenen oben zitierten 'höheren Zusammenhang') einzuordnen. Dieser wäre als Geschichte anzugeben, insofern im Wahrnehmungsakt sich eine vorgegebene Vermittlungsstruktur anzeigt, die nicht vom Subjekt und dessen Wahrnehmungsgesetzen kommt, sondern einzig an der Gestalt der Geschichte des Dings und des Subjekts sich eruieren läßt. So ist etwa das qualitative Moment von 'Schmerz', das in der Husserlschen Wahrnehmung als eidetisches fungieren soll, weder vom Ding her erklärbar, insofern es diese Qualität nicht besitzt, noch kann es aus einer Intention heraus erklärt werden, weil im Akt der Schmerzwahrnehmung der Schmerz nicht aufgehoben wird. So auch die spätere Kritik Adornos an Husserl:

Unausrottbar aus ihr (der Empfindung /r.s.) ist das materialistische Element; — sie grenzt an physischen Schmerz und an Organlust; ein Stück Natur, das nicht auf Subjektivität sich reduzieren läßt. Die Insistenz auf der Vermitteltheit eines jeglichen Unmittelbaren ist das Modell dialektischen Denkens schlechthin, auch des materialistischen, insofern es die gesellschaftliche Präformiertheit der kontingenten, individuellen Erfahrungen bestimmt. *ME; 160*

Gegen den Anspruch des Systems wird auf ein Anderes, auf ein nicht systemimmanentes Element verwiesen; etwas, was das System gleichzeitig konstituiert und transzendiert. (— So nach dem Satz, daß Geschichte der Einspruch gegen jedes System ist und auch umgekehrt: Das System ist Einspruch gegen die Geschichte.) Husserl siedelt Realität dort an, wo sie in den Wahrnehmungsakten eines Subjekts fixiert, — besser gesagt: symbolisiert wird:

Wenn indessen die Intention, wie Husserl es will, etwas »selbst« meint, so wird dadurch gleichwohl dies Selbst nicht zu einem Unmittelbaren wie die Empfindung: das hieße Symbolisiertes und Symbol verwechseln. *ME; 157*

Der Strukturalismus führt die Husserlsche Phänomenologie in gewisser Weise systematisch weiter; nur daß das 'Noema' durch das 'Zeichen' ersetzt wird. Allerdings wird durch die Einführung des Zeichens als zentraler Instanz der Analyse auch der ganze phänomenologische Gestus verändert. Das Subjekt generiert nun nicht mehr eine epoché, in die es sich aufhebt, und deren Inhalte es beschauen kann, sondern wird als virtueller Agent gesetzt, der innerhalb einer symbolischen Ordnung, die ihn produziert, und die er produziert hat, sich befindet. Das Zeichen als Signifikant hat zugleich eine materielle Gestalt und hält sich sozusagen im Niemandsland zwischen Subjekt und Objekt auf. Der Strukturalismus definiert nun das Zeichen als seinen Forschungsgegenstand, insofern die Realität (— als vermittelte) sich nur über Zeichen darstellen und vermitteln kann. Im Zeichen hat die Realität eine objektive Struktur und sie kann daher auch an dieser erfaßt werden. Das hat durchaus Ähnlichkeiten mit einigen Passagen bei Adorno, insbesondere in der 'Ästhetischen Theorie', wo von 'Chiffren' etwa gesprochen wird, die zu enträtseln seien; — wo die objektive Gestalt des Kunstwerks tendenziell in der Struktur, also in der Anordnung seiner materiellen Elemente aufgeht. Für den Strukturalismus geht aber Realität völlig im Zeichen auf; — er traktiert Realität absolut als 'symbolische Realität'. Adorno, — und das ist seine entscheidende Differenz zum Strukturalismus, verweist immer auch auf das Andere des Symbolisierten, was man vorerst mit 'sozialer Realität' benennen kann. Diese nimmt gegenüber der Ebene des Zeichens einen transzendentalen Stellenwert ein, sofern sie, wenn sie analytisch erfaßt werden soll, je schon in eine 'symbolische Realität' transformiert werden muß. Es liegt an der Analyse selbst, daß sie es immer schon mit Symbolen, d.h. mit fixierten Derivaten einer 'sozialen Realität', zu tun hat. Adornos Verweis, der der Evidenz des Symbolischen abgetrotzt werden muß, hat etwas von einem Appell; — Appell an eine Erfahrung, die die gefängnisartige Evidenz des Symbolischen zu sprengen in der Lage ist. Dagegen läßt sich natürlich einwenden, daß man mit Appellen schlecht philosophieren kann. Adorno jedoch appelliert nicht bloß, sondern er konkretisiert jene möglichen Erfahrungen, die das Netz des Symbolischen sprengen können, in der Konstruktion des Namens. Solche Erfahrung wäre für den Strukturalismus allerdings ein Skandal, — würde sie doch bedeuten, daß der Signifikant unmittelbar als Signifikat erscheinen kann. Hingegen ist das evasive Prinzip des Signifikanten[27] ein wesentlicher Konstruktionspunkt der Möglichkeit von strukturaler Analyse. Ein Name wäre kein Zeichen mehr, — verlöre also das Faktische im Niemandsland zwischen Subjekt und Objekt. Die Kette der Signifikanten fungiert im Strukturalismus als eine anonyme, nichteinholbare Ordnung, die dadurch, daß sie sich in ihrer Gestalt entzieht, ein System der Bedeutungen generieren kann. In der Erfahrung des Namens wäre aber so etwas wie eine Gleichzeitigkeit von Struktur und Bedeutung ermöglicht; in der auch noch die Reflexion keine Divergenz von Ausdruck und Inhalt ausmachen kann. Warum jene Erfahrung als die einer 'sozialen Realität' ausgegeben werden kann, liegt daran, daß der Signifikant in seiner Ordnung nur als Metaphysik oder eben als soziale Manifestation samt Geschichtlichkeit gedacht werden kann. Was z.B. die 'Herrschaft des Menschen über den Menschen' bedeutet, verliert, wenn man es bloß auf einer symbolischen Ebene zu begreifen versucht, an Schärfe, obwohl es meist nur auf dieser erfaßt werden kann. Adornos Texte sind voll der Zitierung solcher 'Schlüsselerlebnisse', die allesamt eine Art traumatischen Charakter haben, und die aufzeigen wollen, wie das Symbolische durchbrochen wird hin auf die Ebene der 'unmittelbaren Erfahrungen', die zwar faktisch nicht stattfinden, aber auch im Symbolischen nicht aufgehen. Der Signifikant, der für solche Erfahrungen steht, ist dann nicht mehr nur eine leere Hülle ('flatus vocis'), sondern zeitigt eine Wirkung, die jenseits des Symbolischen stattfindet. Die Erfahrung des Unrechts, wenn man sie macht, ist nicht bloße Struktur, — nicht nur eine transzendentale signifikante Kette, sondern hat auch einen Namen. Adorno behauptet die Möglichkeit solcher Erfahrung nicht als Prinzip einer Realität, aber er ist weit davon entfernt, sie als Effekt von Zeichen auszugeben, wie es der Strukturalismus tut. Dieser hat darin eine Weise von Dialektik von 'Schein und Wesen'; — indem er die Möglichkeit solcher Erfahrung als Illusion statuiert, gibt er im gleichen Atemzug (wie etwa Foucault) das Subjekt selbst als prinzipielle Illusion aus. Nach Adorno hat aber das Subjekt in der Möglichkeit solcher Erfahrung überlebt, weil es nicht in der Ordnung des Symbolischen aufgehoben wird, sondern auch affiziert werden kann durch das, was jene überhaupt erst in die Welt setzte: seine eigene Geschichte als soziale. Mit der Existenz des Traumas (— der Kehrseite einer 'glücklichen Erfahrung des Namens') schwindet auch die Möglichkeit, das Subjekt, sei es mit Husserl in den Gesetzmäßigkeiten seiner Wahrnehmungsakte, sei es mit dem Strukturalismus auf der Ebene des Symbolischen, abschaffen und aufheben zu können.

Wie sich das in der Theorie auswirkt, sieht man etwa an der unterschiedlichen Behandlung des Mythos bei C. Lévi-Strauss[28] und bei Adorno. Traktiert ersterer noch die Gesamtheit der Mythen als eine Art Verwaltungsinstanz des menschlichen Denkens, so ist bei Adorno der Mythos auch immer schon im tendenziellen Widerspruch gegenüber einem Anderen, — der 'sozialen Realität', deren er sich zu bemächtigen versucht. Oder auch, wenn man wie Lacan[29] mit der Absolutheit einer symbolischen Realität der psychischen Akte gegen eine 'Befangenheit im Realen' als eine Illusion polemisiert, so wäre dagegen Adornos Gestus die Feststellung, daß das Leid, welches etwa an einer Neurose liegt, nicht im Symbolischen aufgeht, sondern eben jenseits davon eine Realität (— als soziale) gewinnt. Der Begriff der 'sozialen Realität', also das, was durch die Sprengung der Zeichenwelt in der Erfahrung sichtbar und spürbar wird, ermöglicht, auch jenseits der symbolischen Ebene, Objektivität zu denken. Insofern ist die 'soziale Realität' auch ein theoretischer Begriff. Das Fortdauern des Unglücks, so läßt sich sagen, meldet ein Ungenügen am Zeichen an, das es symbolisieren soll; — es straft das Zeichen Lügen. Der Rekurs auf das Zeichen kann sich zwar als legitim ausweisen, — verbaut aber jene Negativität, die als Widerstand gegen die erfahrene 'soziale Realität' (— im Denken und vielleicht im Handeln) fruchtbar gemacht werden muß.

Was den 'Post-Strukturalismus' angeht, so steht der Name Derridas dafür, daß das Theorem der Absolutheit des Symbolischen seine Grenze gefunden hat. Derridas Terminus der 'différance'[30] markiert einen Bruch im Symbolischen. Ob dieser Bruch eine 'soziale Realität' zu inaugurieren vermag, sei dahingestellt, denn Derrida ist noch am Schreiben (— und nicht, wie Adorno, schon hingeschieden).

Kurzum: der Strukturalismus wäre etwa geneigt, das 'Drama' des Bürgerkriegs in El Salvador auf derselben Ebene zu behandeln wie Kleists 'Penthesilea', da beides der Interpretation nur als eine Ordnung von Zeichen zugänglich ist. Sicherlich könnte der Strukturalismus den Unterschied zwischen Penthesilea und El Salvador festhalten, aber das nur auf der Basis von prinzipieller Kommensurabilität. Adornos Position bestünde im Verweis auf die Inkommensurabilität, — auf das 'wirkliche Unrecht', das in El Salvador geschieht, und das nicht auf einer symbolischen Ebene, wie bei Kleist, getilgt werden könnte. Diesen Verweis wollen wir als einen Algorithmus einer möglichen Ethik Adornos festhalten.

Appendix

Sprache bei Adorno

'Was an Sprachgestalt wahrgenommen wird', — so Adorno im Nachwort zum 'Jargon der Eigentlichkeit'[31], — sei auch für die inhaltliche Interpretation evident. Die Gestalt, also die Struktur, die einen Text überhaupt organisiert, entscheidet mit über dessen Wahrheitsgehalt. Das spielt in die nominelle Verfassung ebenso hinein wie ins syntaktische Gefüge. Etwa die Art und Weise, wie ein überanstrengter Begriff zur Metapher flieht, oder umgekehrt: wie ein Begriff, der sich 'rein' halten will und von daher die Metapher flieht, selbst wiederum zur Metapher wird; — auch der Modus der Phrasierung und der der Interpunktion können in der Analyse einen Text erschließen. Gerade in solchem Bewußtsein kann ein philosophischer Text wie der Adornosche nicht unbeschwert mit 'Inhalten' aufwarten, sondern wäre eigentlich genötigt, wenn auch nicht fortwährend, so doch schon ab und zu auf seine Textualität zu reflektieren; — d.h. der eigenen Sprachgestalt inne zu werden. Zwar thematisiert Adorno an vielen Stellen explizit Sprache, aber in solchen expliziten Thematisierungen bringt man sich um eine implizit geforderte Gleichzeitigkeit: — sollte der Begriff (durch all seine Ohnmacht hindurch) doch seiner selbst mächtig bleiben können, so müßte er sich, im Augenblick seines Auftretens, in seinem Ausdruck umfassen können. Eine solche Konstruktion der Gegenwart des Begriffs, — eine Konstruktion von Gegenwart überhaupt[32], scheint unmöglich, da sie der Selbstbehauptung und damit auch einem absoluten Wahrheitsanspruch des Begriffs nahe käme. Andererseits sollte diese Unmöglichkeit nicht dazu verleiten, resignierend die Unzulänglichkeiten des Ausdrucks in Kauf zu nehmen, — auf das Unausdrückliche, das man eigentlich ausdrücken will, zu verzichten.

... ohnehin ist der Schock vielleicht die einzige Möglichkeit, durch Sprache heute die Menschen zu erreichen. *NL; 224*

Diese 'Schocks des Unverständlichen' (s.o.), die nach Adorno in der Musik die Aufgabe haben, aus tradierten Hörgewohnheiten herauszureißen, sind, wenn man sie in Sprache einführen will, nur recht ambivalent zu handhaben. Das Neue, das ausgedrückt werden will, läuft immer Gefahr, das Medium seiner Vermittlung nicht nur zu transzendieren, sondern es gleichsam zu opfern, denn die Sprache, die in ihrer Struktur ein (historisches) Sediment (des Alten) vorstellt, ist ebensosehr Hindernis wie Vehikel für mögliche Innovationen. Die Ambivalenz liegt in der Sprache selbst: sie will nicht nur ausdrücken, sondern auch übermitteln. Meist aber geht Mittelbarkeit auf Kosten des Ausdrucks (— und damit auch auf Kosten von 'Wahrheit', insofern der radikale Ausdruck auf eine mögliche Authentizität mit dem Gegenstand zielt), wie auch umgekehrt der 'reine Ausdruck' meist auf Kosten einer Vermittlung geht. Aktuell wird dies z.B. heutzutage am Versuch, 'Weiblichkeit' in Theorie einzuführen. Unbestritten, und auch ausführlich belegt ist[33], daß die Sprache der Theorie, falls man sie überhaupt irgendwie als standardisiert fassen kann, Züge von Männlichkeit trägt, — also 'patriarchalisch' organisiert ist. Will man nun, in einem revolutionären Akt, Weiblichkeit als virtuelle (— oder manifeste) in Theorie einführen, so muß man zuallererst die vorhandene Sprache destruieren, — gegen deren Formprinzipien anschreiben. Wenn man aber hier die 'Schocks des Unverständlichen' austeilt, so frevelt man gegen die Intention feministischer Bewegung, die immerhin als politische verstanden werden will und von daher sich nicht durch den Ausdruck dem Verständnis ihrer Adressaten entziehen darf. (— Der Dadaismus, der ja auch die Sprache revolutionieren wollte, hatte es da insofern einfacher, als er gerade seine intendierte Wirkung dort bestätigt sah, wo er Unverständnis evozierte.) Andererseits darf auch, wie schon mit Adorno gesagt, die beliebige Mitteilbarkeit nicht zum Kriterium der Wahrheit werden. So bleibt es, was die Weiblichkeit angeht, meist bei Beschwörungen[34]; wie überhaupt so-geartete Revolutionen ihre Wirkung meist nur in Manifesten zeitigen können, die dann das Neue meist nur ankündigen:

Die Idee der Beschwörung einer nichtexistenten Sprache impliziert deren Unmöglichkeit. Wäre sie möglich, so vollzöge sie sich (...) unwillkürlich: ohne Velleität. *NL; 540*

Hier spricht Adorno über Borchardt, dem er auch versöhnlich gestimmt sein kann:

Der die Sprache beschwor, bis sie klirrend zu zerspringen drohte, dem hat sie das Echo nicht versagt. *NL; 555*

Borchardt ist immerhin Lyriker; — derjenige, der wie Adorno aufklären will, entblödet sich nicht, Fremdwörter, die, wie ihm nach einer seiner Rundfunksendungen von empörten Hörerbriefen vorgeworfen wurde, übermäßig aufgetaucht sein sollten, einzeln im Kontext zu erklären und zu rechtfertigen.[35] Adorno verspürt also eine gewisse Verantwortung gegenüber dem Medium der Vermittlung, und diese Verantwortlichkeit unterscheidet ihn auch von dem Dichter. Dieser, — es wurde im Kunstkapitel schon angesprochen, — hat durchaus das Recht, die Vermittlungsfunktionen der Sprache seinem Ausdrucksbedürfnis zu opfern, wie etwa der von Adorno verehrte Hölderlin:

Als begriffliche und prädikative steht Sprache dem subjektiven Ausdruck entgegen, nivelliert das Auszudrückende auf ein je schon Vorgegebenes und Bekanntes vermöge ihrer Allgemeinheit. Dagegen begehren die Dichter auf. Ohne Unterlaß möchten sie der Sprache, bis zu deren Untergang hin, das Subjekt und seinen Ausdruck einverleiben. *NL; 477*

Hölderlins 'parataktische Sprache' ist für Adorno Modell einer möglichen herrschaftsfreien; — nicht mehr die Fügung des Ausdrucks unter die Gesetze der Hypotaxis, sondern dissoziierende Reihungen.

Aber die Sprache ist, vermöge ihres signifikativen Elements, des Gegenpols zum mimetisch-ausdruckhaften, an die Form von Urteil und Satz und damit an die synthetische Funktion des Begriffs gekettet. Anders als in Musik, kehrt in der Dichtung die begriffslose Synthesis sich wider das Medium: sie wird zur konstitutiven Dissoziation. *NL; 471*

Diese Dissoziationen können schon beeindruckend sein; — sie können aber nach Adorno immer nur als 'Dichtung' auftreten, denn darin liegt wieder ein Moment von Resignation:

Die Sublimierung primärer Fügsamkeit aber zur Autonomie ist jene oberste Passivität, die ihr formales Korrelat in der Technik des Reihens fand. Die Instanz, der Hölderlin nun sich fügt, ist die Sprache. Losgelassen, freigesetzt, erscheint sie nach dem Maß subjektiver Intention parataktisch zerrüttet. *NL; 475*

Das Subjekt opfert sich also, indem es auf seinem Ausdrucksbedürfnis gegenüber der 'signifikativen' Sprache insistiert, vollständig nun an die Sprache, weil es in dieser seines Ausdrucks nicht mehr mächtig sein kann. Es verliert sich — buchstäblich — in der Sprache:

Indem die Sprache die Fäden zum Subjekt durchschneidet, redet sie für das Subjekt, das von sich aus — Hölderlin war wohl der erste, dessen Kunst das ahnte — nicht mehr reden kann. *NL; 478*

Wie aber, so läßt sich nach Adornos Beschreibung der Hölderlinschen Sprache fragen; — wie aber sieht Sprache bei Adorno selbst aus? Die Vorüberlegungen generieren ja ein Spannungsfeld: eine herrschaftsfreie, etwa nach Hölderlinschem Muster parataktische Sprache, die per 'Schock' die 'schlechte Allgemeinheit' durchbrechen will als nicht einlösbare Utopie; — andererseits eben die Verantwortung des Aufklärers, der im signifikativen Moment, — also in dem, was einzig Vermittlung garantieren kann, auf ein unbedingtes Medium seines Tuns angewiesen ist. Wenn man exemplarisch einmal Ideologie als 'erstarrte Sprachform' nimmt, so kann Ideologiekritik immer auf zwei Ebenen verfahren; — jene zwei Ebenen, die genau das Spannungsfeld kritischer Sprache umfassen. So war das Brechtsche Konzept der 'Verfremdung', — eine durchaus sprachliche Strategie, sicherlich auch als Ideologiekritik intendiert[36]. Die durch den Effekt negierte Gewohnheit sollte dem Hörer/Leser die Differenz zwischen Signum und Gegenstand offenbaren, und so ihn veranlassen, nachzudenken. Ideologiekritik kann aber auch gänzlich anders verfahren: nämlich im Modus der Präzisierung. Kritik zeigt dann auf, wo das Signum eine mögliche Authentizität mit dem Gegenstand verfehlt, — korrigiert also die 'falschen' Sprachformen, indem sie deren Unzulänglichkeiten aufzeigt. (Eben wie Adorno den Gebrauch von Fremdwörtern aufs Genaueste erklärt und damit das ideologische Ressentiment gegen diese kritisiert.) Was sich hier als Problem der Sprache anzeigt, hat aber noch eine andere Dimension; — nämlich in der Frage, wie man sich 'politisch' verhalten soll, um wenigstens minimalen Einfluß ausüben zu können. Auch hier bieten sich die Alternativen an, deren eine in der Strategie von 'Schocks' besteht[37], und deren andere auf geduldiger Aufklärung beharrt[38]. D.h. einmal wird durch explizit schockierende Formen die Kommunikation verweigert, respektive der virtuellen Tatsache, daß innerhalb der erstarrten Kommunikationsformen doch nichts mehr zu bewegen sei; andermal wird auf Kommunikation 'erst recht' insistiert. Letzteres setzt aber voraus, daß durch angestrengte Sprache Wahrheit doch zu erreichen ist; — daß diese weiterhin in erreichbaren authentischen Formen festgehalten werden kann, so, als ob nicht Wahrheit sich im Augenblick der sprachlichen Fixierung entzöge. Dieses 'Festhalten' nennt Adorno die 'epische Naivität' als Index epischer Sprache.

Vermöge der epischen Naivität übt das erzählende Wort, in dessen Habitus dem Vergangenen gegenüber immer ein Apologetisches (...) lebt, Korrektur an sich selber. Die Genauigkeit des beschreibenden Wortes sucht die Unwahrheit aller Rede zu kompensieren. *NL;37*

So wäre diese Naivität der Philosophie eigen, die ja so einen 'epischen Diskurs' beschreibt: nichts anderes als die fortlaufende Selbstkorrektur, die Anstrengung, durch größtmögliche Präzisierung die Unwahrheit der Begriffe auszugleichen, macht doch deren Bewegung aus. Das Epos der Philosophie kann zwar die Begriffe bis zum Äußersten traktieren, wie etwa bei Hegel, der dem Begriff auf über tausend Seiten immer wieder Selbstkorrektur zumutet; — allein das Gegenständliche am Begriff, — seine nominelle Verfassung, läßt sich durch solche Exzesse nicht einholen. Wird dieser Umstand übersehen, so nimmt man eben Naivität in Kauf:

Aller Epik wohnt daher ein anachronistisches Element inne (...). Gegenüber dem aufgeklärten Bewußtseinsstand, dem die erzählende Rede angehört, dem allgemeinbegrifflichen Wesen, erscheint dies gegenständliche Element stets als eines von Dummheit, ein Nichtverstehen, Nichtbescheidwissen, verstockt ans Besondere dort sich halten, wo es zugleich schon als vom Allgemeinen Aufgelöstes bestimmt ist. *NL; 35*

Die Trotzhaltung, der Sprache Wahrheit abgewinnen zu wollen und sei's um den Preis der Verkennung ihrer signifikanten Funktion, hatte sich auch schon der junge Adorno zu eigen gemacht:

Philosophische Sprache, die Wahrheit intendiert, kennt keine Signa. Durch Sprache gewinnt Geschichte Anteil an Wahrheit ... *PF; 366*

Und Adorno verpflichtet sich ja in seiner Schreibweise dieser Naivität bis zu einem gewissen Punkt, — d.h. er schreibt durchaus episch, aber diese 'nicht-wirkliche' Naivität (— sofern man Naivität als Verhaltensalternative nicht wählen kann, mit Ausnahme höchstens einiger hysterischer Formen der Pseudo-Demenz[39]), nivelliert sich im Adornoschen Text ständig. Allein Adornos Weigerung, ein vollständiges Epos, ein geschlossenes System zu schaffen, zeugt von jenem konflikt-trächtigen Moment, in dem:

... der Geist der erzählenden, logisch-intentionalen Sprache zusammen(stößt) mit dem Geist der wortlosen Darstellung, dem jene nachhängt, und gerade die logische Form der Fortführung droht den Gedanken, der nicht fortführt, eigentlich Gedanke schon nicht mehr ist, dorthin zu verschlagen, wo Syntax und Stoff sich verlieren und der Stoff seine Übermächtigkeit bekräftigt, indem er die syntaktische Form, die ihn zu umfassen strebt, Lügen straft. *NL; 38*

So wird einer, der einem anderen erklären will, was denn Kapitalismus sei, an einer Stelle innehalten und bemerken, daß das, was er an Wesentlichem vermitteln will, immer schon auch verfehlt hat: — nämlich das Bild der 'Knechtung der Menschheit', das Elend der Ausgebeuteten usw. Andererseits nützt es auch wenig, in großartigen Allegorien und metaphorischen Anstrengungen dieses Bild herbeizaubern zu wollen, denn dem Kapitalismus ist das Grauen, daß er hervorzurufen vermag, ebenso wesentlich wie die Gesetze seiner Funktionsweise, die sich eben nur in einem 'epischen Diskurs' darstellen lassen. Die Alternative, die wir oben erwähnten, wäre dann mit dem 'lyrischen Diskurs' zu benennen[40]. Unter diesem wäre der Vorrang des Ausdrucks vor der Vermittlung zu verstehen.

Von rückhaltloser Individuation erhofft sich das lyrische Gebilde das Allgemeine. Ihr eigentümliches Risiko aber hat Lyrik daran, daß ihr Individuationsprinzip nie die Erzeugung von Verpflichtendem, Authentischem garantiert. Sie hat keine Macht darüber, ob sie nicht in der Zufälligkeit der bloß abgespaltenen Existenz verharrt. *NL; 50*

Daß solcher 'lyrischer Diskurs' auch in Philosophie auftreten kann, — dafür zeugt nach Adorno Nietzsche (vergl. *NL; 49*), — und zeugt allgemeiner eine aktuelle Tendenz innerhalb der Philosophie, deren Akteure sich eindeutig auf die Seite des Ausdrucks geschlagen zu haben scheinen[41]. Das 'Risiko der bloß abgespaltenen Existenz' geht auch derjenige ein, der sein 'politisches Handeln' individuiert, — sich, wie man heute sagt, als 'Alternativer' begreift, und also keine Macht darüber hat, ob nun seine Handlungsweisen irgendeinen politischen Stellenwert haben. Nach Adorno gibt es keine richtige Partikularität in der Totalität des 'Falschen' und so ist er geneigt, den lyrischen Diskurs immer unter der Kategorie des 'Opfers' (s.o.) zu handhaben:

Gedankenflucht, die Opfergestalt der Rede, ist Flucht der Sprache aus ihrem Gefängnis. *NL; 39*

Adorno verweigert sich also auch dem 'lyrischen Diskurs', denn er will als Philosoph das Risiko der Zufälligkeit, der Partikularität nicht eingehen. Im Spannungsfeld zwischen 'lyrischem und epischem Diskurs' nimmt die Adornosche Sprache eine eigene Gestalt an. Für diese steht nach Adornos eigenem Dafürhalten die Form des Essays; — eine Form, die sich sowohl gegenüber der Kunst als auch den tradierten Formen der Wissenschaft abgrenzt. Weder also ist im Essay eine 'epische Naivität', noch die Unverbindlichkeit des 'lyrischen Diskurses' vorhanden.

... ähnelt der Essay einer ästhetischen Selbständigkeit, die leicht als der Kunst bloß entlehnt angeklagt wird, von der er gleichwohl durch sein Medium, die Begriffe, sich unterscheidet und durch seinen Anspruch auf Wahrheit bar des ästhetischen Scheins. *NL; 11*

Der Anspruch auf Wahrheit wird aber im Essay nicht kanonisch an eine Form gebunden; — die Möglichkeit von Wahrheit steht gegenüber dem Ausdruck zur Disposition, aber das, was als Wahrheit erscheinen kann, ist nicht beliebig, — wird nicht subordiniert unter den Ausdruck, sondern referiert eben diesem Anspruch. Der Essay, so läßt sich sagen, inszeniert die Wahrheit auf der Ebene des Ausdrucks, — also auf der Ebene von Glück und Leid:

Anstatt wissenschaftlich etwas zu leisten oder künstlerisch etwas zu schaffen, spiegelt noch seine Anstrengung die Muße des Kindlichen wider, der ohne Skrupel sich entflammt an dem, was andere schon getan haben. Er reflektiert das Geliebte und Gehaßte, anstatt den Geist nach dem Modell unbegrenzter Arbeitsmoral als Schöpfung aus dem Nichts vorzustellen. Glück und Spiel sind ihm wesentlich. (...): so rangiert er unter den Allotria. *NL; 10*

Der Essay versucht also das, was zur Darstellung ansteht, die Erfahrung von Glück und Leid, einzuholen, ohne daß er den Anspruch auf Wahrheit preisgibt, — wie auch umgekehrt er Wahrheit aussprechen will, ohne den Anspruch auf authentische Darstellung der Erfahrung, eben das Glück und Leid, das nach 'subjektivem' Ausdruck drängt, fahren zu lassen. Die 'Allotria', die daraus folgen, — also grob übersetzt, das Spektakel, spannt diese Form des Essays in die Figur des Dramatischen ein. Dem liegt zugrunde das durchaus romantische Motiv, den Autor nicht mehr als Erzeuger oder Urheber seiner Produkte zu begreifen, sondern als einen Akteur im 'theatrum mundi':

Eigentlich denkt der Denkende gar nicht, sondern macht sich zum Schauplatz geistiger Erfahrung, ohne sie aufzudröseln. *NL; 21*

Die dramatische Form des Essays ist subjektkritisch: der Autor verschwindet hinter der Inszenierung und deren Eigendynamik; — die Inszenierung selbst ist aber nicht beliebig, sondern folgt einer höheren Intention, — einem vorgegebenen Text, der im Falle der Philosophie durch den Anspruch auf Wahrheit geprägt ist bzw.: der Text ist dieser Anspruch selbst. Das wiederum koinzidiert mit einem Grundgedanken Adornos: daß nämlich Philosophie im Kräftefeld der philosophischen Intention gefangen ist und nicht hinter diese zurück kann. Der Philosoph hat es mit den diversen Bestrebungen seiner Libido, die ihn zum Philosophen machte, zu tun, und er kann nicht anders, als die Kräfte dieser Bestrebungen zum Ausdruck zu verhalten; — sie auf dem Schauplatz geistiger Erfahrungen, den er selbst vorstellt, sich inszenieren zu lassen. Die Güte des Philosophen hängt dann davon ab, wie transparent dieser Schauplatz wird. Der Begriff des 'Schauplatzes' impliziert schon das Moment der Vermittlung: man will etwas herzeigen können und nicht nur dem bloßen Ausdruck frönen.

Gesagt sein soll damit, daß Sprache bei Adorno am ehesten unter dem Terminus des 'dramatischen Diskurses' zu fassen ist. Dessen Intention ist es, den epischen Stoff auf der Höhe des Ausdrucks zu traktieren. Das Prinzip der Inszenierung, — also das 'Sehen-lassen' durchzieht die Adornosche Sprachgestalt. Bei Adorno ist so etwas wie ein Fluktuieren zwischen Konkretem und Abstraktem vorhanden: Gedankengänge, die auf einem hohen Abstraktionsniveau angesiedelt sind, suchen ihr konkretes, sinnliches Material, — ihre Darstellung in einer lebendigen Dimension. So ist eigentlich der Gestus Adornos ein durchaus didaktischer: er appelliert an 'lebendige Erfahrung', — an ein Moment von universaler Identifikation, ohne dieses jedoch explizit anzubieten. Der 'dramatische Diskurs' verfolgt ein Gleiches: aus dem Abstraktum des Textes, — also aus einem epischen Stoff, soll ein Stück unmittelbarer Anschauung erzeugt werden, — soll etwas erlebt werden können. Der Text verhält sich aber zu seiner Inszenierung nicht als Übergeordneter: — er wird (diesmal wirklich im strengen Hegelschen Sinne) in ihr aufgehoben. So, in Homologie, arbeitet Adorno nie mit Beispielen, um irgendwelche Theorien per Exemplifikation zusätzlich zu erhärten, sondern jedes Beispiel ist als Schauplatz 'des Lebens' gleichzeitig absolutes Kriterium der Tauglichkeit der Theorie. Das Beispiel ist ihm kein bei-Spiel mehr, sondern Inszenierung der theoretischen Intentionen. Wie bei Adorno Theorie eigentlich identisch ist mit den 'Beispielen', die sie anruft, so ist der Text des Dramas letztlich nur das, was eine Inszenierung aus ihm macht.

Das Drama war ursprünglich gedacht als 'moralische Anstalt'[42]. Was da geschaut wurde, sollte der Läuterung des Publikums dienen, — sollte also aufklären. Das epische Moment an der Aufklärung sollte durch eine bestimmte Transformation in sinnlich erfaßbare 'lebendige Erfahrung' umgesetzt werden, um eine 'bessere' Wirkung zu erzielen. Wo aber der 'dramatische Diskurs' eine Eigendynamik gewinnt, da ist jenes Moment, in dem das Aufklärerische gestisch in eine Anklage mündet. Anklage gegen die Herrschenden[43], oder, wie in neuerer Zeit, gegen die sozialen Umstände (— so nach dem Brechtschen Motto, daß wir 'gut, anstatt so roh' wären, wenn nur die entsprechenden Verhältnisse so wären). Das Theater, so könnte man sagen, inszeniert Wirklichkeit gegen eine Wirklichkeit. Auch in den Texten Adornos wird immer etwas in Szene gesetzt, — wird immer an ein mögliches Glück appelliert. Dieser Appell aber verhält sich zum Negativen: die Möglichkeit von Glück wird nur im Scheitern aufgezeigt, und dieses Aufzeigen fungiert gleichzeitig als Anklage gegen diese Wirklichkeit. Wenn also gesagt werden kann, Adorno schreibe einen 'dramatischen Diskurs', so soll nicht übersehen werden, daß dieser immer auch ein ethischer Diskurs ist. Denn was soll so ein Diskurs, der zwischen dem Anspruch auf Wahrheit und der Insistenz auf Glückserfahrung deliriert, anderes machen, als diese Welt anzuklagen, die die Identität beider verhindert.

Der vor-ethische Themenkreis

Natur
Leid
Eros
Tod
Schein
Name
Versöhnung

Ursprünglich, d.h. der Planung dieser Arbeit nach, sollte hier eine Strukturanalyse der Schriften Adornos folgen. Sie sollte die Aufgabe haben, einen 'Themenkreis' herzuleiten, der das Adornosche Werk zu umspannen vermag. Zentral sollte hierbei die Ausarbeitung von Indizes stehen, die im Querschnitt der Adornoschen Texte nochmals so etwas wie eine geordnete Lektüre zulassen. Etwa in der Feststellung, daß bei Adorno sehr oft der Terminus 'inmitten' auftaucht. Untersucht man die diversen Textstellen, in denen dieser Terminus auftritt, so eruiert man ein Sinnimplikat im Sinne des Satzes: 'Inmitten einer durch und durch verhärteten Welt'. Solcher Satz, — so wäre der weitere Vorgang der Analyse, — beschreibt eine virtuelle Position des Subjekts, die sowohl die totale Immanenz als auch deren privilegierten Status mitdenkt. Das Subjekt könnte danach so eine Art Konstruktionspunkt der Welt sein (— was wiederum die Erbschaft Husserls im Adornoschen Text aufzeigen könnte); — es ist ebenso plausibel aber, daß das Subjekt nur zu sich selbst kommen kann, wenn es sich in die Mitte des ihm Fremden stellt; — wenn es alles Leid der Welt auf sich genommen hat, was freilich nicht geht, denn als singuläres Subjekt kann man doch nur immer wieder irgendwo am Rand stehen, — was wiederum die Unmöglichkeit von Subjektivität, — indiziert durch dieses 'Inmitten'; aufzuzeigen vermag. 'Inmitten' drückt weiterhin etwas Gefängnisartiges aus: das Subjekt ist gebannt inmitten seiner Konstituenten und der sozialen Verfassung. Hier wäre nun der Einsatz, um 'Natur' als Metapher für solche Konstituenten, oder 'Geschichte' als Metapher für die soziale Verfassung als Themen des Adornoschen Werkes zu eruieren. In sogearteter strukturaler Analyse werden hermeneutische Fragestellungen, wie etwa: 'Worum geht es bei Adorno?' substituiert durch Objektivierungsversuche auf einer signifikanten Ebene. Wenn es gelingt, die Wiederkehr gewisser signifikanter Strukturen (— etwa die Strukturierung, die der Index 'Inmitten' bewerkstelligt) aufzuweisen, so könnte man die hermeneutischen Implikate umgehen und den Themenkreis als einen faktisch im Adornoschen Text präsenten ansetzen. Strukturale Analysen steuern immer eine bestimmte Transformation des Textes an. Am ehesten wird dies in der Technik der Psychoanalyse deutlich, die ja auch so etwas wie eine strukturale Analyse vorstellt. Die Rede des Patienten wird nicht auf der Ebene ihrer indikativen 'Bedeutung' verstanden, sondern es wird vielmehr die Struktur der Rede selbst analysiert, um zu begreifen, was da eigentlich thematisiert wird. Zu Grunde liegt das Theorem, daß durch die Rede hindurch, sozusagen auf einem anderen Schauplatz sich etwas thematisiert, — eine Art Zentrum des Leidens, dessen vorrangiger Effekt es ist, sich in diversen Redegestalten zu wiederholen.

Warum auf diese strukturale Analyse verzichtet wurde, liegt an der Eigenart der Adornoschen Schriften selbst. Adorno, so sagten wir, schreibt einen dramatischen Diskurs. Das impliziert schon eine im Text vorhandene Trennung von Inszenierung (der Sprachgestalt) und thematischer Vorlage. Die Adornosche Reflexion darüber, daß die verwandten Begriffe ihrer selbst nicht mächtig sind, zeitigt eine gewisse Transparenz der Thematisierung in ihrer aktuellen Gestalt. Das meint, daß man, auch wenn man nicht unbedingt begriffliche Rechenschaft über die einzelnen Schritte in der Adorno-Lektüre geben kann, dennoch ein 'Gefühl' dafür bekommt, um was es geht. Strukturale Analyse hat nur dort Sinn, wo es um verdeckte Strukturen, — um eine verdeckte 'Semantik' geht. Bei Adorno wird deswegen kaum etwas verdeckt, weil in seinem Werk nicht Identität behauptet wird. Das Nicht-Identische, das Adorno in seinem Werk, explizit oder implizit, anvisiert, eröffnet a priori eine Transparenz auf das, was ihm zugrunde liegt. Strukturale Analyse versucht Thematisierungen aufzuzeigen, d.h. ein Thema zu eruieren, das eine aktuelle Sprachgestalt generiert. Bei Adorno, so könnte man sagen, sind die Themen so plausibel, daß es einer strukturalen Analyse nicht bedarf, — zumindest keiner expliziten. Nur wo der Begriff verdeckt, gilt es das aufzuzeigen, was verdeckt wird; — ist aber der Begriff bloß als Inszenierung gedacht, so liegt in ihm schon die Reflexion auf sein eigenes 'strukturelles' Fundament. Eine Berufung auf Plausibilität setzt aber in gewisser Weise eine Einheit dessen, was plausibel sein soll, voraus: — also im konkreten Fall die Einheit des Adornoschen Werkes. Diese ist gegeben, insofern die Adornoschen Texte an Widersprüchen laborieren, deren Unlösbarkeit, — also letztlich eine Ambivalenz thematisiert wird. Die Einheit ist nicht gegeben, wo die Ambivalenz zu einer Entscheidung geführt wird. Andererseits besteht ja 'wahre' Ambivalenz nicht darin, daß man sie behauptet, sondern daß man sich einmal so und ein andermal so entscheidet. Allen Adornoschen Entscheidungen, — d.h. allen versuchten deiktischen Ableitungen, liegt aber als Einheit eine Ambivalenz zu Grunde, die sich zwar in solchen Entscheidungen tendenziell aufhebt, aber selbst noch darin transparent bleibt. Das bedeutet keineswegs, daß irgendein relativistisches Moment im Adornoschen Werk zum Tragen käme: allein darin wird eine Dialektik von Allgemeinem und

Besonderem ausgetragen. So kann man sich zwar in der Reflexion die Behauptung der Ambivalenz (— also im Adornoschen Sinne der Negativität (s.o.)) leisten; — im Konkreten muß man sich aber, so schlecht und recht auch immer, entscheiden, und sei es, daß man seine Entscheidung in Passivität erlebt. Das ist dann genau der Modus der Abweichung, der den Adornoschen Texten den Charakter des Nicht-Einheitlichen gibt. Daß aber die Ambivalenz selbst, d.h. der Modus der Reflexion selbst einheitlich sein soll, wirft die Frage nach dem Abstraktionsniveau der Adornoschen Thematisierungen auf. So mag es eigenartig dünken, wenn Adorno immer ganz allgemein von Kunst (— in der 'Ästhetischen Theorie') oder auch von 'Philosophie', 'Geschichte', 'Natur' etc. spricht. Einzuwenden wäre dagegen (und auch mit Adorno), daß es beispielsweise 'Kunst als solche' gar nicht gibt und daß man daher unmöglich allgemein über 'Kunst' sprechen oder schreiben könnte. Darauf läßt sich aber wiederum mit Adorno erwidern, daß, wenn Philosophie noch möglich ist, sie emphatisch mit solchen Thematisierungen zu tun hat. Es ist eben die der Philosophie eigene Differenz, einerseits aufs Konkrete verweisen zu müssen, andererseits diesen Verweis nur in Rücksicht auf das Allgemeine durchführen zu können. Paradox formuliert, müßte Philosophie, wenn sie vom 'Glanz' spricht, immer auch die Ergebnisse der neueren Physik, — hier der Optik, mitdenken.

Denn vom Glanz kann sowohl einer sprechen, der den 'Glanz in den Augen des Anderen' beschreiben will, als auch der Physiker, der sich mit den Techniken des 'Glanz-Druckes' beschäftigt. Darin, — in dieser Partikularität der Begriffe, liegt ja diese Heteronomie, gegen deren 'Ausbreitung Philosophie Widerstand leisten soll' (s.o.). Wenn also Philosophie diese Partikularität aufheben will, so begibt sie sich notgedrungen auf ein gewisses Abstraktionsniveau, — mit dem Adornoschen Zusatz, daß 'gute Philosophie' darunter leidet. Die Frage, die sich angesichts solcher Partikularität stellt, wäre etwa die, woran man nun, wenn es glänzt, mit diesem Glanz sei. D.h. die Frage wird getragen von einem Bedürfnis nach Verbindlichkeit, — eine Verbindlichkeit, die das Partikulare in Rücksicht auf das Allgemeine aussprechen läßt, so daß dieses mit jenem noch die Verbindung halten kann, die in der signifikanten Seite des Begriffs angelegt ist. Denn in der bestimmten Existenz des Begriffs ist ja das Abstraktionsniveau vorgegeben. Eine Thematisierung faßt das Heteronome virtuell als Einheit, aber sie schließt nicht in dieser Einheit, sondern führt sie durch ihre divergenten Partikularitäten hindurch. So entsteht eine Art Transformation des Themas durch seine Thematisierung hindurch. Die Themen selbst wurden als 'vor-ethisch' bezeichnet. Das meint, daß der Raum, den diese Themen eröffnen, der Raum einer Ethik ist. Themen können nicht 'ethisch' sein; — ethisch ist das, was der Begriff durch diese Topoi hindurch an Differenz, an Erfahrung von Offenheit und Unvollständigkeit auf sich nimmt und danach, wenn er auf sich selbst zurückgeworfen wird, daraus macht. Ethik ist der 'letzte Ort' der Philosophie; — vor diesem, und sei es auch ein virtueller Ort, hat sie es mit Themen zu tun. Bei jedem kann man mit Fontane sagen, daß es 'ein weites Feld wäre', denn sie alle haben tendenziell einen universalen Charakter. Ethik, wie sie in der Einleitung gefaßt wurde, steuert aber genau solch einen Schluß an, — ein Beenden des Gedankens, der in seinem Aufhören ein 'richtiges Leben' entläßt. Könnte aber ein Gedanke aufhören, so würde das gleichzeitig seine Universalität implizieren. Bei Adorno tauchen diese Themen immer dort auf, wo ein analytischer Gedankengang in einen Appell mündet; — sie sind sozusagen Indizes für einen Übergang ins 'Reale'. Das 'Reale' fungiert als Grenzmarke, — ein Ort, wo das 'Spiel' des Denkens sich beenden will, weil es weiß, daß es auch 'Ernst' werden wird; d.h. ein Ort, an dem die Begriffe einer möglichen Erfahrung ausgeliefert werden, und diese Auslieferung noch einmal emphatisch als Reales thematisiert werden will.

Der Aufbau und die Folge der Themen haben die Form eines Kreises. Darin liegt keine artifizielle Konstruktion, sondern dies trägt lediglich dem Umstand Rechnung, daß die Themen in der Ausführung ineinander übergehen; — jene Hegelsche Erfahrung also, daß das Heteronome in der Exposition und Durchführung gleichzeitig eine Transformation und eine Wiederkehr des Gleichen ergibt. Die Themen kommen aber nicht, wie bei Hegel 'zu sich selbst', sondern wollen nur die Gestalt des Heteronomen nachzeichnen.

Natur

Was einem angetan wird, — das ist vorderhand die Erfahrung der eigenen Ohnmacht, aber auch die Erfahrung des Überlebens, — muß im Spannungsfeld von Empathie und Widerstand ausgetragen werden. Darin generiert sich der Begriff der Natur. Wie man sich zur Natur verhalten kann, hat sein Vorbild in der Interaktion zwischen Hiob und Gott.[1] Hiob ist immer versucht, das, was ihm angetan wird, als Gottes Willkür auszulegen und anzuklagen. Seine Läuterung besteht in der Einsicht, daß Gott mit einer universalen Vorhersehung geschlagen ist und von daher gar nicht willkürlich handeln kann. Der Vorwurf der Willkür bestünde ja darin, daß Gott die Folgen seiner Handlungen nicht vorhersieht (— oder daß er böse ist; d.h. er will das Unglück Hiobs, aber dann hätte dieser keinen Grund, sich weiter mit solch einem Gott abzugeben). Da aber die Natur Gottes seine Allmacht ist, was sich darin äußert, daß Gott gar nicht anders kann, als alles vorherzusehen, muß schließlich Hiob die Unsinnigkeit seiner Anklagen erkennen. Das Unrecht, das ihm angetan wird, ist forthin legitim, und er begnügt sich, den Namen des Herren zu loben. Er versöhnt sich mit seinem Gott, denn Gott steht seinerseits unter dem Zwang seiner Allmacht. Nun kann man aber, wenn schon der Einspruch sinnlos dünkt, versuchen, Gott zu überlisten: d.h. die Funktion seiner Allmacht zu erforschen, um sich im rechten Moment darauf einstellen zu können. Die 'Wilden' versuchen ja auch in ihren zahlreichen Zeremonien, auf ihre Götter einzuwirken. Und die griechische Mythologie[2] thematisiert immer wieder die Überlistung der Götter. Prometheus, der den Menschen das Feuer bringt, muß erst ein Gebot der Götter übertreten, und die Götter restituieren ihre Allmacht, indem sie ihn bestrafen. In zahlreichen Mythen wird die Gewinnung des Feuers als Anmaßung gegenüber den Göttern gehandhabt, denn der Mensch schafft sich mit dem Feuer einen 'eigenen Raum': die Kultur. Damit ist er aber nicht nur in Differenz zu den Göttern getreten; — das Antagonistische zur Kultur kann auch als das Prinzip der Natur gefaßt werden. Die Menschen sänftigen ihre Antagonisten, die Götter, um die Differenz zu überdecken, — um ihnen das Bedrohliche zu nehmen. Sie appellieren an eine Allmacht, die sie schon längst 'überlisten' wollten. Man kann auch die Natur als allmächtig setzen und ihr dennoch etwas abringen wollen, indem man ihr, etwa wie Engels, eine immanente Dialektik[3] zuschreibt. Das funktioniert dann so: Für die Verdauung von rohem

Fleisch wird der menschliche Organismus für etwa drei Stunden in Beschlag genommen. Wenn aber das Fleisch vorher gebraten wird, was bekanntlich früher mit Feuer geschah, so verkürzt sich die Verdauungszeit um zwei Stunden. Also hat hier der Mensch seine eigene Natur (— gleichsam die Götter) überlistet und kann die errungenen zwei Stunden für sein Wohl arbeiten (— was bei Engels noch als Steigerung der produktiven Kräfte erscheint). Daß man, um auf die Götter zurückzukommen, im Schweiße seines Angesichts sich ernähren muß, wird nicht mehr zu einem Willkürakt Gottes, sondern ist eine Tatsache der Natur, — ein Naturgesetz, das man einzig anerkennen kann. Im Akt der Anerkennung liegt die Chance der Erkenntnis: ist nämlich Natur an sich selbst gesetzt, — also unwillkürlich, so ist sie den Manipulationen hilflos preisgegeben. Das spielt sich, wie gesagt wurde, 'immanent' ab; — die Dialektik ist bei Engels in der Natur selbst. Da ist kein Prometheus mehr, der das Feuer bringt, sondern das Feuer ist selbst Natur, wie auch die 'natürliche Not' der Menschen, die sie zur Steigerung ihrer 'produktiven Kräfte' veranlaßt. Nicht der Geist, — der Leib, — also Natur selbst trägt die Dialektik in sich aus. Ein Moment daran ist auch für Adorno wahr:

> Das leibhafte Moment meldet der Erkenntnis an, daß Leiden nicht sein, daß es anders werden solle. *ND; 203*

Bei Engels und auch beim frühen Marx wird das, was hier als Episode der Urgeschichte erscheint, zum Universalprogramm von Geschichte. Die Not, die der Mensch von der Natur erfährt, wird aufgehoben; d.h. die Dialektik der Natur, in der sie selbst die produktiven Kräfte hervorbringt (zu denen auch die Erkenntnis — der Geist gehört) schlägt um in eine Abschaffung der Not, die dann auch eine Abschaffung der Natur ist. (Bei Engels läuft alles glatt; bei ihm wird die Natur am guten Ende beherrscht und die Not ist abgeschafft. Bei Marx erscheint dieser Gedanke etwas subtiler: die Natur insistiert weiter, aber die Menschheit wird einen versöhnlichen Austausch mit ihr pflegen. Eine genaue Bestimmung der Marxschen Position, was die Aussicht auf den Umgang mit Natur betrifft, ist auch deswegen schwierig, weil beim späteren Marx dieses Thema nur noch in Implikationen erscheint[4].)

Engels kommt dann dahin, daß er die Freiheit als Einsicht in eine Notwendigkeit definiert. Das hat Ähnlichkeit mit dem Modus, wie Hiob mit seinem Gott zurecht kommt. Die Natur, um wieder zu übersetzen, wird durch den Geist beherrscht, indem er den Zwang, der von ihr ausgeht, als Gesetz begreift, und sich danach richten kann. Hier macht Adorno nicht mehr mit:

Über den deutschen Idealismus hat sich das (...) auf Engels fortgeerbt: theoretischer Ursprung der falschen Versöhnung. *ND; 246*

Daß man mit der Einsicht in eine Notwendigkeit keine Freiheit gewinnt, ist zugleich Argument gegen die Naturwissenschaften samt positivistischem Weltbild. Heute, da die Heilswirkung des technologischen Fortschritts allemal angezweifelt wird, taucht dies Problem radikal in der Frage der Kernenergie auf. Der Preis, so heißt es, für die praktische Nutzung der Einsichten der Physiker sei zu hoch. Der Apparat, mit dem die Natur der Atome kontrolliert werden soll, stehe nicht in einem 'richtigen Verhältnis' zu dem, was die Atomenergie der Menschheit an Annehmlichkeiten bringe. Der Zwang, den man der Natur in der Manipulation ihrer Atome antut, schlägt zurück als Zwang gegen die Menschheit, die eben riesige Sicherheitsvorkehrungen treffen muß (— und trotzdem noch Angst hat). Dieser Umschlag von Zwang ist eigentlich Paradeigma der 'Dialektik' der Aufklärung; — handgreiflicher aber schildert es Adorno anhand von Schweizer Kühen:

Mit sichtlichem Behagen marschieren in den Bergen die Kühe auf den breiten Wegen, welche die Menschen angelegt haben, ohne viel Rücksicht auf diese. Modell dafür, wie die Zivilisation, die Natur unterdrückte, der unterdrückten beistehen könnte. *OL; 48*

Die Menschen unterdrücken die Kühe: sie zähmen sie und beuten sie aus. Dadurch haben sie aber in Kauf nehmen müssen, daß die Kühe in ihrer Nähe leben, was dazu führen kann, daß die Kühe nun ihrerseits sich auf Kosten der Menschen ein angenehmeres Leben machen, indem sie deren 'breite Wege' benutzen. Mit der Einsicht in Natur und der daraus resultierenden möglichen Freiheit wächst also auch das, was man berücksichtigen muß: im Falle der Kühe muß man sie einzäunen, — im Falle der Atomkraftwerke weit mehr. Die Natur, so könnte man schließen, behält also ihre Widerstandskraft und schlägt um so härter zurück, je mehr sie geknechtet wird. Das ist auch in den theoretischen Anstrengungen der Naturwissenschaften publik geworden; — spätestens seit der 'relativistischen Wende' weiß man, daß, je mehr geforscht wird, desto mehr Rätsel entstehen. Der Voyeurismus der Naturwissenschaft hat es fast nur noch mit verhängten Schlüssellöchern zu tun. Hier verhilft die Einsicht in eine Notwendigkeit, — etwa in die des Verhaltens der Elektronen, nicht mehr zur

Freiheit, sondern läßt eher die bisherigen Forschungsanstrengungen als Illusion erscheinen. Problematisch daran ist nur, — analog zu hermeneutischen Problemstellungen, — daß die Erkenntnis der Illusion unbedingt abhängig ist eben von den bisherigen Anstrengungen, der Natur etwas abzulauschen. Das läßt dann dies Verhalten gegenüber Natur als selbstevident erscheinen. Aber dieses Verhalten partizipiert an Religion. Es könnte ja auch einen Gott geben, ohne daß die Menschheit sich um ihn kümmern müßte; — Hiob könnte es ja egal sein, ob er sich mit seinem Gott versöhnt oder nicht. Aber Hiob glaubt nicht nur an Gott, — er nimmt auch Rücksicht auf ihn. Diese Rücksicht auf einen Gott kann man als Religion bezeichnen. Sie ist das Resultat einer ähnlichen Bewegung, wie sie Engels in seiner 'Dialektik' der Natur vorzeichnet: Die Menschen appellieren an die Allmacht, um sie zu brechen. Das Gebet oder das Ritual ist der Versuch, die Götter zu manipulieren, — zu manipulieren in Rücksicht auf ihre Allmacht. Ähnlich ergeht es dem 'Naturwissenschaftler': er statuiert Naturgesetze, um Natur zu manipulieren. Das Wissen um solche Gesetze soll bewirken, daß der Mensch den Zwängen der Natur ein Stück weit entrinnen kann. Die Manipulation der Natur muß aber immer wieder Rücksicht auf die Natur selbst nehmen, und zwar in einem proportionalen Maße zur Größe der versuchten Manipulation. Ist die Rücksicht gegenüber den Kühen in der Viehwirtschaft, die sich in den Zäunen ausdrückt, noch relativ unaufwendig, so wird dies im Falle der Atomkraftwerke wesentlich massiver. Von dieser Perspektive aus, die die Bewegung einer negativen Dialektik nachzeichnet, läßt sich fragen, ob der Fortschritt überhaupt stattgefunden hat, oder ob es nur eine Transformation des Banns gab.

Es gab aber immer Leute, die dies vorauszusehen glaubten. Die Romantiker, aber auch Schopenhauer, haben es ja schon gewußt, — nämlich daß mit Natur nichts anzustellen sei. Für sie ist die Immanenz der Natur, der Engels per Dialektik noch entrinnen möchte, eine hermetische Angelegenheit. Der Anspruch des Geistes, diese Natur zu beherrschen oder loszuwerden, wird als natürliche Illusion gehandhabt, womit ein Zirkel geöffnet ist, der sämtlichen späteren 'Naturphilosophien' eigen ist. Zu Recht, denn das Theorem geht ja dahin, daß der Geist um seine eigene natürliche Konstitution zirkuliert. Dieser Zirkel kann als versöhnlich gehandhabt werden, — kann aber auch als Topos des universalen Leids erscheinen. Bei Adorno erscheint dieser Zirkel als Bann, — jene Metapher im Adornoschen Werk, die immer dort ihren Einsatz hat, wo es um Natur geht. Natur, — selbst dort, wo sie als schön erscheint, etwa im Gesang der Nachtigall, ist durchwirkt von einem Bann, der all ihre Äußerungen begleitet. Sofern ist das eine Schopenhauersche Konstruktion[5]:

Dennoch lauert im Gesang der Vögel das Schreckliche, weil er kein Gesang ist, sondern dem Bann gehorcht, der sie befängt. *ÄT; 105*

aber nicht nur Vögel; — auch Murmeltiere:

Wer einmal den Laut von Murmeltieren hörte, wird ihn nicht leicht vergessen. Daß er ein Pfeifen sei, sagt zu wenig: es klingt mechanisch, wie mit Dampf betrieben. Und eben darum zum Erschrecken. Die Angst, welche die kleinen Tiere seit unvordenklichen Zeiten müssen empfunden haben, ist ihnen in der Kehle zum Warnsignal erstarrt; was ihr Leben beschützen soll, hat den Ausdruck des Lebendigen verloren. *OL; 48/49*

Die 'unvordenkliche Zeit' — ein Prinzip, das seit Schelling[6] seinen Spuk treibt, — ein Prinzip, das gegen die Hegelsche Selbstermächtigung des Geistes behauptet wird, — dies Unvordenkliche also ist, wie der Name sagt, durch das Denken als Tätigkeit des Geistes nicht einzuholen; bleibt somit vorausgesetzt und schlägt das Denken in einen Bann. Der Pfiff der Murmeltiere, vor dem man deswegen erschreckt, weil er den Bann des Ringens um das 'nackte Überleben' ausdrückt, könnte damit vielleicht Ähnlichkeiten mit der Tätigkeit des menschlichen Geistes aufweisen. Menschen unterscheiden sich von Murmeltieren aber gerade dadurch, daß sie erschrecken können; — d.h. daß sie des Banns inne werden. Dadurch leiden sie, während Murmeltiere bloß gebannt sind. Der Bann der Natur, der dann ungebrochen ist, wenn man sich nicht an ihn erinnert, kann somit auch das Bild eines versöhnten Zustandes abgeben; — der Bann, der im obigen Zitat die singenden Vögel beherrscht, wird, wenn der Mensch singt, transformiert:

Während der Gestus des Singens dramatischer Personen darüber betrügt, daß sie, auch als bereits Stilisierte, so wenig Grund zum Singen haben wie eigentlich auch nur die Möglichkeit, tönt darin etwas von der Hoffnung auf Versöhnung mit Natur: das Singen, Utopie des prosaischen Daseins, ist zugleich auch die Erinnerung an den vorsprachlichen, ungeteilten Zustand der Schöpfung. *KF; 35*

Die Versöhnung mit Natur, — also eine Aufhebung des Banns, indem man sich mit ihr einig weiß, ist das Anliegen der Romantik. Natur wird hier zum Mysterium zwischen 'Todesmühle' und 'unendlichem Glück'. Diejenigen, welche glaubten, der Natur etwas abtrotzen zu können, bleiben nach diesem Programm in einer Illusion befangen. Wer also Natur beherrschen will, dem entzieht sie sich. Nach Novalis sind diejenigen gemeint, die "mit scharfen Messerschnitten den inneren Bau und die Verhältnisse der Glieder erforschen. Unter ihren Händen starb die freundliche Natur und ließ nur tote, zuckende Reste zurück (...) ... aber wer eine innige Sehnsucht nach der Natur spürt, wer in ihr alles sucht und gleichsam ein empfindliches Werkzeug ihres geheimen Tuns ist, der wird nur den für den Vertrauten der Natur erkennen, der mit Andacht und Glauben von ihr spricht, dessen Rede die wunderbare, unnachahmliche Eindringlichkeit und Unzertrennlichkeit hat, durch die sich die wahren Evangelia, wahre Eingebungen ankündigen."[7] Die Früh-Romantik vertraut also der Natur, weil diese, als unvordenkliche, jeder gedachten Bestimmung einer 'glücklichen Menschheit' überlegen sein muß. Natur rebelliert gegen die Anstrengungen des Geistes, Identitäten, — also Frieden jenseits ihrer selbst zu schöpfen. Der Einspruch der vergewaltigten Natur, — das Bild, wie diese sich gegen die Illusionen des menschlichen Geistes ihr Recht verschafft, — also ein durchaus romantisches Bild, wird auch von Adorno gerne geschildert. Etwa in folgender Episode aus seiner Kindheit:

Dort (— in Ernsttal / r.s.) erschien eine Respektsperson, die Gattin des Eisenbahnpräsidenten Stapf, in knallrotem Sommerkleid. Die gezähmte Wildsau von Ernsttal vergaß ihre Zahmheit, nahm die laut schreiende Dame auf den Rücken und raste davon. Hätte ich ein Leitbild, so wäre es jenes Tier. *OL; 27*

Die Unbeirrbarkeit der Natur, — ihr plötzlicher Ausbruch hat die Aura des Echten, Wahren an sich, — erregt unwillkürlich Sympathie. So auch, — wieder geht es um Wildschweine, — ein Keiler, der der menschlichen List ein Schnippchen schlägt:

Solche bedrohliche Vernunft indessen konnte keineswegs den mächtigen Keiler beirren... *OL; 27*

Die Konstanz der Natur gegen die Konstrukte des Geistes verleiht ihr etwas Sicheres und Beruhigendes. So entsteht dann das 'romantische Leitbild' einer guten Natur. Adorno hingegen kann das zwar nachvollziehen; — allein er verbietet sich solches Leitbild. Der Modus des Einspruchs der Natur gegen die Artefakte des Geistes gibt für ihn bloß eine Konstruktion des Schönen ab:

Das Naturschöne ist die Spur des Nichtidentischen an den Dingen im Bann universaler Identität. *ÄT; 114*

So wäre die Identität der Respektsperson, — jener oben erwähnten Gattin eines Eisenbahnpräsidenten, gebrochen, indem eben die Wildsau keinerlei Repsekt zeigte. Das 'knallrote Sommerkleid', eine Alarmfarbe, die nochmals den gehörigen Respekt indizieren soll, hilft da auch nichts, denn auch die Wildsau bricht ihre eigene Identität als gezähmte:

— das wirkt dann schön. Adorno unterscheidet sich von der romantischen Konzeption der Natur insofern, als er nicht eine 'verfehlte Kultur' einer 'guten Natur' gegenüberstellt, sondern erstere gerade als Naturprodukt begreift.

Natur an sich ist weder gut, wie die alte, noch edel, wie die neue Romantik es will. Als Vorbild und Ziel bedeutet sie den Widergeist, die Lüge und Bestialität, erst als erkannte wird sie zum Drang des Daseins nach seinem Frieden (...). Der herrschenden Praxis und ihren unentrinnbaren Alternativen ist nicht die Natur gefährlich, mit der sie vielmehr zusammenfällt, sondern daß Natur erinnert wird. *DA; 227*

Was heißt das aber, die 'Natur zu erinnern'? — Etwa in dem Sinne, wie eine Wildsau ihrer Natur inne wird und dann losprescht? Dann aber wird sie zu der 'Bestie', die sie ist. Wenn Menschen bestialisch werden, womit im obigen Zitat der Faschismus gemeint ist, so haben sie sich ihrer Natur nicht erinnert, sondern haben sie als 'Vorbild und als Ziel' genommen. Der Mensch also, wenn er seiner Natur inne werden soll, kann keine Identität finden, wie die Wildsau, denn die Natur, mit der er es zu tun hat, ist selbst nicht mehr 'rein' oder authentisch. So taucht auch das Problem des Erinnerns von Natur in Mahlers Musik auf:

Aber Mahlers wache Musik weiß unromantisch wiederum, daß Vermittlung universal ist. Noch die Natur, die sie umwirbt, ist Funktion dessen, wovon sie sich entfernen möchte; ohne vermittelndes Bewußtsein behielte Verhängnis, der Mythos, das letzte Wort. *BM; 25*

Denn erinnerte Natur kann nie Natur sein. Im Akt des Erinnerns wird Natur unterbrochen, und glaubt man dann dennoch, es mit authentischer Natur zu tun zu haben, so wird sie zum Mythos.

Denn Natur, Gegenbild menschlicher Gewaltherrschaft, ist selber deformiert, solange Mangel und Gewalt ihr angetan werden. *BM; 26*

Der Mensch, solange er existiert, hat aber nie die Natur in Ruhe gelassen, — hat ihr immer schon Gewalt angetan, ganz einfach, indem er etwa die Wälder rodete. Nun ist es aber so, daß die Natur in sich selber ja auch nicht ohne Gewalt ist; — ganz einfach wiederum, indem sie selbst ihre Wälder zerstört, sei es durch Erdbeben, Brand oder anderes. Die Naturvölker, die pro Tag mühsam einen Baum fällen, sind um keinen Deut natürlicher oder unnatürlicher als die heutige Holzindustrie. Was also Menschen der Natur an 'Gewalt und Mangel' antun, ist die Gestalt der Natur selbst. Das bestimmt sie als geschichtliche, etwa nach dem Satz, daß Natur nur noch als deformierte zu bestimmen ist. Der Satz deutet aber begriffslogisch einen Widerspruch an, denn wenn man Natur als deformiert bestimmen kann, so müßte man sie ebensogut als undeformiert bestimmen können. Hier aber kommt eine eigenartige Dialektik zum Zuge: nicht die Deformation hat den Status der Negation, sondern der Appell ans Undeformierte. So konnte etwa Rousseau[8] nur in dem Moment sich auf einen 'Naturzustand' berufen, als die Unzufriedenheit mit dem Vorherrschenden überhand nahm, und es nahe lag, dieses als Entartung zu deklarieren. Als aber dann wirklich so etwas wie ein 'Naturzustand' erreicht werden sollte — also jeder in Marxscher Terminologie frei im Verkauf seiner Arbeitskraft war, hat die Deformation doch nur wieder zugenommen. Die Reaktion der Romantik, die dann das Feudalsystem als 'natürlicher' proklamierte, drehte also die ganze Geschichte wieder um. Adorno schildert etwas Ähnliches an einem zoologischen Garten:

Der Tiger, der endlos in seinem Käfig auf und ab schreitet, spiegelt negativ durch sein Irresein etwas von Humanität zurück, nicht aber der hinter dem unüberspringbaren Graben sich tummelnde. (...) Daß aber zugleich das Tier im Käfig wirklich mehr leidet als in der Freianlage, daß also Hagenbeck tatsächlich einen Fortschritt der Humanität darstellt, besagt etwas über die Unausweichlichkeit des Gefängnisses. Sie ist eine Konsequenz der Geschichte. *MM; 149*

Wenn Natur nur in ihren historischen Konsequenzen zu fassen ist, gleichzeitig aber diese Gestalt eben den Index oder das Prädikat der Deformation tragen kann, so stellt sie sich als Geschichte insofern vor, als sie ein Desiderat des Mißlungenen ist. Die 'Rücksicht', die Natur verlangt, erinnert daran, daß Geschichte als humane noch nicht stattgefunden hat. Etwa die Rücksicht auf die Schweizer Kühe, die man immer wieder einzäunen muß, oder die Atomkraft, die man fürchten muß, weil sie sich nicht so leicht beherrschen läßt wie die Kühe. Die Idee, Natur als Geschichte zu interpretieren, taucht bei Adorno recht früh auf:

... oder wenn es gelänge, die Natur da, wo sie als Natur scheinbar am tiefsten in sich verharrt, zu begreifen als geschichtliches Sein. *PF; 354/355*

Die Geschichte der Natur wäre somit eine Geschichte der Rücksicht; Rücksicht, die deswegen notwendig wird, weil der 'Prozeß der Zivilisation' quasi auf einer Achse des Mißlingens stattfindet, und darin eine Differenz sich generiert, deren eine Seite die Natur ist. Adorno, im tragischen Gestus der Minima Moralia, stellt das Erlöschen dieser Differenz, die Abschaffung der Natur in Aussicht:

Nur in der Irrationalität der Kultur selber, dem Gewinkel und Gemäuer, dem auch die Wälle, Türme und Bastionen der in die Städte versprengten zoologischen Gärten zuzählen, vermag Natur sich zu erhalten. Die Rationalisierung der Kultur, welche der Natur die Fenster aufmacht, saugt sie dadurch vollends auf und beseitigt mit der Differenz auch das Prinzip von Kultur, die Möglichkeit zur Versöhnung. *MM; 150*

Bleibt der Trost, daß die Rationalisierung der Kultur nicht vollends gelingen kann, und daß Natur bisher sich immer die Fenster selbst aufgestoßen hat. Die Frage, ob das Übel perfekt werden kann, thematisiert sich an der Natur so, ob die Versöhnung überflüssig wird, weil Natur vernichtet wurde. Natürlich würde Versöhnung überflüssig in dem Moment, wo es keine Natur, — also auch keine Menschen mehr gibt, aber das meint Adorno nicht. Grenz versucht es, Adorno interpretierend, so zu sagen: "Der ideologische Schleier kann so fest werden, daß er überflüssig wird und auch keine Übertreibung die Möglichkeit des Besseren festzuhalten erlaubt."[9] Es ist kein Optimismus, wenn man dieser Möglichkeit widerspricht: eher bleibt dieser Einspruch einer 'Negativen Dialektik' treu, die die Negativität, das Leid solange aufspürt, bis es 'vergeht'. Und das Leid vergeht mit dem Menschen oder mit der Versöhnung. So ist das epistemologische Phänomen, das sich im Namen der Ökologie ausbreitet, Anzeige dafür, daß, wenn gesteigerte Rationalisierung nach Adorno der Natur das 'Fenster aufmacht', diese dadurch nicht verschwindet sondern umso mehr auf sich aufmerksam macht. Absehbar ist beispielsweise, daß die Luftverschmutzung (respektive Ozon-Gürtel) katastrophale Ausmaße erreichen wird. Rationalisierung der Kultur wäre nun in der makabren, aber nicht undenkbaren Konsequenz vorstellbar, daß in das menschliche Atemsystem eingegriffen wird (— ein Eingriff, deren Vorform die Gasmaske darstellt), um so des Problems Herr zu werden. Wenn jedem Menschen bei Geburt ein Filter in die Luftröhre eingepflanzt wird, so wäre das Überleben der Zivilisation durch ihre eigenen Errungenschaften wieder ein Stück weit gesichert. Wenn auch hier nicht der Teufel an die Wand gemalt werden soll, so kann man dennoch ohne pathetische Übertreibung auf die pharmazeutische Industrie verweisen, deren Produkte Allegorie der Rücksicht sind, insofern die 'Rationalisierung' sich am Leib des Menschen als Natur bemerkbar macht, und der Mensch eben nur in Rücksicht auf diesen Leib leben kann. So ist dann letztlich der menschliche Leib der ausgezeichnete Schauplatz der Geschichte der Natur als des Mißlingens der Geschichte. Natur wird am Leib erfahren, insofern der Leib schon je diese Differenz vorstellt, die die Natur ist. So läßt sich auch die Funktion der Psyche, Grundlage aller Geistestätigkeit, als Rücksicht auf den Leib erhellen. Nicht nur im Adlerschen Sinne als Effekt irgendwelcher 'Organminderwertigkeiten'[10], sondern im Freudschen Sinne der 'Rücksicht auf Darstellbarkeit'. Der Leib stellt die Differenz als Mißlingen, — als Leid vor, und jedes Leiden hat leibhaften Ausdruck. Selbst dort, wo das Leid scheinbar ganz in die Immanenz des 'Geistes' entrückt ist, fordert der Leib in Akten der Selbstverstümmelung sein Recht[11]. Und vielleicht ist der Freudsche 'Todestrieb' nur als eine Metapher für Natur zu verstehen, die als Prinzip der Rücksicht, als leibhaftes Leid, dem, was sie als Mißlingen anzeigt, entweichen will: der Geschichte (— des Lebendigen); — entweichen, indem sie sie negiert.

Der tiefste Punkt, in dem Geschichte und Natur konvergieren, ist eben in jenem Moment der Vergänglichkeit gelegen. *PF; 357/358*

Und was sich als Vergänglichkeit anzeigt, wird als Leid erfahrbar.

Leid

Es ist nicht schön, zu leiden. Diesen Satz kann jeder als Maxime aussprechen, denn darin spricht sich sowohl eigene Erfahrung aus als auch eine Gewißheit, daß alle diese Erfahrung teilen können. Und solche Maxime vermag dem Dasein eine Bewegung vorzuzeichnen, die darin besteht, Leid zu vermeiden. Wenn man sie aber nachzuzeichnen versucht, so wird man bald feststellen, daß diese Bewegung nicht linear verläuft, etwa in der Betrachtung der Geschichte, die keineswegs eine Minimierung des Leids darstellt, obwohl, wenn ihr ein intentionales Moment zukommen sollte, es genau dieses der Verringerung von Leiden ist. Das universale Erklärungs-Paradeigma von geschichtlichen Vorgängen, — bis zu einem gewissen Grad auch das Adornosche, ist die Herleitung von Ereignissen aus einer sie verursachenden Not. In der Flucht vor der Not objektiviert sich nämlich gleichsam Subjektivität: d.h. es generieren sich daraus alle Begriffe von Notwendigkeit. So konnte Darwin sein revolutionäres Werk[1] als Grundlegung von Evolution, also eines objektiven Prozesses, nur in die Welt setzen, indem er das Leid-Paradeigma einsetzte. Die Arten, die vom Untergang bedroht waren, also im gewissen Sinne von Leid, transformieren sich (intermittiert durch ein Zufallsprinzip), um zu überleben. Dieser 'natürliche Prozeß' der Evolution, der auf dem Prinzip des Überlebens aufbaut, spiegelt sich in den Erklärungsversuchen der Human-Geschichte, indem das 'Überleben' abgeschwächt wird hin zu einer Verringerung der Not. Von den Wilden, die sich Häuser bauten, um nicht zu frieren, bis zu der orthodox-marxistischen Theorie, daß die Weltrevolution unweigerlich stattfinden wird, weil irgendwann die Massen ihr Leid satt haben werden; — all dies basiert auf dem Theorem, daß es ein universales geschichtliches Bewegungsgesetz gibt, das sogar für eine Ontologie herhalten könnte. Das Seiende befindet sich in Seinsweisen von 'gut' und 'böse', also in der möglichen An- und Abwesenheit von Leid, und seine Formung folgt der Vermeidung der Seinsweise, in der das Leid anwesend ist. Auch Heidegger[2] operiert implizit damit, indem er das 'Sein des Daseins' als 'Sorge' bestimmt, und Sorgen macht man sich bekanntlich nur, wenn Leid in Aussicht steht. Empirisch ist das aber, wie gesagt, nicht einlösbar, denn man kann unmöglich sagen, daß die Menschheit in ihrer Geschichte immer weniger gelitten hätte. Und auch die Geschichte jedes einzelnen Individuums ist keineswegs durch die Abnahme von Leid geprägt. Das liegt nun an der Heterogenität der

Bewegung, die das Leiden fliehen will, denn wie man vom Regen in die Traufe kommt, so hat das Leid einen Mechanismus der Selbstreproduktion:

Es gehört zum Mechanismus der Herrschaft, die Erkenntnis des Leidens, das sie produziert, zu verbieten, und ein gerader Weg führt vom Evangelium der Lebensfreude zur Errichtung von Menschenschlachthäusern so weit hinten in Polen, daß jeder der eigenen Volksgenossen sich einreden kann, er höre die Schmerzensschreie nicht. *MM; 75*

Das Mißlingen dieser Bewegung der Verringerung von Leid macht sie gleichsam zur Negativität, woraus sich dann aber keine mögliche Transformation der oben erwähnten Ontologie in eine negative ableiten läßt, denn man kann ja nicht sagen, daß die Anstrengungen der Menschheit, ihr Leid zu verringern, zwangsläufig das Leid manifestieren. Obwohl das Adorno im Pathos der 'Minima Moralia' andeutet:

Die Logik der Geschichte ist so destruktiv wie die Menschen, die sie zeitigt: wo immer ihre Schwerkraft hintendiert, reproduziert sie das Äquivalent des vergangenen Unheils. *MM; 65*

— läßt sich das als negative Geschichtsontologie nicht festschreiben, denn damit hätte man den 'Weltgeist' bloß zum 'Weltungeist' deklariert, und über Hegel (s.o.) wäre man nicht hinausgekommen. Bleibt die Ambivalenz, die Heterogenität der Bewegung der Verringerung des Leids. Die Struktur dieser Heterogenität zeigt sich in der Doppelbedeutung des Wortes 'negativ' an; — einerseits wird damit das Schlechte, Unheilvolle und damit das Leid benannt, — andererseits die Konstitution des Subjektiven als 'Macht der Verneinung'. Diese beiden Momente werden im philosophischen Gebrauch des Begriffes der Negativität fast nie zusammengedacht: das Bedeutungsmoment des 'Schlechten' wird meist zu Gunsten dessen der subjektkonstitutiven Verneinung vernachlässigt. Erst bei Freud finden sie wieder zusammen, und zwar in dem kleinen Aufsatz über die 'Verneinung'[3]. Auch in diesem Text wird die mögliche Ontologie zitiert: "Das ursprüngliche Lust-Ich will, wie ich an anderer Stelle ausgeführt habe, alles Gute sich introjizieren, alles Schlechte von sich werfen."[4] Das 'Lust-Ich' muß sich nun Mittel aneignen, um das, woran es leidet, auch von sich werfen zu können. Eines dieser ist die 'intellektuelle Urteilsfunktion', die, wohl bemerkt, die Aufgabe hat, dieses Lust-Ich im 'Realitäts-Ich' zu erhalten, also Ich-konstitutiv ist. Nichtsdestoweniger hat diese Urteilsfunktion ihren Ursprung in der versuchten Abwendung von Leid. "Da es die Aufgabe der intellektuellen Urteilsfunktion ist, Gedankeninhalte zu bejahen oder zu verneinen, haben uns die vorstehenden Bemerkungen zum psychologischen Ursprung dieser Funktion geführt". Die Verneinung steht aber dann nicht mehr eindeutig im Dienste der Funktion des 'Von-sich-Werfens', sondern bietet gleichzeitig die Aufhebung der Verdrängung an: "Ein verdrängter Vorstellungs- oder Gedankeninhalt kann also zum Bewußtsein durchdringen, unter der Bedingung, daß er sich verneinen läßt". Damit ist die Verneinung als Tätigkeit des Bewußtseins immer auch Bedingung des Bewußtseins; — ebenso wie das erfahrene Leid die Bewußtseinsfunktionen generiert. Die Verneinung, so kann man mit Freud sagen, ist die Verlängerung eines psychischen Mechanismus in eine intellektuelle Urteilsfunktion. Erstaunlich daher Freuds Optimismus in der Ansicht, das Verneinte ließe sich 'besiegen'. Er konstatiert zwar, daß das "Wesentliche an der Verdrängung" durch die implizite Annahme, die in der Verneinung liegt, "fortbesteht"; — dann aber: "Es gelingt uns, auch die Veneinung zu besiegen und die volle intellektuelle Annahme des Verdrängten durchzusetzen". Mit der Aufhebung der Verneinung würde man auch das Leid annehmen, und das widerspricht jener 'ursprünglichen' Tendenz, das Leiden zu fliehen. Die Verneinung läßt sich schlechterdings nicht aufheben, was man sich einfach klar machen kann, indem man sich vorstellt, was es für ein Bewußtsein bedeuten würde, sämtliche 'Neins', die es von sich gibt, anzuzweifeln. Solch Bewußtsein wäre völlig ohnmächtig, — eigentlich überhaupt nicht existent. Die Verneinung als intellektuelle Verlängerung der Verdrängung (des Leidens) wird in dem Moment heterogen, wo sie einerseits das erzeugt, was das Leiden potentiell annehmen könnte, — nämlich ein 'Real-Ich', andererseits aber durch die Abwehr des Leids erzeugt wurde. Wenn man etwa sagt, 'ich habe keine Furcht', so kann man zwar dies als Verneinung ausgeben und übersetzen, daß 'ich doch Furcht empfinde'; — allein dieses Bewußtsein von Furcht wäre ein zu Vermeidendes, denn man will ja keine Furcht empfinden. Die Leistungen des Bewußtseins, sich bezüglich der Furcht etwas vorzumachen, treffen genau auf die Tendenz, Furcht zu vermeiden, — also das Bewußtsein von Furcht durch dessen eigene Leistungen einzuschränken. Damit verhärtet sich das Bewußtsein innerhalb seiner genuinen Funktionen, und der Fortbestand dessen, wovor man sich fürchtet, — woran man leidet, ist insofern gesichert, als nur die Wahl zwischen Anerkennung und Verdrängung von Leid bleibt. Freilich hat das Freud etwas anders gemeint: er dachte an die Rückverwandlung von 'neurotischem Leid' in 'genuines Leid' durch die Aufhebung der Verneinung; daß also das aktuelle, neurotische Leiden eine Art Verstrickung darstellt, der man nur entkommt, indem man das ursächliche Leid erkennt. Der Freudsche Optimismus, der die Versöhnung mit diesem 'genuinen Leid' in Aussicht stellt, wird aber von Adorno angezweifelt:

> Keine Forschung reicht bis heute in die Hölle hinab, in der die Deformationen geprägt werden, die später als Fröhlichkeit, Aufgeschlossenheit, Umgänglichkeit, als gelungene Einpassung ins Unvermeidliche und als unvergrübelt praktischer Sinn zutage kommen.
> *MM; 69*

Die psychoanalytischen Behandlungsziele interferieren mit den hier von Adorno aufgezählten Charakteristika: Umgänglichkeit und Aufgeschlossenheit wären nach Freud durchaus den erwünschten Resultaten einer Analyse inbegriffen. Es geht aber in der Psychoanalyse wie bei Adorno um die Frage, welche Transformationen das Leid zuläßt. Was dagegen die Idee der Abschaffbarkeit des Leidens betrifft, so steht dahinter immer die Annahme, daß in der Anerkennung des Leidens gleichsam etwas wie dessen Aufhebung geschieht. Heideggers Entwurf einer 'eigentlichen Daseinsweise' beruft sich genau auf die Annahme der Sorge, des Leids.[5] Das heißt aber nicht weniger als die Vermeidbarkeit von Verdrängung. Das folgt einem 'idealistischen Motiv', welches die Gestalt von Erfahrung als einer materiellen der geistigen Tätigkeit subsumiert, daß also Wissen vor Leid schützen könnte oder daß dieses durch die Anstrengung des Begriffes eingedämmt wird. Nach Adorno ist dies nicht der Fall:

> Während diskursive Erkenntnis an die Realität heranreicht, auch an ihre Irrationalitäten (...), ist etwas an ihr spröde gegen rationale Erkenntnis. Dieser ist das Leiden fremd, sie kann es subsumierend bestimmen, Mittel zur Linderung beistellen; kaum durch seine Erfahrung ausdrücken: eben das hieße ihr irrational. Leiden, auf den Begriff gebracht, bleibt stumm und konsequenzlos. *ÄT; 35*

Das 'Bewußtsein von Nöthen' bleibt, so kann man sagen, eines von Nöten; — als begriffliches kann es nur verneinen, und in der Verneinung liegt der Fortbestand der Not. Fragt sich also, wie so ein Bewußtsein aussehen könnte. Festzustellen wäre, daß der Terminus des 'Bewußtseins von Nöthen' in seiner Doppelsinnigkeit auf jedes Bewußtsein zutrifft. Wenn wer sein Leiden verleugnet, — also das verdrängt hat, was eigentlich nicht zu verdrängen geht, und dies sich dann in aggressiven Akten oder sonstigem offenbart, kann man ja auch sagen: 'Hier ist ein Bewußtsein von Nöthen'; — denn damit hat man ja gesagt, daß hier ein Bewußtsein fehlt. Und das, was hier an 'falschem Bewußtsein' da ist, ist ja auch eines 'von Nöthen'. Allerdings zeigt sich diese

Not nicht dort, wo sie einen Eindruck hinterließ, sondern drückt sich an 'falscher Stelle' aus, — bzw. ihr kommt ein 'falscher Ausdruck zu'. Das Kriterium, an dem sich die verschiedenen Modi eines Bewußtseins von Nöten unterscheiden können, wäre das des 'richtigen Ausdrucks'.

Aber nicht durchaus verbleibt der Ausdruck im magischen Bann. Daß es gesagt, daß darin von der gefangenen Unmittelbarkeit des Leidens Distanz gewonnen wird, verändert es so, wie Brüllen den unerträglichen Schmerz abschwächt. *ÄT; 178/179*

Aber hier hat man es wieder mit der Adäquanz des Ausdrucks zu tun: sicherlich ist es richtig, wenn einem der Zahn gezogen wird, zu brüllen; — ob man allerdings bei 'seelischem' Schmerz ein Gebrüll veranstalten soll, wie es die sogenannte 'Primär-Therapie'[6] empfiehlt, bleibt fraglich. Wieder muß im Moment des Ausdrucks ein Stück Konstruktion wirken, um mögliche 'Authentizität' zu erreichen. Authentisch am Leid ist nämlich nicht nur das Gebrüll, sondern ebensosehr das 'Nicht-Brüllen-Wollen', — das Moment der 'Rationalisierung', hier im neutralen Sinne verstanden.

... Ausdruck (ist) die Negativität des Leidens, Konstruktion (ist) der Versuch, dem Leiden (...) standzuhalten. *ÄT; 381*

Konstruktion im Ausdruck von Leiden ist der Versuch, den Modus der Abwehr des Leidens dem Leiden selbst adäquat zu machen und damit ein richtiges 'Bewußtsein von Nöthen' zu erreichen. Wenn man also zum Zahnarzt geht, so kann man ohne Bedenken, so es etwas hilft, brüllen. Dies ist zugleich Ausdruck wie Konstruktion, denn man brüllt ja normalerweise nicht, und erlaubt es sich nur, um dem 'Leiden' standzuhalten. Wichtig ist hier aber, daß man weiß, wozu die Schmerzen, die man beim Zahnarzt erleidet, gut sind. Das weiß man aber bei dem Leid, das einem durchschnittlich zustößt, gar nicht so genau. Meist fragt man sich vergeblich, warum man das und das erleiden muß. Das heißt, man kann das Leiden solange nicht annehmen, wie es die Gestalt der Grundlosigkeit vorstellt. Also generiert sich die Idee der Notwendigkeit des Leidens, um es auf diesem Raster annehmen zu können: von Hiob, der die 'Natur Gottes' begreift, über das Dogma der Erbsünde bis zu Freud. Auch in der Psychoanalyse spielt das Opfer eine nicht übersehbare Rolle im 'Heilungsprozeß': Die Beschädigungen, die das Individuum als neurotisches konstituieren, müssen angenommen werden, bevor sie 'bearbeitet' werden können. Das erkannte, 'genuine' Leid, das sich in eine neurotische Verstrickung emaniert, ist irreversibel: — der Ausweg, den die Psychoanalyse anbietet, ist der der Opferung an die eigene Geschichte, indem man sie 'anerkennt'. Natürlich steht dahinter die Idee, daß in der Anerkennung des 'ursprünglichen Leids' ein größeres, das in der mißglückenden Verdrängung liegt, ausgesetzt werden kann. Eine neurotische Verstrickung, die als 'unrealistisch' eingesehen wird, opfert narzißtische Ansprüche zu Gunsten eines 'Real-Ichs', das seinerseits die Züge der Anpassung, — also Opferung an Realität trägt. Damit wird die Frage nach der Ökonomie des Leidens evident: Wenn ein Opfer vor etwas beschützen, — also heilen soll (— welche Idee die Psychoanalyse mit der Religion verbindet), so macht man damit eine Kosten-Nutzen-Rechnung über den Glücksanspruch des Ichs in seiner Geschichtlichkeit auf. Bei Adorno aber heißt es:

Die Geschichte der Zivilisation ist die Geschichte der Introversion des Opfers. Mit anderen Worten: die Geschichte der Entsagung. Jeder Entsagende gibt mehr von seinem Leben als ihm zurückgegeben wird, mehr als das Leben, das er verteidigt. Das entfaltet sich im Zusammenhang der falschen Gesellschaft. *DA; 51/52*

Somit wäre jede Anerkennung falsche Affirmation des Leidens, denn der Verzicht ist nur gegenüber einer 'falschen Gesellschaft' als notwendig deklarierbar. Solange also Gesellschaft falsch ist, ist jedes Leiden in ihr nicht notwendig.

Nichts wird der Menschheit nur von außen angetan: das Verstummen ist der objektive Geist. *MM; 180*

Das 'Verstummen' — die Ausdruckslosigkeit des Leidens als Hingabe an es, manifestiert nochmals die Not. Man sollte also im Leid auf die 'Außen-Zuschreibung'[7], — wie es in der modernen Psychologie genannt wird, verzichten. Das bringt aber ungeheure Schwierigkeiten mit sich, — nämlich dem grundlosen Leiden, — etwas, was einem nicht von 'Außen' angetan wird, standzuhalten. Jeder Liebeskummer sucht irgendeinen Grund für das Scheitern und kann sich schwerlich auf die 'falsche Gesellschaft' berufen. Das Leiden rationalisiert sich, — diesmal im schlechten Sinne des Wortes, a priori. Das Leid sucht seine Identität in einer Notwendigkeit seiner Existenz, — und bevor man die 'gesamte Identitätsphilosophie Lügen strafen kann' (s.o.), muß man erst das Leid als etwas Sinnloses fassen können. Die Reaktion aufs Leid erzwingt quasi aber eine Sinnzuschreibung, deren Adorno in Form einer Kindheitserinnerung gewahr wird:

Früh in der Kindheit sah ich die ersten Schneeschaufler in dünnen schäbigen Kleidern. Auf meine Frage wurde mir geantwortet, das seien Männer ohne Arbeit, denen man diese Beschäftigung gäbe, damit sie sich ihr Brot verdienten. Recht geschieht es ihnen, daß sie Schnee schaufeln müssen, rief ich wütend aus, um sogleich fassungslos zu weinen.
MM; 253

Zwei Seiten später heißt es, sicherlich nicht im Zusammenhang gedacht, aber in verräterischer Nähe geschrieben:

Eigentlich müßte ich den Faschismus aus der Erinnerung meiner Kindheit ableiten können. *MM; 255*

Der Faschismus, der ja großes Leid über die Menschheit gebracht hat, war selbst nichts anderes, als eine Reaktion auf Leid. Das Leid der Kleinbürger, aber auch großer Teile der Arbeiterschaft fand Ausdruck etwa im Antisemitismus. Es war die:

... sozialpsychologisch verifizierte Neigung (...), das Häßliche, mit Grund, dem Ausdruck des Leidens gleichzusetzen und, projektiv, zu beschimpfen. *ÄT; 79*

Das Leid kann nämlich so überwältigend sein, daß es keinen adäquaten Ausdruck findet, und zwangsläufig zu irgendwelchen Projektionen greift. Die Psychoanalyse hat solches nicht-faßbare Leid mit dem Begriff des 'Traumas' festgehalten. Bekanntlich entzieht sich jene traumatische Erfahrung der analytischen Behandlung, sofern sie, emphatisch gesprochen, eben unfaßbar ist. Das zieht den Zwang zur 'Wiederholung' nach sich; d.h. es geschieht so etwas wie ein Ausdruck des Leids, aber darin ist kein Moment von Konstruktion. Das 'Trauma' als Metapher für die 'Urgestalt des Leidens', — das, was Adorno die 'universale Niederlage, die das Lebensgesetz eines jeden einzelnen ist' nennt, hat den Charakter eines Prinzips. Es beschreibt den Bann des Menschen als seine Natur. Die Rücksicht als das, worin Natur erscheint, meint das Inne-werden der Vergänglichkeit. Verhält man sich aber gegen solches Leid, was eigentlich kaum geht, weil darin der Versuch des Aufbegehrens gegen die Vergänglichkeit liegt, so bleibt als Ausdruck dieses Verhaltens nur die Verzweiflung und die Trauer. Solange man verzweifelt oder trauert, hat man das Leid noch nicht als Notwendigkeit affirmiert; — in der Trauer und der Verzweiflung allein macht sich ein ungebrochener Anspruch auf schrankenloses Glück geltend. Daß nach Adorno 'uns nur die Verzweiflung retten kann', spricht aus, daß der Glücksanspruch als Universalutopie der Menschheit einzig in der Trauer darüber überleben kann, daß er sich nicht verwirklicht hat. Hört man nämlich auf, darüber zu trauern, so sabotiert man auch die Utopie. Die Trauer setzt somit das, was sie beklagt, nicht als Schicksal: sie sabotiert gleichsam jedes Schicksal, indem sie zwar den Verlust als Verlust bejaht, aber in dieser Bejahung die Notwendigkeit des Bösen ausspielt, — also die Zwangsgestalt negiert, indem sie trauert. Das Subjekt kann sich in dieser Verneinung der Verneinung, welche die Trauer insofern vorstellt, als in ihr das 'rationalisierende Moment' als Verneinung verneint wird, erhalten: — nicht als positives, zu-sich-selbst-gekommenes, sondern als Überleben des Anspruchs auf Glück durch die universale Versagung hindurch. Diese Unversöhnlichkeit gegenüber dem Trauma als Prinzip der leidvollen Erfahrung läßt sich aber nicht durchhalten. So wie man dem Mythos das Seine geben muß, um ihn zu überwinden, so muß man ab und zu auch dem Trauma erliegen, sich ihm opfern, um ihm standhalten zu können. Adorno beschreibt dies sehr schön:

Seit ich denken kann, bin ich glücklich gewesen mit dem Lied: »Zwischen Berg (! / r.s.) und tiefem, tiefem Tal«; von den zwei Hasen, die sich am Gras gütlich taten, vom Jäger niedergeschossen wurden, und als sie sich besonnen hatten, daß sie noch am Leben waren, von dannen liefen. Aber spät erst habe ich die Lehre darin verstanden: Vernunft kann es nur in Verzweiflung und Überschwang aushalten; es bedarf des Absurden, um dem objektiven Wahnsinn nicht zu erliegen. Man sollte es den beiden Hasen gleichtun; wenn der Schuß fällt, närrisch für tot hinfallen, sich sammeln und besinnen, und wenn man noch Atem hat, von dannen laufen. Die Kraft zur Angst und die zum Glück sind das gleiche, das schrankenlose, bis zur Selbstpreisgabe gesteigerte Aufgeschlossensein für Erfahrung, in der der Erliegende sich wiederfindet. Was wäre Glück, das sich nicht mäße an der unmeßbaren Trauer dessen, was es ist? Denn verstört ist der Weltlauf. Wer ihm vorsichtig sich anpaßt, macht eben damit sich zum Teilhaber des Wahnsinns, während erst der Exzentrische standhielte und dem Aberwitz Einhalt geböte. Nur er dürfte auf den Schein des Unheils, die »Unwirklichkeit der Verzweiflung«, sich besinnen und dessen innewerden, nicht bloß daß er noch lebt, sondern daß noch Leben ist. *MM; 266*

Die Hasen üben 'Mimesis' an den Tod, und versöhnen sich in dieser Opferung damit, daß sie andauernd gejagt werden; — sie versöhnen sich wirklich, wo sie erkennen, daß das Opfer nicht notwendig war, aber das können sie erst nach dem Opfer erkennen. Die 'Unwirklichkeit der Verzweiflung', deren man inne werden muß, zeigt die Überflüssigkeit des Opfers an: die Trauer darüber, daß zu dieser Erfahrung dennoch das Opfer immer notwendig sein wird, bleibt. Immerhin aber kann sich auch auf dem Grunde solch-gearteter Trauer ein Glückserleben vollziehen. Das erfahrene Leid steht dem Subjekt, das in der Trauer überlebt, zur Transformation offen.

Eros

Eine der Transformationen, die das Leid zuläßt und die auch in der Sprache deutlich angezeigt wird, ist die Umwandlung in Leidenschaft. Leidenschaft meint eine zusätzliche Verwicklung des Subjekts im Objekt im Rahmen ihrer Interaktion, eine Art nicht-rationale Intensität im Tun. 'Zusätzlich' meint, daß man diese Intensität eigentlich gar nicht nötig hat, — daß diese Intensität keine Not wendet, sondern eher schafft. Als Mensch tut man aber fast immer mehr, als ums bloße Überleben zu kämpfen. Die Frage betrifft also den Überschuß über das bloß Zweckgebundene hinaus. Die gängige Antwort beruft sich auf eine Unabdingbarkeit der Lust, deren phänomenale Pluralität die Einheit ihrer Quelle nicht unbedingt verleugnet. Das wird dann als Eros gehandelt. Die Allmacht, die man ihm zuschreibt[1], kann aber nicht verhindern, daß sich die Einheit der Lust ständig am spezifischen Objekt auflöst. Der Eros hat es immer nur mit bestimmten Objekten zu tun. Seine Einheit ist nur analytisch als, — um den gediegenen Ausdruck anzustrengen — Entelechie erfaßbar. Die Bewegung des Eros, nämlich anstatt der direkten Einlösung der Lust (— als Spannungsverminderung), eine Distanz zu schaffen, deren Effekte eben Umwege, Einschränkungen etc. sind, — diese Bewegung wird von der Literatur über ihn nachvollzogen. Der 'Luxus im Eros' (Bataille[2]); — eben das Sich-Erlauben des Umwegs, ist nach dem Satz gedacht, daß der Mensch nicht vom Brot allein lebe, sondern als Beigabe immer noch Gottes Wort erheischt, — wohl, damit er Appetit bekomme. Das Brot will nicht nur gegessen sein, — es soll ihm ja auch schmecken, denn er will es emphatisch essen und nicht nur verzehren. Heute gewinnt an diesem Falle die Frage nach dem Umweg durchaus eine Aktualität: — die Möglichkeit der künstlichen Ernährung (— oder die Nahrungspillen) ist die Möglichkeit der Nahrungsaufnahme ohne Essen. Wenn man sich aber das so vorstellt, erweckt es unwillkürlich eine Art Grauen; — Grauen vor dieser elementaren Abschaffung der Lust (— am Essen). Ähnlich, aber etwas problematischer ist es mit des alten Horkheimers[3] Stellungnahme zur 'Papst-Enzyklika' gegen die Anti-Baby-Pille. Horkheimer reklamiert, daß die 'Pille' den Eros doch gewaltig einschränke, weil eben dadurch die 'Sehnsucht' (eine durchaus erotische Distanz) verloren gehe.

Schwierig wird es mit alledem seit Freud, der ja behauptete, daß diese Umwege gar nicht originär lustvoll sind, sondern irgendwann, sei es ontogenetisch, sei es stammesgeschichtlich mit Lust besetzt wurden, und zwar aus Not oder Versagung am direkten Weg. Die Umwege als Prinzip des Eros tragen also seit Freud den Verdacht ihrer Nicht-Authentizität betreffs der ihnen zugeschriebenen Lust mit sich herum. Und wirklich ist es nach Freud nur konsequent anzunehmen, daß das Essen als Akt für das kleine Kind etwas Unangenehmes ist; — daß es vielleicht die Anstrengungen der Nahrungsaufnahme lieber zu Gunsten einer künstlichen Ernährung verwerfen würde. Man sublimiert also in gewisser Weise in der Lust am Essen den Hunger, der ja eigentlich nach einer ad-hoc Befriedigung verlangt. Andererseits gehört es zum gesicherten Fundus der Anthropologie, daß der Mensch ein 'essendes Wesen' ist, und die Abschaffbarkeit dieser Tatsache wäre nur kontingente Historie. Es sei daher, — so wäre der Gedanke weiter zu führen, — gar nicht sinnvoll, von einer Nicht-Authentizität dieser Umwege zu sprechen, zumal das, was ein Umweg sei, je schon seinen historischen Ort hat und eigentlich nur nachträglich behauptet werden kann. Will man aber die Geschichtlichkeit des Eros erfassen, so wird es erst recht problematisch: Zuerst seine Entstehung aus einer 'animalischen Sphäre von Trieben' durch die Menschwerdung; d.h. der Mensch wurde unter Anderem erst dann zum Menschen, als er seine Triebe verleugnen konnte, — Triebe, die ihn in mancherlei Not brachten, und er eben im Verzicht diese Not wenden konnte. Der Luxus bestand fortan darin, daß er nicht ganz verzichtet hat, sondern bloß eine Distanz generierte, die sein Begehren noch zuließ und ihn zugleich vor Mißgeschicken schützte. Damit hört aber die Geschichte noch nicht auf: Im Zuge der universalen Rationalisierungsbestrebungen der 'Kultur' kam es zwangsläufig zur Frage (— die wohl de Sade[3a] als Erster radikal zu stellen vermochte), für was diese Distanz und all die Umwege eigentlich gut seien. Die Rationalisierung des Eros vernichtet ihn geichsam, denn Rationalisierung besteht a priori ja in dem Versuch, Umwege zu vermeiden. An diesem Punkt setzen auch die Adornoschen Überlegungen zum Eros an; — etwa so:

Sexualität, um deretwillen (sic) angeblich doch das Getriebe sich erhält, ist zu dem Wahn geworden, der früher in der Versagung bestand. *MM; 222*

Der Bann der Not um den Eros ist gefallen, — also muß man irgendwie zwischen den Polen, die der Eros umspannt, zurechtkommen: der animalischen Triebhaftigkeit 'authentischer' Lust eine Humanität abgewinnen, ohne daß es abermals in Askese und Unterdrückung ausartet. Dabei muß man aber der 'Irrationalität' des Eros Raum lassen, denn die 'rationale' Reduktion des Eros auf seinen vermeintlichen Ursprung, die eine Gesellschaft betreibt, die alle Tätigkeiten des Menschen auf die Bilanz von Kosten und Nutzen bringen will; — also das, was H. Marcuse die 'repressive Entsublimierung'[4] bezeichnet hat, ist auch nach Adorno verwerflich:

Sobald diese (— die Lust /r.s.) geringschätzig unter die Tricks der Arterhaltung eingereiht, selber gleichsam in schlaue Vernunft aufgelöst wird, ohne daß das Moment daran benannt wäre, was über den Kreis der Naturverfallenheit hinausgeht, kommt die ratio auf die Rationalisierung herunter. *MM; 72*

Die Affirmation des Eros als etwas Irrationales hat aber auch ihre Tücken, so wie Affirmationen des Irrationalen überhaupt etwas problematisch sind. Kann noch der jugendliche Adorno nachdrücklich auf den Eros verweisen (— in einem sehr frühen Aufsatz über Wedekind):

Das Ich wird entselbstet zur Zahl in der zwecklos und mechanisch ablaufenden Transformation des Lebensvorganges. Denn es hat den Eros verloren. *NL; 620*

— so kann das der ältere Adorno nicht mehr so leicht handhaben. Am Eros ist das 'mechanische Element' schlechterdings nicht abschaffbar: er partizipiert unbedingt am Animalischen. Darauf spielt ein denkwürdiger Absatz in den 'Minima Moralia' an:

Liebe verliert sich ans Seelenlose als an die Chiffre des Beseelten, weil ihr die Lebendigen Schauplatz sind für die verzweifelte Begierde des Rettens, die nur am Verlorenen ihren Gegenstand hat; der Liebe geht Seele erst an deren Absenz auf. So ist menschlich gerade der Ausdruck der Augen, welche denen des Tiers am nächsten sind, der kreaturhaften, fern von der Reflexion des Ichs. *MM; 224*

Das Phantasma der Rettung ist der Liebe eingeschrieben; seine Evidenz ist radikal dort erfahrbar, wo die Anziehungskraft des Anderen gerade von dessen Unmündigkeit, Hilflosigkeit oder Verlorenheit ausgeht. Krude und offensichtlich ist dies beim 'Helden', der ja meist eine Frau retten muß, bevor sie ihm gehört. (— Was anzeigen mag, daß es sich hier um ein männliches Phantasma handelt. Wenn die Frauen an diesem partizipieren, — und sie tun es, so vermag dies wiederum anzuzeigen, daß der Begriff der Liebe sich nicht im attributiven Niemandsland zwischen männlich und weiblich aufhält, sondern selbst männlich geworden ist.)

Indem man sich in der Liebe gegenseitig retten will, muß also erst eine Konstellation vorhanden sein, die Rettung ermöglicht. Und es entsteht Liebe auch meist dort, wo ein Anderer sich hilflos zeigt, — verstrickt etwa in diversen Neurosen oder Zwängen oder auch nur in Unwissenheit. Die Hilflosigkeit macht den Anderen gewissermaßen für den Anspruch (und 'Vollzug'?) der Liebe offen. Wenn aber die Begierde nach dem Anderen nur die ist, ihn zu retten, so verfängt sie sich in einer, wenn man so sagen kann, narzißtischen Dialektik, die nicht von Ungefähr Ähnlichkeiten mit der von Herrschaft und Knechtschaft aufweist. Wenn Adorno sich 'einzig dort geliebt' wähnt, wo 'schwach er sich zeigen kann', so bedeutet dies ein Einverständnis mit dem Rettungs-Phantasma der Liebe; — aber Adorno wähnt sich auch dann nur geliebt, wenn ihn keiner retten will, — also Stärke zeigt, denn er mißtraut der Rettung. Die immer wiederkehrende Sentenz, daß nur die Liebe in der Lage ist, die Menschheit zu retten, unterliegt einer solchen Dialektik: die Menschheit liebt nur, weil sie sich retten will, und die Begierde des Rettens ist nicht abtrennbar von der Begierde des Ichs, Macht auszuüben, indem es rettet. Das Ich will sich im Anderen, dessen Hilflosigkeit es als Vorwand für seine eigene nimmt, selbst erretten. Das Versprechen der Humanität in der Liebe, — daß sich nämlich in ihr die Menschen gegenseitig erlösen, scheitert daran, daß der Rettende immer die Preisgabe des Zu-Errettenden verlangt. Das spielt übergangslos in das strukturelle Fundament von Macht und Herrschaft hinüber, und äußert sich in der Liebe unter Anderem in der Eifersucht:

Eifersucht pocht allemal auf ein Besitzverhältnis, das die Geliebte zum Ding macht, und frevelt so gegen die Spontaneität, an der Liebe ihre Idee hat. *NL; 212*

Humanisierung des Triebes würde die Befreiung des Menschen bedeuten, und der Eros antizipiert ja in gewisser Weise, — und sei es auch noch so illusionär, diese Befreiung, indem er die Einlösung des Triebanspruchs als 'frei' setzt, insofern der Begehrende nicht mehr an das Objekt seines Begehrens fixiert ist, sondern sich auch Umwege erlauben kann. So antizipiert der Eros eigentlich die Versöhnung mit dem Anderen; — ein wesentliches Moment aller Utopie. Formulierungen über diese Utopie haben aber, wie gesagt, immer mit einer elementaren Antinomie zu schaffen: der Trieb als virtuell reiner verschafft sich Geltung nur im einen aggressiven Akt gegen den Anderen. Er ist, — um es einfach zu begründen, nicht auf Kommunikation oder Vermittlung sondern nur auf direkte Befriedigung aus; — d.h. der Anspruch des Anderen hat im Vollzug des eigenen Triebanspruchs kein Moment von Recht. Kommunikation, — das eigentlich Humane aber, unterbricht den Anspruch des Triebes, wobei die Äquivokation von Unterbrechung und Unterdrückung sich anbietet. Denn in dieser wird die Einlösung aufgeschoben, tritt an die Stelle der Erfüllung etwas anderes, —

eben ein Umweg. Die erotische Literatur[5], also Texte, die eine Fiktion des Eros veranstalten, lebt wesentlich von der Beschreibung der Aussparung des kommunikativen Aufschubs. Szenen einer sprachlosen Vereinigung, — Beschwörung einer unmittelbaren Koinzidenz von Triebansprüchen nehmen das Zentrum solcher Literatur ein. Und wirklich ist diese Vorstellung, und sei es als problematische, präsent; — nämlich daß man seinen Partner (— nach platonischer Bestimmung[6]) 'auf der Straße' sieht und findet, und sich ohne Umstände mit ihm vereinigen kann. Reale Versuche dieser Art aber scheitern zwangsläufig und übrig bleibt das als verwerflich deklarierte Ritual des 'jemanden-Anmachens'. Die Einsparung von Kommunikation wirkt aggressiv; — das Ideal des Triebanspruchs will aber genau diese Einsparung. Vor dieser Antinomie scheitert auch die Geschichte, oder besser umgekehrt: das Scheitern der Geschichte findet einen wesentlichen Ausdruck im Fortbestehen dieser Antinomie. Das führt Adorno zu einer, — wie man es von ihm erwartet, — pessimistischen Perspektive:

> Schwarz verhängt sich der Horizont eines Standes von Freiheit, darin es keiner Repression und keiner Moral mehr bedürfte, weil der Trieb nicht länger zerstörend sich äußern müßte. *ND; 281*

Der Horizont ist schwarz verhängt, weil man eigentlich nicht mehr sagen kann, wie es auszusehen hätte. Die begriffliche Anstrengung kommt immer wieder nur auf die Unmöglichkeit eines 'friedlichen Eros'.

Es kann aber auch sein, daß sich der Horizont gerade durch diese begriffliche Anstrengung schwarz verhängt, zumal, wenn man sich anstrengt, man nicht mehr in der Lage ist, der Lust sich hinzugeben. Das Scheitern einer Utopie des Eros könnte ja auch daran liegen, daß die 'intellektuellen Urteilsfunktionen', die das Leid abwenden wollen (s.o.), nur immer wieder das Glück, — oder hier: die Lust verhindern, denn so, wie das Animalische metaphorisch eine 'genuine Lust' meint, so ist es auch Allegorie für Naturverfallenheit; also Opferung. Die Utopie des Eros mußte daher gleichsam sich lösen von dem, was bisher eine Utopie generierte: nämlich angestrengtes Denken. Denken, das versucht, eine Wahrheit festzuhalten, wird die 'wahre Lust' als 'vergängliche Natur' verfehlen, denn die Lust kann schließlich nicht durch das, was sie unterbricht, befreit werden; — sie wäre es letztlich nur im Schweigen des Geistes[7]. Die Unmöglichkeit einer 'konzeptionellen Lust' verleitet mithin dazu, in der versuchten Konzeption einer Utopie des Eros auf etwas anderes zu verweisen; — auf etwas, was nicht durch die Geschichte scheiternder Utopien bis dato korrumpiert wurde und das die Konzeption durch ein Bild einlöst. Und da bietet sich dann auch tatsächlich eine Wendung an. Man wird nämlich dessen inne, daß Theorien etwas durchaus Männliches sind, und kommt so zwangsläufig dazu, den Ort einer Utopie im Bildnis des Weiblichen zu vermuten. Literatur über den maskulinen Charakter des Geistes bzw. logos und seiner Geschichte gibt es mittlerweile genug[8], — und Freud ging selbst sogar so weit, daß er die alleinige Existenz einer 'männlichen Libido' oder zumindest deren Primat behauptete[9]. Kein Wunder also, daß, wenn diese Libido samt 'sublimierender Geistestätigkeit' immer wieder auf ihre antinomische Konstitution stößt, die Ahnung der Möglichkeit einer weiblichen Libido die Aura der Utopie mit sich trägt. Was allerdings eine 'weibliche Libido' sein soll, läßt sich kaum sagen: vielleicht daß die 'Bejahung', die nach Freud dem Eros angehören soll[10], ein vages Bild davon gibt. Die Frau kann das Opfer, das ihr nach Freud in der Erfahrung ihrer Kastration zugemutet wird, deswegen annehmen, weil sie die Fähigkeit hat, Kinder in die Welt zu setzen. Ob nun Kinder ein Phallus-Ersatz sind (— eher ist es wohl umgekehrt) oder nicht, ist eher eine zweitrangige Frage. Wichtig für die 'Utopie des Weiblichen' ist die Annahme, daß die Frau nicht in der antinomischen Konstitution des (männlichen) Geistes, dessen Tätigkeit vorderhand in Abwehr, — also Verneinung besteht, gefangen ist. So auch ansatzweise bei Adorno, der, wenn einmal jener Horizont nicht schwarz verhängt sein sollte, dort immer wieder Frauen sieht; — vorzugsweise musikalische Frauen wie 'Carmen' und 'Lulu'. Letztere wird so beschrieben:

> Als absoluter Körper wird Lulu ebenso zur imago des fessellosen Glücks, wie im Blick ihrer »großen Kinderaugen« Seele erst sich bildet. (...) Kathartisch ist die Lulu nicht im Aristotelischen, sondern im Freudschen Sinn: sie holt das Verdrängte herauf, sieht ihm ins Auge, macht es bewußt und läßt ihm Gerechtigkeit widerfahren, indem sie ihm sich gleichmacht; höhere Instanz, vor der die Revision des zivilisatorischen Prozesses stattfindet. *BB; 168-170*

Hier wäre somit ein Bild humaner Erotik in der Frau gezeichnet, darin sich ein 'absoluter Körper' mit einer 'sich-bildenden Seele' paart. Die Katharsis, die dazu führt, ist aber zugleich eine Opferung. Lulu macht in einer Art von Mimesis, — einem Sich-tot-Stellen (s.o.) dem Verdrängten sich gleich, und stirbt dann auch wirklich. Mit ihr opfert sich auch die imago, denn bevor eine empirische Frau zu einer Lulu werden kann, muß sie die Geschichtlichkeit des Realen 'bewältigt' haben, was nicht so einfach ist, denn darin liegt die:

... archaische Frigidität, die Angst des weiblichen Tiers vor der Begattung, die ihm nichts als Schmerz antut. Lust ist eine späte Errungenschaft, kaum älter als das Bewußtsein. (...) Sie (— die Frau / r.s.) weiß, daß sie als die Gewährende seit Urzeiten zugleich die Betrogene ist. *MM; 112/113*

Das 'weibliche Tier' müßte sich demnach verweigern, — ist aber durch den zivilisatorischen Prozeß dazu gebracht worden, diesen Schmerz als Pflicht, — ja auch als diktierte Lust auf sich zu nehmen. Die Opferung an die Lust, die Bewältigung der eigenen Angst also, wird zum Moment der Utopie des Eros. Nur daß die 'empirische Frau' ihrer imago noch nicht gerecht werden konnte, — im selben Sinne vielleicht, wie der Mann kontinuierlich an der seinen scheitert:

Die eigene Lust hat zur Voraussetzung das schrankenlose sich Wegwerfen, dessen die Frauen um ihrer archaischen Angst willen so wenig mächtig sind, wie die Männer in ihrer Aufgeblasenheit. Nicht bloß die objektive Möglichkeit — auch die subjektive Fähigkeit zum Glück gehört erst der Freiheit an. *MM; 113*

Die Unfähigkeit der Frauen ist aber eine andere als die der Männer. Letztere sind quasi im eigenen Bann ihrer Konstitution, während die Frau als Unterdrückte diese ihre Unfähigkeit nicht hausgemacht hat. Ihre Ohnmacht korreliert vielmehr dem Bann der Männlichkeit, — des Patriarchalischen, indem sie in dessen Funktion eingespannt werden. Frauen müßten sich nicht nur aus dem eigenen Bann befreien, — jener archaischen Angst, — sondern sie hätten auch zur Aufgabe, den Fesseln männlicher Phantasien zu entkommen, — wie sie etwa von Adorno in der 'Dialektik der Aufklärung' beschrieben werden[11]. Und auch Lulu und Carmen bezahlen ihren utopischen Charakter mit ihrem Untergang: — die männliche Gesellschaft verträgt diese 'Generosität' (— vergl. Carmen/s.o.) nicht:

Die Nacht hat ihre Lust, aber die Hure wird doch verbrannt. Der Rest ist die Idee. *MM; 229*

Wie denn auch 'Frauen von besonderer Schönheit' nach Adorno gleichsam zum 'Unglück verurteilt sind' (*MM; 224*), so wird die Antinomie der männlichen Lust, die gleichzeitig auch den Frauen einen Bann auferlegt, zur Antinomie zwischen Mann und Frau. Das 'schrankenlose sich Wegwerfen', dessen die Frauen eher mächtig sind, und das die Männer gleichzeitig wollen und nicht wollen, — ein Umstand, den übrigens Freud in seinem Aufsatz über die 'Allgemeinste Erniedrigung des Liebeslebens'[12] schön festgehalten hat; — ist das eigentlich Problematische daran. Die uneingeschränkte Hingabe an den Anderen darf diesen nicht bedrohen; — vielmehr müßte der, der in den Genuß dieser

Hingabe gerät, diese nicht nochmals einschränken, indem er sie für sich beansprucht. Die Fähigkeit zur Hingabe ist deswegen bedrohlich, weil in ihr, — in diesem 'Wegwerfen' die tendenzielle Auflösung der Person enthalten ist. Als 'Nicht-Person' wird die (männliche) imago über die Frau zu der der Hure; instrumentelle Vernunft, mit solcher Hingabe konfrontiert, reduziert diese Gabe auf die ihr eingeschriebene Gesetzmäßigkeit des Tausches:

Zum Besitzverhältnis am Menschen, zum ausschließenden Prioritätsrecht, gehört genau die Weisheit: Gott, es sind alles doch nur Menschen, und welcher es ist, darauf kommt es gar nicht so sehr an. Neigung, die von solcher Weisheit nichts wüßte, brauchte Untreue nicht zu fürchten, weil sie gefeit wäre vor der Treuelosigkeit. *MM; 99*

Die Antinomie im Eros, nun als Antinomie zwischen Mann und Frau, generiert sich in der Differenz, die sich auftut, wenn der 'Austausch der Geschlechter' nicht nach den Prinzipien der 'geschlossenen Ökonomie' funktioniert; — also wenn die Hingabe nicht vertraglich fixiert werden kann, sondern die Spur der Lebendigkeit und damit auch der Vergänglichkeit an sich trägt. Die Angst des Mannes vor der Hingabe der Frau, die darin besteht, daß jener nicht um den Gegenwert weiß, der diese Hingabe einlösen könnte, und von daher auch immer mit dem Verlust konfrontiert ist; — diese Angst drückt sich dann im Ritual der Hingabe aus, einer Art Reglementierung, der die Frau unterworfen ist und somit um ihr Opfer betrogen wird. Diese Konstellation wird mit dem Satz: 'Es läuft nicht zwischen Mann und Frau'[13] als das Scheitern des Eros festgeschrieben. Von dieser Art Ontologie nimmt Adorno natürlich Abstand: Seine Perspektive der Unmöglichkeit begründet sich vielmehr darin, daß in der Totalität eines 'falschen Lebens' die Befreiung (— der Lust) ebenso total sein müßte wie das Leben selbst. Die Utopie geht daher nicht auf die partikulare Befreiung (der Frau), sondern auf das Verschwinden dieser Konstellation überhaupt; — und somit kann 'Hoffnung' nicht darauf zielen:

... daß die verstümmelten Sozialcharaktere der Frauen den verstümmelten Sozialcharakteren der Männer gleich werden, sondern daß einmal mit dem Antlitz der leidenden Frau das des tatenfrohen, tüchtigen Mannes verschwindet; daß von der Schmach der Differenz nichts überlebt als deren Glück. *PRI; 94*

Die Frage, ob die 'Schmach der Differenz' abschaffbar sei, spielt auch in die Philosophie hinein, ist doch, wegen der oben erwähnten 'männlichen Verfassung' des Geistes die Differenz zwischen Maskulinem und Femininem gleichbedeutend mit der Differenz von Eigenem und Anderem. Die Lust in ihrer empirischen Erscheinungsform, — also als etwas durchaus Männliches, generiert aber von sich aus die Differenz, an der sie schmachtet: sie will 'eigene Lust' sein, und folgt damit dem Motiv von Herrschaft:

Weil Lust und Schmerz ihrerseits die Erhaltung des mit sich identischen, sich selber durchhaltenden Ich voraussetzen, wird von diesem Ich-Prinzip aus das Lust-Prinzip eingeschränkt. (...); ohne ein solches Prinzip der selbsterhaltenden Vernunft (! /r.s.) würde schließlich auch der Begriff der Lust selber seine Voraussetzung und seine Möglichkeit verlieren. *PT II; 227*

Diese gegenseitige Abhängigkeit von Lust und Geist:

... wie denn stets Geistfeindschaft und Lustfeindschaft einander zugesellt sind. *KI; 281*

wird bei Nietzsche etwa krude zur Identität, indem die Wahrheit eben ein Weib sei. Wahrheit, nach der sich die philosophische Anstrengung richtet, ist ebensowenig zu haben, wie ein Weib, — und noch weniger zu halten.[14] Vollständige Lust würde demnach, und auch nach Adorno, das Aufgeben des Ich-Prinzips bedeuten, die Aufgabe der 'selbsterhaltenden' und damit 'ökonomischen' Vernunft. Adorno, der diese Art von Utopie des Eros teilt, traut ihr aber nicht, wenn sie sich als sich-einlösend behauptet. Es ist der bekannte Gestus: an der Utopie kann nur festgehalten werden, wenn die behauptete Wirklichkeit sich-einlösender Utopien radikal kritisiert wird. So ein Kommentar Adornos zu Kierkegaard:

... die Überspannung der Transzendenz der Liebe droht in jedem Augenblick in ein Finsteres umzuschlagen, die Demütigung des Geistes (...) in die nackte Hybris eines Geistes, der sich als souverän konzipiert und dem, bei aller Rede vom Nächsten, dieser nichts ist als der wesenlose Anstoß, die eigene schöpferische Allmacht als eine der Liebe zu erproben. *KI; 272*

Liebe als die Hybris des Geistes: das ist der narzißtische Fallstrick. Was Adorno hier an Kierkegaard aufzeigt, ist nichts anderes als die Begierde des Rettens, die umschlägt in den Anspruch auf Herrschaft. Und Herrschaft hat eines ihrer Motive in Selbsterhaltung. Wahre Liebe setzt also gewissermaßen den Tod oder gemäßigter: den Untergang des Liebenden im Anderen voraus[15], wenn die 'Schmach der Differenz' getilgt werden soll. Die völlige Hingabe wird so als Utopie problematisch, denn sie setzt ein Sich-Vergessen des Subjekts voraus, das doch andererseits seine Lust erleben will. Die Orgie als Metapher der Selbst-Auflösung wird durch das erinnernde Subjekt begrenzt. Die wahre Orgie wäre so der Tod; — diesen aber erlebt man wiederum nicht orgiastisch.

Tod

Die Anstrengungen des Subjekts, sich in der Reflexion etwa über den Eros selbst zu erhalten, erfahren den Einspruch prinzipiell im sei es auch noch so flüchtigen Gedanken an Vergänglichkeit. Das Wort von der 'grauen Theorie', so ideologisch es auch immer sein mag, hat an sich auch ein zwingendes Moment, das jeder, der 'Theorie' produziert, auch erfahren haben mag: wenn man nämlich so dasitzt und schreibt, die Lust also aufschiebt, taucht oft unwillkürlich die Frage auf, was das eigentlich soll, angesichts der Möglichkeit, daß 'wir morgen tot sind'. Eine mögliche Konsequenz wäre dann, das Bedürfnis nach Selbsterhaltung fahren zu lassen bzw. zu verdrängen, und nur für die Augenblicke der Lust zu leben. Diese Lebensform kann mithin als eine interpretiert werden, die auf den Tod Rücksicht nimmt, insofern ein Bild des 'glücklichen Todes' dahinter steht: die Vorstellung, an seinem eigenen Sterbebett emphatisch mit Neruda[1] sagen zu können, daß man 'gelebt' habe. Mit gleicher Rücksicht auf den Tod kommt aber Heidegger zu reichlich anderen Aussichten: — bei ihm soll die Faktizität des Todes, wenn sie denkend angenommen wird, zu einer Daseinsform der 'Eigentlichkeit' führen, die eben nicht darin besteht, in 'den Tag hinein zu leben', sondern die 'Sorge' propagiert; — eine Art 'vergeistigte' Lebensform, die auf unmittelbare Lüste nichts gibt[2]. Die Divergenz in den Konsequenzen über den vorgestellten Tod deutet an, daß vielleicht die Vorstellung des Todes, die einen Lebenszweck eruieren will, selbst problematisch ist, will man doch aus einem möglichen 'Nichtsein' eine Bestimmung des (Da-)Seins ableiten. Adorno verfährt hier apodiktisch, indem er die Möglichkeit einer denkenden Bestimmung des Todes als 'Nichtsein' a priori abweist:

> Dem Bewußtsein ist es unangemessen, den Tod als absolutes Nichts zu denken, das absolute Nichts denkt sich nicht. *DA; 192*

Das heißt, daß man den Tod nicht angemessen denken kann, — daß schon in jedem Versuch die Verfehlung angelegt ist. Dennoch kann das Bewußtsein nicht die 'Finger' von der Idee des Todes lassen, weil erstens jene konstitutiv für jede Bestimmung des Daseins ist, was sich nach einer ganz kruden und genuinen Dialektik von Anwesenheit und Abwesenheit[3] abspielt, so daß der Tod als 'bestimmte Negation' eben auch seine Bestimmung erfahren will (s.o.), und weil zweitens der Tod erfahrbar ist; — nicht als das, was er als 'absoluter' ist oder nicht ist, — aber als irgendwie gearteter sinnlicher Eindruck, der nach Darstellung verlangt, und sei es auch nur im Bilde eines Gerippes. Das, was nach einer Repräsentation des Todes verlangt, ihn also darstellen will, setzt sich unwillkürlich dem Verdacht der Metaphysik aus, denn der Tod vernichtet auch immer wieder das Bild, das einer sich von ihm macht.

Versuche der Sprache, den Tod auszudrücken, sind vergebens bis in die Logik hinein; wer wäre das Subjekt, von dem da prädiziert wird, es sei jetzt, hier, tot. Nicht nur die Lust, die (...) Ewigkeit will, sträubt sich gegen Vergängnis. Wäre der Tod jenes Absolute (...) so ist alles überhaupt nichts, auch jeder Gedanke ins Leere gedacht (...). Seine Idee spottet des Denkens kaum weniger als die von Unsterblichkeit. Aber das Unausdenkbare des Todes feit den Gedanken nicht gegen die Unverläßlichkeit jeglicher metaphysischer Erfahrung. *ND; 364*

Es fragt sich, ob die Erfahrung des Todes überhaupt anders als metaphysisch sein kann; — freilich ist Vergänglichkeit erfahrbar an der eigenen physis, etwa durch Verwundungen, die, nach V. v. Weizsäckers Worten nie 'heilen' können, und so immer eine antizipierte Spur des Todes vorstellen[4]. Vergänglichkeit wird auch erfahren an:

... geliebten Menschen hohen Alters; ihr Körper nicht nur, sondern ihr Ich, alles, wodurch sie als Menschen sich bestimmen, zerbröckelt... *ND; 364*

Ähnliches kann man auch an sich selbst erleben; solche Erfahrungen des Verlustes der eigenen Integrität (— sowie der Integrität sozialer Beziehungen) nehmen in gewisser Weise schon ein Sterben vorweg; — gleichwohl ist dieses Sterben 'lebendige Erfahrung' und nicht die des Todes. Was als dessen Idee und nicht nur Idee auftritt, könnte man als die metaphysische Essenz des Leidens bezeichnen. Todesängste, also Situationen, in denen man das Gefühl hat, daß man sterben muß oder nun tatsächlich stirbt, — diese Form von Hysterie ist also ein metaphysisches Gefühl, sofern die Hysterie ja auch eine bestimmte Art von Metaphysik vorstellt. Nur kann hier Hysterie nicht mehr als partikular-pathologisches Phänomen gehandelt werden, sondern eher als anthropologisches.

Die Reflexion über solche Erfahrung scheint zu mißlingen, da eben kein konkretes Objekt vorhanden ist, auf das sich der Geist kritisch besinnen kann:

Daß die Todesmetaphysiken entweder in Reklame für den heroischen Tod ausarteten oder in die Trivialität purer Wiederholung des Unverkennbaren, man müsse eben sterben, ihr gesamtes ideologisches Unwesen, gründet wohl in der bis heute fortdauernden Schwäche menschlichen Bewußtseins, der Erfahrung des Todes standzuhalten, vielleicht überhaupt sie in sich hineinzunehmen. Kein Menschenleben, das offen und frei zu den Objekten sich verhält, reicht aus, zu vollbringen, was im Geist eines jeden Menschen als Potential vorhanden ist; es und der Tod klaffen auseinander. Die sinngebenden Reflexionen über den Tod sind so hilflos wie die tautologischen. *ND; 361/362*

Die 'fortdauernde Schwäche des menschlichen Bewußtseins' in der Erfahrung des Leids nicht hysterisch in Metaphysik umzuschlagen, ist hier auch sehr fundamental angesetzt: das Auseinanderklaffen von Tod und geistigem Potential setzt ein Verdikt über die Todesreflexionen. Das Schweigen über den Tod als Tribut an seine Unsagbarkeit kann aber nicht die Konsequenz sein, weswegen auch Adorno immer wieder über den Tod schreibt, denn es existieren ja Todesmetaphysiken, die für sich beanspruchen, Hinweise auf ein richtiges Leben geben zu können. Die kritische Reflexion kann daher unterscheiden zwischen einer prinzipiellen metaphysischen Erfahrung (des Todes) und der Metaphysik, die man daraus macht. Mithin ist aber auch das Moment in der kritischen Reflexion über den Tod nicht auszuschließen, die metaphysische Struktur der Todeserfahrung selbst aufheben zu können.

Die Todesmetaphysiken, so wie sie in der abendländischen Kulturgeschichte erscheinen, sind allesamt gegen das Leben des Individuums konzipiert; so ist etwa bei Kant der Angelpunkt einer Konstruktion einer 'Metaphysik der Sitten' darin gelegen, daß das Leben nicht dem Individuum zugeeignet ist, sondern ein allgemein höchstes Gut darstellt[5]. Der Tod des Individuums ist daher nicht mehr dessen Angelegenheit (— weswegen es sich ja nach Kant auch nicht umbringen darf), sondern ist Teil einer unbedingten Allgemeinheit. Das Individuum wird somit von der Erfahrung des Todes vorsorglich entbunden, denn das Leben ist nicht sein Leben; — es partizipiert nur an diesem. Klarer und stringenter ist dies bei Hegel[6] ausgesprochen: das Individuum, eine unvollkommene Gestalt des Geistes, hat zu sterben, damit es sich in die Allgemeinheit, in die Gattung aufheben kann. Die Erfahrung des Todes wird auch hier ausgesetzt zu Gunsten eines Überlebens des Geistes.

Mit der geschichtlichen Inthronisation des Subjekts als Geist war die Täuschung verkoppelt, es sei sich unverlierbar. *ND; 362*

Die Aufhebung des Individuums in die Gattung ist eigentlich eine schiefe Konstruktion, wird sie an der Idee des Todes festgemacht. Vorzustellen hätte man sich dies nach Hegel primär in der Zeugung von Kindern, vielleicht auch durch die überdauernden Produkte der individuellen Arbeit, sei es nun, daß man Bücher schreibt oder daß man Bäume pflanzt. Nur erfährt das lebendige Individuum diese seine Produkte bereits als seinen Anteil an der Gattung, was daran liegt, daß nach dem Tod eines Individuums die Gattung nicht immer wieder neu entsteht, sondern daß das Individuum in seiner Gleichzeitigkeit mit der Gattung sich je schon an dieser definiert. Einfach gesprochen kann der, der nun Kinder gezeugt hat, sich sehr wohl von diesen unterscheiden; das Fortleben der Kinder hat nichs mit seinem Tod zu tun. Dies dürfte wohl zu den wesentlichsten Einsichten derjenigen Philosophie zu rechnen sein, die man 'subjektiven Idealismus' nennt, und die eigentlich nur von der Kampfansage an das Hegelsche System lebte. Kierkegaard etwa beteuerte die Absolutheit des Individuums und konnte von daher nicht umhin, den individuellen Tod im Kontext des Individuums und nicht mehr in dem der Gattung oder des Geistes zu begreifen. Der Tod wird bei ihm zur konstitutiven Erfahrung des Individuums: der Geist wird auf das 'Selbst' zurückgeführt[7], das sich in einer 'Krankheit zum Tode' eben als vergänglich und damit als Opferung erfährt. Das Leben selbst wird bei Kierkegaard zur zentralen Kategorie der Todeserfahrung, also des permanenten Leids an Vergänglichkeit, was dann als 'Verzweiflung' benannt wird. Der faktische Tod wird zum Epiphänomen, eigentlich irrelevant vor dem Todesbewußtsein: — die Metaphysik des Todes wird hier zur Maßgabe übers Leben. Wenn aber das Leben nach der metaphysischen Essenz des Leids gedacht wird, also a priori als Verzweiflung definiert wird, so gerät dies in einen Fatalismus, den der junge Adorno in seiner Habilitation über Kierkegaard so konstatiert:

In der äußersten Tiefe der existentiellen Dialektik: in der Apersonalität der Verzweiflung, in welche der bloße Geist des Existierenden durch die Strudel kreisender Wiederholung endlich versinkt, schlägt Kierkegaards Subjektivismus auf seinen Boden auf. Freilich wo er es am wenigsten vermeinte: nicht im ontologischen »Sinn«, sondern in der verewigten Sinnlosigkeit. *KI; 151*

Die Lösungsform, die Kierkegaard parat hält, ist die Definition der Verzweiflung als Sünde; — Sünde selbst wird als 'Trotz' definiert: "Sünde ist also (...) der potenzierte Trotz: Sünde ist die Potenzierung der Verzweiflung."[8] Der späte Adorno setzt auch die Kategorie der Verzweiflung zentral (— 'Nur Verzweiflung kann uns retten' (s.o.)), aber gegen Kierkegaard. Bei Adorno ist diese Verzweiflung eben nicht Sünde, sondern Basis eines 'kritischen Bewußtseins': — so auch im Problemkreis des Todes, wo der Umschlag der Verzweiflung in Trotz als etwas Positives erachtet wird; — ein Trotz, der dann Todesmetaphysiken nicht mehr nötig hat. Vorerst fehlt er noch:

Aber die Erfahrung des Bewußtseins gibt dem wenig Nahrung; sie hat, angesichts des Todes, nicht notwendig die Gestalt von Trotz, die zu erwarten wäre. *ND; 362/363*

Bei Kierkegaard wird diese Konstellation eingebettet in die christliche Dogmatik; — daß die Verzweiflung als Todesbewußtsein als Sünde traktiert wird, hatte in Deutschland gute Tradition. Klopstock hat den Unterschied zwischen 'bloßem Sterben' (— ein kreatürlicher Prozeß) und 'eines Todes sterben' in seinem wenig beachteten Drama: 'Der Tod Adams' thematisiert[9]. Die Aufgabe, — im doppelten Sinn des Wortes, — des Subjekts ist daher, an einen Gott zu glauben, da dies der einzige Weg ist, das Leben nicht als Qual zu erfahren. Das unvermeidliche Opfer des 'Selbst' an den Tod soll antizipiert werden in einem Opfergang zu Lebzeiten: — damit wird die permanente Todeserfahrung im Leben ausgesetzt. Das Subjekt soll sich von sich aus, — also per eigenen Entschluß zu Gunsten eines Gottes aufgeben, um das Leben in 'Frieden' leben zu können. Der Glaube hat dann etwa den Status eines Stimulus, der eine Extinktion von Todesbewußtsein bewirkt. Die metaphysische Komponente zeigt sich auch bei Kierkegaard in der Nivellierung des individuellen Todesbewußtseins. Das Subjekt hat angesichts seiner Verzweiflung eigentlich keine andere Wahl, als sich einem Gott unterzuordnen. Hierbei ist es für Kierkegaard gar nicht relevant, daß solch ein Gott selbst unsterblich ist. Der Tod wird von dieser unsterblichen Instanz aus gesandt, und mithin geht das Subjekt nicht 'an sich selbst' zu Grunde, sondern opfert sich an eine Unsterblichkeit. Das mündet in die Aufforderung, den Tod (— als Präsenz Gottes) auszuhalten, was Kierkegaard nicht weniger als eine 'ethische Aufgabe' begreift. Sowohl der Appell ans Aushalten als auch die Definition des Lebens als 'Sein zum Tode' leiten von Kierkegaard zu Heidegger über. Auch Heidegger will das Individuum durch den Tod, nicht wie bei Hegel der Gattung zugänglich machen, sondern es vor dieser retten. Dabei hat er es mit einem Individuum zu tun, das geschichtlich bereits starke Auflösungstendenzen zeigt; — die Fungibilität des Einzelwesens faßt Heidegger demnach so: "Zu den Seinsmöglichkeiten des Miteinanderseins in der Welt gehört unstreitig die Vertretbarkeit des einen Daseins durch ein anderes."[10] Die Sicherheit, sein eigenes Dasein zu leben, kommt erst mit dem Tod: "Der Tod ist, sofern er 'ist', wesensmäßig je der meine".[11] Die transzendente Lösung Kierkegaards, nämlich das Individuum durch diesen seinen Tod gleichsam vor einen Gott zu stellen, die Todeserfahrung umzumünzen in einen möglichen Bezug zu einem Gott, ist für Heidegger nicht angebracht. Das Individuum soll vor sich selbst Individuum sein können, und so wird der Tod zur 'Seinsmöglichkeit': "So enthüllt sich der Tod als die eigenste, unbezügliche, unüberholbare Möglichkeit".[12] Die Wahl der Kategorie der Möglichkeit scheint dem Rechnung zu tragen, daß der Tod nicht konkret erfahrbar ist; — andererseits wird aber eben durch diese Wahl die Objektivität der metaphysischen Erfahrung ausgesetzt:

> Der Tod wird der Faktizität entrückt, zum ontologischen Stifter der Ganzheit.
> *JG; 121*

Die Erfahrung hat es nie mit Möglichkeiten zu tun: das von Heidegger propagierte 'Vorlaufen in diese Möglichkeit' hat etwas von einer Vorwegnahme von Erfahrung. Wie dies aussehen soll, zeigt sich am ehesten in der Transformation der Kierkegaardschen 'Verzweiflung' mit dem anschließenden Glaubensbekenntnis in den von Heidegger benutzten Terminus der 'Sorge': Das hört sich vorerst nicht schlecht an: ein Mensch im Bewußtsein seiner Sterblichkeit soll sich Sorgen machen, also in gewisser Weise verantwortlich leben. Zwar sind es Allgemeinplätze, aber Heidegger führt es ja weiter: "Über diese scheinbar leere Charakteristik des Seins zum Tode hinaus enthüllt sich die Konkretion dieses Seins im Modus der Alltäglichkeit."[13] Dieser Alltäglichkeit will Heidegger entrinnen, denn das "...alltäglich verfallende Ausweichen vor ihm (dem Tod / r.s.) ist ein uneigentliches Sein zum Tode."[14] 'Eigentlich' wäre dieses: "Das Vorlaufen enthüllt dem Dasein die Verlorenheit in das Man-selbst und bringt es vor die Möglichkeit, auf die besorgende Fürsorge primär ungestützt, es selbst zu sein, selbst aber in der leidenschaftlichen, von den Illusionen des Man gelösten, faktischen, ihrer selbst gewissen und sich ängstigenden Freiheit zum Tode."[15] Das hat nun unbestreitbare Ähnlichkeit mit der von Adorno bewunderten 'schutzlos preisgegebenen Ewigkeit' bei Webern (s.o.). Nur daß die daraus resultierende Freiheit eine 'zum Tode' sein soll, macht diese 'Eigentlichkeit' für Adorno untauglich. Bei Heidegger ist ein stoisches Moment unverkennbar: die Angst vor dem Tode soll überwunden werden, — freilich, indem man durch sie hindurchgeht, um dann hinterher der Ataraxie zu frönen. Den Schutzmechanismus, der sich da abspielt, beschreibt Adorno so:

> Der Partisan der Eigentlichkeit begeht die Sünde, deren er die minores gentes des Man beschuldigt. Durch die Eigentlichkeit des Todes flieht er vor diesem. Was da in höherer als bloß empirischer Gewißheit sich ankündigt, reinigt ihn so falsch von Elend und Gestank des animalischen Krepierens wie nur ein Wagnerscher Liebes- oder Erlösungstod (...). Er (Heidegger / r.s.) wird durch das, was die Hochstilisierung des Todes zur Eigentlichkeit verschweigt, Bundesgenosse seines Abscheulichen. *JG; 129*

Das Ich soll bei Heidegger den Tod affirmativ aufnehmen, sich also quasi behaupten können, indem es sich die Unausweichlichkeit seines

Sterbens beteuert. Das setzt aber ein Ich voraus, das von seinem wesentlichen Anliegen, — nämlich nicht sterben zu wollen, absehen kann, denn:

... gerade weil der Tod nicht, wie bei Heidegger, die Ganzheit des Daseins konstituiert, erfährt man, solange man nicht debil ist, den Tod und seine Boten, die Krankheiten, als heterogen, ichfremd. *ND; 362*

Die Heideggersche Freiheit ist erkauft um den Preis der Selbstvergewaltigung: Das Ich hält den Tod nur aus, indem es sich selbst negiert, bzw. seine Lebensansprüche. Die Kontiguität solcher theoretischen 'Todeshaltung' zur Nazi-Ideologie in Form des soldatischen Gehorsams hat Adorno eindringlich im 'Jargon der Eigentlichkeit' geschildert. Diese Ideologiekritik tritt aber zurück vor dem Adornoschen Gestus, die 'hysterische' Art, mit dem Tod umzugehen, gegen die metaphysische Zwangsgestalt der Todestheorien in den Existenzialphilosophien auszuspielen. Die Einsicht in die krude Notwendigkeit des Todes, indem man sich also sagt: 'Du mußt sterben', trägt sicherlich die Züge eines Zwangscharakters. Allein es ist schwer, dies als Verfehlung auszugeben, denn die Wahrheit dieses Satzes ist unbestreitbar. Die hysterische Reaktion wäre das Aufbäumen wider eine mögliche Einsicht, indem man daran festhält, nicht sterben zu wollen. In der Vorstellung, wie einer daliegt im Sterben und immer noch verzweifelt weiter brüllt: 'Ich will aber nicht sterben', — in dieser Vorstellung siedelt Adorno Freiheit an:

Im Todeskampf der Kreatur, am äußersten Gegenpol der Freiheit, scheint die Freiheit unwiderstehlich als die durchkreuzte Bestimmung der Materie durch. *DA; 164*

Der Widerstand gegen die 'Bestimmung der Materie' kann aber auch ganz anders ausarten, denn nicht nur ist der Tod eine solche Bestimmung, sondern dieser kann nur auf Grund einer anderen Bestimmung der Materie, nämlich vergänglich-Lebendiges zu sein, definiert werden. Und wenn ein Mensch Widerstand gegen diese Bestimmung tätigt, etwa Selbstmord begeht, so tritt auch hier 'genuin menschliche Freiheit zu Tage'. Dieser Widerstand äußert sich recht weitläufig, in allen Arten von Destruktion an Lebendigem. Das nun findet seinen Ausdruck in dem, was Freud den Todestrieb nannte[16]; — ein Phänomen, das gegen jede Todesmetaphysik konzipiert wurde, bzw. eben die Metaphysik objektiviert. Schlüsselstellung nimmt hier der Begriff des Traumas an, welcher nichts anderes beschreibt als eine 'wirklich' metaphysische Erfahrung. Die physis in ihrer organischen oder psychischen (— narzißtischen) Integrität, — eine Integrität, die Freud als die

Vorherrschaft des 'Lust-Prinzips' verstand, wird verletzt und so eine Erfahrung evoziert, die sich jenseits der Integrität der physis und damit der physis selbst, — mit Freud jenseits des Lustprinzips ansiedeln läßt.[17] Solch traumatische Erfahrung zieht einen Zwang zur Wiederholung nach sich: das erlebte Leid wird reproduziert, was einen Stillstand bedeutet. Sofern man nämlich Leben als produktiven Prozeß auffaßt, was unter anderem auch heißt, daß Störungen integriert werden bzw. Leid 'bewältigt' werden kann, bedeutet die Fixierung den Abbruch dieser produktiven Bewegung und eine Wandlung in kreisende Stagnation. Damit wäre die traumatische Erfahrung und das, was als Todestrieb von Freud da inauguriert wurde, wesentlich das, was Adorno unter einem 'Bann' versteht. Den Tod nicht aushalten zu können und deswegen Haß gegen Lebendiges, das diesen Tod ermöglicht, zu empfinden; — diese Art von fundamentaler Unfähigkeit, mit Leid zurechtzukommen indem in der Flucht vor ihm es nur noch vergrößert wird, hat aber auch eine geschichtliche Dimension. Sie wird bei Freud grob angedeutet in einer etwas artifiziellen Biogenese[18]: der Todestrieb sei ein Modus des Lebendigen, seine 'anorganische Erbschaft' zu überwinden. Diese eigenartige Dialektik erklärt sich so: primitive Lebensformen können nicht sterben, und gerade weil sie nicht sterben können, ist ihnen eine Weiterentwicklung zu komplexeren, 'höheren' Formen versagt. Die 'Einführung des Todes' in die Natur hat also die Funktion, die Entwicklung des Lebendigen zu ermöglichen. Das korrespondiert dem Adornoschen Satz, daß noch die Einrichtungen der Menschen, die auf Selbstvernichtung hinauslaufen, vom Überlebenswillen der Gattung zeugen (s.o.). Somit wäre der Todestrieb ein Ausdruck für eine Antinomie im Lebendigen selbst; — worin sich allerdings auch hier Freud und Adorno unterscheiden, ist, daß Freud eher geneigt ist, diese Antinomie und den daraus resultierenden Bann einer biologischen Konstellation zuzurechnen, während Adorno das biologische Fundament der Menschheit je schon in der Sozialgeschichte aufgehoben weiß. Nach Freuds kulturtheoretischen Schriften gibt es eigentlich nur einen Balance-Akt von variablen Mischungsmöglichkeiten zwischen Lebens- und Todestrieben. Man kann sich aber bei Freud schwer vorstellen, wie die Geschichte, die ja den Menschen aus seinem Bann erlösen soll, indem eine Versöhnung mit Natur erreicht wird, überhaupt von statten gehen soll. Das Trauma als Quelle des Todestriebs legt gleichsam ein Siegel über die fortdauernde Beschädigung der Menschheit. Im Extrem hieße dies, daß der Mensch in Erfahrung seiner Sterblichkeit nie ethisch, — grob übersetzt: verantwortlich handeln könnte, und daß diese Verantwortlichkeit der Repression bedarf (— das, was man als den Freudschen Kulturpessimismus bezeichnet). Nach Adorno ist der Tod nicht nur Element einer Biogenese, sondern auch des Sozialen:

Die metaphysischen Kategorien sind nicht bloß die verdeckende Ideologie des gesellschaftlichen Systems, sondern drücken jeweils zugleich dessen Wesen aus (...). So fällt der Tod in die Geschichte, und diese läßt umgekehrt an ihm sich begreifen. *MM; 311*

Diese Geschichte wäre als die des Umgangs mit dem Tod auch die Geschichte des Traumas, bzw. seiner Integration und mithin auch eine Geschichte der Metaphysik. War der Tod zu 'Urzeiten' noch das Unverständliche, Heterogene, (— was die 'Wilden' dazu veranlaßt hat, den Tod immer als Aktion eines bösen Geistes anzusehen), so geht mit der Aufhebung des Totemismus auch diese Integration des Todes verloren. Je mehr Natur 'verstanden' und beherrscht wird, desto unverständlicher wird der Tod:

Die Fatalität, durch welche die Vorzeit den unverständlichen Tod sanktionierte, geht lückenlos ins verständliche Dasein über. Der mittägliche panische Schrecken, in dem die Menschen der Natur als Allheit plötzlich innewurden, hat seine Korrespondenz gefunden in der Panik, die heute in jedem Augenblick bereit ist auszubrechen. *DA; 29*

Gleichzeitig geht damit eine Privatisierung des Todes einher, die Ariès in seiner 'Geschichte des Todes im Abendland'[19] ausführlich beschreibt. War früher eine 'kollektive Hysterie' als öffentliches Ritual die gesellschaftliche Form der Verarbeitung der Todeserfahrung, so wird der Tod später immer mehr von diesem öffentlichen Schauplatz ins Private und Individuelle verlagert. Dem bürgerlichen Individuum blieb dann nur noch übrig, in Würde zu sterben; — in der Annahme des Todes als des seinen sich selbst nochmals zu konstituieren. Nach Adorno geht die Geschichte dann so weiter:

Folgerte einmal das Individuum (...) seine absolute Wesenhaftigkeit aus dem heraufdämmernden Bewußtsein von der Unwiderruflichkeit des Todes, so reißt der Sturz des Individuums die gesamte Konstruktion des bürgerlichen Daseins in sich hinein. Vernichtet wird ein an sich und vielleicht auch schon für sich Nichtiges. Daher die Dauerpanik angesichts des Todes. *ND; 363*

Mit der fortschreitenden 'Rationalisierung' aller Lebensbereiche wird auch das abgeschafft, was das Bewußtsein über den Tod einzig noch mildern könnte: die Gewißheit, gelebt zu haben. Heute aber erfährt man meist im Augenblick des Todes nur noch, daß man um alles betrogen worden ist. Sterben kann heute kaum noch ein 'Ziel' sein, denn wie das Leben, so wird auch der Tod immer unerträglicher. Die Geschichte ist zu dem Punkt fortgeschritten, wo:

... die Menschen nur noch krepieren. *MM; 313*

Ähnliches beschreibt auch E. Bloch in seinem 'Prinzip Hoffnung', in dem den Tod betreffenden Kapitel[20]. Allerdings mündet bei Bloch die Geschichte des Todes in die Erstellung einer Todesutopie, so nach dem Motto, wie der Tod durch ein richtiges sozialistisches Bewußtsein erträglich gemacht werden könnte. "Nur eine Art Menschen kommt auf dem Weg zum Tod fast ohne überkommenen Trost aus: der rote Held. (...) Und diese Gewißheit des Klassenbewußtseins, individuelle Fortdauer in sich aufhebend, ist in der Tat ein Novum gegen den Tod."[21] So wäre denn der 'rote Held' ein per Klassenbewußtsein zu sich selbst gekommener Weltgeist, der je schon den Tod nicht zu fürchten braucht, weil er die Gattung repräsentiert. Die Blochsche Utopie bedeutet, daß man durch das Bewußtsein hindurch das Traumatische der Todeserfahrung nivellieren könnte: — mithin ist auch dies eine Gestalt von Metaphysik, denn darin wird der Inkommensurabilität von Bewußtsein und Tod (s.o.) nicht Rechnung getragen. Die Geschichte des Todes kann nach Adorno nur dann als in Utopie umschlagend gedacht werden, wenn nicht versucht wird, das Bewußtsein auf den Tod einzutrimmen, sondern am Tod als faktischen selbst angesetzt wird. Die Versöhnung mit dem Tod (— das, was Bloch vorschwebt) ist deswegen nicht möglich, weil die Versöhnung mit dem Leben mißlang. Hierfür steht nach Adorno die Figur des 'Gracchus' bei Kafka ein:

Gracchus ist das vollendete Widerspiel der Möglichkeit, die aus der Welt vertrieben ward: alt und lebenssatt zu sterben. *PRI; 326*

Einer Gesellschaft, die die Natur rücksichtslos traktierte, bleibt nur die Flucht nach vorne: auch hier wirkt das Versäumnis sich so aus, daß die Reflexion auch die äußersten Möglichkeiten in Betracht ziehen muß. Das hat dann den Gestus einer verzweifelten Utopie:

Wie manche niedere Organismen nicht im selben Sinne sterben wie die höheren, individuierten, so ist angesichts des Potentials der Verfügung über organische Prozesse, das Umriß gewinnt, der Gedanke einer Abschaffung des Todes nicht a fortiori abzutun. *JG; 130*

Solch Gedanke wäre nun nicht versucht, die absolute Heterogenität und 'Irrationalität' des Todes zu mildern. Weniger vorsichtig spricht es Bazon Brock aus: "Der Tod muß abgeschafft werden, diese verdammte Schweinerei muß aufhören. Wer ein Wort des Trostes spricht, ist ein Verräter."[22] Das wäre die Artikulation dessen, was nach Adorno im

Todeskampf der Kreatur an Freiheit durchschimmern soll. Der irrwitzige Trotz, der sich darin ausspricht, verhält diese Utopie zum Negativen: Jenseits einer Gewißheit (— des Todes) versucht das Bewußtsein am Strang seiner genuinen Impulse (— nicht Sterben zu wollen) etwas zu artikulieren. Das wäre mithin ein 'ungeschmälertes Bewußtsein' des Todes. Freilich ist dieses nicht durchzuhalten; zumindest solange man lebt, hat man nichts davon. Es ist bloß der Wille, sich von der Todeserfahrung nicht 'dumm machen zu lassen'. Die hysterische Reaktion auf den Tod, — ein Moment von Täuschung, — ermöglicht solches Bewußtsein, wie umgekehrt dieses Bewußtsein nicht gegen hysterische Reaktionen sich sträubt.

Zumindest also existiert durch den Tod eine Spannung, die dem Bewußtsein an der Erfahrung eine Grenze setzt. Darin liegt, wie Adorno spekuliert, ein konstitutives Moment von Täuschung:

Man könnte zu anthropologischen Spekulationen darüber sich verleiten lassen, ob nicht der entwicklungsgeschichtliche Umschlag, welcher der Gattung Mensch das offene Bewußtsein und somit das des Todes verschaffte, einer gleichwohl fortwährenden animalischen Verfassung widerspricht, die es nicht erlaubt, jenes Bewußtsein zu ertragen. Dann wäre für die Möglichkeit des Weiterlebens der Preis einer Beschränkung des Bewußtseins zu entrichten, die es vor dem schützt, was es doch selber ist, Bewußtsein des Todes. *ND; 388*

Die komplementäre Spekulation hierzu wäre die Annahme, daß uneingeschränktes Bewußtsein gleichbedeutend mit Unsterblichkeit wäre, was sich sowohl in der gängigen Vorstellung von Gott als auch in der Paarung der Prädikate 'sterblich und fehlbar' ausdrückt. Weitläufig ist dies auch im 'Faust' thematisiert: Faust will, solange er sich nicht täuscht, leben, bzw. der Moment der Täuschung korrespondiert mit seiner Sterblichkeit. Dieser 'letzte, leere Augenblick', der zur Fülle des Daseins erhoben wird (— zweifellos eine Täuschung), besiegelt sein Todesurteil, aber auch seine Rettung; — indem er sich über mögliches Glück getäuscht hat, wird ihm die metaphysische Rettung der Auferstehung zuteil. Durch die Täuschung findet Faust sowohl die Gnade des Autors als auch die der 'heiligen Mutter'. Ähnlich verhält es sich mit der Möglichkeit von Sympathie zwischen Sterblichen: eine Person kann im Moment ihrer Täuschung einer anderen gefallen bzw. sympathisch werden. So wirken spontane Täuschungen, Versprechen, Fehlschlüsse oder einfach die Fixierung an ein Phantasma recht anziehend im Gegensatz zur mechanischen Präzision unbedingter Wahrheit. Daß letztere gar nicht möglich sei, ist hier gar nicht so wichtig: was Sympathie begründet ist der Gestus; — ob man also verbissen versucht, einer Täuschung zu entgehen, oder ob man sich der Möglichkeit dieser ausliefert; — emphatisch gesprochen: ob man lebt, sofern eben die Täuschung konstitutiv ist für Lebendiges. Adorno gesteht den 'großen metaphysischen Systemen', obwohl oder gerade weil sie auf einer Täuschung beruhen, mehr 'Glanz' zu als der verbissenen Wahrheitssuche der 'positiven Philosophie' (*ND; 377* s.o.) — wahrscheinlich sind sie ihm auch symphatischer. Die Metapher des 'Glanzes' steht ein für eine Täuschung, die das Leben lebenswert macht; — daß also nur in der

Auslieferung oder in der Preisgabe ans Unvollkommene 'Glück' erst entstehen kann. Der Glanz ist Schein; besser noch Widerschein, denn kein Gegenstand glänzt an sich (— also wesentlich), sondern er tut es nur, wenn er sich ins Licht der Sonne (— wieder eine Metapher fürs 'Leben') stellt. Der Glanz eines Gegenstandes ist seine Metaphysik.

Täuschung aber verleiht nicht nur dem Leben Glanz; die Not, die Täuschung nach sich zieht, äußert sich des öfteren auch gegen das Leben selbst. Auch der Faschismus hatte für diejenigen, die an ihn geglaubt haben, etwas von Glanz. Die Täuschung aber, der die Faschisten unterlagen, führte zur Katastrophe. Der Glanz müßte also an dem relativiert werden, was er an Folgen nach zieht. Natürlich ist ein einigermaßen kritisches Bewußtsein davor gefeit, auf den Glanz eines Phänomens wie Faschismus hereinzufallen, weil dessen Täuschungsmoment relativ leicht durchschaubar war:

Inmitten einer auf Monotonie sich zubewegenden Welt ging jenes Phantasma auf; Phantasma, weil es nicht an den Grund des Tauschverhältnisses rührte; sonst hätten die Sehnsüchtigen erst recht von dem sich bedroht gefühlt, was sie Gleichmacherei nannten...

ND; 83

Fast jede Sehnsucht aber rührt nicht an den 'Grund des Tauschverhältnisses'; — wird also das Rühren an diesem zum Kriterium, so kommt man in die große Versuchung, Subjektivität selbst abschaffen zu wollen. Denn das Subjekt ist jenes Phantasma, das sich im Prinzip seiner Unverlierbarkeit übers Tauschverhältnis hinwegtäuscht. Da aber Adorno Subjektivität nicht abschaffen will, muß im Schein selbst eine Grenze gezogen werden, die 'guten und bösen' Schein voneinander trennt. Daß diese Trennung prima vista von den Phänomenen selbst herkommt, stimmt nicht: Adorno gibt in den 'Minima Moralia' zahlreiche Beispiele davon, wie das scheinbar Harmloseste umschlagen kann ins Grauen. Andererseits muß diese Grenze, — dieser Unterschied auch von den Objekten kommen, sonst gerät man damit:

... in die Situation des Tausendfüßlers, der nicht mehr gehen kann, sobald er darüber nachdenkt, welchen seiner tausend Füße er bewegen soll. *DI; 107*

Der Tausendfüßler muß also blind seiner 'Motorik' vertrauen, um zu überleben. Ähnliches hat auch Adorno (s.o.) für den Menschen geltend gemacht: — wäre man aller Implikationen seiner Handlungsweisen inne, so verginge einem die Lust am Leben (s.o.). Auch die Konsequenz, die noch der 'junge Adorno' aus den Sentenzen der 'Minima Moralia' zieht, — nämlich die Vereinsamung durch die Weigerung des Subjekts, sich vergesellschaften (nochmals!) zu lassen (s.o.), ist eine Gestalt des

Todes. Man kann aber auf Grund solcher Einsichten das Bewußtsein nicht fahren lassen; — so nimmt Adorno eine Differenzierung vor:

Daß Bewußtsein töte, ist ein Ammenmärchen; tödlich ist einzig falsches Bewußtsein.

ÄT; 318

Nun ist aber Bewußtsein immer tendenziell falsch; zumindest ist ihm die Täuschung konstitutiv eingeschrieben. Um also das Bewußtsein nicht auch tendenziell 'tödlich' werden zu lassen, müßte zwischen der latenten und prinzipiellen Falschheit, die dem Subjekt quasi anthropologisch eingeschrieben ist, und einer anderen, manifesten Falschheit des Bewußtseins unterschieden werden. Eine solche Unterscheidung würde sich dann vielleicht verlängern in die zwischen 'gutem und bösem' Schein. Maßgabe für diese Distinktion ist im Begriff der 'Ideologie' zu vermuten.

Schein ist die Verzauberung des Subjekts in seinen eigenen Bestimmungsgrund (...). Der Schein des Phänomenalismus jedoch ist ein notwendiger. Er bezeugt den fast unwiderstehlichen Verblendungszusammenhang, den Subjekt als falsches Bewußtsein produziert und dessen Glied es zugleich ist. In solcher Unwiderstehlichkeit gründet die Ideologie des Subjekts. *ST; 159*

Die Frage wäre mithin, ob Schein zwangsläufig in Ideologie umschlagen muß; — ob faschistoide Tendenzen, die der Psyche des gegenwärtigen Menschen eingeschrieben zu sein scheinen[1], notwendig zum Faschismus führen, wenn sie nicht durch verbissene Selbstreflexion abgeblockt werden. Dort, wo es Adorno mit 'faschistischem Bewußtsein' zu tun hat, trifft er sehr wohl die Unterscheidung zwischen der latenten Tendenz zur Ideologie und dieser selbst (— täte er das nicht, so verlören die 'Studien zum autoritären Charakter' an Schärfe):

Rationalisierung ist ein psychologischer Aspekt des Denkens, der an sich nichts über Wahrheit noch Unwahrheit aussagt: darüber entscheidet allein der objektive Wert des Gedankens, in dem der Prozeß der Rationalisierung seinen Abschluß findet.

SC; 297/298

Natürlich produziert Rationalisierung immer Schein, sofern deren Prozeß als die Transformation von Objektivität in ein dem Bewußtsein Homogenes verstanden werden kann. Der Schein wäre also an seinem Effekt zu messen; — an dem, was er in der Welt ausrichtet. Der Fatalismus, der sich in diesen Einschätzungen verbirgt, gründet in dem oben erwähnten 'fast unwiderstehlichen Verblendungszusammenhang'. Demgegenüber wäre also nur noch das zu retten, was eine Gesellschaft nicht vollends in die Katastrophe führt. Daher auch der schwierige Status von Ideologiekritik. Sie pendelt zwischen Maximalforderungen und einer pragmatischen Bescheidenheit hin und her. Um zu überleben, bleibt einem gar keine andere Wahl, als sich mit zahlreichen 'Ideologien' zu versöhnen, um die 'wirklich schlimmen' um so radikaler bekämpfen zu können. Der 'objektive Wert' eines Gedankens mißt sich dann nicht mehr nur an seiner Genesis, sondern auch an seiner, man kann so sagen, praktischen Dimension, — d.h. daran, wie er zu der aktuellen sozialen Realität steht. Es ist hier aber wichtig, eine Unterscheidung von Ideologie überhaupt und einer zu kritisierenden einzuführen. Ideologie nach Adorno kann schlichtweg mit dem marxistischen Terminus des 'gesellschaftlich notwendigen falschen Bewußtseins' definiert werden. Dieses Bewußtsein ist aber so umfangreich, daß die Kritik daran sich aufreiben würde (— indem sie eben nicht jedes einzelne Bewußtsein, das da gesellschaftlich notwendig-falsch ist, kritisieren kann). Ideologiekritik setzt dort an:

Von Ideologie läßt sich sinnvoll nur soweit reden, wie ein Geistiges selbständig, substantiell und mit eigenem Anspruch aus dem gesellschaftlichen Prozeß hervortritt.

SOZ I; 474

Wie ein solch 'Geistiges' zu kritisieren sei, hat Marx an Ricardo und Smith (Mehrwerttheorien) vorexerziert; — allein, es bleibt die Schwierigkeit der Trennung von Ideologie, wie sie obiges Zitat beschreibt, und dem anthropologisch verwurzelten Schein. Letzterer ist schlechterdings nicht abschaffbar, und von daher, nach Adorno, auch zu tolerieren:

Die lebendigen Menschen, noch die zurückgebliebensten und konventionell befangensten, haben ein Recht auf die Erfüllung ihrer sei's auch falschen Bedürfnisse. *OL; 121*

Aber in der Ideologiekritik kritisiert man ja auch mit dem Effekt, den ein Gedanke hervorbringt (also dem 'objektiven Wert') den Hintergrund der Täuschung, und greift so von je her in die anthropologische Sphäre mit ein. Die Unterscheidung zwischen Ideologie und zu-kritisierender Ideologie ist auch deswegen schwierig, weil Ideologie überhaupt in die anthropologische Sphäre hineinreicht und man eigentlich kein klares Kriterium hat, wo nun Ideologiekritik sich lohnt. Auch Ricardo und Smith partizipieren in ihren ökonomischen Lehren am anthropologisch-fundierten Schein. Ihre Theorien sind Ausdruck der 'Sozialgeschichte der Gedanken' und von daher nicht nur 'wahr' oder 'falsch' in praktischer Dimension, sondern auch ausgeliefert dem 'Bann der Rationalisierung'.

Natürlich gibt man das Beste an der Ideologiekritik preis, wenn man sie derart in einer fragwürdigen Sphäre von Anthropologie ansiedelt, und dadurch verwässert; — aber Ideologiekritik will ja auch mehr sein als bloß eine Stimme im 'Streit der Fakultäten'. Wenn heute etwa protestantische Pastoren den 'Frieden' predigen, und diesen als Auftrag Gottes interpretieren, so steht man vor der schwierigen Frage, ob man sie nun 'im Dienste der Sache' gewähren lassen soll, oder ob man sie lieber kritisiert; — denn wenn man den Auftrag zum Frieden metaphysisch ableitet, so ist das zweifellos ein gesellschaftlich notwendiges falsches Bewußtsein. Schließlich gibt es eine Krisentheorie des Kapitalismus, die über die Ursprünge von Krieg und Frieden weitaus 'wahrere' Dinge sagen kann. Daß Menschen erst an Gott glauben sollen, bevor sie sich für den Frieden engagieren, verlängert nur die Unmündigkeit der Gattung. Andererseits ist der 'objektive Wert' solcher Gedanken nicht zu unterschätzen (— und sei es nur der, daß man wenigstens die Pfaffen auf seiner Seite hat). Ideologiekritik fällt, wenn sie sich so bescheidet, unweigerlich auf die pragmatische Ebene zurück. Das eben exemplifizierte Dilemma ist aber auch Ausdruck der Geschichte der Ideologie: die Notwendigkeit des 'falschen Bewußtseins' läßt sich heute, im Stadium fortgeschrittener gesellschaftlicher Theorie, nicht mehr so einfach behaupten. Was früher einmal Ideologie war, also notwendige Täuschung der Gattung, ist heute bloße Lüge geworden, und die akademischen Instrumentarien der Ideologiekritik reichen an die praktische Dimension der Lüge nicht mehr heran.

Der Geist spaltet sich auf in die kritische, des Scheins sich entäußernde, aber esoterische und den unmittelbaren gesellschaftlichen Wirkungszusammenhängen entfremdete Wahrheit, und die planende Verwaltung dessen, was einmal Ideologie war. *SOZ I; 474*

Das heißt: wenn man protestantische Pastoren kritisiert, so wird man esoterisch und entfremdet sich den unmittelbaren gesellschaftlichen Wirkungszusammenhängen; — wenn man sie gewähren läßt, so läuft man Gefahr, an der 'planmäßigen Verwaltung' teilzunehmen. Eine mögliche Lösung des Dilemmas wäre die, Ideologiekritik als politisches Instrument einzusetzen, und theoretische Evidenzen zu Gunsten der praktisch-politischen hintenan zu stellen; — denn wenn einer lügt, so gilt es vorrangig die Wahrheit zu sagen, und nicht in der Reflexion über die Möglichkeit von Wahrheit zu verstummen. Bleibt allerdings das schlechte Gewissen, daß man damit an der Verwaltung partizipiert hat, und dieses schlechte Gewissen läßt dem Theoretiker keine Ruhe, weswegen er mit seinen ideologiekritischen Eingriffen nicht glücklich werden kann (s.o.). Wenn die anthropologische Verwurzelung des Scheins durch die planmäßige Verwaltung, durch 'Lüge' ersetzt worden ist, so bleibt der Schein dennoch verwurzelt; — nur ist keine Anthropologie mehr daraus zu machen. Ein 'gespaltener Geist' negiert sich selbst, denn Geist als konstitutives Element des 'Anthropos' hat unabdingbar die Einheit zur Grundlage seiner Gestalt. Wenn diese Einheit Mythos ist, so kann Anthropologie, die Rücksicht auf diese Spaltung nimmt, nur noch negativ sein[2]. Darin käme zur Geltung die:

...vollkommene Unvereinbarkeit des Mythos mit der rationalisierten Gestalt der Wirklichkeit, in welche jegliches Bewußtsein verschränkt ist. *ND; 124*

Man muß zweierlei gleichzeitig tun: dem 'Mythos das Seine geben' (s.o.) und gleichzeitig ihn radikal kritisieren. Solche Art Gleichzeitigkeit verführt zur Hoffnung auf eine Synthesis qua dialektischem Prozeß: — daß also eine gewisse Balance eintreten kann zwischen Schein und Wesen, — mithin daß es einen Zustand von Schein gibt, an dem Ideologiekritik sich nicht mehr abmühen müßte. Solch ein status quo wird in der Hegelschen 'Ästhetik'[3] beschrieben: die Vernunft braucht sich nicht mehr vor dem Schein des Schönen in Acht zu nehmen, weil das Schöne sich als Modus des Begriffes begreift. Schein und Wesen werden versöhnt; — was nach Adorno so aussehen könnte:

Im Freien vor der Bar San Michele, gegenüber der berühmten Kirche. Tiefe, kalte Dämmerung. Schutzlos, als könnte sie jeden Augenblick einstürzen, streckte sich die leere, vierstöckige Fassade in den graublauen Himmel. Ich verstand mit einem Mal, warum sie, ohne alle Funktion, wider die architektonische Weisheit so schön ist. Sie zeigt die eigene Funktionslosigkeit, beansprucht keinen Augenblick, ein anderes zu sein als das Ornament, das sie ist. Der nackte Schein ist es nicht länger: entsühnt. *OL; 132*

Solche 'entsühnten' Augenblicke sind Relikte: der Schein, der sich mit sich selbst und mit seinem Anderen versöhnen könnte, wird durch den gesellschaftlichen Prozeß der Rationalisierung zerstört. Benjamin beschreibt dies mit dem 'Verlust der Aura' der Kunstwerke (— und nicht nur dieser); — was man sich darunter vorzustellen hat, schildert dieser Freund Adornos sehr eindringlich: "Was ist eine Aura? Ein sonderbares Gespinst aus Raum und Zeit. An einem Sommernachmittag ruhend einem Gebirgszug am Horizont oder einem Zweig folgen, der seinen Schatten auf die Ruhe wirft — das heißt die Aura dieser Berge, dieses Zweiges atmen. An der Hand dieser Definition ist es ein Leichtes, die besondere gesellschaftliche Bedingtheit des gegenwärtigen Verfalls der Aura einzusehen. (...) die Dinge sich »näherzubringen« ist nämlich genau so ein leidenschaftliches Anliegen der gegenwärtigen Massen (?/r.s.) wie es ihre Tendenz einer Überwindung des Einmaligen (— Individuellen! /r.s.) jeder Gegebenheit durch die Reproduzierbarkeit darstellt. (...) Es wiederholt sich im anschaulichen Bereich, was sich im

Bereiche der Theorie als die zunehmende Bedeutung der Statistik bemerkbar macht."[4] Es ist zu problematisch, Benjamins 'Aura' im Kontext von Adorno aufhellen zu wollen; — wenn aber Aura der Glanz der Dinge ist, ihre metaphysische Dignität, die sich aus der Entfernung als physis selbst darbietet, so läßt sich zumindest das, was Benjamin mit der Zerstörung der Aura meint, in Zusammenhang mit der 'fortschreitenden Rationalisierung' bringen, die wiederum Adorno kritisch nachvollzieht. Die Zertrümmerung der Aura ist, philosophisch gesprochen, der Sturz der Metaphysik, mit der Adorno, eben in dem Augenblick, wo sie stürzt, solidarisch sein will (s.o.). Man kann sich angesichts dieser Konstellation auch darauf verlegen, den Schein (Glanz) retten zu wollen, wie es, diesmal ein Schüler Adornos, apodiktisch herleitet: "Leben und Schein sind unauflöslich ineinander. Wird der Schein verlassen, wird das Leben verlassen. Wahrheit ist tödlich."[5] Wird aber der Schein nicht verlassen, so kommt dies einem Opfergang gegenüber der 'rationalen Gesellschaft' gleich. Ein solches Opfer stellt der Wahnsinn vor: wurde er vormals noch, weil man die Aura respektierte, von der Gesellschaft geheiligt, so wird er nun ausgegrenzt und eingesperrt[6]. Dementsprechend schief sind auch die Versuche der modernen 'Anti-Psychiater'[7], die Psychose nachträglich heiligen zu wollen: die bittere Wahrheit der Psychiatrie ist die, daß Psychotiker in der gegenwärtigen Gesellschaft wirklich nicht lebensfähig sind. Wenn im Straßenverkehr die Funktion einer Ampel übersehen wird, indem man in ihrer 'Aura', — die Schönheit des rhythmischen Wechsels der Farben, — verweilt, so kann dies ebenfalls tödlich ausgehen[8]. Das verlängert sich in Sprachlosigkeit, sofern Sprache selbst rationalisiert wurde. Ein Psychotiker, der in der Aura des Begriffes, — in seiner nominellen Gestalt — sich aufhält, wird den Verdacht des 'Irre-Seins' fast automatisch auf sich ziehen. Der Psychotiker übertritt das Verbot des Namens[9] und bedroht damit die Gesellschaft, die ihre Überlebenschance in der positiven, also rationalistischen Funktion der Begriffe vermutet. In seiner Ohnmacht wird der Psychotiker absolut manipulierbar und manifestiert damit nur jene Gesellschaft, die ihn zur Ohnmacht verdammte. Will man also den Schein retten, so muß man sich vor Illusionen hüten:

> ... bestreiten, daß ein Wesen sei, heißt sich auf die Seite des Scheins, der totalen Ideologie zu schlagen, zu der mittlerweile das Dasein wurde. *ND; 171*

(Analog: wenn man bestreitet, daß es ein 'Normales' gibt, so verfällt man der allgemeinen gesellschaftlichen Pathologie.) So war auch etwa die Entstehung der Psychoanalyse gebunden an die Zertrümmerung der Aura und an die Manifestation einer gesellschaftlichen 'ratio', die den Ort des Hegelschen 'Wesens' selbst eingenommen hat[10]. Die Fräuleins, die in Ohnmacht fielen, waren sicherlich lange Zeit eine integere Erscheinung; — mehr noch: mit ihrer hysterischen (auratischen) Reaktion drückten sie zugleich das Wesen der Gesellschaft aus. Sie waren ja wirklich ohnmächtig; — d.h. unterdrückt. Der versöhnliche Schein darin war, daß sie, indem sie ohnmächtig wurden, diese Ohnmacht gleichzeitig als ihr Privileg behaupten konnten. Mit der relativen Nivellierung des Geschlechtsunterschiedes, der Einspannung der Frau in den Produktionsprozeß, wurde dieses Privileg anachron und damit zum 'pathologischen Schein'. Andererseits ist gesellschaftliche 'ratio', die die 'Gleichberechtigung' verheißt, selbst Ideologie. Für die Frau bedeutet dies, daß sie zwar noch immer relativ 'ohnmächtig' ist, — nicht aber in Ohnmacht fallen darf. Wenn eine Frau sich so der 'Aufklärung' entzieht und in Ohnmacht fällt, so ist sie eben hysterisch: — nichts mag attraktiver sein, aber seitdem die Psychoanalyse den Mechanismus der Hysterie offengelegt hat, ist ein Ohnmachtsanfall wirklich nur noch ein Opfergang[11]. Wenn andererseits Frauen nicht mehr in Ohnmacht fallen können und damit der (männlichen) Struktur der Macht eigentlich erst recht ausgeliefert sind, so verschwindet damit gleichzeitig eine Möglichkeit von Widerstand. So ist auch nicht zu bezweifeln, daß radikale Phantasie[12] vielleicht noch das einzig wirkliche Potential an Widerstand gegen die 'verwaltete Gesellschaft' vorstellt. Bei Adorno kommt dies in seiner Zuneigung zu Nietzsche[13] zur Geltung. Dessen Anliegen war es ja, das Lebendige (— mithin: den Schein) vor der kruden Monotonie einer vorgeblichen 'ratio' zu retten, indem er diese destruierte. Das Opfer, das Nietzsche brachte, war, daß er von den Faschisten 'mißbraucht', — also auf die Seite der 'totalen Ideologie' gestellt werden konnte[14]. Er wollte den Glanz gegen die Denunziation, die ihn als 'bloßen Schein' ausweist, verteidigen; — dazu mußte er die Idee des 'Wesens' verneinen.

Nietzsches Werk fließt über von Invektiven gegen die Metaphysik. Aber keine Formel beschreibt sie treuer als die des Zarathustra: Nur Narr, Nur Dichter. (...) Der Gedanke, der vor dem elend Ontischen nicht kapituliert, wird vor dessen Kriterien zunichte, Wahrheit zur Unwahrheit, Philosophie zur Narretei. Dennoch kann sie nicht abdanken, wenn nicht Stumpfsinn in verwirklichter Widervernunft triumphieren soll. *ND; 396*

Adorno respektiert Nietzsches Opfergang; — er war eben der Vertreter der 'Kunst' (s.o.) in der Philosophie. Da aber Philosophie 'programmatisch' eine 'traurige Wissenschaft' sein soll, wäre ihr Geschäft primär darin zu sehen, den Schein zu beseitigen. Da sie aber das nicht kann, könnte sie immerhin das fordern:

... die Notwendigkeit dieses Scheins wäre zu beseitigen. *ST; 164*

Dann wäre natürlich auch die Notwendigkeit des 'Wesens' abgeschafft, und alles wäre versöhnt. Im Bewußtsein darüber, daß dies nicht geht, — es aber trotzdem fordert, enthüllt sich wieder einmal die Gestalt einer 'negativen Utopie'.

Die Negativität einer Utopie besteht nicht nur in ihrer Absage an das Prinzip der Möglichkeit ihrer Ableitung aus 'empirischen Gegebenheiten: auch zur Praxis verhält sie sich negativ in dem Sinne, daß es fast unmöglich ist, ihr gemäß zu handeln. 'Negative Utopie' negiert sich selbst als mögliches Leitbild. Obwohl der Schein abzuschaffen wäre, wird das kritische Bewußtsein inne, daß es ohne Schein, ohne Glanz nicht leben kann. Die Gestalt des Glücks: — es wurde kritisch, um diese zu erreichen, — ginge ihm sonst verloren.

Kein Licht ist auf den Menschen und Dingen, in dem nicht Transzendenz widerschiene. Untilgbar am Widerstand gegen die fungible Welt des Tauschs ist der des Auges, das nicht will, daß die Farben der Welt zunichte werden. *ND; 396/397*

So wäre denn der 'kritische Blick' gleichsam ein 'glänzender Blick'.

Name

Der Begriff erscheint immer in nomineller Gestalt. Das ist das Moment seiner Täuschung, aber auch das seiner Fruchtbarkeit. Ein 'reiner Begriff', der sich seiner nominellen Erscheinungsweise weitgehendst entledigt hätte, wäre ein funktionelles Gebilde von Variablen, wie es etwa die Mathematik vorstellt. Die absolute Funktionalität, — also die Willkürlichkeit der Zuweisungen ist hier definitiv: Eine Variable kann jeden beliebigen Wert annehmen. Und selbst die Trennung der Zahlen in ordinale und kardinale Dimensionen ermöglicht es, den Eigenwert der Zahlen aufzuheben und sie als Ordnungsrelationen zu beschreiben[1]. Auch wenn man, was heutzutage des öfteren versucht wird, einem Computer das 'Sprechen' beibringen will, so hat man das Phänomen eines Begriffes ohne nominelle Verfassung. Die Begriffe, die eine Rechenmaschine generiert, sind absolut fehllos: — der Effekt ist, daß, wenn man sich mit so einem Ding 'unterhalten' will, es meist zu einem stationären Prozeß kommt[2]. (Im Prinzip besteht eine große Ähnlichkeit zwischen der Penetranz der Antworten, die eine Rechenmaschine gibt, und der der Fragen eines Kindes (s.o.); — mithin wäre ein Computer einzig in der Lage, den Fragen eines Kindes 'adäquat' standzuhalten.) Die Versuchung der Philosophie, Sprache abzuschaffen und nur noch mit 'formalen Modellen' zu arbeiten, läßt sich in diesem Kontext gut verstehen: indem man reine Begriffe benutzt, hofft man, Täuschungen vermeiden zu können. Das, was man an solchen Philosophien[3] oft als trivial empfindet, ist nur Ausdruck des stationären Prozesses, der der absoluten Vermeidung von Fehlern folgt. Indem man nämlich Fehler macht, ist man genötigt, 'weiterzudenken', d.h. die Konstellation, welche den Fehler verursacht hat, zu überschreiten. Der Fehler des Begriffs liegt daran, daß sein signifikantives Moment der Sache nicht adäquat werden kann, weil es selbst nicht von dinglichen oder sinnlichen Momenten frei ist. Wenn man von einer Vase spricht, so wäre das zu Benennende die Gesamtheit aller Vasen als Einheit (— etwa nach Platon). Die Vorstellung einer Vase kann aber nie diese Allgemeinheit oder Fungibilität erreichen: meist stellt man sich eine bestimmte Vase vor. Der Begriff wird an sich selbst ungenügend in dem Augenblick, wo er ausgesprochen wird. Wenn einer sagt, daß er traurig ist, so benennt er nicht 'Trauer' als Wesenheit sondern die Qualität seiner Trauer. Daß er, indem er das sagt, oft nicht verstanden wird, bzw. das Gefühl hat, seine momentane Seelenstimmung nicht adäquat übermittelt zu haben, liegt daran, daß der Begriff der 'Trauer' in seiner Allgemeinheit über das Besondere dieser Trauer hinwegtäuscht, wie auch umgekehrt: Indem dieser Begriff genötigt ist, die sinnliche Qualität eines sich selbst fühlenden Individuums auszudrücken, täuscht er über sich in seiner möglichen Allgemeinheit. Bleibt übrig, die Trauer näher zu erklären, also einen Umweg über Kommunikation zu machen. Nichtsdestoweniger dürfte der Wunsch präsent sein, mit einem Wort 'seine' Trauer ausdrücken zu können: Worte zu benutzen, deren signifikatives Moment a priori und völlig in dem aufgeht, was man bezeichnen will. Solch ein Wort wäre ein Name.

Der bestimmbare Fehler aller Begriffe nötigt, andere herbeizuzitieren; darin entspringt jene Konstellation, an die allein von der Hoffnung des Namens etwas überging. *ND; 62*

In inniger Freundschaft und in der Liebe können sich Namen realisieren; mehr noch: die Möglichkeit der Realisation von Namen konstituieren solche Beziehungen. Etwa, indem einer mit einem Wort seine Trauer ausdrückt und das sichere Gefühl hat, daß er 'verstanden' wird; d.h. daß das sinnliche Moment seines Gefühls, — das, worüber der bloße Begriff hinwegtäuscht, übermittelt werden kann. Die Täuschung in diesem Namen gegenüber dem Begriff liegt darin, daß man dann eigentlich nicht mehr von der Sache, sondern von sich selbst spricht. (Eben wie A. Berg, der, wenn er seinen Namen nannte, nach Adorno gleichsam 'Ich' sagte; (— vergl. Einleitung.)) Der Name (— Eigenname) garantiert mithin die Unverwechselbarkeit, — die Nicht-Austauschbarkeit der Person. In der Reduktion des Namens auf die Signatur, in welcher dieser aller sinnlichen Qualitäten entledigt wird, drückt sich aber die Unmöglichkeit des Namens aus. Die Ersetzbarkeit der Unterschrift auf einem Scheck durch Kenn-Nummern zeigt, daß Namen in 'reine Begriffe' umschlagen. Dementsprechend die Lust, die etymologische Wurzel seines eigenen Namens aufzudecken. Einzig in der Liebe (— oder eben in inniger Freundschaft) gewinnt der Name seine sinnliche Dimension zurück. Etwa so:

Kaum je kannte ich Einen, der so sehr seinem Namen glich wie er. Alban: das hat das katholisch-traditionale Element (...) ebenso wie das Gewählte, Aparte, dem der Treue bei aller konstruktiven Disziplin und Strenge nie ganz absagte. Berg: sein Gesicht war ein Berg-Gesicht, gebirgig in dem doppelten Sinne, daß es die Züge eines in den Alpen Heimischen trug, und daß er selber, mit der edel geschwungenen Nase, dem weichen und feinen Mund und den abgründigen, rätselhaft leeren Augen, die wie Seen blickten, etwas von einer Berglandschaft hatte. *BB; 26*

Nachzuvollziehen ist diese Adornosche Erfahrung recht einfach daran, daß, wenn man sich willkürlich Namen ausdenkt, man je schon ein Gefühl von Sympathie oder Antipathie hat. Die fehlende Neutralität der Eigennamen zeugt von der sinnlichen Komponente: der Name haftet an der Person, die ihn trägt. Besonders wird man dessen gewahr am Namen geliebter Personen; — wenn man ihn ausspricht, eröffnet sich eine ganze Welt. Dementsprechend ist auch so ziemlich das Schlimmste, was einem passieren kann, wenn man, in intimen Stunden, den Namen der geliebten Person verwechselt: — man plaudert damit das Geheimnis der Austauschbarkeit in der Liebe aus. Daß der Name Fleisch werde; daß also das Begriffliche verschwindet, indem der ausgesprochene Name soviel wie eine Berührung bedeutet, ist die Utopie. Die Irritation hingegen, die sich mitunter beim Nennen des Namens einschleicht, das Gefühl von Fremdartigkeit, das den vertrautesten Namen anhaftet, zeugt von der Penetranz des begrifflichen Bewußtseins. Das Objekt des Begehrens kann nie die Konkretion einhalten, die es verspricht. Ebenso das Objekt der Anschauung, was Kant in seiner 'transzendentalen Ästhetik' thematisiert: der Verstand bildet einen Begriff für eine Vielzahl von Zuständen, die in Raum und Zeit divergieren[4]. Das ist auch für jene 'intimen Beziehungen' plausibel, die vorhin angesprochen wurden. Man ruft die geliebte Person beim selben Namen, — auch wenn man sie momentan hassen sollte. Die Unausweichlichkeit des Begrifflichen, — fundamentaler: der Abstraktion in der Anschauung wird von Borges[5] schön illustriert in seiner Novelle: 'Das unerbittliche Gedächtnis'. Darin wird ein Mensch wahnsinnig auf Grund der Unfähigkeit, von zeitlichen und räumlichen Besonderheiten zu abstrahieren. Er rezipiert nur Einzeldinge in Einzelzuständen; — hat also, wie man sagen könnte, ein absolut nominalistisches Bewußtsein. Die Existenz von Begriffen aus der Unmöglichkeit solch eines Bewußtseins herzuleiten, ist Anliegen des Nominalismus, — einer philosophischen Richtung, die die Begriffe verdächtigt, bloß eine Notlösung zu sein. Hobbes, der nach Adorno ein 'extremer Nominalist' war, drückt es so aus: "Außer solchen Benennungen jedoch gibt es nichts Allgemeines auf der Welt. Ein jeder Gegenstand nämlich, den man mit einem solchen Namen belegt hat, ist ein Individuum und ein einzelnes Ding."[6] Schlechthin wird hier also die Nicht-Identität von Begriff und Sache behauptet. Das führt in der Geschichte der Philosophie hauptsächlich zu zwei Konsequenzen: einmal wird darin ein radikaler Agnostizismus vorbereitet, nach dem Motto, daß die Vernunft, da sie nun mal auf Begriffe angewiesen ist, von vornherein nur an ihrer eigenen Unzulänglichkeit zu operieren vermag. Gott hingegen, von dem angenommen wird, daß er alle Einzeldinge beim Namen nennen kann, hat solch ein absolutes 'nominalistisches Bewußtsein'. Die andere, weniger radikale Konsequenz ist die Skepsis gegenüber den Begriffen: da sie über Einzeldinge hinwegtäuschen, sind sie auch am Einzelding austauschbar. Hobbes verweist auf die Wertungen von 'gut und böse' (— und bringt damit seinen Nominalismus, eher unwillkürlich, in den Bereich einer moral-philosophischen Problemstellung): "Sehr deutlich wird dies bei den Bezeichnungen von Tugend und Laster. Denn was der eine Weisheit nennt, nennt jener Gerechtigkeit."[7] Die extreme Version des Nominalismus, wie die Hobbessche, führt zur Abkappung aller utopischen Momente: die fundamentierte Unfähigkeit der Vernunft läßt nur die Alternative übrig, das Übel so gering wie möglich zu halten. Konkret heißt dies, die Befangenheit des menschlichen Bewußtseins in seiner Konstitution in die Notwendigkeit der Beherrschung dieser Unvollkommenheit zu transformieren. Adorno gibt in seiner Lektüre von Hobbes' 'Leviathan' davon ein Bild:

> (Hobbes' Lehre / s.r.) ... hat aber dann bei ihm schon einen sehr zynischen Akzent, das heißt, wenn man Hobbes liest, hat man das Gefühl, daß er selber die religiösen oder metaphysischen Kategorien als solche gar nicht ernst nimmt; sie erscheinen bei ihm lediglich unter dem Gesichtspunkt des Beherrschungsmittels, durch das der Staat zu festigen sei. (...). Diese bösen Tiere würden sich sonst gegenseitig so verzehren und ausrotten, daß es schließlich gegen das Interesse eines einzelnen dieser Tiere wäre; so setzen sie sich also zusammen und sagen: na, machen wir einen Staat. Und da es schon gar nicht anders geht, so übertragen sie ihre Freiheit, die nach Hobbes eh zu nichts Gutem nütz ist, eben auf den Souverän... *PT II; 249/251*

Mit dem dem Nominalismus inhärenten Agnostizismus macht sich eine Fatalität breit: die Unzulänglichkeit der Vernunft samt ihrem begrifflichen Instrumentarium setzt eine natürliche Verfassung, — einen Bann, wie Adorno sagen würde, ins Recht, mit dem man so recht und schlecht eben sich arrangieren muß. Das kritische Element am Nominalismus, — der Verdacht gegenüber dem Begriff, der im gewissen Sinne eine anti-metaphysische Haltung nach sich zieht, tradiert sich in der Philosophiengeschichte in zentralen Perspektiven. Hegel vollzieht die Auseinandersetzung des Begriffs mit seinem nominalen Fundament dahingehend nach, daß am Ende der Begriff als 'reiner' dieses vollständig überwunden hat. Die Marxsche Wendung gegen Hegel war nach Adorno eine 'nominalistische':

Die Marxsche Theorie insgesamt kann, jedenfalls ihrer einen Seite nach, aufgefaßt werden als eine Kritik an der Philosophie, und zwar insoweit die Philosophie glaubt, aus irgendwelchen letzten allgemeinen Prinzipien die Realität ableiten zu können. Indem er diesen Begriff der Philosophie bekämpft, ist Marx der Erbe der nominalistischen Theorie ... *PT II; 255*

Marx entmystifizierte; — hielt den Begriffen der Philosophie die konkrete Wirklichkeit entgegen, indem er sie beim Namen nannte. Darin war Marx nun kein Nominalist: die 'Wirklichkeit', die er gegen die Metaphysik ausspielte, war bei ihm keine große Appell-Instanz, sondern durch den Begriff benennbar. Damit wird zugleich der Nominalismus als Absolutes gebrochen; — wenn etwas authentisch benennbar ist, dann kann der Begriff in der geeigneten Selbstreflexion auch zum Namen werden. So auch geht Adorno mit dem Nominalismus um:

Konsequente Aufklärung jedoch schlägt zurück in Mythologie an der Stelle, wo sie den Nominalismus verabsolutiert, anstatt auch seine These dialektisch zu durchdringen: dort, wo sie im Glauben an ein letzthin Gegebenes die Reflexion abbricht.

ND; 132

Die entmystifizierende Funktion, — also die kritische des Nominalismus ist die Bescheidung beim Namen. Etwa wenn einer über seinen seelischen Zustand spricht und allerlei Ausführungen macht, indem er hochgeschraubte Begriffe verwendet und sich so über die mögliche konkrete Benennung seines Gefühls hinwegsetzt, weil er es nicht wahrhaben will. Der Name, ausgesprochen, wirkt in solcher Konstellation oft erlösend: wenn einer sich in Begriffs-Tiraden verstrickt, und ihm dann schlicht und einfach gesagt wird, daß er 'Liebeskummer' hätte, so kann das eine eminent aufklärerische Funktion haben. Andererseits kann diese Entmystifizierung des Begriffs auch zu einer ideologischen Haltung führen (— das Zurückschlagen in den Mythos); — vielleicht ist 'Liebeskummer' wirklich nicht das 'letzte' Wort, das sich über solch einen Zustand sagen läßt. Das Problem des Nominalismus spielt so, etwa übertragen, in jenes Phänomen hinein, das man 'Intellektuellenfeindlichkeit' nennt. Der legitime Verdacht gegen die Sublimierungstätigkeit des Geistes kann allzuleicht in Borniertheit ausarten. Das Insistieren auf den Namen gegen eine mögliche begriffliche Erfassung ist eigentlich Widerstand gegen Aufklärung; — da diese an sich selbst nach Adorno dialektisch ist, muß man diesem Widerstand durchaus Platz einräumen. Adorno tut dies bei Eichendorff, dessen Lyrik mit der Kraft des Namens agiert:

Sie ahmt Rauschen und einsame Natur nach. Damit drückt sie eine Entfremdung aus,

die kein Gedanke sondern nur noch der reine Laut überbrückt. (...) Die erkalteten Dinge werden durch die Ähnlichkeit ihres Namens mit ihnen selber heimgeholt...
NL; 83/84

Diese Kraft in den Eichendorffschen Gedichten macht die Reflexion darüber überflüssig; — was aber nach Adorno wiederum nicht geht: daher die Merkwürdigkeit, wie Adorno damit verfährt. Er konstatiert:

Gegen den Vorwurf des Trivialen ist es so wehrlos wie die Elemente; aber was es vollbringt: die Wörter wegzuschwemmen von ihren abgezirkelten Bedeutungen und sie, indem sie sich berühren, aufleuchten zu machen, überführt dergleichen Einwände der Armseligkeit pedantischen Gebildetseins. *NL; 84*

— dann aber demonstriert Adorno recht genau am Gedicht 'Sehnsucht' (— 'unvergänglich wie nur eines aus Menschenhand' (*NL; 85*)) die Trivialitäten. Diese Kritik wird zwar zurückgenommen, aber man kann sich des Gefühls nicht erwehren, daß da Adorno vorsorglich kritisiert, weil ihm sein begriffliches Bewußtsein doch keine Ruhe lassen würde. Der etwas paradoxe Umgang damit klärt sich auf, indem Adorno wieder die Katastrophe des Versäumnisses einsetzt; — die Erfahrung des Namens hat nur den Status einer nachträglichen Wiedergutmachung und ist von daher je schon gebrochen:

Erst die abgeschiedenen Worte sind (...) zur Natur zurückgekehrt, erst die Trauer um den verlorenen Augenblick hat errettet, was der lebendige bis heute stets wieder versäumte. *NL; 87*

Es müßte also ein Gedicht geben, wo man das Maul halten kann, — wo man nicht provisorisch erst Restriktionen anmelden muß, um dann hinterher es umso besser genießen zu können. Der Verdacht gegen den Namen (als Nominalismus) hat so sich radikalisiert, daß er die Erfahrung authentischer Namen auszuschließen scheint. Das hat seinen Ursprung in der Genese des 'bürgerlichen' Bewußtseins:

... tritt der Nominalismus hervor, der Prototyp bürgerlichen Denkens. Selbsterhaltende List lebt von jenem zwischen Wort und Sache waltenden Prozeß. *DA; 56*

Der Name, — also ein Bewußtsein, das bloß die Sachen anrufen kann, schließt die Naturverfallenheit ein: — mit der nominalistischen Wende, deren Allegorie Adorno im Umgang des Odysseus mit dem Riesen Polyphem ansiedelt (*DA; 62*), wird die Beherrschbarkeit der Natur insoweit vorbereitet, als die Willkürlichkeit der Benennung den Bann löst, der den Menschen durch die Namen hindurch an die Dinge bindet. Die so erreichte Fungibilität, — krude gesprochen: die Abstraktionsfähigkeit menschlichen Bewußtseins, droht aber auch dann in die

Vernichtung sämtlicher Identitäten umzuschlagen, — selbst in die des Individuums. Die Frage: 'Wer bin ich wirklich?' kann dann nicht mehr beantwortet werden. Da aber hat der Nominalismus des bürgerlichen Bewußtseins seine Grenze:

Die Aufklärung als nominalistische macht Halt vor dem Nomen, dem umfanglosen, punktuellen Begriff, dem Eigennamen. *DA; 24*

Diese Eigennamen sind dann der metaphysische Rest, den das 'aufgeklärte' Bewußtsein braucht, um die Illusion des Individuellen aufrecht zu erhalten; — daß die Identität des Menschen vor der zerstörten der Natur erhalten bleibe. Das aber mißglückt:

Das von der Zivilisation vollends erfaßte Selbst löst sich auf in ein Element jener Unmenschlichkeit, der Zivilisation von Anbeginn zu entrinnen trachtete. Die älteste Angst geht in Erfüllung, die vor dem Verlust des eigenen Namens. *DA; 31*

Ähnliches thematisiert auch J. Derrida, dessen 'erstaunliche Nähe' zu Adorno schon erwähnt wurde, indem er schreibt: "Wenn im Bewußtsein der Name Eigenname heißt, dann ordnet er sich bereits ein und wird ausgelöscht, indem er benannt wird. Er ist bereits nur noch ein sogenannter Eigenname."[8] Derrida, und das ist im Kontext von Adorno höchst evident, vollstreckt das nominalistische Bewußtsein; — seine Folgerung aus der beschriebenen Konstellation lautet dahingehend, daß der Name, — die (glückliche) Erfahrung des Namens immer schon Illusion war und von daher eine Utopie des Namens unmöglich erscheint. Zur Illustration eine längere Passage: "In der Tat gab es eine erste Gewalt zu benennen. Benennen, die Namen geben, die es unter Umständen untersagt ist, auszusprechen, das ist die ursprüngliche Gewalt der Sprache, die darin besteht, den absoluten Vokativ in eine Differenz einzuschreiben, zu ordnen, zu suspendieren. Das Einzige im System zu denken, es in das System einzuschreiben, das ist die Geste der Ur-Schrift: Ur-Gewalt, Verlust des Eigentlichen, der absoluten Nähe, der Selbstpräsenz, in Wahrheit aber der Verlust dessen, was nie stattgehabt hat, einer Selbstpräsenz, die nie gegeben war, sondern erträumt und immer schon entzweit, wiederholt, unfähig, anders als in ihrem eigenen Verschwinden in Erscheinung zu treten."[9] Dies ist eine Figur von Nachträglichkeit; — wenn Derrida von der Differenz spricht, so lautet das ähnliche Urteil Adornos: 'zu spät'. Wie aber mit der Irreversibilität des Standes des Bewußtseins die Erfahrung des Namens zu erlöschen droht, so penetrant zeitigt sich das Recht des Namens in dem, was dem Bewußtsein als Anderes gegenübersteht. Das Unbewußte verbleibt im Bann des Namens: Alles, was bei Freud als Verdrängung etc.

gilt, kann als nominelle Fixierung interpretiert werden. Die 'ursprüngliche Gewalt des Namens' schlägt zurück in Form von jenen Deformationen, die fast jedes Bewußtsein als seine neurotische Verfassung 'erleiden' muß. In der nominellen Fixierung bricht soziale Realität als naturhafte herein: eine Phobie etwa hat ihre Funktion daran, daß im affektiven Bezug zur Sache die begriffliche Auflösung nicht geglückt ist; — also eine Art versagte Fungibilität. Wenn der 'kleine Hans'[10] ein 'Pferd' und einen 'Vater' nicht als fungible Entitäten erfährt, sondern in ihrer Koinzidenz als den Namen für das Bedrohliche, so ist in dieser Verdichtung jener nominelle Bann angezeigt, der das 'Leiden' des 'kleinen Hans' umfaßt. Dementsprechend versteht A. Lorenzer[11] die Strategie der Psychoanalyse als 'Sprachrekonstruktion': Quasi als nominalistische Aufklärung; — es müßte nur die Funktion des Namens geklärt werden (— also daß ein 'Pferd' ein Pferd ist) — und dann wäre die Basis der Heilung gegeben. Nach diesem Verständnis ist die Psychoanalyse ein Phänomen, das an dem Kanon der 'nominalistischen Aufklärung' linear partizipiert: Die Fixierung an den Namen und der dadurch evozierte Bann muß gelöst werden, um ein 'freies Bewußtsein' zu erreichen. Das aber setzt voraus, daß der Name als Siegel über der Naturbefangenheit des Menschen immer schon Falsches indiziert. Adorno gibt ein Gegenbeispiel:

> Als Schuljunge stellte ich mir unter den Worten sittlich und keusch etwas besonders Unanständiges vor, darum wohl, weil sie meist bei Anlässen wie Sittlichkeitsverbrechen gebraucht wurden, weniger zum Lob, als wo einer dagegen frevelte. Jedenfalls hatten sie, obzwar als deren Gegenteil, etwas mit der verbotenen Sphäre zu tun. Amorbach trug zu dem Mißverständnis eine kräftige Assoziation bei. Der bärtige und würdevolle Oberhofgärtner hieß Keusch. Er hatte eine Tochter, die mir abstoßend häßlich vorkam; es verbreitete sich aber, er hätte sich an ihr vergangen. (...) Ich war schon recht erwachsen, als ich die Wahrheit meines Irrtums entdeckte, daß keusch und sittlich unanständige Begriffe sind. *OL; 25*

Die Wahrheit kann hier erst dann entdeckt werden, wenn vorher ein Irrtum deklariert wurde. Die Utopie des Namens wäre hingegen dies, daß man den Namen in seiner ursprünglichen Wahrheit gelten lassen kann. Freilich ist dies eine negative Utopie: der Name, sobald er erscheint, wird zwangsläufig durch das begriffliche Bewußtsein nivelliert. Andererseits verfehlt solch Bewußtsein die 'ursprüngliche Wahrheit' des Namens[12]; — eine Wahrheit, die das Bewußtsein als sein Anderes erfährt und die radikales Leid oder auch Glück auslösen kann. Vielleicht ist das, was Adorno das 'Glück der Erkenntnis' nennt, ein Glück, das die Erfahrung der Abhängigkeit des Bewußtseins miteinschließt. Indem aber das begriffliche Bewußtsein punktuelle Einsichten in seine nominelle Verfassung vollbringen kann, ist diese Erfahrung zugleich immer schon gebrochen. Der Ausweg des 'extremen Szientismus', der eigentlich die Vollstreckung des Nominalismus betreiben will, indem er hofft, diesen Bruch einholen zu können, macht andernorts den Bruch wieder sichtbar: Er trennt die Sprache vom Sprechen. Kein theoretischer Diskurs kann den Augenblick, in dem er gesprochen wird, einholen. Die Formalisierung, ursprünglich als Entzauberung der Begriffe gedacht, kann die Reduktion, die sie betreibt, nicht selbst wiederum formalisieren: Es gibt keine 'praktische Logik'.

Wenn aber der Bruch, die Spaltung im Begriff besteht, so läßt sich als Antwort darauf nur ein theoretisches Verhalten denken, das einem Ethos Raum läßt, und nicht nur das, sondern es auch ausformuliert. Dazu ist es aber vorerst notwendig, noch ein letztes Thema anzusprechen, das von der Überbrückung dieses Bruchs handelt.

Versöhnung

Zu sagen, es sei gut so und besser ginge es nicht, obwohl man es sich besser vorstellen kann: — das ist Versöhnung. Sie überbrückt die Differenz zwischen 'ursprünglicher Intention' und Realisierung. Mit dieser Überbrückung erklärt man sich einverstanden mit bestimmten Unzulänglichkeiten, und schafft sich so einen Frieden, der das Leben erträglich macht. Nur ist es so, daß sich die species 'Mensch' fast mit allem und jedem versöhnen kann: Noch die größte Not erscheint lebbar. Das Problem, vor dem alle Agitatoren stehen, — oder milder: alle Aufklärer, ist dies, den Menschen zu sagen, daß sie sich zu früh versöhnt haben; — daß da ein Recht auf Unversöhnlichkeit, auf Widerstand sei. Somit wird die Frage nach der 'richtigen' Versöhnung eine nach dem 'richtigen' Zeitpunkt. Falsche Versöhnung hat immer den Charakter der Vorzeitigkeit: daß etwas Besseres herausspringen hätte können, daß man zu früh resigniert hat, — das definiert die Versöhnung als nicht notwendig und damit auch als tendenziell falsch. Dahinter erhebt sich die Frage, was ein Mensch aushalten kann. Antinomien, die quasi 'vorprogrammiert' sind wie etwa in der Liebe; — um diese absolut realisieren zu können, bedarf es eines Menschen, der die Erfahrung von Lust und Unlust soweit kontrolliert, daß er nicht mehr von ihnen abhängig ist und seine kritische ratio frei walten lassen kann. Versöhnung provoziert nämlich auch immer ein Moment der Täuschung, und die Täuschung wiederum ist nach Adorno Resultat der Verfassung des Bewußtseins (s.o.). Die Frage ist, ob es eine wahre Versöhnung geben kann, — ob also das Moment der Täuschung oder des uneingestandenen 'Verrats' am ursprünglichen Anspruch eliminiert werden kann. Diese Frage ist nur im Kontext von Praxis zu stellen, denn der Theoretiker ist von nichts außer einer Praxis, zu der er sich verhalten muß, genötigt, sich die Frage der Versöhnung zu stellen. Es ist eben auch die Auferstehung des Fleisches, die Praxis des Wortes, die den christlichen Gott dazu veranlaßt haben mag, seinen *Sohn* zu schicken, um sich durch ihn hindurch mit der Menschheit zu versöhnen. Daß es dabei nicht ohne Opfer abging, ist das Fatum der Christenheit: das Opfer wirkt nach als Aufforderung zur zwangsweisen Versöhnung mit jeder Gestalt von Praxis, — mit allem Irdischen. Der Theoretiker schickt zwar nicht seinen Sohn, aber immerhin seine Gedanken in eine Praxis, was nichts anderes heißt, als daß er mitunter entscheiden muß. Etwa wenn man einen Zeitpunkt angeben will, an dem die russische Revolution 'gescheitert' sei; — also wo man der Sowjetunion nicht mehr versöhnlich gegenüberstehen kann. Dies ist kein Beispiel, sondern ein Stück realer 'Sozialgeschichte' der Gedanken. Theoretiker der Adornoschen Generation (— oder etwas früher) wie Luxemburg, Freud, Breton, Lukács, Benjamin, Bloch, Horkheimer etc., hatten ihre Not damit. Mögliche Skepsis konnte schon recht früh einsetzen: von der Formulierung einer Avantgarde der 'Arbeiterklasse', die Kritikern immer schon als Reproduktion von Herrschaft verdächtig war[1], über die Niederschlagung des Kronstädter Aufstandes[2] bis zum Stalinismus. Wenn der Gang des Verhängnisses als Geschichte fortschreitet, so ist es ebenso Geschichte (— eben die vorhin erwähnte Sozialgeschichte der Gedanken), wie Hoffnungen mit diesem Verhängnis interagieren. Es nützt nichts, am Anfang alles schon vorausgesehen zu haben: gerade das verfehlt Geschichte. Die große Schwierigkeit für die vorhin aufgezählten Leute lag darin, zu entscheiden, wann die Übel, die die russische Revolution mit sich brachte, nicht mehr in Kauf zu nehmen waren, — wann also eine prinzipielle Versöhnungsbereitschaft, die durch Hoffnung gedeckt war, aufgegeben werden sollte zu Gunsten einer radikalen Kritik. (Noch in den sechziger Jahren sprach H. Marcuse davon, daß die Sowjetunion, 'entelechisch gesehen', ein qualitativ höherwertiges Gesellschaftssystem vorstelle[3].) Die Formel von der 'kritischen Solidarität' nützt da meist wenig: entweder wird die Kritik korrumpiert (Bloch in den vierziger Jahren) oder die Solidarität ist praktisch nicht mehr durchführbar (— indem man zum 'Konterrevolutionär' abgestempelt und als solcher nivelliert wurde). Was damals die russische Revolution war, läßt sich heute an der nicaraguanischen nachvollziehen: soll man mit den Sandinistas solidarisch (versöhnlich) sein, obwohl sie eine katastrophale Politik gegenüber den eingeborenen Indianerstämmen betreiben, — oder soll man sie kritisieren? Natürlich kann man als Theoretiker beides tun, — sowohl kritisieren als auch weiterhoffen, aber es ist die soziale Realität (— zu der man sich verhalten muß), die einen Strich durch diese Rechnung macht. Sie zwingt einen, sobald man eingreifen will, zur Entscheidung, und wenn es so ist, daß, wie man es macht, es falsch wird, wäre jede Versöhnung durch Praxis erpreßt und damit auch 'falsch'. Natürlich liegt das eigentlich Unversöhnliche darin, daß man sich entscheiden muß.

Aber diese Unversöhnlichkeit ist die Praxis schlechthin. Wenn also einem die Praxis Entscheidungen und damit eine Form von Versöhnung aufzwingt, so wäre die Frage nicht länger, wie denn Versöhnung möglich sei, sondern umgekehrt, wie man durch erpreßte Versöhnungen hindurch unversöhnlich bleiben kann. Das Adornosche Modell der

... Kritik der Formen durch den spezifischen Impuls. *BM; 138*

ist eine radikale nominalistische Haltung. Aber wie der Nominalismus der Aufklärung vor dem Individuum halt macht, so sehr ist dieser 'spezifische Impuls' ohnmächtig gegenüber der Not, die ihm die Formen aufzwingt. Der Impuls erscheint je schon als gebrochen:

Ehe Humanität die Augen aufschlug, gingen unterm objektiven Druck der Lebensnot die Menschen auf in der Schmach des Nächsten, und die Lebensimmanenz des Sinnes ist das Deckbild ihrer Befangenheit. *ND; 390*

Der spezifische Impuls klammert sich also an die nächstbeste Gelegenheit, um sich überhaupt einlösen zu können: die Schmach dabei wäre dies, daß die Versöhnung erpreßbar war. Die Allgegenwart dieser Schmach läßt sie kaum noch als erfahrbar erscheinen. Selbst der Theoretiker, der ursprünglich ja die Welt verbessern will und zum 'Nächst-Besten', zum Bücherschreiben greift, müßte dies als Schmach empfinden. Er hat ja nicht aus freier Wahl Bücher geschrieben, sondern bloß aus seiner primären Unzulänglichkeit heraus, die Welt 'direkter' nicht verändern zu können. Wenn aber alle Lebensformen im Prinzip schmachvoll sind, dann muß dem doch ein anthropologisches, zumindest ein Prinzip zu Grunde liegen, aus dem man eine Metaphysik machen kann. Eine solche Metaphysik wäre das Einspannen der Schmach in eine Teleologie: daß man also glaubt, die Schmach wäre für irgendetwas gut, was dann später kommt. Bei Hegel wird die Schmach des Daseins in der Gewißheit der Erlösung auf sich genommen; d.h. derjenige, der seine 'Logik' nachvollziehen will, muß schon die 'metaphysischen Tricks' des Geistes, die es ihm erlauben, in allen Phasen der Schmach an sich festhalten zu können, einigermaßen durchschaut haben: "In der Tat setzt das Bedürfnis, sich mit dem reinen Gedanken zu beschäftigen, einen weiten Gang voraus, den der Menschengeist durchgemacht haben muß; es ist, kann man sagen, das Bedürfnis des schon befriedigten Bedürfnisses der Notwendigkeit, der Bedürfnislosigkeit, zu dem er gekommen sein muß..."[4]. Der Hegelsche Geist wird so zum Muster des bürgerlichen Individuums, das an seine 'schöne Seele' nur deswegen glauben kann, weil es alle Schmach auf sich nimmt, um sie dereinst zu haben. Metaphysisch daran ist, daß die Gegenwart des Leids transformiert wird in eine Gewißheit seines Zweckes. Solchermaßen ist dies wirklich eine 'Aufhebung' und man könnte an sie auch als an eine Gestalt von Versöhnung glauben, wäre der Weltgeist nach

Hegel nicht 'ausgeflippt': — dieser, etwas moderne Terminus beschreibt einen Zustand, in dem die Gestalt der Versöhnung nicht hinreichte, den Impuls zu dämmen. Man flippt normalerweise dann aus, wenn man an das Versprechen eines Besseren, das die gegenwärtige Schmach tilgen wird, nicht mehr glaubt. Kann man Hegels 'Weltgeist-Epos' noch als Theorie einer geglückten Sublimierung bezeichnen, so waren es seine 'kritischen Nachfolger', die in das Nicht-Sublimierbare ihre Hoffnungen setzten. Die Marxsche Theorie setzt darauf, daß die Schmach des Daseins den Massen einmal zu viel sein wird, daß es ihnen reicht und sie dann ausflippen, — so wissenschaftlich auch immer, — und Revolution machen. Dazu gehört natürlich, daß die Schmach (Verelendung) stärker ans Licht tritt; — daß das Siegel über ihrer Notwendigkeit bricht[5]. Der Gedanke ist der, daß mit der Entfaltung der produktiven Kräfte eine unmittelbare Not abgeschafft wird, — daß also die Menschen nicht mehr die Schmach des Nächst-Besten eingehen müssen (— etwa auch, daß sie dann mehr Freizeit haben) und sich dann sagen können: — Wir wollen ja eigentlich Alles, — und dann den Kapitalismus abschaffen. Die Massen dürfen halt im rechten Moment nicht mehr sublimieren und keine falsche Versöhnung eingehen. Allerdings läuft die ganze Geschichte auch nicht ohne Sublimierungen ab: die Revolten als unmittelbarer Ausdruck des Impulses sollen per 'Klassenbewußtsein' in eine 'revolutionäre Disziplin' transformiert werden. Was später als 'straffe Organisation' oder als 'revolutionäre Geduld' propagiert wurde, ist auch schon bei Marx in der Auseinandersetzung mit Bakunin und mit der 'Pariser Commune' angelegt. Revolten übersehen die 'realen gesellschaftlichen Verhältnisse' und sind zum Scheitern verurteilt: deswegen bedarf es eines Aufschubs von unmittelbaren Bedürfnissen, um den Effekt der 'wahren Befreiung' zu garantieren. Das 'Klassenbewußtsein' soll also das Leiden, die Unzufriedenheit oder das Elend substituieren. Auch hier handelt es sich um eine falsche Versöhnung. Adorno bemerkt schon 1944, daß die 'revolutionäre Disziplin' zu Nichts getaugt hat:

> Für den Verfall der Arbeiterbewegung spricht der offizielle Optimismus ihre Anhänger. Er scheint mit der eisernen Konsolidierung der kapitalistischen Welt anzuwachsen. Die Inauguratoren haben niemals das Gelingen für garantiert gehalten und darum den Arbeiterorganisationen ihr Leben lang Unannehmlichkeiten gesagt. (...) Spontaneität sei zwar nicht mehr möglich, aber am Ende gewinnt doch die rote Armee. *MM; 146/147*

Radikalisiert wird diese Fragestellung in der Auseinandersetzung Adornos mit Lukacs und anderen über die moderne Kunst. Im Verständnis des 'sozialistischen Realismus' soll Kunst den Impuls auffangen und ihn in ein Bild des Zukünftigen verwandeln: also antizipierte Versöhnung sein. Die (damalige) Moderne hingegen setzt auf die freie Entfaltung des Impulses und verzichtet auf den Anspruch der Versöhnung: "Die einfachste surrealistische Handlung besteht darin, mit Revolvern in den Fäusten auf die Straße zu gehen und blindlings soviel wie möglich in die Menge zu schießen. Wer nicht wenigstens einmal im Leben Lust dazu gehabt hat, auf diese Weise mit dem derzeit bestehenden elenden Prinzip der Erniedrigung und Verdummung aufzuräumen — der gehört eindeutig selbst in diese Menge und hat den Wanst ständig in Schußhöhe."[6] Daß man das nicht tun kann, also so ein Satz eigentlich für Glück und Unglück irrelevant ist, entwertet ihn nicht, denn er konserviert den authentischen Impuls. In der Darstellung der Unversöhnlichkeit, — indem man sowas also ausspricht, wird aber auch der Raum für 'authentische Versöhnung' geöffnet: erst die dargestellte Irrationalität leistet der 'Realität', die zur Versöhnung zwingt, Widerstand. Die Utopie der Versöhnung ist negativ: — sie vermag sich nur als Unversöhnliches zu zeigen. Adornos Verteidigung der modernen Kunst und ihrer Absage an Versöhnung sieht im Falle der Angst (— den man substituieren kann mit dem oben zitierten Beispiel der Aggression) so aus:

Von Anbeginn jedoch war die ungemilderte Darstellung der Angst zugleich auch mehr als diese, ein Standhalten durchs Aussprechen, durch die Kraft des unbeirrten Nennens: Gegenteil dessen, was die Hetzparole »dekadent« an Assoziationen aufstachelt. *NL; 269*

Dieses Zitat stammt aus einem Artikel, der den Titel 'erpreßte Versöhnung' trägt: gemeint ist damit das intellektuelle Verhalten des Theoretikers, der sich einer Orthodoxie (— im konkreten Falle der marxistischen) anheim gibt und so eine falsche Versöhnung propagiert. Kritisiert wird, daß man den Impuls einer Teleologie unterstellt und ihn damit in eine Form zwingt, die dieses 'telos' ermöglichen soll. Im Prinzip wird damit die Normativität kritisiert, was ja eigentlich unmöglich ist, denn jedes Verhalten setzt Normen: d.h. jedes Verhalten kanalisiert den Impuls und beraubt ihn seiner ursprünglichen Authentizität. Auch Adorno agiert mit dem Aufschub: wenn die Darstellung der Angst das 'Standhalten' verspricht, so ist die Angst als ursprünglicher Impuls transformiert, denn Angst will nicht standhalten. Dieser Einwand wird evident heute an diversen Modi von 'Psycho-Therapien': Versprochen wird die Erlösung vom Impuls, wenn man ihn nur 'ungemildert darstellt'[7]. Adorno entgegnet diesem Einwand:

Versöhnung als Verhaltensweise des Kunstwerks wird heute gerade dort geübt, wo die Kunst der Idee von Versöhnung absagt, in Werken, deren Form ihnen Unerbittlichkeit diktiert. Noch solche unversöhnliche Versöhnung in der Form jedoch hat zur Bedingung die Unwirklichkeit der Kunst (...). In ihrer Wahrheit selbst, der Versöhnung, welche die empirische Realität verweigert, ist sie Komplize der Ideologie, täuscht vor, Versöhnung wäre schon. Kunstwerke fallen ihrem Apriori, wenn man will, ihrer Idee nach in den Schuldzusammenhang. *ÄT; 202/203*

Jede Form, jedes Bild, jede Gestalt von Praxis täuscht also Versöhnung (— per Aufschub) vor: zur Frage wird also, wie man denn eigentlich unversöhnlich bleiben kann oder in einem anderen Kontext ausgesprochen: — wie man der Sublimation entgeht. Daß man ihr entgehen soll, eine Maxime, — läßt sich so begründen, daß alles Leid, welches die Menschheit auf sich genommen hat, immer noch manifestiert wurde (— oder werden konnte) durch Sublimierung genuiner Bedürfnisse. Mithin hat 'falsche Versöhnung' den Status der Sublimierung. Da kommt einem natürlich das Freudsche Theorem in den Sinn, daß Sublimierung ja auch jene 'höchsten Leistungen' des Menschengeschlechts hervorgebracht hat, wie etwa die Werke von Leonardo da Vinci[8]. Das könnte dann so interpretiert werden, daß die Tatsache der Sublimierung nichts über den Wert der darin erreichten Versöhnung aussagt. Sublimierung nach Freud ist die Umwandlung von Trieben aus dem sexuellen 'Fundament' durch die Verschiebung des Objekts des Begehrens. Derart wird der ursprüngliche sexuelle Impuls (— samt seiner aggressiven Komponenten[9]) transformiert in 'kulturschaffende' Aktivität (— wobei der Affektbetrag konstant bleiben soll). Der sublimierte Trieb soll dann dem 'Ich' und seinen narzißtischen Ansprüchen zur Verfügung stehen. Andererseits konstituiert sich erst das 'Ich' mit der geglückten Sublimierung. Die Verschiebung des Objekts des Begehrens ist so keine Aktivität des Ichs, sondern wird diktiert von der sozialen Realität (— samt Naturgeschichte). Und die Wahl ist auch insofern keine Wahl, als nur solche Objekte besetzt werden können, deren soziale Verfassung die Einlösung des Begehrens einigermaßen garantiert; — zumindest nicht unmöglich macht. Das Ich ist also in seiner sublimen Verfassung zwangs-versöhnt mit dem Objekt seines Begehrens (— falls die Sublimierung geglückt ist). So gesehen müßte die wirkliche Versöhnung nach der Sublimierung anfangen: — etwa indem man sich hinstellt und sagt: 'Ja! — ich will ja sublimieren'. Aber das läuft nicht: Im Benennen dessen, was man da emphatisch sublimieren will, tut sich unweigerlich die Differenz zwischen dem virtuell-ursprünglichen und dem Ersatzobjekt auf. Das Ich kann sich dann nicht mehr mit dem Objekt versöhnen, sondern nur noch mit der Differenz seiner Ansprüche. Diese Konstellation taucht radikal in der Frage auf, wie denn eine psychoanalytische Kur zu beenden sei, vorausgesetzt, daß man 'Heilung' als Versöhnung interpretieren kann. Freud hat auf diese Frage eigentlich nie eine bestimmte Antwort geben können. Relativ abstrakt sind Kriterien wie 'Normalität' oder 'Störungsfreiheit', die immer so etwas wie eine Anpassung an die soziale Realität implizieren. Solch pragmatischer Gesichtspunkt generiert sich daraus, daß Freud das Leid immer sehr konkret aufgefaßt hat: also sein Augenmerk primär auf die Existenz oder das Verschwinden von Symptomen gerichtet hat. Andererseits nimmt ja die Psychoanalyse seit Freud für sich in Anspruch, Symptome nicht nur bloß zum Verschwinden zu bringen, sondern sie 'wahrhaft' durchzuarbeiten; — also das Reservoir von Leid, das diese Symptome erzeugte, erfassen und dem Ich zugänglich machen zu können[10]. Wenn man nun mit sozialpsychologischen Implikationen nach Adornoschem Muster arbeitet, so wäre das Ende einer psychoanalytischen Kur am ehesten mit der Erreichung von 'Leidensfähigkeit' zu bezeichnen: — daß also Leid nicht verdrängt wird und sich anderswo so reproduziert, daß das Individuum dem ausgeliefert ist, sondern daß Leid erfaßt und benannt wird und dies dann mit 'souveräner Trauer' beantwortet werden kann. Die traurigen Gestalten, die eine so konzipierte analytische Kur dann entläßt, stehen allerdings im Widerspruch zu dem Freudschen Diktum, daß die Behandlung auf 'Arbeits-und Liebesfähigkeit' zielen sollte; — also letztlich auf 'Glücksfähigkeit'. Glück wird implizit definiert als integrative Gestalt des Ichs; — also eine Integration der Differenz in der Struktur des Begehrens. Solchermaßen zielt die psychoanalytische Kur den eigenen Theoremen nach auf eine 'geglückte Sublimierung' und damit auf eine durch die soziale Realität 'erpreßte Versöhnung'. Wenn man sich aber Berichte über psychoanalytische Behandlungen anschaut, so ergibt sich eher das Bild, daß das Ende meist durch die Annahme einer 'immerwährenden Trauer' gekennzeichnet ist[11]. Das hat seine Wurzeln in der 'Übertragung': der Trieb, der sich 'zum letzten Male' authentisch in der Liebe zum Therapeuten wähnt, muß vor der sozialen Realität des therapeutischen Kontraktes 'resignieren'. Behilflich sein soll dabei die Aufklärung, daß die Liebe zum Therapeuten bloßes Derivat ursprünglicher Begehrungen ist. Die Regel, daß der Therapeut seiner 'Gegenübertragung' nicht nachgeben soll (— und sei sie auch noch so stark), hat etwas von dem

Flair einer 'edlen' Askese[12]: dies Glück soll nicht sein, weil es auf einer grundsätzlichen Verfehlung aufgebaut wäre. Die Einsicht in diese grundsätzliche Verfehlung, die der Therapeut lehren sollte, soll dann den Verzicht leichter machen. Das Ende der Analyse definiert sich dann als erfolgreiche Bearbeitung der Übertragung: Analytiker und Patient sollen sich trotz des uneingelösten Anspruches 'versöhnlich' trennen können. Die Neurose (oder was auch immer), die sich radikal im Verhältnis zum Therapeuten wiederholt, hat zwar einerseits das individuelle Unglück begründet; andererseits wäre das individuelle Glück unbedingt abhängig von dieser neurotischen Verfassung. Beides: Glück und Unglück, manifestiert nur die Befangenheit, den Bann. Wenn also in der Übertragung und deren analytischer Bearbeitung diese Befangenheit bearbeitet werden soll, ist das Resultat ein status quo, der eigentlich weder Glück noch Unglück zuläßt. Aber solche, durch Aufklärung gereinigte Seelen gibt es nicht: die intermittierende Neutralität der Erkenntnis, die vielleicht der Analyse ein versöhnliches Ende zu geben vermag, reicht nicht hin, ein Leben lang eine Position jenseits von Glück und Unglück zu garantieren: sie begnügt sich damit, modellhaft die Struktur möglicher Versöhnung demonstriert zu haben. Damit nimmt sie auch Rücksicht auf das Besondere, denn sie gibt keine Verhaltensrezepte, die das Glück eines zukünftigen Lebens garantieren könnten. Daher ist der 'Rückfall' fast das zwangsläufige Resultat einer Psychoanalyse; — allerdings, da man dann ungefähr weiß, worum es sich dreht, kann man die Befangenheit substituieren durch die Trauer darüber, daß man der Befangenheit nicht endgültig entkommen kann. Der 'Rückfall' negiert zwar ein mögliches Glücksgefühl der Befreiung: in dieser Negation aber kreiert sich eine Position, die eine mögliche Befreiung übersehen kann. Indem ein Rückfall als Rückfall erlebt wird, ist das Ich, das in dieser Weise erlebt, schon woanders: an dem Ort einer virtuellen Versöhnung. Das Ich erlebt nach seiner analytischen Behandlung das Glück sowie das Unglück gewissermaßen als nachträglich: darin kann es sich zwar nicht generell versöhnen, aber es kann so etwas wie Dankbarkeit empfinden:

Mit dem Glück ist es nicht anders als mit der Wahrheit: Man hat es nicht, sondern ist darin. (...) Wer sagt, er sei glücklich, lügt, indem er es beschwört, und sündigt so an dem Glück. Treue hält ihm bloß, der spricht: ich war glücklich. Das einzige Verhältnis des Bewußtseins zum Glück ist der Dank: das macht dessen unvergleichliche Würde aus.
MM; 143/144

Versöhnlich kann sich ein Ich nur gegenüber seiner Geschichte zeigen; — im Versuch, die Gegenwart der Versöhnung herzustellen, resultiert bloß immer wieder die Differenz zwischen dem 'genuinen Begehren' und der Einsicht in dessen notwendiges Mißlingen. Die Struktur der Nachträglichkeit in der Versöhnung manifestiert zwar das Faktum, daß der richtige Zeitpunkt schon je versäumt war; daß aber das Versäumnis ausgesetzt werden kann — die Befangenheit es ermöglicht hat, ein Glück zu erleben, zeugt von der Möglichkeit der Gleichzeitigkeit von Versöhnung und kritischem Bewußtsein. Das Adornosche 'zu spät' zieht sich durch alle Beschreibungen seiner Glückserfahrungen. Darin eröffnet sich die Möglichkeit, die Idee der Versöhnung aufzuheben, was gar nicht so ferne liegt, da die Versöhnung als Idee immer schon den Charakter des Erzwungenen hat. Das Bewußtsein, daß es besser sein könnte, steht radikal gegen diese Idee. Die Nachträglichkeit der Versöhnung erlaubt die Einsicht, daß es 'jetzt' ein vollkommenes Glück nicht geben kann, — daß jede Verwirklichung den genuinen Anspruch sabotiert; — ebenso aber erlaubt es die Annahme einer Glückserfahrung, die in all ihren Verfehlungen dennoch notwendig war, um diese gegenwärtige Einsicht zu haben. Eine Liebesbeziehung, falls sie beendet ist oder reduziert auf die 'Gegebenheiten' der sozialen Realität, kann insofern versöhnlich sein, als man den ehemaligen Impuls samt seinen Verfehlungen annimmt. Beziehungen, die wirklich einen Ort der Versöhnung erreicht haben, traktieren die Liebe als etwas, was 'zu spät' ist: ein Glück, das vielleicht einmal stattgefunden hat, aber die gegenwärtigen Ressentiments nicht einholen kann. Wenn jede Liebesbeziehung notwendig scheitert, so kann sie doch überleben, indem sie nachträglich ein vergangenes Glück (— das vielleicht immer schon vergangen war) beibehält. Die Geschichte (auch als Gang des Verhängnisses) ermöglicht eine 'andere' Versöhnung, die deswegen anders ist, weil sie keine Gegenwart des Glücks erreichen kann, aber auch nicht das Versprechen des Glücks, das einen dazu verleitet hat, einem Bann sich anheim zu geben, verleugnet. Auch bei dem schon zitierten Beispiel der russischen Revolution ist diese nachträgliche Versöhnung vielleicht die einzig richtige Verhaltensweise: in der Gegenwart ist es unmöglich, dem Sowjet-System versöhnlich gegenüber zu stehen, aber die Hoffnungen, die einmal darauf gesetzt wurden, sollen nicht verleugnet werden. Übrig bleibt hie wie da die Trauer: eine Trauer, die die Befangenheit substituiert, insofern sie das mögliche Glück zur Kenntnis genommen hat; — dieses Glück aber gegenüber dem Stand der Aufklärung (— des gegenwärtigen Bewußtseins) nicht mehr möglich ist. Solches Denken setzt sich natürlich auch dem Verdacht der Nostalgie aus: da das Bewußtsein mit der Forderung einer gegenwärtigen Versöhnung überfordert ist, flieht es in die Vergangenheit und vergißt sich somit quasi selbst. Der Bann aber, so läßt sich gegen diesen Vorwurf einwenden, zeitigt sich immer nur aus der Geschichte dieses Bewußtseins: will man sich also vom Bann befreien, was den Status einer conditio sine qua non für die Möglichkeit von authentischer Versöhnung hat, so muß sich das Bewußtsein erstmals von dieser seiner Geschichte 'befreien'. Die nachträgliche Versöhnung gibt dem Bann, dem Mythos das Seine. Denn gerade die Versöhnung mit Vergangenem verlängert es unnötig: Daß man es jetzt besser weiß, — daß man 'aufgeklärter' ist, war immer schon das Resultat dessen, daß der Mythos nicht das halten konnte, was er versprach. Und daß man einmal an das Versprechen geglaubt hat, — diese 'lebendige Erfahrung' wird in der Versöhnung festgehalten und gibt dem Bewußtsein Nahrung, seiner Aufgeklärtheit dennoch die Idee von Glück abzutrotzen. Erst indem man die Illusion einer vergangenen Liebe realisiert; — erst indem man die 'verfehlte Hoffnung', die man auf diverse Revolutionen gesetzt hat, als den Bann begreift, der notwendig war, um den darin gezeitigten Glücksanspruch aufrecht erhalten zu können, — erst dann entgeht man der Resignation, die die Geschichte nachträglich in ihrem Scheitern als das sanktioniert, als was sie dem gegenwärtigen (aufgeklärten) Bewußtsein erscheint. In solcher Resignation würde Geschichte überhaupt abgeschafft, denn das Bewußtsein setzt sich in seinen gegenwärtigen Einsichten als konstant. Seine eigene Geschichte deklariert es nur noch als Differenz, die dann ontischen Charakter hat. Die Möglichkeit, diese Differenz zu realisieren, — also Geschichte insofern stattfinden zu lassen, als sie nicht an dieser Differenz hängen bleibt, wird solchem Bewußtsein genommen. Es hat sich versöhnt und dabei den Glücksanspruch geopfert. Auch das ist 'falsche Versöhnung'. Die Differenz zu 'leben', — immer wieder sich zu verlieben, obwohl die Einsicht in das 'notwendige' Scheitern einer Liebe etwas Besseres gelehrt haben müßte; immer wieder Revolutionen zu feiern[13], obwohl man die fatale Geschichte aller Revolutionen kennt, hält die Idee der Versöhnung aufrecht. Allerdings wird man dann des öfteren sehr unglücklich sein. Die Chance, die dem aufgeklärten Bewußtsein bleibt: nämlich in die Resignation zu fliehen, und der Preis, den das 'versöhnliche Bewußtsein' auf sich zu nehmen hat, — eben die Trauer, die das Scheitern der Ansprüche realisiert, — dürften nicht mehr als antagonistische Alternativen auftreten. Das wäre dann die 'wahre' Versöhnung. Das würde bedeuten, daß man sich nicht mehr auf eine Seite der Differenz schlägt, sondern daß eine Austragung der Alternativen stattfindet. Weder soll sich der Glücksanspruch der Aufklärung unterordnen noch umgekehrt: sie sollen am Besonderen miteinander kommunizieren können. So lautete auch die vorsichtige Formulierung Adornos über ein Modell von Versöhnung:

> Wäre Spekulation über den Stand der Versöhnung erlaubt, so ließe in ihm weder die ununterschiedene Einheit von Subjekt und Objekt noch ihre feindselige Antithetik sich vorstellen; eher die Kommunikation des Unterschiedenen. *ST; 153*

Die 'Kommunikation des Unterschiedenen' soll in der Rekonstruktion einer Ethik nach Adorno einen zentralen Stellenwert einnehmen, denn dieser Terminus steht für die wenigen Stellen, wo Adorno eine 'Spekulation über den Stand der Versöhnung' wagt. Angesprochen wird damit eine Überbrückung, die aber das Land jenseits der Kluft nicht erschließen oder okkupieren will, sondern bloß in Fühlung, eben in Kommunikation tritt. Diese Kommunikation läßt sich dann nicht mehr als Unterschiedenes im Medium des Gleichen fassen, sondern bedarf eigener Kategorien. Es geht darum, eine Kommunikation oder ein Verhalten zu begründen, in dem die Differenz nicht getilgt, sondern als Bild der Möglichkeit einer 'wahren Versöhnung' aufrecht erhalten wird.

Hiob, solange er als Ankläger auftritt, betreibt eine solche Kommunikation; — in dem Moment, wo er sich einer Allgewalt Gottes (— was für die Philosophen später die Allgewalt des Begriffs sein wird) fügt, verrät er die Möglichkeit der 'wahren Versöhnung'. Die Anklage hält noch die Differenz zwischen ihm und seinem Gott aufrecht: motiviert ist sie durch Leiden. Hiob kann das Leid aber nicht mehr aushalten, und unterwirft sich der Sprache Gottes, die alle Dinge beim Namen nennt. Nur er wird dabei sprachlos: er hat seinem Gott nichts mehr zu sagen, außer Dank, was aber nicht weniger eine Hybris vorstellt. (Nur Gott kann sich bei sich selbst bedanken.) Hätte nun Hiob sein Leid ausgehalten, — also Leidensfähigkeit erreicht, so hätte er weiter anklagen können, — denn sein Leid ist es, wodurch er sich von seinem Gott unterscheidet und was ihm erlaubt, zu protestieren, was ein Gott eben nicht kann. Protest heißt ursprünglich als Zeuge vor Gericht sein Schweigen zu brechen: also einer Wahrheit zum Recht zu verhelfen.

So wäre also Leidensfähigkeit ein Moment von Ethik: freilich nur als Voraussetzung, denn diese Fähigkeit befähigt zu etwas Anderem: sie öffnet den Raum für eine Ethik. Dieser Raum soll nun gefüllt werden; — den Versuch ist es allemal wert.

Ethik

Wie kann man eine Ethik schreiben? · Rede und Wissen
Kant · Logik und ein praktisches A Priori
Aufgaben · Rekonstruktion der Rede · Das Altwerden
des Lebendigen und das Wissen · Wie kann man
keine Ethik schreiben? · Wissen,
das sich loswerden will

Nochmals: Kant · Freiheit, Einheit und Wille
Neurose · Die theoretische Neurose
Zerstreuung in der Gattung: Leben

Fremdes und Eigenes · Die Kommunikation des
Unterschiedenen · Minima und Maxima · Aufhebung
der List · Verzweiflung, die rettet

Ökologie · Rechenmaschinen
Psychoanalyse
Nach Adorno

Ethik ist, was über 'gut und böse' geredet oder geschrieben worden ist. Ob sie mit stummen sozialen Normen koinzidiert, sie begründet oder nur nachträglich beschreibt, ist eine Frage der Sozialgeschichte der Moral. Insofern aber die Geschichte der Moral durch ständige Transformationen und Auflösungen gekennzeichnet ist, reagiert die Geschichte der Ethik, die eine Theoriegeschichte ist, ebenfalls mit ständiger Auflösung. So ist die Geschichte der Ethik die ihrer Auflösung und des gleichzeitig versuchten Einspruchs gegen diese. Ethik steht damit in einem Spannungsfeld: einerseits darf sie sich nicht ans Partikulare verlieren, — an die vielfältigen Erscheinungsformen von Gutem und Bösem, denn dann könnte sie keine einheitlichen Sätze über die Welt formulieren; — andererseits muß sie auf diese Partikularitäten Rücksicht nehmen, die in ihrer Heterogenität jede Einheit eines Satzes über die Welt in Frage stellen. Die Formulierung der Ethik als 'Meta-Ethik' ist da nur ein fauler Kompromiß, denn auch die 'Meta-Ethik' ist durch ständige Auflösung gekennzeichnet. Ethik hat einen 'göttlichen Anspruch': nämlich die Einheit des Besonderen, Einzelnen vorzustellen: "Wer behauptet, er sei nicht Gott, und dabei die »Ethik« schreibt, — der weiß nicht was er tut, der tut etwas, wovon er keine Rechenschaft ablegen kann, etwas 'Absurdes'. Aber grundsätzlich könnte Gott (...) die »Ethik« schreiben. Die ganze Frage ist also, ob nicht ein Mensch Gott sein kann."[1] Und wenn ein Mensch eingesehen hat, daß er kein Gott ist, verlegt er sich meist darauf, die 'Bedingungen der Möglichkeit' ethischer Sätze zu eruieren: d.h. er versucht die Bedingungen der menschlichen Lebensformen zu erfassen und betreibt so Wissenschaft. Er kann aber auch so tun, als ob er Gott wäre, — sein Bewußtsein für absolut setzen, aber dann ist es ihm meist versagt, andere über 'gut und böse' zu belehren. Auch das Kind, das lernt, sich ein 'moralisches Urteil' zu bilden, kommt mit seiner anfänglich 'egozentristischen' Moral nicht zurecht, und verlegt sich später darauf, die Bedingungen von 'gut und böse' zu reflektieren.[2] In der Geschichte der philosophischen Ethik spielt sich etwas ähnliches ab. Die Sophisten, die, soweit es bekannt ist, die ersten waren, die explizit Tugenden gelehrt haben, agierten mit der Selbstevidenz des Normativen. Der Anspruch ihrer Ethik reduzierte sich demnach auf das Gelingen des 'Ansprechens': wenn der rhetorische Akt (— die Überredung) gelungen ist, — wenn also die Rede so tun kann, als ob sie das Objekt, auf das sie sich bezieht, beim Namen nennt, indem sie Selbstevidenz (Nicht-Hinterfragbarkeit) behauptet, — so ist der ethische Akt abgeschlossen.[3] Das hat natürlich schon etwas an sich, wenn man alle Leute überreden könnte, 'gut' zu werden: Sokrates meldete aber den Vorbehalt des Wissens an: — der Redende dürfe etwas nicht nur behaupten, — er müsse auch das, was er behauptet, wissen. D.h. die Rede soll nicht mehr mit Selbstevidenzen agieren, sondern sich auf etwas Sicheres beziehen. Sokrates forderte die Überzeugung und damit auch die Begründbarkeit der ethischen Rede. Im Prinzip war das bereits nominalistische Kritik: in der sokratischen Demonstration, daß beliebig Selbstevidenzen behauptet werden können, liegt das Moment der Entlarvung des 'Bloß-Begrifflichen'. So war Sokrates eigentlich sophistischer als die Sophisten: er nivellierte jeden Bezug zum Objekt (— der freilich bei den Sophisten auch nur appellativ war) und setzte dafür ein dialogisches Prinzip ins Recht, dessen Scheitern er als Beweis für die Unzulänglichkeit der Rede setzte. Indem Sokrates das dialogische Prinzip seiner Unzulänglichkeit überführte, stellte er die Regeln des Dialogs, — und insofern der Dialog das Prinzip des sozialen Austausches vorstellt, die sozialen Regeln überhaupt in Frage. Dafür wurde er mit dem Tode bestraft. Die Anklage gegen Sokrates lautete auf Gotteslästerung und Verführung der Jugend.[4] In beiden Punkten bestand die Anklage zu Recht, denn Sokrates lästerte gegen die Götter insofern, als er die Gesetzgebung der Polis, die sich auf die Götter berief, als Hybris auswies, denn er fragte nach dem Grund der Gesetze. Auch verführte Sokrates die Jugend, indem er sie die Frage, den Zweifel lehrte. Daß er seinen Schülern die Antwort schuldig blieb, — sie also nicht befriedigen konnte oder wollte, artete in Hörigkeit seiner Schüler aus. Sokrates, und darin liegt auch sein Dämonisches, lehrte Negativität im Sinne von rückhaltloser Kritik. Er setzte sein Nicht-Wissen ein, um jedes Wissen aufzulösen, und das machte ihn zum Klügsten aller Griechen. Mag sein, daß erst nach Sokrates eine Ethik als philosophische Disziplin notwendig wurde, denn Sokrates, da er nichts wußte, hat keine Ethik geschrieben, abgesehen davon, daß er überhaupt nichts geschrieben hat. Aristoteles, der sich einbildete, wirklich etwas zu wissen, hat es dann auch gewagt, eine Ethik zu schreiben, — die erste. In seinem Vorwort zur Nikomachischen Ethik honoriert das Olof Gigon folgendermaßen: "Es scheint, daß die vorphilosophische Ethik (— also vor Aristoteles / r.s.) vorzugsweise durch zwei Elemente charakterisiert ist. Fürs erste ist sie unsystematisch und konkret. Sie besteht in einer lockeren Masse einzelner Anweisungen für die verschiedenen Lebenslagen, ohne daß irgendein Mittelpunkt bezeichnet würde, auf den hin und von dem aus alle Einzelbestimmungen zu verstehen wären. (...) Der zweite Hauptpunkt ist der, daß die vorphilosophische Ethik ihre Autorität nicht aus irgendwelchen absoluten, rational nachweisbaren Prinzipien schöpfte...".[5] Philosophische Ethik würde demnach darin bestehen, die Autorität (— oder Evidenz) ihrer Sätze nicht aus der Rede selbst abzuleiten, sondern im Verweis auf ein Prinzip, daß selbst die absolute Autorität vorstellt, und daher auch als Ausgangspunkt 'rationaler' Ableitungen dienen kann. Das hieß für Aristoteles, die Möglichkeit menschlicher Handlungsweisen in der Kategorisierung von gut und böse oder von Recht und Unrecht auf eine virtuelle Position zu beziehen. Da diese virtuelle Position den Focus, also das Zentrum beschreiben mußte, wählte er einfach die 'Mitte', von der aus metrisch die Tugenden bestimmt werden sollten. Die formale Konstruktion einer Ontologie, daß es nämlich eine absolute Einheit geben soll, die als Zentrum die Rekonstruktion der Welt erlaubt, wird in der Nikomachischen Ethik ohne Umstände ins Inhaltliche übersetzt: die Tugend selbst besteht dann vorderhand darin, vom Mittelpunkt, — vom Ursprung nicht zu sehr abzuweichen. Daß man abweichen kann, macht einen Lehrer nötig, denn die Möglichkeit der Abweichung ist bei Aristoteles quasi anthropologisch statuiert: "Das Gerechte gibt es bei Wesen, die am schlechthin Guten teilhaben und hierin ein Zuviel und Zuwenig haben können. Einige können kein Zuviel haben, wie vielleicht die Götter, bei anderen wiederum, den unheilbar Schlechten (— die Barbaren /r.s.), nützt überhaupt kein Teil davon, sondern alles schadet, bei anderen endlich geschieht dies bis zu einem gewissen Grade. Darum ist das Gerechte etwas Menschliches."[6] 'Gerecht' bedeutet hier, daß die Menschen sich nach etwas richten können und sollen, weil sie eben die Fähigkeit haben, von der Mitte abzuweichen. Das Kernstück der aristotelischen Ethik, die 'Metropatheia', was das Maßhalten bezüglich der Leidenschaften akklamiert, steht für den Versuch, die menschliche Praxis zu ordnen. Daß Glück oder Wohlergehen mit der Ordnung der Leidenschaften zusammenhängt, — dieses Theorem des Aristoteles hat sich bis heute durchgesetzt. Die Angst vor der Unordnung (Barbarei) motiviert natürlich das vermeintliche Glück, den Frieden in der Ordnung zu suchen. Das Zentrum dieser Ordnung, — die Mitte darf aber von keinem Menschen eingenommen werden können, weil dann die Rede dieses Menschen (— eines absoluten Sophisten) eine Gültigkeit hätte, die jedes Wissen überflüssig machen würde. Solch eine Position der Mitte bleibt einem Gott vorbehalten. Der Mensch aber, der am 'schlechthin Guten', — also am

Göttlichen teilhat, muß von dieser Mitte unterschieden sein, und gleichzeitig sie vorstellen können. Der Mensch muß ergo seine eigene Differenz realisieren, indem er seine Erscheinungsform per Reflexion relativieren kann. Delphi, das bekanntlich in der 'Mitte' war, forderte die Menschen auf, sich selbst zu erkennen. Das Gute wird so mit der Wahrheit zusammengedacht, wobei Wahrheit das Wissen des Menschen über sich selbst, — also die Abstraktion von seiner unmittelbaren Praxis inaugurierte. Die Position der Wahrheit, die nicht Fleisch werden konnte, sondern als virtuelle vorausgesetzt behauptet wurde, leitete die Epoche der Metaphysik ein. Das Problem der Virtualität der Mitte ist eigentlich ein theologisches Problem. Aber selbst der Monotheismus hat den Nachteil, daß man auf Gott ebenso wenig zeigen kann wie auf das Aristotelische Zentrum. Die Fleischwerdung des christlichen Gottes kann als Versuch interpretiert werden, diese Mitte einzulösen und damit eine 'Ethik' überflüssig zu machen, denn in der Gegenwart des göttlichen Wortes zeigt sich das Gute und Böse unmittelbar und muß nicht erst theoretisch begründet werden. Aber die Fleischwerdung Gottes war eine Episode, und die Menschen hatten es wieder nur mit einem Buch, der Bibel zu tun, und die Reflexion über ihre guten und bösen Taten blieb dem adäquaten Verständnis dieser Bibel anheimgestellt.[7] Die Bibel mußte interpretiert, — die Wahrheit in ihr erst gefunden werden. Wie aber kann man Gewißheit haben, daß sich das Individuum, wenn es Exegese betreibt, nicht irrt? Der Irrtum konnte nur vermieden werden, wenn Gott selbst sich im Individuum repräsentierte, — also die Mitte ins Individuum selbst verlegt wurde. Das zeichnet die Cartesische Wendung vor: In der absoluten Selbstgewißheit des Individuums sollte sich die Präsenz Gottes offenbaren und damit auch der göttliche 'logos', der dann seine ethischen Urteile fällen kann. Nach Descartes wurde das Problem der Exegese zu einem 'transzendentalphilosophischen': das Vermögen einer 'göttlichen Vernunft' im Menschen sollte in ein praktisches Vermögen überführbar sein. Diese Problematik markiert den Einsatz einer 'Ethik', die als 'die Ethik' der neueren Zeit gilt, und die bis in aktuelle theoretische Auseinandersetzungen hinein so etwas wie einen Angelpunkt (— selbst für Adorno) der philosophischen Anstrengungen vorstellt: die Kantsche Ethik. Darin wird zweierlei versucht: einmal soll die 'praktische Vernunft' kritisiert werden, — zum anderen sollen die Sitten in einer Metaphysik grundgelegt und dann daraus abgeleitet werden. Ersteres ist der Versuch, Wahrheit und menschliche Praxis zusammenzudenken, — daß also die Wahrheit nicht nur so bloß für sich selbst existiere (— oder für die 'reine Vernunft', die sie innehat), sondern daß die Wahrheit auch gleichzeitig eine Interessenvorgabe für die menschliche Praxis sei: daß man letztlich Wahrheit begehrt, und so — mit der möglichen Wahrheit — auch ein Gesetz hat, nach dem man sein Handeln richten kann. Vorrangig war das Interesse, ins Paradies zu kommen, wodurch sich a priori das Interesse ableitet, Gottes Wort (— und damit der Wahrheit) gemäß zu handeln; — mit dem Wegfallen dieser Ableitung ist eine Leerstelle entstanden, die Kant durch eine tautologische Konstruktion füllt. "Um das zu wollen, wozu die Vernunft allein dem sinnlich-affizierten vernünftigen Wesen das Sollen vorschreibt, dazu gehört freilich ein Vermögen der Vernunft, ein Gefühl der Lust oder des Wohlgefallens an der Erfüllung der Pflicht einzuflößen, (...). Es ist aber gänzlich unmöglich, einzusehen, d.i. a priori begreiflich zu machen, wie ein bloßer Gedanke, der selbst nichts Sinnliches in sich enthält, eine Empfindung der Lust oder Unlust hervorbringe (...)... so ist die Erklärung, wie und warum uns die Allgemeinheit der Maxime als Gesetz, mithin die Sittlichkeit, interessiere, uns Menschen gänzlich unmöglich. So viel ist nur gewiß: daß es darum nicht für uns Gültigkeit hat, weil es uns interessiert, sondern daß es interessiert, weil es für uns als Menschen gilt, da es aus unserem Willen als Intelligenz, mithin aus unserem eigentlichen Selbst entsprungen ist; (...)... wie reine Vernunft praktisch sein könne, das zu erklären, dazu ist alle menschliche Vernunft gänzlich unvermögend...".[8] Kant schaut sich also die Menschheit an, stellt fest, daß da ein universales Interesse an der Frage nach dem 'richtigen Leben' existiert, und schließt daher auf die Gültigkeit eines möglichen 'kategorischen Imperatives'. Weil Kant aber auf die Menschheit schaut, wird der Inhalt dieses Imperatives schon vorgegeben: nämlich das Postulat der Allgemeinheit selbst. (— Man soll also so handeln, daß die möglichen Maximen dieser Handlung allgemein sein könnten, — daß also die Maxime, wenn sie jeder befolgen würde, sich nicht gleichsam aufheben müßte.) Kant passiert also etwas Ähnliches wie Aristoteles: das Konstruktionsprinzip einer 'Lehre vom richtigen Leben' wird a priori ins Inhaltliche übersetzt. Was das Konstruktionsprinzip angeht, — also die Frage, wie man überhaupt eine Ethik schreiben kann, so ist es für Kant das allgemeine Interesse an der Glückseligkeit, das schlechterdings das ist, was eine Lehre legitimiert: die reine Vernunft, die ihrerseits Gesetze angeben kann, wird getragen von dem Interesse, sich verwirklichen zu können, und die Verwirklichung ist Index des

Glücks. Hier wird die Lust eingeführt: "Denn der Bestimmungsgrund der Willkür ist alsdenn die Vorstellung eines Objektes, und dasjenige Verhältnis derselben zum Subjekt, wodurch dessen Begehrungsvermögen zur Wirklichmachung desselben bestimmt wird. Ein solches Verhältnis aber zum Subjekt heißt die Lust an der Wirklichkeit eines Gegenstandes."[9] Die reine Vernunft strengt sich also nur deswegen so an (um zur Wahrheit vorzudringen), weil sie ein 'höchstes Gut' motiviert: — das der Glückseligkeit.[10] Die Lust aber, die diese mögliche Glückseligkeit gegenwärtigt, ist das Begehren, sich selbst zu verwirklichen; — also ist die 'praktische Vernunft', worin sich die Lust realisiert, ein Derivat der 'reinen Vernunft'. Das der 'reinen Vernunft' Vorausgesetzte: nämlich das Interesse an etwas oder Kantisch: das Begehrungsvermögen, muß aber irgendwie eingeholt werden, denn wenn die reine Vernunft nicht selbst die Zwecke der Lust — besser: die Bedingtheit der Zwecke apodiktisch aufzeigen könnte, so wäre sie einem Mißbrauch durch die Lust ausgeliefert. Das funktioniert so, daß die Lust gar kein Objekt hat, sondern nur ganz allgemeiner Lebensvorgang ist, und daß die Lust, die sich realisieren will, je schon die Vernunft anrufen muß, — auf die Vernunft selbst 'Lust' bekommt, und so durch sie aufgehoben wird. "Die menschliche Willkür ist dagegen eine solche, welche durch den Antrieb zwar affiziert, aber nicht bestimmt wird, und ist also für sich (ohne erworbene Fertigkeit der Vernunft) nicht rein, kann aber doch zu Handlungen aus reinem Willen bestimmt werden. Die Freiheit der Willkür ist jene Unabhängigkeit ihrer Bestimmung durch sinnliche Antriebe; dies ist der negative Begriff derselben. Der positive ist: das Vermögen der reinen Vernunft, für sich selbst praktisch zu sein."[11] Und die Lehre, wie aus dem Vermögen eine Wirklichkeit werden kann, ist dann die 'Kritik der praktischen Vernunft'. Kant macht sich den Umstand zunutze, daß das Glück auch eine reflexive Dimension hat; — daß man sich also fragen kann, ob man auch wirklich glücklich ist und sich nicht bloß täuscht. Die Möglichkeit, seines Glückes sicher sein zu können, begreift Kant in der 'Würde': daß also das Glück sich in ein 'System der Zwecke'[12] einordnet, das die 'reine Vernunft' vorgibt, und an der reinen Vernunft kann man ja nicht zweifeln, weil der Zweifel selbst die reine Vernunft konstituiert. Diese Apologie der Möglichkeit einer Ethik korrespondiert mit einer Metaphysik, die man eine Metaphysik der Lust nennen könnte: "Begehrungsvermögen ist das Vermögen, durch seine Vorstellung Ursache der Gegenstände dieser Vorstellungen zu sein. Das Vermögen eines Wesens, seinen Vorstellungen gemäß zu handeln, heißt das Leben."[13] Man begehrt also nur das Objekt, indem man sich selbst als dessen Ursache begehrt: d.h. man begehrt ein Objekt nur, wenn es Befriedigung verschafft. Diese Befriedigung besteht dann vorrangig im Weiterleben-Können, in der Selbsterhaltung. Indem Kant die Lust dem Subjekt als dessen Vermögen zurechnet, kann er zugleich die Restriktion der Lust a priori behaupten, sofern sich dieses Subjekt selbst erhalten muß. Das ist die Essenz der Kantschen Metaphysik der Sitten: — die erste Ableitung daraus ist demnach auch das Verbot des Suizids[14]. Das Gebot der Selbsterhaltung (— in der Würde) verlängert sich dann in die Gebote gegenüber den Mitmenschen nach dem oben beschriebenen Modus der Allgemeinheit (— der Selbsterhaltung). Wie eine solche Metaphysik der Sitten funktioniert und welche aberwitzigen Resultate sie zeitigt, sieht man schön an der Kantschen Behandlung der geschlechtlichen Vereinigung. Hier ist es der Fall, daß die Menschen sich gegenseitig zur Sache machen, indem sie den anderen als bloßes Objekt des Begehrens setzen[15]. Da dies aber dem Gebot der würdigen Selbstbehauptung des Subjekts in seiner Allgemeinheit widerspricht, gehörte die geschlechtliche Vereinigung verboten. Das aber geht auch wiederum nicht, weil dann die Idee der allgemeinen Selbsterhaltung (— der Menschheit) ohnehin hinfällig würde. Also greift Kant auf die 'Ehe' zurück, die einen Kompromiß vorstellt: die Menschheit kann sich erhalten, und die Würde des Subjekts bleibt deswegen einigermaßen erhalten, weil der Kontrakt der Ehe die gegenseitige Achtung voraussetzt. Die Lust, die dem Subjekt zugerechnet wird, darf nicht stattfinden, weil sonst eine 'Objektivität', — ein Ausgeliefertsein entstünde, das jede ethische Aufforderung hinfällig machen würde. Die Metaphysik der Lust nimmt ihr ihre Kraft und macht sie der Vernunft fügsam. Auch in der rigorosen Einstellung Kants gegenüber der Lüge zeigt sich diese Konstellation: Indem ein Mensch lügt, macht er sich gleichsam zur Sache[16], weil er Objekt der Bedingungen wird, die ihn zum Lügen verleiten. Die Selbstbehauptung der Subjektivität (— die Würde) besteht eben darin, die Objektivität ignorieren zu können (— also die möglichen Zwänge) und nicht zu lügen. Die Lüge als List gegenüber der Objektivität erkennt diese auch an und konzediert damit eine Abhängigkeit. Daß Kant, hier völlig borniert, die dialektische Bewegung in der Lüge übersehen konnte: — daß in der List gegenüber der Objektivität das Subjekt sich selbst erhalten kann, — liegt daran, daß er eine freie Subjektivität samt Allgemeinheit einfach voraussetzt. Das 'idealistisch' konstruierte 'freie, allgemeine

Subjekt' ist nur ein Mögliches; — als wirkliche (oder eben objektive) sind sie der Einschränkung ihrer prinzipiellen Freiheit durch das Besondere unterworfen, und erst als solche eingeschränkte Subjekte werden sie objektiv. In Kants Bemühungen ist eine fast verzweifelte Anstrengung, die Freiheit des Willens zu behaupten: daß das Subjekt die Steuerungsinstanz der Realisierung seiner Begierden sein kann und von daher die Möglichkeit hat, aus eigener Kraft, nur in Rücksicht auf sich selbst, eine schöne Seele zu werden.

Da die Menschheit aber keine kantianische wurde, verlegten sich die Nachfolger Kants darauf, auf die Ableitungen der Sitten aus ihren metaphysischen Prinzipien zu verzichten. Es war ja auch für die Kritiker nicht schwer, die Aporetik dieser Ableitungen ins Feld zu führen. Es mußte von daher nochmals darauf reflektiert werden, wie 'reine Vernunft' praktisch werden kann, — wie also ein bestimmbares Funktionieren der Vernunft in die soziale Realität (— als 'objektive' verstanden) eingreifen kann. Bei Kant wurde diese Frage einer eingehenderen (empirischen) Prüfung entzogen durch den Hinweis auf eine stattfindende Approximation von Vernünftigkeit und gesellschaftlichem Leben[17]: d.h. der Preis dafür, daß Kant seine Ethik schreiben konnte, war ein unbeirrbarer Fortschrittsglaube, der sich darin äußerte, das Faktum, daß sich die Menschen fast nie kantianisch verhalten, als Kontingenz einer Teleologie zu nehmen.

Das Funktionieren der Vernunft wurde nach Kant mit dem Terminus der 'Logik' gefaßt (— 'nach Kant' meint hier: die Aufgabe und das Selbstverständnis der 'Kritik der reinen Vernunft' wurde in der Folge hauptsächlich von der Schule des 'logischen Positivismus' übernommen). Die Frage war mithin, ob das Ethos in den Bereich der Logik fällt oder nicht. Diese Frage wurde auch deswegen dringlich, weil der Fortschrittsglaube Kants durch die soziale Realität nicht eingelöst wurde: d.h. letztere entzog sich nach wie vor den Sätzen der Vernunft. Wenn also die soziale Realität irgendwie in Termini der Logik gefaßt werden könnte, so wäre einerseits der Universalitätsanspruch der Logik gerechtfertigt, und andererseits wäre eine 'Ethik' möglich. Dazu mußte man aber von 'moralischen Urteilen' erstmals Abstand nehmen, d.h. auf Ableitungen verzichten, weil solche Urteile, im Sinne des 'logischen Positivismus' immer metaphysisch sein mußten. Der ethische Satz behauptet nämlich die Nicht-Relativität seiner Prämisse, während der logische Schluß allein von seiner Relativitätsbehauptung über die Prämisse lebt. So stellte sich das Problem, wie ein Satz seine implizite Apodiktik aufrecht erhalten kann (— ein 'Sollen' oder ein 'Imperativ'), ohne daß er mit dem Kanon logischer Voraussetzungen in Widerspruch gerät. Solche Frage leitete das ein, was man später 'Meta-Ethik' nannte. Die Suche nach einem Substitut für das, was sich als 'Ethos', als Phänomen in der sozialen Realität anzeigt (— was Kant noch vorsichtiger als das 'allgemeine Interesse an der Moralität' faßte); — ein Substitut, das in die Funktionsweise der Vernunft, sprich: Logik eingegliedert werden konnte, hatte mit folgendem Problem zu tun: — ob 'gutsein' den Status eines logischen Prädikats innehat[18]. Das Prädikat 'gut' im Gebrauch ethischer Sätze setzt nämlich eine Unabhängigkeit von möglichen Prämissen voraus — also Universalität, denn wenn 'gut' sich auf eine Prämisse beziehen würde, so wären ethische Sätze abhängig von Bedingungen, die selbst nicht 'gut' sein müssen. (— Also wenn man sagt: er war ein 'guter Faschist', so hätte zwar 'gut' den Status eines logischen Prädikates, — die Ethik würde aber darin ihren Anspruch aufgeben müssen: nämlich daß das, was sie als 'gut' ausweist, sich in Selbstevidenz auf ein allgemeines 'Gut'[19] beziehe.) Der Streit, ob 'gutsein' ein logisches Prädikat vorstellt, wurde bei Wittgenstein eindeutig entschieden: Es gibt einen Sprachgebrauch, der sich zwar logisch rekonstruieren läßt, aber nicht durch logische Rekonstruktion ersetzen, — d.h. als logischer Satz sich nicht behaupten läßt: "Es ist klar, daß sich die Ethik nicht aussprechen läßt".[20] Damit wird das Ethos aus dem Wirkungskreis der Logik ausgegrenzt; — gleichzeitig impliziert dies auch eine Unbegründbarkeit der 'moralischen Sätze', insofern 'Begründung' als logisch verstanden wird. So war Wittgenstein eigentlich ein radikaler 'Anti-Kantianer'. Andererseits wäre 'Logik' mithin überflüssig geworden (— zum bloßen Spiel), denn wenn sie nicht 'praktisch' werden kann: wozu taugt sie dann überhaupt noch? Gegen das Wittgensteinsche Diktum sprach, daß die 'ethischen Sätze' sich allesamt einer logischen Form bedienen; — daß also Ethik von sich aus eine Affinität zur Logik habe. E. A. Gellner, — wohl einer der klügsten Köpfe dieses Metiers (— der 'analytischen Philosophie', die sich mit Moralphilosophie beschäftigt und die ihr Selbstverständnis vom 'logischen Positivismus' her tradiert), — Gellner also beschreibt das so: "Meine allgemeine Argumentation könnte vielleicht in der folgenden Weise zusammengefaßt werden: Wenn Leute handeln, so sind sie auch bereit, Gründe für ihre Handlungen anzugeben. Die Gründe, die sie anführen, werden eine logische Form besitzen, die einer von zwei Formen zuneigt. Entweder werden die angegebenen Gründe unpersönlich, allgemein und abstrakt sein, oder sie werden einen sozusagen parteiischen Bezug auf eine ausgezeichnete Person, einen ausgezeichneten Gegenstand oder ein ausgezeichnetes Ereignis enthalten... (...). Wir haben also zwei Arten von Rechtfertigungen der Handlungen: diejenigen, die nur Beschreibungen verwenden und somit offene Regeln bilden, und diejenigen, die Eigennamen enthalten und somit nicht offen sind."[21] Die Moralphilosophie der analytischen Schule versucht nun, zu ergründen, ob diese zwei Typen identisch oder a priori verschieden sind. Der eine Typus wäre der kantische: daß also ethische Sätze begrifflichen Stellenwert haben, und von daher auch logisch begründbar sind. Der andere Typus führt den 'Eigennamen' ein, der sich der Begründung oder Definition entzieht und von daher nicht in den systematischen Anspruch der 'Logik' paßt. Aus dieser Konstellation entwickelten sich mehrere Schulen im angel-sächsischen Bereich, die man mit 'Naturalismus', 'Emotivismus', 'Intuitionismus' und sonstigen Namen versehen hat[22]. Der 'Naturalismus' behandelt den 'Eigennamen' als Begriff, d.h. als Bezeichnung für irgendein Objekt oder eine Eigenschaft. Das wurde ihm als 'Fehlschluß' ausgelegt[23]. Das Kuriose dabei ist, daß es eigentlich nie 'ethische Naturalisten' gegeben hat, sondern daß sie hauptsächlich als virtuelle Zielscheibe der Gegenargumentation seitens der analytischen Philosophie existierten. So befreit sich die analytische Philosophie von ihrem Universalitätsanspruch, indem sie die Nicht-Substituierbarkeit des Prädikats 'gut' gegen einen vermeintlichen 'Naturalismus' ins Feld führt. Die Gegenpositionen sind mit 'Intuitionismus' und mit 'Emotivismus' benannt worden; — erstere Schule behauptet die Existenz von synthetischen Urteilen (— nicht nur im Bereich des Ethos), die nicht analytisch einholbar wären. Synthetisch wäre dann der Gebrauch von Eigennamen. Im Unterschied zu Kant versucht man nicht, die Möglichkeit 'synthetischer Urteile a priori' zu beweisen, sondern nimmt sie einfach als gegeben hin. Die Moralphilosophie kann dann gegenüber diesen Urteilen sich nur noch auf Deskription verlegen. Die Erforschung des Zustandekommens solcher Urteile bleibt dann einer wie auch immer gearteten Psychologie überlassen[24]. Ähnlich verfährt auch der Emotivismus: für ihn gibt es eine Dimension in der 'Praxis' von Rede (— also von Sätzen, die eine logische Form sich zueignen), die nicht per Ableitung erhellt werden kann. Diese Dimension ist die der Wertung, was nichts anderes beschreibt als das Verhältnis eines sprechenden Subjekts zu einem möglichen Objekt über die Vernunft, oder was man dafür hält, hinaus; — etwa so: "Wer danach fragt, ob etwas gut ist, bittet um Beeinflussung. Und ganz gleich, was man über einen Gegenstand weiß, kann man immer noch darum bitten, daß die eigene Einstellung zu diesem Gegenstand beeinflußt werde."[25] Damit wird das respektiert, was wir eben die 'nominelle Verfassung des Begriffs' genannt haben; — daß also das Subjekt nicht über die Begriffe gebietet, sondern ebensosehr von den Begriffen bzw. von ihrer nominellen Gestalt affiziert wird. Daß die ethischen Sätze virtuell immer mit der Kraft des Namens agieren: der 'Imperativ' soll eine Wirkung haben und nicht zur Reflexion auffordern, d.h. die Form der ethischen Sätze als Handlungsanweisungen heben eine mögliche Begründbarkeit, die dann begrifflich verfahren muß, auf. Die Logik kann dies nicht fassen, weil sie etwas nicht gleichzeitig als 'Eigennamen' und als Universalie behandeln kann. Die analytische Philosophie hat daraus die Konsequenz gezogen, das Dilemma nur noch zu beschreiben. Man sieht, daß es mit der Ausgrenzung des Ethos aus der Logik: "...zu einer Metaphysik kommt — der Metaphysik der Substanz (des Dings an sich) bzw. zu der Metaphysik unmittelbar wahrgenommener, nicht-analysierbarer ethischer Merkmale."[26] Übersieht man aber die Tatsache eines Ethos, der dem logischen Systemanspruch von sich aus widerstrebt; "... so kommt es zu einer anderen Art Metaphysik — der zähen Metaphysik der Übersetzung, d.h. zu der groben Annahme, daß wir ebensogut auch ohne ethische Sprache auskommen könnten. Keine dieser beiden metaphysischen Positionen — weder die zarte Metaphysik der Substanz, noch die zähe Metaphysik der Reduktion — wird jedoch den Tatsachen gerecht."[27] Diese Zwangsläufigkeit der Metaphysik kommt zustande in der Polarisation von Faktischem und Begrifflichem, — eine Polarisation, aus der die 'analytische Philosophie' lebt. Die Substitutionsversuche des Ethos mündeten dann einerseits in die Etablierung einer 'rationalen Entscheidungstheorie'[28]; also einer Art formalisierten Utilitarismus oder andererseits in einem Verzicht: "... daß es uns gegenwärtig keinen Nutzen bringt, Moralphilosophie zu betreiben; zumindest sollten wir damit solange warten, bis wir über eine geeignete Philosophie der Psychologie verfügen, an der es uns offensichtlich noch fehlt."[29] Die hier empfohlene Selbsteinschränkung des Geistes ist ein recht typischer Modus der Reaktion auf das, was der Geist als sein 'Anderes', sein Vorausgesetztes erfährt. Der Verzicht ist dann vielleicht das letzte Mittel, die mögliche Souveränität unangetastet zu lassen, die im Selbstsetzen der Prämissen besteht. Es ist die seit Descartes tradierte Position, den Geist oder das

Begriffliche der Praxis vorzuordnen. (— Daß also ein Imperativ eines sprechenden Subjekts möglich sei.) Eine Wendung, gewissermaßen noch innerhalb der analytischen Philosophie, vollführte hier die Schule des sogenannten 'Konstruktivismus': hier wird 'Ethik' als logische Modalität behandelt, sofern die Logik lediglich als Mittel betrachtet wird, Praxis zu rekonstruieren. Das hört sich dann programmatisch so an: "Wir haben vielmehr zu versuchen, unser Vokabular so zu erweitern, daß Prinzipien formuliert werden, die das Argumentieren für oder gegen Normen vernünftig regeln. Für die Annahme dieser Prinzipien selbst, für ihre Vernünftigkeit, kann nicht argumentiert werden — man erlernt in der Praxis, sich nach ihnen zu richten und kann nur hinterher explizit machen, daß man sie schon angenommen hat."[30] Wenn man das Ethos rekonstruieren will, so kann man es nur als Theorie rekonstruieren; — d.h. als Rede. Praxis selbst, sofern man unter Rekonstruieren auch Aktualisieren versteht, bleibt nicht rekonstruierbar. So gesehen betrifft die Rekonstruktion des Ethos den Nachvollzug der Normen der Rede. Die Rede (— logos —) selbst kann aber duch die Vernunft normiert werden; — d.h. das Ethos wird im 'Konstruktivismus' in eine Lehre vom 'vernünftigen Argumentieren' transformiert. Die Universalität des Ethos ist in dieser Auffassung erhalten geblieben, denn die Aufforderung zu 'vernünftiger Rede' ist das dem Ethos immanente Prinzip.[31] Vorhin wurde gesagt, daß die 'Form' aller ethischen Sätze von sich aus eine Affinität zur Logik habe. Der Grundgedanke des Konstruktivismus ist der, daß die implizite Aufforderung: 'Rede vernünftig!' nur die Praxis der Rede selbst rekonstruiert. Das Vorausgesetzte würde sich dann bloß auf die Aufforderung: 'Rede!' beschränken, — also die Aufforderung nach Rechtfertigung, und alles weitere bleibt dann einer 'normativen Genese'[32] überlassen, die in der Rekonstruktion eine Moralphilosophie wieder ermöglicht. O. Schwemmer hat dies mit der Kantschen 'Ethik' versucht, — also eine Rekonstruktion bewerkstelligt, die die Ansprüche der Kantschen Moralphilosophie reduziert auf eine implizite praktische Normativität. Die Formel, die übrigbleibt, lautet dann: "Transzendiere deine Subjektivität!"[33] Damit ist die Allgemeinheit, die Kant metaphysisch voraussetzt, rekonstruiert in dem Sinne, daß die Forderung nach Rechenschaft, die die Grundgestalt der Rede betrifft, gleichzeitig auch den Index des 'Verständlich-Machens' setzt: also das Gebot der Transsubjektivität in der Rechtfertigung. Moralphilosophie gerät damit in einen merkwürdigen 'status quo': Einerseits gibt sie keine konkreten

Anleitungen zum 'guten Leben'; andererseits verharrt sie doch nicht nur auf einer Meta-Ebene, sondern spricht auch per Imperativ ein Gebot aus: 'Handle so, daß du in der Rechtfertigung deines Handelns die Gesetze der Transsubjektivität nicht verletzen mußt', — ein Gebot, das zwar auf einer Meta-Ebene ausgesagt wird, dennoch aber sich in Handlungsanweisungen emanieren kann. Die Metaphysik wird damit augenscheinlich umgangen, weil es in diesem Gebot eigentlich egal ist, wie man handelt: man muß nur, kraft seines 'logos', dazu stehen können. Moralphilosophie verlegt sich also vom Inhalt der Handlung auf die mögliche Begründbarkeit von Handlungen. Das ist auch, wenn man so sagen darf, der 'letzte Stand' der Ethik: ein 'A Priori' gefunden zu haben, das ein 'Sollen' der Rede, des Begriffs betrifft. Treffend hat es K. O. Apel mit dem Terminus des 'Apriori der Kommunikationsgemeinschaft' benannt. Dies will besagen, daß die Rede, sobald sie erscheint (— Apel geht phänomenologisch vor), Normen setzt, die vorerst nur die Existenzbedingungen ihrer selbst beinhalten. Die Rede setzt im Vollzug eine Norm, auf die sie sich dann in einem ihr immanenten 'Sollen' beziehen kann. Die (negative) Plausibilität dieser Annahme liegt darin: "... daß die indirekte Selbstrückbezüglichkeit der Argumentation, welche in der transzendentalpragmatischen Rede von (den Bedingungen der Möglichkeit) der Argumentation überhaupt liegt, nur dann in einen Selbstwiderspruch gerät, wenn sie sich selbst die Wahrheit abspricht...".[34] Hier ist die Frage aber, wie man sich solch eine 'Kommunikationsgemeinschaft' denken kann: Apel denkt sie wohl als aller Rede innewohnendes Prinzip, das sich mit 'empirischen Störungen' eben abfinden muß, und das nur kann, wenn eben diese 'Selbstrückbezüglichkeit' der Rede (auf die der Ethiker als Transzendentalphilosoph verweist) mitbedacht wird; — Habermas[35] denkt sie als Idealisierung, deren mögliche Verwirklichung abhängig ist von der Veränderung der 'Randbedingungen' der Rede (— etwa des Herrschaftsverhältnisses). Wenn man aber sagt, daß die Veränderung dieser Bedingungen wiederum eine Kommunikationsgemeinschaft (samt ihrem A priori) voraussetzt, so wäre dieses A priori gleichzeitig universal. Konkret sieht die Universalisierung so aus (wobei es hier um die 'Argumentation' geht, — also das, was in einer Kommunikationsgemeinschaft stattfinden soll): "... so daß alle Arten rationaler Erwägungen darunter begriffen werden können, was auch immer das Thema sei, ob praktisch, technisch, theoretisch etc., sei sie nun explizit oder implizit und nur ex post rekonstruierbar, sei sie von einem allein ausgeführt oder in Auseinandersetzung mit realen anderen Personen...".[36] In solcher Universalisierung geht aber das 'Neue' an dem Gedanken verloren: sie führt zurück zu Kant, denn hier wird das Gebot der 'Kommunikationsgemeinschaft' mit denen der 'reinen Vernunft' (— die praktisch werden soll) gleichgesetzt. Es hat nur Sinn, das A priori als Ethos auszugeben, wenn 'Rede' verstanden wird, d.h. als mögliche und manifeste Gestalt von Praxis. (Man muß also die 'Rede' abgrenzen gegenüber dem 'Diskurs', der alle Formen menschlicher Praxis inbegreifen kann; — auch symbolische Interaktion wie das gegenseitige Sich-Erschießen.) Wenn man dann so die 'Rede' in ihrem Sollen als Ethos setzt: "... lassen sich nun zwei grundlegende regulative Prinzipien für die langfristige moralische Handlungsstrategie jedes Menschen ableiten: Erstens muß es in allem Tun und Lassen darum gehen, das Überleben der menschlichen Gattung als der realen Kommunikationsgemeinschaft sicherzustellen, zweitens darum, in der realen die ideale Kommunikationsgemeinschaft zu verwirklichen."[37] Die Evidenz der Kantschen Vernunft als das Interesse an ihr, sofern sie die Wahrheit vorstellt, — diese problematische Evidenz (s.o.) ist also übergegangen in eine Evidenz der Selbsterhaltung der 'Rede', die ihren Universalismus nicht mehr im Anspruch auf eine Wahrheit behaupten will, sondern eine mögliche Wahrheit ihrem universalen Anspruch unterordnet: "Sogar die Wahrheit kann, darf und muß unter diesem Gesichtspunkt funktionalistisch (normativ-analytisch) interpretiert werden."[38] Diese Interpretation, richtig betrieben, sei dann nach Apel wiederum die 'Wahrheit' selbst, denn wenn Wahrheit erscheinen muß (in Rede), und wenn man alles sagen kann (in der idealen Kommunikationsgemeinschaft), so ist eben diese ideale Kommunikationsgemeinschaft der Ort der Wahrheit.

Diese Art von Moralphilosophie klappt, solange man die Transzendenz der 'Rede' (— ihre Dynamik, Dialektik oder was auch immer) so begreift, als wolle sie sich nur selbst einlösen; also Rede dann zur 'Ruhe' kommt, wenn sie in ihrer immanenten Selbstbezüglichkeit der empirischen Störungen (— wie Herrschaft oder Inkompetenz) mächtig werden und sie auch letztlich abschaffen kann. Der Dialog (als praktische Gestalt von Dialektik) hat hier sein Fortschreiten nur daran, daß die vorausgesetzte Heterogenität der Opponenten sich im Begriff versöhnen kann; — also die 'Begehrungen' einem Zweck, der von seiner Begründbarkeit qua begrifflicher Rekonstruktion lebt, sich unterordnen. Die Transzendenz der Rede ist aber nicht dies hegelische

'Zu-sich-selbst-kommen', sondern spielt sich eher woanders ab: in der Kunst etwa, die ja Statthalter der Transzendenz zu sein für sich in Anspruch nimmt, wird nicht die 'ideale Sprechergemeinschaft' geprobt oder vorexerziert, sondern eher deren Auflösung. Das betrifft aber nicht nur Kunst: sobald Rede Heteronomes darstellen will, kann sie selbst einer Heteronomie nicht entgehen. Diese Heteronomie dann in die Regeln der 'idealen Sprechergemeinschaft' eingliedern zu wollen, heißt ihr die Schärfe, — vielleicht auch die Wahrheit zu nehmen. Apel erkennt ganz richtig, daß das Konzept der 'idealen Kommunikationsgemeinschaft' nicht umhin kann, Wahrheit auch funktionell zu handhaben; — was er aber nicht sieht, ist, daß mit der Akzeptierung einer funktionellen Wahrheit das ganze Konzept an Sinnfälligkeit verliert. Ideale Sprechergemeinschaften werden dann beliebig normierbar: — dagegen steht, daß das Konzept einer solchen Gemeinschaft nur deswegen notwendig ist, weil Wahrheit nicht funktionell ist. Die Schwäche des Konzepts der 'idealen Kommunikationsgemeinschaft' besteht einfach darin, daß, wenn Realität unvernünftig ist, sie sich einer Darstellung durch 'vernünftiges Sprechen' tendenziell verweigert; — daß der geregelte Frieden den Preis der Ausgrenzung des Unfriedlichen zahlen muß. Aber nicht nur die unfriedliche Rede, auch die Verweigerung der Rede hat in der 'idealen Kommunikation' keinen Platz. In der Trauer etwa benennt ein Schweigen einen Sachverhalt oft viel authentischer als jedes mögliche Wort. Handhabt man hier die Wahrheit funktionell, so müßte man diese Trauer um ihren adäquaten Ausdruck bringen, denn der Imperativ der 'idealen Kommunikationsgemeinschaft' lautet: 'Sprich!'.

Das Ethos der 'idealen Kommunikationsgemeinschaft' substituiert in gewisser Weise das hegelsche Versprechen der 'reinen Begrifflichkeit', die zugleich die 'absolute Wahrheit' und die 'vollendete Persönlichkeit' vorstellen soll. Hegel traut sich sogar zu, auf eine 'Ethik' verzichten zu können, indem er die Subjektivität in die Bewegung des Begriffs selbst verlegt, und es sich von daher erübrigt, den Subjekten durch den Begriff hindurch ein 'Sollen' zu verschreiben. Das 'Sollen' ist je schon im Begriff. Wo die Wirklichkeit vom Begriff abweicht, setzt eine Dialektik von Zufälligkeit und Notwendigkeit ein. Darin könnte man nun eine 'Ethik' vermuten. So will D. Henrich zeigen: "... daß der spekulative Idealismus Hegels zwar die Notwendigkeit des Ganzen des Seienden behauptet, daß er aber dennoch so wenig beansprucht, alles Individuelle reduzieren zu können, daß er vielmehr die einzige philosophische Theorie ist, die den Begriff des absoluten Zufalls kennt. Durch die Konstruktion des Zufalls als eines Momentes der Subjektivität, des »Eidos« selbst, sichert sich Hegel vor der Konsequenz, die ihm als unvermeidlich in der Literatur unterstellt wird. Und man muß in dieser Theorie, welche die Grundlage dessen ausmacht, was Hegels 'Ethik' heißen kann, mehr sehen als den listigen Einfall einer hybriden Metaphysik."[39] Wie aber dann der Zufall umschlägt in Notwendigkeit, — wie also die unmittelbare Subjektivität (— als Wirklichkeit) notwendig abgeschafft wird, ist dann schon, obzwar nicht unbedingt hybride, eine Metaphysik. Die Notwendigkeit des Zufalls besteht schlichtweg darin, eine Wirklichkeit als Wirklichkeit (vorerst gegen den Begriff) zu setzen. Soweit ist also der Geist generös, da er alles Mögliche zuläßt. Dann aber erinnert er sich, daß er es ja ist, der dies 'Wirkliche' überhaupt als solches setzt, und kann es von daher als notwendig deklarieren.[40] Die Notwendigkeit ist aber immer die des Begriffes: wird er von vornherein als absolut gedacht, so ist das Zufällige nur die Geschichte des Abweichens des Begriffs von sich selbst. Um diese Abweichungen zu fassen, braucht es keine 'praktische Vernunft', es braucht nur Vernunft. "Die Vernunft als die Rose im Kreuze der Gegenwart zu erkennen, und damit dieser sich zu erfreuen, diese vernünftige Einsicht ist die Versöhnung mit der Wirklichkeit, welche die Philosophie denen gewährt, an die einmal die innere Aufforderung ergangen ist, zu begreifen, und in dem, was substantiell ist, ebenso die subjektive Freiheit zu erhalten, so wie mit der subjektiven Freiheit nicht in einem Besonderen und Zufälligen, sondern in dem, was an und für sich ist, zu stehen."[41] Würde die Konstruktion des 'absoluten Zufalls' stimmen, so hätte Hegel viel auszuhalten: Er müßte noch die schrecklichen Manifestationsformen des Geistes als Wirklichkeit für ein notwendiges Moment der Wahrheit begreifen, d.h. er dürfte niemals protestieren, sondern höchstens feststellen, daß da ein Zufall dem Geist arg zu schaffen macht, aber es schon seine Richtigkeit (bzw. Notwendigkeit) damit haben wird. Das ist auch gar nicht so weit hergeholt, denn das Wissen, — das Erkennen hat nun mal die Struktur des 'Für-notwendig-Deklarierens'. Wenn sich also Hegel mit der Wirklichkeit versöhnen will, so muß er einerseits, gemäß dem Gang des Weltgeistes, begreifen: also die Zufälle notwendig machen, andererseits will er doch die 'subjektive Freiheit' — die vielleicht die des Protestes ist — nicht untergraben. Mithin ist es aber völlig dubios, warum diese 'subjektive Freiheit' — die als Sittlichkeit ein reines Selbstbewußtsein vorstellt, erhalten bleiben soll, da sie ja sowieso aufgegeben wird, weil das reine Selbstbewußtsein identisch ist mit der sich realisierenden absoluten Idee. Das Gebot der Sittlichkeit, — das Festhalten an der 'subjektiven Freiheit' ist dann vielleicht doch die Konsequenz, die Hegel ziehen muß; — mit anderen Worten: er konnte gar nicht keine Ethik schreiben. Die subjektive Freiheit wäre dort anzusiedeln, wo Hegel kraft seiner Vernunft: "... sich nicht mit der kalten Verzweiflung begnügt, die zugibt, daß es in dieser Zeitlichkeit wohl schlecht oder höchst mittelmäßig zugehe, aber eben in ihr nichts Besseres zu haben und nur darum Frieden mit der Wirklichkeit zu halten sei; es ist ein wärmerer Friede mit ihr, den die Erkenntnis verschafft."[42] Hier steht die fatale Einsicht in die Notwendigkeit gegen das 'Glück der Erkenntnis'; — ist also eine Differenz aufgetan zwischen der Substantialität der Wirklichkeit als Manifestation der Vernunft und der Vernunft, die diese Manifestationen erkennen kann und dafür es mit Rosen zu tun hat. Der 'ethische Rest' bei Hegel wäre demnach das Glücksversprechen in der Erkenntnis. Diese partizipiert dann nicht mehr unbedingt am Versprechen der Wahrheit, sondern wird zur Frage des 'wärmeren Friedens' — also der richtigen Gestalt von Versöhnung. Diese Versöhnung ist in der Wahrheit und ihrer möglichen Aussprechbarkeit nicht vorgezeichnet; — sie ist selbst Zufall, sofern die 'innere Aufforderung, zu begreifen', in der Subjektivität verbleiben muß. Hegels Verzicht auf eine Ethik wäre dann nur so zu verstehen, daß er einerseits den Weltgeist gewähren lassen, andererseits das 'individuelle Glück der Versöhnung' wirklich individuell sein lassen muß; — d.h. die Versöhnung kann nicht gelehrt werden: "um noch über das Belehren, wie die Welt sein soll, ein Wort zu sagen, so kommt dazu ohnehin die Philosophie immer zu spät."[43] Dennoch hat Hegel geschrieben, und man fragt sich, warum er das tat, wenn er wußte, daß er mit seiner Philosophie immer 'zu spät' kommt, — daß also das Leben sich doch dem Begriff entzieht, indem es den 'zu-sich-gekommenen' Begriff, als welcher er von der Philosophie projektiert wird, hinter sich läßt. Die Einsicht, daß man keine Ethik schreiben kann, müßte soweit führen, daß das Schreiben überhaupt unterlassen wird. Der verbleibende Grund, warum man trotz alledem schreiben kann, läge darin, daß man sein Wissen 'loswerden' will. Hegel hätte sich ja auch mit dem warmen Frieden individueller Erkenntnis (— die die Gewißheit hat, daß sie am Gang des Weltgeistes teilhat) zufrieden geben können. Daß er das nicht tat, zeugt davon, daß er mit dem 'warmen Frieden' seiner Erkenntnis nicht glücklich war: dieses Glück wollte er loswerden. Auch wenn man keine 'Ethik' emphatisch schreiben kann, weil man doch immer zu spät kommt, so ist im Modus des Schreibens ein Wort an die Menschheit gerichtet, sofern das persönliche Wissen das eigene Leben überleben soll. Das 'Gebot': "Transzendiere deine Subjektivität" wird in der Schrift a priori erfüllt: Das Wissen steht am Ende der Subjektivität und damit auch am Ende einer möglichen Ethik: "Wenn die Philosophie ihr Grau in Grau malt, dann ist eine Gestalt des Lebens alt geworden."[44] Die Gestalt des Lebens, die da alt geworden ist, ist Hegel selbst: im 'alt-Werden' kommt das Leben als Wissen zur Ruhe, — resigniert, indem es erkennt. Vorher aber, — also bevor man endgültig 'alt' wird und stirbt, ist man sein Wissen losgeworden; — hat es zumindest versucht, und indem man dies versucht hat, hat man eigentlich immer schon eine Ehtik geschrieben. Man hat etwas 'öffentlich' gesagt und damit eine Allgemeinheit, sei sie auch bloß virtuell, erzeugt, also seine Subjektivität transzendiert und damit auch am Versprechen der Wahrheit mitgearbeitet, die das 'Ethos' verheißt. Das Wissen ist nicht nur das, was eine 'Ethik' aufzulösen vermag, von welchem Theorem die Moralphilosophie heutzutage ausgeht[45], sondern Wissen, indem es erscheint, — indem man es loswerden will, nimmt ebensosehr die Position des 'Ethos' selbst ein. So sind die 'nach-hegelianischen' Systeme des Wissens, die sich der 'Explikation einer Ethik' verweigert haben, allesamt 'ethisch'. Die radikale Aufklärung, die die Tendenz hat, das 'Ethos' durch Wissen ersetzen zu wollen, kommt in ihrer appellativen Struktur nie über das moralische Theorem hinaus, daß Wissen 'gut' sei. Damit auch nicht über Aristoteles, der ja 'gut' als das 'Gut' verstanden wissen wollte; — indem man schreibt, appelliert man an das 'Wissen' als das 'Gut' der Menschheit.

Wenn Marx aufklärt, den Schleier von den Klassenverhältnissen ziehen will, so taucht hier die moralphilosophische Frage nach der 'Letztbegründung'[46], — allerdings in veränderter Gestalt nochmals auf: Warum tut er das? Solche Frage wird nicht durch individualpsychologische Verweise beantwortet, denn in ihr wird das Kantsche Theorem von einem allgemeinen Interesse an Moralität radikal problematisiert. Sicherlich bewirkt Wissen, daß moralische Positionen irreversibel verloren gehen. So wäre denn das Interesse oder die Lust am Wissen gegen das Interesse an der Moralität gestellt. Andererseits kann man auch nicht 'ethisch' handeln, ohne zu wissen, um was es geht. So erklärt sich vielleicht, daß man gleichzeitig wissen und dieses auch 'loswerden' will. Was heißt das aber? Marx, den wir vorhin exemplarisch angeführt haben, kündigt das 'Ende' einer gewissen Gestalt der Praxis an (— das Ende der 'Vorgeschichte der menschlichen Gesellschaft'[47]). Das Ende dieser Vorgeschichte impliziert bei Marx die 'Ideologiefreiheit', — also das Wegfallen einer Notwendigkeit eines 'falschen Bewußtseins'. Die vielleicht subtilste Idee, die dahinter steht, ist aber die, daß 'notwendiges Bewußtsein' immer eine Tendenz zum Falschen hat: d.h. Bewußtsein ist zweckgebunden (indem es eine Not wenden soll) und damit verfehlt es seinen 'innersten Anspruch' auf Freiheit (— gegenüber einer möglichen Wahrheit). Das 'Wissen', das sich loswerden will, will seine eigene Notwendigkeit abschaffen: damit ist es nun wirklich gegen das 'Ethos' gerichtet, weil dieses die 'Freiheit des Wissens' einengt, indem jenes es zu einem 'Urteil' drängt. Das Ethos des Wissens besteht mithin darin, das 'notwendige Bewußtsein' in ein 'freies' zu verwandeln, was einerseits die Abschaffung des Wissens beinhaltet, insofern es als Notwendigkeit gegenüber einem 'falschen Bewußtsein' erscheint, das seinerseits notwendig ist; — andererseits auch das Ethos dieses 'notwendige Wissen' zu nivellieren vermag. Das Ethos markiert nämlich ein Ende des Gedankens (— ein Ende, an dem es, wie schon gesagt, 'Ernst' wird, — an dem das Leben gestaltet werden soll); — der Gedanke als 'freier' will sich aber nicht beenden lassen, und so bleibt ihm nur die Möglichkeit, sich selbst 'loszuwerden', um frei zu sein. Natürlich ist das eine unmögliche Konstruktion, aber sie zeichnet das vor, was man als das 'Ethos des Wissens' bezeichnen könnte, denn das Wissen gerät damit in eine Ambivalenz zwischen seinem Aufhören als Ethos und seinem Fortbestehen als Ermöglichung universaler Freiheit. Ein Lehrbeispiel dafür ist die Psychoanalyse. Hier soll Bewußtsein von der 'Notwendigkeit' befreit werden, indem es seine eigene Genesis durchschaut. Eine Neurose besteht ja nicht nur im 'Agieren', sondern ebensosehr in den Rationalisierungsmechanismen, die sie als 'notwendig' erscheinen lassen. Der Kern der Neurose besteht in der 'falschen Bewußtheit' über das Handeln: der Psychoanalytiker, der der Not der Neurose begegnen will, könnte einfach aufklären; — also dem Patienten sagen, wie sein Bewußtsein funktioniert. Das geht aber nicht; — wohl darum, weil diese Funktion eine andere Not wendet. Setzt man solch 'Bewußtsein' als 'Ich-Funktion', so wäre die Instanz, die die Funktionen regelt, in der psychoanalytischen Terminologie mit 'Über-Ich' anzugeben; eine Version des Ethos. Wenn nun das 'Über-Ich' abschaffbar wäre, so könnte das 'Ich', das weiß, gegenüber dem, was ihm Not bereitet, dem 'Es', frei sein. Es wäre aber damit auch konfrontiert mit allen Ansprüchen des 'Es': d.h. es müßte alle 'Mordgelüste', alle 'sexuellen Impulse' und was es sonst noch so gibt, aushalten. Es wäre aber damit wieder kein 'freies Bewußtsein' sondern eines von 'Nöthen'; — indem es aushalten muß, ist ihm seine Notwendigkeit vorgezeichnet. Wenn die Psychoanalyse (wenn sie den Himmel den Engeln und den Spatzen überlassen will[48]) vom Ethos befreit, so verhält sie das dafür gesetzte Wissen gleichzeitig zur Ohnmacht. Ohnmächtig ist das Bewußtsein gegenüber der 'sozialen Realität' oder, um in der in Rede stehenden Dimension zu verbleiben: gegenüber dem Unbewußten. Beides läßt sich nicht nach der Maßgabe des Bewußtseins steuern, und beides tritt dem Bewußtsein als das Selbständige entgegen, an dem es leidet. Die 'soziale Realität' macht dann auch die Inhalte des Unbewußten aus, ist es doch so, daß das Verdrängte immer eine Realität vorstellt, deren das Bewußtsein nicht Herr werden konnte. Das Unbewußte ist widerständige Realität, und das Wissen will sich, indem es diesen Widerstand überwinden will, an diese (soziale) Realität oder an sein 'Unbewußtes' loswerden. Das Freudsche Theorem, das man durchaus als seine 'Ethik' begreifen kann; — daß nämlich der Ort des Unbewußten eingenommen werden soll von einer Bewußtheit, impliziert die gleichzeitige Auflösung des Konstitutionszusammenhangs des Bewußtseins. Das Unbewußte, diese Gestalt des Lebens, ist gewissermaßen nach Freud auch 'alt' geworden: seine 'ethische Verfassung'[49] schlägt das Bewußtsein in Notwendigkeit: indem es sich darüber aufklären will, wiederholt es diese Notwendigkeit. Ob es dann aber einen Punkt erreicht, von wo aus es seine Verfassung, wie Freud es sich dachte, frei annehmen kann, ist recht fragwürdig. Auch im neueren Strukturalismus, der das 'Wissen' radikal betreiben will[50], offenbart sich ein immanentes Ethos des Wissens: Versprochen wird hier nicht die Wahrheit, sondern das 'Loswerden der Wahrheit'. Das Ethos wird begriffen als symbolischer Effekt, den wiederum das Wissen auflöst, das aber seinerseits notwendig im symbolischen Zusammenhang verbleibt. Die 'Negativität' dieser Bewegung beschreibt Ricœur so: "Das Wissen reißt sich zwar immer wieder von der Ideologie los, die letztere aber bleibt ihrerseits immer ein Raster, ein Deutungscode, dank dessen wir keine bildungslosen Intellektuellen sind, sondern durch das getragen werden, was Hegel die »Sittlichkeit« nennt. Deontologisch ist mein letzter Vorschlag: denn nichts ist heute dringlicher als das unablässige Bemühen, zu unserer geschichtlichen Substanz Abstand zu gewinnen, um sie erneut aufzugreifen."[51] Die Sittlichkeit besteht dann nicht mehr in einer Entscheidung zum 'richtigen Handeln', sondern in der 'richtigen Handhabung' der Ambivalenz im Wissen durch das Wissen, das in dem Moment, wo es sich loswerden will (eigentlich sich seiner Ambivalenz stellt), im emphatischen Sinne 'ethisch' wird.

Die Frage also, wie man keine Ethik schreiben kann, thematisiert nicht das Kantsche Problem, wie 'reine Vernunft praktisch werden kann', sondern wie sich das Denken von der 'geschichtlichen Substanz', die seine Praxis als 'Bann' ausmacht, befreien kann. Denn, wie gesagt wurde: Denken ist Verhalten, und so erübrigt sich auch, dem Denken Sätze abringen zu wollen, wie man sich richtig zu verhalten habe. Aber es erübrigt sich nur dann, wenn vorher gezeigt wurde, wie das 'Verhalten des Denkens' über abstrakte Formulierungen über das 'Aushalten der Ambivalenz' hinauskommen kann.

'Ethik nach Adorno', zu deren Möglichkeit der sicherlich etwas krude und kurz geratene Exkurs zur Geschichte der Ethik leiten sollte, hat es in dessen Werk mit zwei Dimensionen zu tun: Einmal das Werk insgesamt als 'ethisches' und zum anderen die expliziten Thematisierungen von Moral. Hier gibt es wiederum jene Sentenzen in den 'Minima Moralia' und, einmalig für Adorno, eine Auseinandersetzung mit 'philosophischer Ethik'; — nämlich mit der Kantschen 'Kritik der praktischen Vernunft', die Adorno 'meta-kritisieren' will. Das Wort von der 'Meta-Kritik' erinnert zwar an die Konzeption von Meta-Ethik, — nichtsdestoweniger geht es aber hier Adorno konkret um Ethik. Denn wenn die Meta-Ethik die Bedingungen der Möglichkeit von moralischem Handeln erforscht, so stellt Adorno zuvor fest, daß die soziale Realität diese Bedingungen je schon eingeholt hat. Es ist der Versuch, das Sollen auf die Bedingungen der sozialen Realität zu beziehen und es nicht aus der Konstitution des Geistes abzuleiten.

Ob der Wille frei sei, ist so relevant, wie die Termini spröde sind gegen das Desiderat, klipp und klar anzugeben, was sie meinen. Da Justiz und Strafe, schließlich die Möglichkeit dessen, was die Tradition der Philosophie hindurch Moral hieß oder Ethik, von der Antwort abhängt, läßt das intellektuelle Bedürfnis die naive Frage nicht als Scheinproblem sich ausreden. *ND; 211*

Das liegt daran, daß Kant, der ja die Freiheit des Willens bewiesen zu haben glaubte, das 'intellektuelle Bedürfnis' doch nicht befrieden kann. Kants Beweise sind gegen die Erfahrung geschrieben, sind in gewisser Weise ignorant:

Sein Beispiel erlaubt nicht, wie er sich erhoffte, die Legitimation des Freiheitsbegriffs nach seinem praktischen Gebrauch, sondern allenfalls ein Achselzucken. *ND; 224*

Die Erfahrung, — also das Leiden an Objektivität (s.o.), läßt sich die Freiheit nicht vorschreiben: die Erfahrung der Freiheit selbst ist aber abhängig von Reflexion, die nachträglich eine Handlung mit einem Index versieht. In dieser Nachträglichkeit verschwindet aber die Evidenz der Erfahrung, und übrig bleibt ein 'intelligibles Konstrukt'. Wenn einer etwa sagt, er hätte sich 'frei entschieden', ein Buch zu schreiben, stimmt das erstens nicht, und zweitens ist darin, in diesem Satz, ein Hiatus angelegt: die Inkommensurabilität zwischen Empirischem und Intelligiblem, — also daß die Tatsache, daß nun ein Buch existiert, der Vorstellung gegenübergestellt werden soll, daß kein Buch existiert, die Freiheit nicht gegenwärtigen kann. Mit dem empirischen Effekt der Entscheidung ist die Freiheit dahin: die Nachträglichkeit einer Konstruktion der Freiheit ist die Nachträglichkeit gegenüber der Empirie. In der Entscheidung wird ein mögliches Subjekt empirisch und damit nicht mehr frei: sein intelligibles 'Sollen' hat sich in der Empirie immer schon aufgelöst:

Strenger ausgedrückt und Kantischer zugleich, ist das empirische Subjekt, daß jene Entscheidungen fällt — und nur ein empirisches kann sie fällen, das transzendentale reine Ich denke wäre keines Impulses fähig —, selbst Moment der raum-zeitlichen »auswendigen« Welt und hat vor ihr keine ontologische Priorität; darum scheitert der Versuch, die Frage der Willensfreiheit in ihm zu lokalisieren. Er (Kant / r.s.) zieht die Linie zwischen Intelligiblem und Empirischem inmitten der Empirie. *ND; 213*

Freiheit existiert nicht, aber in dieser Nichtexistenz der Freiheit wird Freiheit erst möglich. So gesehen ist die philosophische Konstruktion oder Rekonstruktion von Freiheit negativ: als Reflexion bestimmt sie immer nur das Unfreie, immer nur Empirisches. Die Möglichkeit des Anderen, — jene wesentliche Gestalt von Freiheit wäre dann das Andere ihrer Bestimmung.

Freiheit ist einzig in bestimmter Negation zu fassen, gemäß der konkreten Gestalt von Unfreiheit. *ND; 230*

Der Impuls, 'nicht unfrei sein zu wollen', ist dann die Maßgabe über die Freiheit. Dieser Impuls als reiner erschöpft sich aber in der Notwendigkeit seiner Einlösung, — und wird damit eo ipso unfrei. Vernunft, die die Macht des Impulses als die Grenzen ihrer 'Freiheit' erfährt, stößt diesen 'Impuls' ab und gerät ihrerseits wieder in die Antinomie ihrer Freiheitsbekundungen ob ihrer Nachträglichkeit. Diese Antinomie zeichnet Adorno an Kant nach:

Aber Praxis bedarf auch eines Anderen, in Bewußtsein nicht sich erschöpfenden, Leibhaften, vermittelt zur Vernunft und qualitativ von ihr verschieden. Beide Momente werden keineswegs getrennt erfahren; doch hat die philosophische Analyse das Phänomen derart zurechtgestutzt, daß es danach, in der Sprache der Philosophie, gar nicht anders kann ausgedrückt werden, als wie wenn zur Rationalität ein Anderes addiert werden würde. Indem Kant einzig Vernunft als Movens der Praxis gelten ließ, verblieb er im Bann jenes verblaßt Theoretischen, gegen den er komplementär den Primat der praktischen Vernunft ersann. Daran laboriert seine gesamte Moralphilosophie.

ND; 228

Das leibhafte Moment, also der Impuls, soll keine andere Erfahrungsdimension evozieren als die Anstrengungen des Bewußtseins, obwohl sie 'qualitativ' unterschieden sind. Damit wird eine virtuelle Identität angesprochen, die aber, sobald sie durch Vernunft fixiert wird, sich auflöst. Die Identität wäre ein Bewußtsein von Nicht-Identität, das dennoch sich nicht gegen sein Anderes wehren müßte.

Wahr sind die Sätze als Impuls, wenn gemeldet wird, irgendwo sei gefoltert worden. Sie dürften sich nicht rationalisieren; als abstraktes Prinzip gerieten sie sogleich in die schlechte Unendlichkeit ihrer Ableitung und Gültigkeit. *ND; 281*

Das Bewußtsein geht aber nun mal den schlechten Gang der Unendlichkeit: würde es sich auf den Impuls verlassen, so würde es gleichzeitig alle Deformationen, die der Impuls in seiner Formung durch die soziale Realität erlitten hat, manifestieren. Die Berufung darauf, — nämlich daß Bewußtsein, ohne ins Ideologische zu verfallen, mit dem Impuls identisch werden kann und diese Identität nicht fixieren muß, geschähe dann im Adornoschen Sinne, wenn gleichzeitig die faktische Unmöglichkeit solchen Bewußtseins festgestellt würde. In diesem Fall ist es aber nicht gänzlich unmöglich, denn solches Bewußtsein kann existieren; — nur nimmt es keine Gestalt an und ist damit den Begriffen, die das Bewußtsein von sich hat, inkommensurabel:

Wollte man es wagen, dem Kantischen X des intelligiblen Charakters seinen wahren Inhalt zu verleihen, der sich gegen die totale Unbestimmtheit des aporetischen Begriffs behauptet, so wäre er wohl das geschichtlich fortgeschrittenste, punktuell aufleuchtende, rasch verlöschende Bewußtsein, dem der Impuls innewohnt, das Richtige zu tun. Er ist die konkrete, intermittierende Vorwegnahme der Möglichkeit, weder fremd den Menschen noch mit ihnen identisch. *ND; 292*

Das Ethos wäre die Vorwegnahme einer glücklichen Koinzidenz von Bewußtsein und Impuls innerhalb ihrer Nichtidentität, — also die Vorwegnahme des Glücks. Als dieses nimmt sich das Bewußtsein, das darüber reflektiert, gleichzeitig etwas 'vor' und 'weg'; — wäre das sein Sollen? Es nimmt sich das Glück vor, — weiß also, worum es geht; es nimmt sich dieses 'Glück' auch weg, weil es als Bewußtsein sein eigenes Verlöschen in diesem Glück, — in dieser Freiheit nicht selbst aufhalten kann. Die Vorwegnahme als 'real-intermittierend' erlebt man nur passiv: es soll aber jenes intelligible Kantische Interesse an 'Moralität' substituieren. Von sich aus kann also das Bewußtsein gar nicht 'ethisch' sein; — das Ethos kommt ihm in seiner eigenen Differenz zu, die diesmal wirklich praktisch ist.

Es geht um die Einheit des Ichs. Als psychische Instanz, die von einer anderen gestiftet wird gegen die Heteronomie der Impulse; — gestiftet vom Über-Ich, repräsentiert es etwas wie eine prinzipiell ethische Verfassung des Ichs. In dem Moment, wo man ein virtuelles 'Ich' gegenüber seinen Handlungen in die Verantwortung setzt, wird ein Identitätsprinzip behauptet.

An einem Menschen seinen Willen hervorheben, meint das Einheitsmoment seiner Handlungen, und das ist deren Subordination unter die Vernunft. *ND; 237*

Diese Identität des 'Ichs', seine primär 'ethische Verfassung' ist erkauft um den Preis der Verdrängung, Verleugnung der Divergenz der Einzelimpulse. Diese 'primäre ethische Verfassung' krankt daran, daß sie von einer anderen Verfassung: nämlich der des Verdrängten, Verleugneten unterbrochen werden kann. Frei kann der Wille, der Impuls nur sein, wenn er nicht unter die Einheit des 'Ichs' gezwungen wird. Der Impuls wird aber als Teil des 'Ichs' erfahren, wie Adorno sagt, und so wäre wieder die Differenz (als Praxis) der Ort der Freiheit. Was die Realisierung dieser Differenz verhindert, ist für Adorno dies:

Das identifizierende Prinzip des Subjekts ist selber das verinnerlichte der Gesellschaft. Darum hat in den realen, gesellschaftlich seienden Subjekten Unfreiheit vor der Freiheit bis heute den Vorrang. Innerhalb der nach dem Identitätsprinzip gemodelten Wirklichkeit ist keine Freiheit positiv vorhanden. Wo, unterm universalen Bann, die Menschen in sich dem Identitätsprinzip und damit den einsichtigen Determinanten enthoben scheinen, sind sie einstweilen (! /r.s.) nicht mehr, sondern weniger denn determiniert: als Schizophrenie ist subjektive Freiheit ein Zerstörendes, welches die Menschen erst recht dem Bann der Natur einverleibt. *ND; 239*

Die Berufung auf die Schizophrenie kommt nicht von ungefähr: Alle Ethiken leben von deren Ausgrenzung[52]. Zwar werden meist auch Kinder und Debile der Verantwortung enthoben, aber das Wesentliche bleibt: hier ist die Einheit des Willens, des 'Ichs' nicht gegeben, und es läßt sich schwer mit solchen Leuten kommunizieren. Sie folgen ihren heteronomen Einzelimpulsen und können daher nichts rechtfertigen: sich nicht als 'Ich' vermitteln. Die 'ideale Kommunikationsgemeinschaft' scheitert am Wahnsinn, oder sie muß ihn ausgliedern. (Im übrigen partizipiert diese Heteronomie der Einzelimpulse beim Wahnsinn an der nominellen Gestalt der Begriffe: hier wie dort ging das identitäts-stiftende Prinzip verloren[53].) Die Gesellschaft, die die Wahnsinnigen ausgliedert, stiftet so eine gewisse Einheit unter ihren Subjekten, die auf Kosten von Subjektivität als der Freiheit zur Heteronomie geht. Wie aber soll ein 'Ich' als dieses gesellschaftliche sich nicht schützen wollen?, — zumal Heteronomie ja real eine Bedrohung vorstellt, — nämlich die der Naturverfallenheit. Sein 'Ich' aufzugeben dürfte eben nicht mehr Opferung bedeuten: das ist die Utopie (vergl.: *ND; 277*). Vielleicht aber kann man sein 'Ich' ein Stück weit aufgeben, — was zwar vorerst als ein logisches Artefakt anmutet, denn das Ich, das sich ein Stück weit aufgibt, bleibt immer noch ein 'Ich', — bleibt in dieser Aufgabe identisch mit sich; und wenn es diese Identität durchbricht, hat es sich eben total aufgegeben. Wir haben es wieder mit dem 'tertium non datur' (s.o.) zu tun, — diesmal in quasi anthropologischer Dimension. Aber es ist das 'Ich' selbst, das für die Null-Stelle dieses Dritten steht: es lebt im Niemandsland zwischen der Repression, dem Gesetz oder dem Begriff (was die Psychoanalyse als Über-Ich bezeichnet, und dessen Wirkung eben die formelle Gestalt einer Einheit des Ichs gebietet), und dem Chaos von Einzelimpulsen oder heteronomen Begehrungen, die gleichwohl dem Ich zu Grunde liegen. Das Ich, das sich zwischen diesen Instanzen befindet, — also 'Ich' und 'Nicht-Ich' zugleich ist, wurde von Freud als Kompromiß gedacht. Aber es ist ein erzwungener Kompromiß und damit stumm: die Menschen stehen unter ihm gleichsam wie unter einem Bann, und man kann nicht sagen, ob man nun diese Form des Einverständnisses gewollt hat oder nicht. Ein 'wahrer Kompromiß' hätte einer vorgängigen Freiheit der Menschen bedurft: da es aber diese nicht gab, reicht der Kompromiß (— über die Sozialisierung der Triebansprüche) nicht an Versöhnung heran. Das zeigt sich vorderhand an dem Mißlingen der Kultur, in der dieser Kompromiß zur sozialen Realität wird: — die wahre Versöhnung, der freie Kompromiß hat noch nicht stattgefunden.

Die Möglichkeit der Versöhnung wäre also auch dort zu vermuten, wo gegen diesen Kompromiß aufbegehrt wird, — wo das Scheitern der Versöhnung der Gattung mit der Natur im Einzelnen seinen Ausdruck findet. Das ist in der 'Neurose' der Fall, und Adorno versucht demgemäß auch deren Wahrheitsgehalt gegen den Stand der Normalität (— also gegen den Stand der Kultur) herauszustellen: Die 'Nicht-Identität' in der Neurose nimmt Adorno als deren 'Wahrheitsgehalt':

Jeder Wahrheitsgehalt der Neurose ist, daß sie dem Ich in sich am Ichfremden, am Gefühl des Das bin ich doch gar nicht, seine Unfreiheit demonstrieren, dort, wo seine Herrschaft über die innere Natur versagt. *ND; 221*

Und hier, in der vorhin zitierten 'realen und konkreten Möglichkeit einer Vorwegnahme' zeigt sich deren Negativität: es sind eben nur Neurosen. Das Bessere, was sich in der Neurose 'ver-nimmt', ist gleichzeitig ein Verlust, denn diese Möglichkeit des 'Dritten', — des 'Nicht-Identischen' wird von der sozialen Realität als ein 'pathologisches Phänomen' identifiziert. Daß man an Neurosen leidet, zeichnet deren Opfergestalt vor: indem das neurotische Subjekt sich gegenüber der sozialen Realität, deren 'metaphysische' Instanz das 'Über-Ich' vorstellt, nicht behaupten kann, — indem es also auf sich selbst als ein 'unglückliches Bewußtsein' zurückgeworfen wird, manifestiert es eben diese soziale Realität, die ihre Glücksversprechen an der Einheit des 'Ichs' und damit auch an dessen Verwaltung festmacht:

Neurosen sind Stützen der Gesellschaft; sie vereiteln bessere Möglichkeiten der Menschen und damit das objektiv Bessere, das die Menschen herbeiführen können. *ND; 292*

Die Neurose ist ein intermittierender Zustand: sie substituiert eine Entscheidung durch ein Ausweichen. Wenn etwa ein Begehren sein Recht verlangt, — andererseits diesem Begehren ein Verbot entgegensteht, das durchaus vernünftig sein mag angesichts der sozialen Verhältnisse, — aber unvernünftig ist angesichts der Existenz des Begehrens, so verlangt diese Konstellation nach einer Entscheidung. Die Entscheidung ist in eine fatale Alternative eingebettet: gibt man dem Begehren nach, so opfert man sich gegenüber der sozialen Realität, — gibt man ihm nicht nach, so opfert man sein Begehren. Die Neurose weicht dieser Entscheidung aus: sie hält sowohl am Begehren fest als auch am Verbot. Die Aktualität des Leidens, die dieses Ausweichen nach sich zieht, enthält die Möglichkeit von Subjektivität, insofern darin eine Position zwischen Natur und der Repression durch soziale Realität sich generiert. Die Möglichkeit von Neurose ist eine Gestalt von negativer Freiheit: — da sie negativ ist, erscheint sie bloß als 'Spur'.

Frei wäre erst, wer keinen Alternativen sich beugen müßte, und im Bestehenden ist es eine Spur von Freiheit, ihnen sich zu verweigern. *ND; 225*

Der Neurotiker aber leidet an dieser Verweigerung der Entscheidung; er agiert sie auf einem anderen Schauplatz aus; — d.h. er konnte sich vom Zwang zur Entscheidung nicht befreien, sondern er hat diesen Zwang nur transformiert. Seine Subjektivität ist so bloß der Schauplatz der Alternativen von Freiheit und Unfreiheit: — sie selbst geht darin unter.

Das Subjekt braucht nur die ihm unausweichliche Alternative von Freiheit oder Unfreiheit des Willens zu stellen und ist schon verloren. *ND; 261*

Das 'Verweigern' der Alternative darf nicht abermals in Handlung ausarten, denn mit der Handlung wird etwas realisiert: — also in den universalen Kontext des Realitätsprinzips eingeordnet. Die Verweigerung muß sich vor sich selbst zurücknehmen: — sie darf nicht 'praktisch' werden in dem Sinne, daß da ein 'Ich' ist, das diese Verweigerung leben könnte:

Freiheit ist real begrenzt durch Gesellschaft, nicht nur von außen sondern in sich selbst. Sobald sie von sich Gebrauch macht, vermehrt sie die Unfreiheit: der Statthalter des Besseren ist immer auch Komplize des Schlechteren. Noch wo die Menschen am ehesten frei von der Gesellschaft sich fühlen, in der Stärke ihres Ichs, sind sie zugleich deren Agenten: das Ichprinzip ist ihnen von der Gesellschaft eingepflanzt, und sie honoriert es, obwohl es sie eindämmt. *ND; 292*

Der Neurotiker dürfte also von seiner Neurose nicht Gebrauch machen, denn er fällt in deren punktueller Gestalt immer wieder auf das Ich-Prinzip zurück. Die Neurose wird, sobald sie erscheint, als dieses 'Ich' (von der sozialen Realität) identifiziert, welches es ja gar nicht sein will.

Die Neurose, um diesem Schicksal zu entgehen, müßte theoretisch werden. Aber gibt es das, — eine 'theoretische Neurose'? Zumindest ist sie Theorie-trächtig, denn sie stellt ein stummes Aufbegehren dar, gewissermaßen eine Kritik am 'Über-Ich'. Das Mißlingen in der Neurose, in der ein Begehren nicht eingedämmt werden konnte, klagt gleichzeitig die Instanz an, die es nicht dämmen konnte. So ist eigentlich eine Zwangsneurose eine 'kritische Parodie' auf die Repression des 'Über-Ichs': es wird ins Absurde verlängert und so gegen eine Praxis gestellt (— die der Gattung). Als Form von Kritik äußert sich die Neurose in einer Unruhe, — in einer Unzufriedenheit, die aber als praktische Not nur immer wieder an eine gesetz-gebende Instanz appellieren kann. 'Theoretisch' wäre eine Neurose, wenn sie die praktische Not umgehen könnte, — quasi nach dem Modus der 'immanenten Kritik': das Ich müßte sich als realisierende Instanz der Theorie gegenüber seinem

'Über-Ich' listig verhalten. Die 'nicht-immanente Kritik' führt, wie allgemein, auch hier zur Katastrophe:

Wieviel Aggression bislang in der Freiheit liegt, wird sichtbar, wann immer Menschen inmitten der allgemeinen Unfreiheit wie Freie agieren. *ND; 279*

Immanente Kritik, wie oben berichtet wurde, kritisiert, indem sie die Evidenz ihres Objektes voraussetzt. Mit der Maske der Angepaßtheit an die kulturelle Norm, für die das 'Über-Ich' steht, schleicht sich das listige, kritische Subjekt in dessen Umkreis ein; — wörtlich: in den Umkreis seiner 'Stärke', und vernichtet es von innen her. Genau das tat Freud:

In ihren heroischen Zeiten hat die Freudsche Schule (...) die rücksichtslose Kritik des Überichs als eines Ichfremden, wahrhaft Heteronomen gefordert. *ND; 269*

Aber Freud hat seinen Klienten eben nicht nahe gelegt, auf ihr 'Über-Ich' keine Rücksicht mehr zu nehmen; — vielmehr wollte er die Neurose realisiert wissen: d.h. sie in die Theorie ihrer Genesis überführen. Daß mit dieser Realisierung auch gleichzeitig die praktische Not gewendet werden soll, ist der Anspruch, daß man Subjekt seiner Neurose werden soll. 'Theoretisch' wäre also eine Neurose mithin dann, wenn das Subjekt ihr nicht mehr unterworfen wäre, sondern sie als Theorie über seine eigene Ohnmächtigkeit austragen könnte. Das Subjekt dieser 'theoretischen Neurose' wäre dann das kritische Vermögen gegenüber dieser Ohnmacht, wobei die Wurzeln der Kritik in der Neurose selbst angesiedelt sind. Die Neurose kann nicht durch Theorie überwunden werden; — höchstens kann sie ihren Wahrheitsgehalt in eine Theorie, — in 'denkendes Verhalten' verlängern.

So antwortet Theorie also nicht auf die Frage nach der Freiheit, sondern in ihrer Involvierung in Praxis ist sie die Antwort selbst.

Die Frage nach der Freiheit erheischt kein Ja oder Nein sondern Theorie, die wie über die bestehende Gesellschaft so über die bestehende Individualität sich erhebt. Anstatt die verinnerlichte und verhärtete Instanz des Überich zu sanktionieren, trägt sie die Dialektik von Einzelwesen und Gattung aus. *ND; 279*

Bis dahin wäre alles schön und gut: das Ethos, das gleichzeitig Freiheit verspricht, wäre auszusprechen in der Maxime: 'Sei kritisch!'; — aber die Frage nach der Freiheit, die zwar 'Theorie erheischt', kann sich nicht beantworten, weil Theorie selbst unfrei ist. Zwar mag sie Vehikel von Freiheit sein, aber in ihrem Aufschub frevelt sie an der Aktualität der Frage. Ein letztes Mal rechtfertigt Adorno den Aufschub:

Praxis wird aufgeschoben und kann nicht warten; daran krankt auch Theorie. Wer jedoch nichts tun kann, ohne daß es, auch wenn es das Bessere will, zum Schlechteren auszuschlagen droht, wird zum Denken verhalten; das ist seine Rechtfertigung und die des Glücks am Geiste. *ND; 242/243*

Ein 'letztes Mal' deswegen, weil hier eigentlich das Ethos ausgeschrieben ist; — ähnlich ist es dem Hegelschen, das ja auch auf einen möglichen Eingriff in Praxis (— zu lehren, wie die Welt sein soll) verzichtet, und seinen 'wärmeren Frieden' beim Denken, bzw. Erkennen sucht. Ein 'letztes Mal' auch, weil sich hier wieder die 'Melancholie' als Endpunkt dieser Geschichte aufdrängt, wieder in Ähnlichkeit zu Hegel, dem ja eine 'Gestalt des Lebens alt geworden' zu sein scheint. Gegen den Befund der Melancholie spricht, daß Adorno ein 'Glück' am Denken findet; — außerdem bleibt die Konstruktion eines 'Ethos', das die Subjekte zum 'Denken verhält' und sie in diesem auch bannt, etwas Fragwürdiges gegenüber der Forderung nach einer Kritik am Über-Ich. Dessen Funktion ist es ja auch, so etwas wie 'bloßes Denken' zu ermöglichen, das vor seiner Realisierung Abstand nimmt, — also stumm bei sich selbst verweilt. Vom 'bloßen Denken' ist es kein weiter Schritt zur Substitution des Begehrens durch die Phantasie und damit zur Degradierung des kritischen Gedankens. Denken, wie es Adorno versteht, hat zur Aufgabe, genau diesen Bruch zu seinem Eigenen zu machen: — es muß gegen sich selbst als bloßen Ersatz andenken. Und das kann es nur, wenn es sich der 'Erfahrung', die sein Anderes vorstellt, öffnet. Das 'leere Denken', Signum der Melancholie, geht einher mit der Reduktion möglicher Erfahrung, — weswegen Melancholiker sich meist auch zurückziehen, um nicht jenen Reizen ausgesetzt zu werden, die das 'unglückliche Bewußtsein' der unendlichen und in sich selbst schließenden Reflexion mit einem Anderen konfrontieren, das die Evidenz des Unglücks unterbrechen könnte. Denken, das sich loswerden will, — eben auch das Adornosche, — darf sich in sich selbst nicht abschließen. Das Glück des Geistes findet immer noch an dem statt, was dieser nicht unter seine Kontrolle bringen kann, woran er seine Endlichkeit erfährt. Das Denken, das nach Adorno die Dialektik von Einzelwesen und Gattung austragen soll, also nicht solipsistisch bleiben kann, müßte sich, wie schon gesagt, an die Gattung loswerden. Darin wäre es Praxis. Damit ist auch eine Dimension angesprochen, die Adorno mit 'Verantwortlichkeit' benennt und die im Denken a priori angelegt ist, weil Denken nicht Selbstaffektion des Einzelnen ist, sondern von sich aus den Anspruch erhebt, Tätigkeit der Gattung zu sein.

Die Antinomie zwischen der Determination des Individuums und der ihr kontradiktorischen gesellschaftlichen Verantwortung ist kein falscher Gebrauch der Begriffe sondern real, die moralische Gestalt der Unversöhntheit von Allgemeinem und Besonderem. *ND; 261*

Das Allgemeine ist das, worin das denkende Subjekt an der Gattung partizipiert, — und das ist nicht wenig: Angefangen von dem allgemeinen Begehren nach Einlösung sexueller Triebansprüche bis zur Allgemeinheit eines universalen Glücksanspruchs. So müßte das denkende Subjekt einsehen, daß es 'auch nur ein Mensch' — also Angehöriger einer Gattung sei, — und daß ihm nichts anderes übrig bleibt, als nach dem Bewegungsmodus dieser Gattung zu leben. Andererseits denkt dieses Subjekt ja auch über die Gattung, — besonders sich also, und kommt dazu, daß es mehr sei als der 'empirische Mensch', — mehr als ein Repräsentant der Gattung. Als dieses Besondere ist das denkende Subjekt unversöhnt mit seinem Allgemeinen. Konkret gesprochen: das so konzipierte Subjekt kann sich zwar bis zu einem gewissen Punkt der Zwangsgestalt des allgemeinen Glücks verweigern; — fällt auf diese, sofern es lebt (und an der Gattung partizipiert) aber immer wieder zurück. Über die Liebe etwa als allgemeines Phänomen kann so viel nachgedacht werden, wie man will: ohne Realisierung, — also ohne Rückkehr in die Gattung, bleibt das Denken unglücklich oder ideologisch. Unglücklich, weil es das Fehlen seines Objektes nur durch eine Involvierung in 'schlechte Unendlichkeit' ersetzen kann; — ideologisch, weil es diese für das Objekt selbst zu nehmen in Versuchung gerät. Die Rückkehr in die Gattung hebt den solipsistischen Anspruch des Individuums auf, indem sein Reflexionsvermögen gegenüber dem Begriff der Gattung partikular wird, und so erst der Gattung zugänglich, denn Gattung ist das Individuum erst, wenn es sich als partikulares erfährt. Diese Partikularität steht nicht für die Gattung, sondern ist Gattung selbst. Wenn etwa ein denkendes Einzelsubjekt sich sagt, es sei mit der Liebe immer dasselbe, so kann es sich zwar einbilden, für die Erfahrung der Gattung zu sprechen; — diese Maxime kommt aber andererseits nicht von den partikularen, spezifischen Erfahrungen dieses denkenden Einzelsubjekts los: es reproduziert in solchen Sätzen nur ein Ungenügen der Gattung (— die sich schwer mit der 'Liebe' tut), das es selbst, — am eigenen Leibe — erfahren hat. Denn wenn es die Erfahrung der Gattung wäre, so hätte das partikulare Subjekt darin kein Problem. Die Enttäuschung des Individuums, die in solchen Sätzen 'rationalisiert' wird, ist nicht die Enttäuschung der Gattung, denn:

... wäre ein Zustand allseitiger rationaler Aktualität vorstellbar, so etablierte sich kein Überich. *ND; 269*

So aber steht das 'Über-Ich', die Verlängerung der Gattung ins Individuum hinein, — für die Kompensation einer Erfahrung, die partikular bleiben muß, denn Liebeskummer hat nur der Einzelne. Hätte die ganze Gattung Liebeskummer, so bräuchte das einzelne Subjekt nichts davon zu wissen. Das 'Über-Ich' als blindes, naturverfallenes Ethos der Gattung, spricht sein Recht dann mit der 'ideologischen Einsicht' des Individuums, man solle die Finger vom radikalen Anspruch der Liebe lieber lassen, — also sein rückhaltloses Begehren eindämmen. Das Adornosche 'Ethos des Wissens' versucht mit dieser Dialektik von Allgemeinem und Besonderem ins Reine zu kommen: der Geist mit seinem immanenten Anspruch aufs Allgemeine müßte immer auch seine eigene Besonderung reflektieren, um nicht das 'schlechte Allgemeine', das 'Über-Ich' zu affirmieren, kurz: ideologisch zu werden.

Ohne Rekurs aufs Material könnte aus der Vernunft kein Sollen entfließen: muß sie aber einmal ihr Material in abstracto als Bedingung ihrer Möglichkeit anerkennen, so darf sie nicht die Besinnung aufs spezifische Material unterbinden; sonst gerade würde sie heteronom. *ND; 241*

Das Material läßt sich nur im eigenen Erleben spezifizieren: d.h. der Begriff des Materials muß seinen Grund in der Erfahrung des Materials suchen, denn die Erfahrung einzig besondert jenes. Das bedeutet nichts weiter, als daß das denkende und kritische Subjekt sich nicht vom 'Erleben' — von der Praxis der Gattung zurückziehen darf, sondern, eo ipso, immer wieder erleben soll; — wie schon gesagt: nur der entgeht der Ideologie, der sich in seinen Reflexionen auf Erfahrungen beziehen kann. Der immer wieder die Welt zu bessern versucht, — der sich immer wieder verliebt; — der also das Scheitern nicht vorwegnimmt, sondern seine Aktualität herstellt.

Dem Einzelnen indessen bleibt an Moralischem nicht mehr übrig, als wofür die Kantische Moraltheorie, welche den Tieren Neigung, keine Achtung konzediert, nur Verachtung hat: versuchen, so zu leben, daß man glauben darf, ein gutes Tier gewesen zu sein. *ND; 294*

Diese Wendung ist wieder eine ethische: nachdem das Individuum in seinem Allgemeinheitsanspruch gescheitert ist, verbleibt ihm, sich in seiner Naturverfallenheit als der Gattung zugehörig zu erkennen; — weiterhin auch, sich eben in seiner Möglichkeit zur Erkenntnis als in einem dialektischen Verhältnis zur Gattung zu begreifen und so ein 'Sollen' zu formulieren, das mit einem 'richtig gelebten Leben' eingelöst wäre.

Wie aber kann das Vorhaben, ein 'gutes Tier' zu sein, konkret gefaßt werden; mit anderen Worten: kann die Konstellation, die zu einer 'Ethik nach Adorno' führt, überhaupt inhaltlich werden? Die Frage wäre auch so zu stellen, wie ein 'Tier', d.h. die Zwangsgestalt des Lebendigen sich wirklich lösen kann von der Not, die es hervorruft. Ein erster Punkt wäre vielleicht dieser Umstand selbst: — auf die Not nicht blind, d.h. mit Abwehr zu reagieren, sondern sich vor ihr verhalten zu können. Die Not begegnet einem als Bedrohliches, — etwas, was man nicht von vornherein zu bewältigen gewiß ist, — eben als Fremdes. Diese Dichotomie von 'Eigenem' als Prinzip der Selbsterhaltung und dem 'Fremden', das diese Selbsterhaltung gefährdet, müßte überwunden werden, ohne daß ihr Realitätsgehalt (sie existiert ja real und notwendig) verleugnet würde. Mit dem Wort von der 'Toleranz' wird eben dies nicht geleistet. Hier wird das 'Fremde' neutralisiert, indem das 'Eigene' sich einerseits zurückzieht, indem es das 'spezifisch Fremde' unter einer Allgemeinheit der Möglichkeit von 'Fremdem' subsumiert, und andererseits als Instanz, die 'gewähren läßt', wiederum die Herrschaft des 'Eigenen' reproduziert. Die Konstruktion der Toleranz wird in dem Moment repressiv, wo der 'eigene' Anspruch von einem Anderen durchbrochen wird, — also in dem Moment, wo das 'Fremde' sich nicht mehr neutral verhält, sondern das eigene Prinzip der Toleranz selbst angreift. Toleriert kann nur das werden, was nicht gefährlich ist[54], — was das 'gewähren-lassen' nicht angreift. Und gerade der Liberalismus hat sich am repressivsten dort erwiesen, wo er es wirklich mit dem 'Fremden' zu tun hatte — auch heute noch demonstrierbar an der Unfähigkeit des bundesrepublikanischen Staates, der ja den Liberalismus und die Toleranz auf seine Fahnen schreibt, — sich mit 'Subkulturen' auseinanderzusetzen. Die Intention des Liberalismus, — nämlich das 'Fremde' einer Neutralisierung zu unterwerfen, ist die Intention der 'schönen Seele'; — die Konstruktion eines Status quo, indem die Heteronomie der Ansprüche einer Regel unterworfen wird, die einem 'Nicht-Angriffspakt' entspricht. Gerade dadurch wird aber die Problematik des 'Fremden' verfehlt:

Noch die Theorie der Entfremdung, Ferment der Dialektik, verwirrt das Bedürfnis, der heteronomen und insofern irrationalen Welt nahe zu kommen, nach dem Wort des

Novalis »überall zu Hause zu sein«, mit der archaischen Barbarei, daß das sehnsüchtige Subjekt außerstande ist, das Fremde, das, was anders ist, zu lieben; mit der Gier nach Einverleibung und Verfolgung. Wäre das Fremde nicht länger verfemt, so wäre Entfremdung kaum mehr. *ND; 174*

Die Theorie der Entfremdung ist insofern eine Fortsetzung des Liberalismus, da in ihr das Versprechen liegt, daß das Subjekt, einmal von gewissen gesellschaftlichen Umständen, die das 'Fremde' erzeugen, befreit, zu sich selbst kommen kann; — d.h. versprochen wird die Eliminierung des Fremden. So auch der internationalistische Anspruch im orthodoxen Marxismus: die Verschiedenheit der Kulturen soll aufgehoben werden dadurch, daß alle Proletarier ihre ureigensten Interessen realisieren. Dahinter steht der Wunsch nach universaler Identität. Adornos Kritik geht deswegen radikaler vor, weil nicht die Verhinderung der Identität durch die soziale Verfassung der Gattung kritisiert wird, sondern der Wunsch nach dieser Identität selbst. Jener Wunsch ist selbst ein Derivat der sozialen Verfassung, sofern diese naturwüchsig ist. Er steht für die Lebensnot des Einzelnen, die wiederum das erwirkt, was seit Freud 'Narzißmus' heißt. Die Grundfunktion des Narzißmus besteht darin, das Fremde zum Spiegel des Eigenen zu machen. So ist der Liberalismus narzißtisch, indem er das Fremde zum neutralen Prinzip einer Verschiedenheit der narzißtischen Subjekte im Allgemeinen deklariert und damit nur noch mit Monaden zu tun hat; — so ist die Theorie der Entfremdung narzißtisch, indem sie ihr telos an der Aufhebung alles Fremden hat. Narzißmus verspricht, philosophisch gesprochen, die 'reine Subjektivität' — d.h. einen Schutz des Individuums vor seinem Anderem — dem Objekt. In diesem Versprechen drückt sich nur die Ohnmacht des Subjekts aus, seinen narzißtischen Anspruch zu realisieren. Die Erfahrung lehrt es, daß es ohnmächtig ist — daß es selbst immer wieder zum Objekt wird (— zum Ding). Adornos Anspruch gilt der Aufklärung genau dieser Erfahrung: — der Ohnmacht, — des Ausgeliefertseins des Subjekts an das Fremde, — an das Objekthafte, ohne daß man diese Erfahrung unter dem Siegel des 'Bösen' abwehrt:

Wem das Dinghafte als radikal Böses gilt; wer alles, was ist, zur reinen Aktualität dynamisieren möchte, tendiert zur Feindschaft gegen das Andere, Fremde, dessen Name nicht umsonst in Entfremdung anklingt; jener Nichtidentität, zu der nicht allein das Bewußtsein sondern eine versöhnte Menschheit zu befreien wäre. *ND; 191*

Jene reine Aktualität hat man sich so vorzustellen: ein Subjekt versucht, sich seine Präsenz zu erweisen, indem es sich im Anderen spiegelt, d.h. etwas, was es an Vermittlung leistete, zurückbekommt. Etwa ein kritisches Subjekt, das einem 'Ausländer' die Notwendigkeit eines politischen Engagements zu erklären versucht. Nun kann es sein, daß dies nicht klappt; — daß der 'Fremde' nichts versteht — nichts begreift und so dem Subjekt, das sich in seinem Vermittlungsversuch gehörig anstrengt, nichts zurückgibt (— an Einsicht oder dergleichen). Hier kann die 'Aktualität' nicht hergestellt werden; — das Subjekt erlebt sich in seiner Ohnmacht, — gleichsam in seinem Dinghaften, — was meint, daß es in seinem Vermittlungs-Versuch so viel ausrichtet, wie wenn man zu einem 'Stein' spricht. Die Nicht-Identität mit dem 'Fremden' gilt es nach Adorno eben zu realisieren, — jenseits des Versuchs, das Fremde zu neutralisieren, indem man etwa die Finger von den 'Ausländern' läßt, — weil sie ja nichts verstehen. Noch deutlicher wird dies in der Liebe:

Ein Stück sexueller Utopie ist es, nicht man selber zu sein, auch in der Geliebten nicht bloß sie selber zu lieben: Negation des Ichprinzips. *E; 104*

Das ist denn wirklich Utopie, denn nichts ist in der Liebe enttäuschender, als erfahren zu müssen, man selbst sei nicht gemeint. Der 'narzißtische Zirkel' steht hier selbst zur Disposition: ein Zirkel, der den Geist in die Dienste der Selbsterhaltung einspannt, nachdem dem Menschen eben durch den Geist die Instinkte zur Selbsterhaltung verloren gegangen sind. Die objektive Lebensnot der Kreatur verlängert sich von den Schutzmechanismen des Tieres, die 'instinktiv' vollzogen werden, zu den narzißtischen Schutzmechanismen des Geistes, der in dieser Funktion insofern objektiv wird, als er den Bann, der durch die Lebensnot entstanden ist, sekundär verlängert:

In den subjektiven Vermittlungsmechanismen verlängern sich die der Objektivität, in welche jegliches Subjekt, noch das transzendentale, eingespannt ist. *ND; 173*

Man kann nun diesen Zirkel, weil er eben 'objektiv' ist, und den Zustand des darin 'Eingespannt-Seins' verlängern wollen, — was sich etwa programmatisch in einer bestimmten Richtung der Psychoanalyse ausdrückt[55]; — damit hat man nur der Intention des Liberalismus eine 'psychoanalytische Dimension' hinzugefügt. Man kann aber den Wert der Aufklärung (samt psychoanalytischer Dimension) auch darin ansiedeln, dieser 'Objektivität' zu entkommen; — diesen Zirkel zu durchbrechen. Dahinter steht die Erfahrung, daß der Zirkel des 'Eigenen' zwar, wenn er einigermaßen subtil und, nach Freud, dem Realitätsprinzip gemäß aufgebaut ist, bis zu einem gewissen Grad friedlich verlaufen kann (— daß also der Liberalismus auch sein Recht hat); — daß aber, sobald es wirklich bedrohlich ist, dieser Zirkel in Gewalt ausartet. Diese Adornosche Erfahrung ermöglicht wieder eine Formulierung über den 'Stand der Versöhnung':

Der versöhnte Zustand annektiert nicht mit philosophischem Imperialismus das Fremde, sondern hätte sein Glück daran, daß es in der gewährten Nähe das Ferne und Verschiedene bleibt, jenseits des Heterogenen wie des Eigenen. *ND; 192*

Mehr noch, — dieser 'Stand der Versöhnung' soll durch das eingelöst werden, was vorhin mit dem Terminus der 'Kommunikation des Unterschiedenen' eingeführt wurde (s.o.). Damit ist wieder nicht der 'Austausch von Argumenten' auf Grund eines gemeinsamen Kommunikationsverständnisses gemeint, sondern eben die Kommunikation, — oder zumindest deren Versuch, über die Verschiedenheit der Kommunizierenden selbst hinweg. Was das bedeutet, kann der nachvollziehen, der schon einmal versucht hat, mit sogenannten 'Schizophrenen' zu kommunizieren: — also wirklich zu kommunizieren und keine klinische Exploration zu betreiben. In solchem Versuch wird der narzißtische Zirkel aufs extremste gefährdet, denn im Anderen, mit dem man da sprechen will, ist keine Identität, die einem etwas zurückgeben könnte. Die Evidenz der Argumente (— also des Prinzips von Selbstbehauptung) verschwindet in einer Fluktuation; man kommt zu keinem Punkt, an dem man sich festhalten könnte. Das 'schizophrene Subjekt', das sich nicht an die Spielregeln der Kommunikation hält, — das eben die Zirkularität von 'Eigenem' und dem Eigenen am Anderen durchbricht, evoziert bei dem, der gewohnt ist, innerhalb solcher Regeln zu agieren, Angst (— oder, falls diese einer geglückten Verdrängung unterliegt: Hungergefühle, Einsamkeitsgefühle etc.). Meist artet solcher Versuch in einen Gewaltakt aus, dessen friedlichste Form der Abbruch des Gesprächs wäre; — deren radikalste Form die Internierung dieses 'schizophrenen Subjekts' ist. Sollte man hier die 'Kommunikation des Unterschiedenen' betreiben, so setzt dies eigentlich eine Angstfreiheit voraus: woher sie aber nehmen, ohne zu stehlen? Eine krude Antwort wäre, indem man den Mechanismus der Angst durchschaut. Solches Durchschauen ist sicherlich in den meisten Fällen unmöglich; — bei dem zitierten Beispiel aber ist es durchaus gegeben, daß man der Irrationalität dieser Angst inne werden kann. Das 'schizophrene Subjekt' bedroht einen ja nicht wirklich: d.h. man unterliegt keiner Morddrohung.

Das Wort von der 'Kommunikation des Unterschiedenen' als ethisches Postulat gewinnt innerhalb der ethischen Anstrengungen der

Philosophie deswegen an Gewicht, weil es gegen das Theorem eines 'A-priori der Kommunikationsgemeinschaft' und auch gegen die Utopie einer 'idealen Sprechergemeinschaft' (s.o.) gerichtet ist. Darin nämlich unterscheidet sich die Ethik Adornos von den meisten aktuellen Philosophien. Die Idee von der Kommunikationsgemeinschaft setzt die Sprache als neutrales Medium, innerhalb dessen die Subjekte sich austauschen können; — wo also die Heteronomie der Subjekte aufgehoben wird, indem diese sich jener vorgeblichen Neutralität beugen. Weiterhin ist darin die Idee eines gerechten Austausches, — daß also das, was ein sprechendes Subjekt an Argumenten (— Selbstbehauptungen) investiert, auch durch ein 'Gegenargument' zurückbekommt, wobei die geforderte Äquivalenz der Argumente das Prinzip des Tausches aufrechterhalten soll. Das sprechende Subjekt erhält in so projektierter Kommunikationsgemeinschaft immer sein Recht; — auch wenn es widerlegt wurde, denn es kann die Einsicht in das Gegenargument immer auf seiner Seite verbuchen. Die Identität der Sprechenden wird somit zum obersten Gebot. Sprache aber, — einmal auf die Reproduktion von Identitäten reduziert und damit neutralisiert, kann eine freie, allseitige Kommunikation nicht mehr herstellen. Natürlich stiftet Sprache Identitäten und diese verheißen Einigkeit oder Frieden unter den Sprechenden, und es ist auch ein gängiges Wort, daß der Unfriede nur durch Mißverständnisse in die Welt kommt. Aber wenn es so wäre, dann sind die Mißverständnisse eben auch konstitutiver Bestandteil der Sprache. Das Konzept einer 'idealen Sprechergemeinschaft' (Apel/Habermas) vertraut auf die Einigkeit-stiftende Kraft der Sprache, aber dieses Vertrauen ist gewissermaßen blind. Es setzt voraus, daß es irgendeine Stufe von Sprechen gibt, die den Ort der Objektivität selbst einnehmen kann, — die man zwar nicht sieht (— deswegen 'blind'!), aber dennoch durch geregelten Diskurs erreichen kann. Die Objektivität wird hierbei als Objektivität der Bedeutung verstanden. Das sprechende Subjekt, da es über Bedeutungen verfügen kann, ist nun in der Lage, die Objektivität (als verfügbare und damit nach Apel 'funktionale' Wahrheit) zu erreichen und an ihr einen Frieden zwischen den Menschen zu stiften. Vergessen wird in dieser Konzeption, daß Objektivität der Sprache nur zukommt, sofern sie Ausdruck ist. Die 'nominelle Gestalt der Begriffe' selbst kann durch Rekurs auf Bedeutung nicht eingeholt werden, und der Schluß liegt nahe, daß, wenn man sich über Bedeutungen verständigen kann, man sich nicht mehr adäquat ausdrücken kann. Denn im Ausdruck ist die Nichtidentität angelegt; — das, was die Einheit des Begriffs und die Einheit der an ihm partizipierenden Subjekte sprengt. Habermas stellt das in Rechnung, insofern er die 'ideale Sprechergemeinschaft' als Idealtypus setzt, der vorerst den praktischen Verhältnissen entgegensteht; — d.h. er nimmt zur Kenntnis, daß es in der Welt der sprechenden Subjekte unfriedlich zugeht. Das Ethos aber, das er respektive dieser Umstände entwickelt, bleibt in einem Zirkel gefangen. Voraussetzung der 'idealen Sprechergemeinschaft' etwa ist die soziale Herrschaftsfreiheit: — wenn Herrschaft aber erstmals abgeschafft ist, also lauter 'schöne Seelen' existieren, so bedarf es des Konzeptes einer 'idealen Sprechergemeinschaft' nicht mehr, denn die wird als Ethos nur angesichts der existierenden Herrschaftsverhältnisse notwendig. Und wenn man dieses Ethos teleologisch faßt: "Sprich so, als ob die 'ideale Sprechergemeinschaft' je schon vor der Tür stünde", so ist man eben über Kant nicht hinausgekommen, denn, um gegen Kant zu sprechen: 'Gottes Reich' ist ferne.

Das Adornosche Wort von der 'Kommunikation des Unterschiedenen' wäre, obwohl es nicht als solches gedacht wurde, als Konzept gegen die Idee einer 'idealen Sprechergemeinschaft' zu stellen. Wenn Unterschiedenes kommunizieren sollte, so heißt dies, daß über die Verschiedenheit hinweg kommuniziert werden soll. Dafür nun gibt es keine Regeln, denn gäbe es solche, so wäre die Unterschiedlichkeit unter die Regel subsumiert. Dahinter steht die totale (und somit negative) Utopie einer universellen und freien Kommunikation, die nichts zur Bedeutung zwingen muß, sondern in der der unmittelbare Ausdruck frei walten kann. Folgt man aber heute dem Anspruch auf freie Kommunikation, so kann man darin keinen Frieden erwarten; dieser Unfrieden aber wäre gleichsam diese Wahrheit: ein Friede ist nicht abzusehen, und verzichtet man im Sprechen auf dessen Schein, so lenkt dies den Blick umso eher auf das allgegenwärtige Unheil.

Andererseits ist es auch eine radikale Zumutung, in Unfrieden kommunizieren zu sollen. Wenn nun wirklich eine Morddrohung existiert, — was auch zweifellos ein Ausdruck eines Subjekts ist, so kann man damit, — mit diesem Unterschiedenen schwerlich kommunizieren: Adorno läßt die Taxi-Fahrer, die die Verbrechen gegen die Juden rechtfertigen, kurzerhand verhaften (s.o.). Oder auch, — im reinen Ausdruck des Anderen, — wenn man angebrüllt wird, kann man eigentlich schlecht Kommunikation betreiben: man kann zurückbrüllen, — aber dann hat man ja nicht 'Kommunikation des Unterschiedenen' betrieben, sondern sich der einen Kommunikationsform, — dem

Brüllen angeglichen. Dieses Nicht-Können besagt, daß solches 'Sollen', wie es als Ethos einer 'Kommunikation des Unterschiedenen' eruiert wird, nicht eingelöst werden kann. Es ist eine überzogene, eine maximale Forderung. Wir sind dieser Struktur des Maximums schon einmal begegnet: nämlich in der Forderung nach der Abschaffung des Todes.

...denn meine eigenen Erwägungen kreisen in der letzten Zeit sehr um diesen Punkt, — daß die Frage nach der Abschaffung des Todes in der Tat ja der neuralgische Punkt ist. Darum geht es eigentlich (...). Es gibt keine einzelne Kategorie, durch die die Utopie sich benennen läßt. Aber, wenn man sehen will, wie dieser ganze Komplex sich entscheidet, dann geht es um diese Frage eigentlich am allermeisten.[56]

Was, so kann man sich hier fragen, nützt ein Ethos, — immer auch eine Frage nach der Utopie, — wenn es gleichzeitig seine Unmöglichkeit impliziert. Es ist ein Leichtes zu zeigen, daß der Tod eben nicht abschaffbar ist, — daß die 'Kommunikation des Unterschiedenen' eine Zumutung ist, die eigentlich keiner einlösen kann. Es gibt bei Adorno aber auch Minimal-Forderungen, deren eine in der Formulierung besteht, daß man 'ohne Unverschämtheit verlangen dürfe, daß der Einzelne durch seine Ohnmacht hindurch, seiner doch mächtig bleibe' (s.o.). Eine andere Bescheidung Adornos lautet so:

Das einzige, was sich verantworten läßt, ist, den ideologischen Mißbrauch der eigenen Existenz sich zu versagen und im übrigen privat so bescheiden, unscheinbar und unprätentiös sich zu benehmen, wie es längst nicht mehr die gute Erziehung, wohl aber die Scham darüber gebietet, daß einem in der Hölle noch die Luft zum Atmen bleibt.

MM; 24

'Was sich noch verantworten läßt' ...das entmächtigte Subjekt muß in einer Art Minimierung sagen können, wo ein mögliches Ethos von ihm noch realisiert werden kann, — wo Verantwortung möglich ist. Es erfährt sich in seiner Praxis durchaus als determiniert und so bescheidet es sich. Diese Bescheidenheit schlägt aber um ins Unmoralische, weil sie die allgemeine Unfreiheit affirmiert, — schon, indem sie sie zur Kenntnis nimmt. Das denkende Subjekt findet sich also wieder in der Pendelbewegung zwischen seinen maximalen Forderungen, die es der Totalisierung der 'schlechten Welt' entgegenwirft, und dem Rekurs auf die minimalen Möglichkeiten, die ihm bleiben, diese Forderungen zu realisieren.

Die Inkompatibilität jedes allgemein moralischen Urteils mit der psychologischen Determination, die doch von dem Urteil, dies sei das Böse, nicht dispensiert, entspringt nicht in mangelnder Folgerichtigkeit des Denkens, sondern in objektiven Antagonismen.

ND; 282

Das Ethos ist gegen den Determinismus gerichtet: Bewußtsein aber kann nur immer wieder die Determination zur Kenntnis nehmen, was sich wiederum gegen den Anspruch des Bewußtseins richtet. Hier schlägt, so kann man sagen, die Stunde des 'Existentialismus', der das Bewußtsein letztlich immer als notwendige Illusion traktiert und als solche auch festschreibt. Daß Illusionen möglich sind, wäre hier das Minimum, — die Illusion selbst das Maximum; — eben der Modus, in dem das Bewußtsein sich selbst als frei setzen kann und muß. Wenn Adorno in den 'Minima Moralia' das Minimum, das einem bleibt, dort ansiedelt, wo man nur noch den 'ideologischen Mißbrauch der eigenen Existenz' verhindern kann, so ist dies etwa die existentialistische Version des 'Ethos', wenigstens mit der eigenen Illusion richtig umzugehen. Das muß, soweit es zum Beispiel die Sartresche Philosophie angeht, nicht den Rückzug ins Private, — die Resignation bedeuten, — man kann auch durchaus als Person sein Heil in Klassenkämpfen suchen, was sich, nach Sartre, deswegen anbietet, weil eben das Bewußtsein, das mit seiner eigenen 'Illusion' richtig umgehen will, immer auf die Klassenverhältnisse stößt, die solchen 'richtigen Umgang' verhindern.[57] Was allerdings dem Existentialisten dabei zugemutet wird, ist, daß er immer in einem Bewußtsein von Parallelität oder Zufälligkeit handelt. Der Klassenkampf etwa hat nämlich keinen Vorzug vor dem 'stillen Sich-Betrinken': beides ist gleichberechtigt, — läuft als Möglichkeit des Vollzuges eines 'Ethos' parallel, und was es nun gerade ist, fällt letztlich der absoluten Kontingenz des Seins anheim. Was das existentialistische Ethos da eigentlich macht: es versucht, die 'objektive Differenz' von maximalen Ansprüchen und minimalen Realisierungsmöglichkeiten zu tilgen. Der Existentialist nimmt die Nicht-Identität im Ethos zur Kenntnis (— mit der Metapher, daß man vom 'ernsthaften Denken' loskommen solle), und darin besteht seine Wahrheit; — er versucht aber eine Identität in dieser Nicht-Identität zu restituieren, indem er alle Intention von vornherein als ein und dasselbe ausgibt. Das existentialistische Ethos nimmt die Illusion vorweg, um ihr nicht anheimzufallen; d.h. im radikalsten Engagement für ein bestimmtes Ziel sollte das resignative Moment immer präsent sein, — immer mitgedacht werden. Diese geforderte Gleichzeitigkeit oder Parallelität soll dann die objektive Spannung, die daraus entsteht, verhindern, indem das Bewußtsein diese Differenz als seinen eigenen Abgrund, seine eigene Zufälligkeit begreift. In gewisser Weise entmachtet sich damit das Bewußtsein vorweg, um seine wirkliche Entmachtung nicht erleben zu müssen: es schützt sich, indem es sich opfert, und betrügt das Opfer, weil die Selbstentmachtung nur die Macht des Selbst affirmiert. Der Existentialist kann keine Dummheit begehen (— wie etwa 'Maoist' werden), weil er sich alle Dummheiten je schon zugesteht und in diesem Zugeständnis sich 'selbst' eben vor der Dummheit rettet.

Das Organ des Selbst, Abenteuer zu bestehen, sich wegzuwerfen, um sich zu behalten, ist die List (...). Das Moment des Betrugs im Opfer ist das Urbild der (...) List.

DA; 46/47

Die List ist ein Modus der Transzendenz des Subjekts: es tut etwas, was ihm eigentlich unmöglich ist, aber indem es 'sich selbst' wegwirft, kann ihm auch nichts unmöglich sein. Es kann sich einbilden zu fliegen und sagen: das meiste im Leben ist ja doch Täuschung, warum soll ich also nicht meine Einbildung für wahr halten? Daß dies sich aber kein Subjekt sagen kann, zeigt die Grenzen der List auf. Wie aber ist es dann mit der List?

Mit der List wird die Fähigkeit des Menschen zur 'Lüge' thematisiert: die Handhabung des Nicht-Identischen. Wenn nun das Adornosche Ethos selber das Nicht-Identische ist, weil es, in der Differenz zwischen den maximalen Ansprüchen und den minimalen Realisierungsmöglichkeiten, seine eigene Unmöglichkeit impliziert, so wäre List eine Methode, die dieser Konstellation Rechnung trägt. Es lassen sich dementsprechend viele Passagen aus den 'Minima Moralia' als Lügen, bzw. als List begreifen: wenn Adorno sagt, daß es 'nichts Harmloses mehr gibt' oder daß das 'Unheil total ist', so glaubt er wohl selbst nicht daran. Die Radikalität dieser Sentenzen ermöglicht aber erst jene 'Minima Moralia': Adorno will das Unheil überlisten, indem er es überzeichnet, weil die Differenz, die sich so auftut, Platz für das eigene Handeln läßt. Aber überzeichnet nicht vielmehr das Unheil die Adornoschen Anstrengungen, ihm zu widerstehen? — täuscht Adorno nun die Radikalität des Unheils vor oder wird Adorno vom übermächtigen Unheil so getäuscht, daß er sich nicht anders als durch Täuschung zu helfen weiß? Die Frage ist, ob es ein Subjekt der Täuschung, der List gibt, oder ob nicht vielmehr das täuschende Subjekt zum Objekt wird. Vielleicht kann man sich das an der Lüge klarmachen: sie ist definiert als willkürliche Änderung von Regeln, wobei die 'Willkür' die reale Täuschung ausschließen soll. Als sprachlicher Prozeß interpretiert, läuft das so: ein Signifikant wird verschoben bei gleichzeitiger Konstanz des Signifikats; — also wenn ein sprechendes Subjekt die Regel einer Verbindung zwischen Wort und Bedeutung überschreitet, indem es für die Bedeutung, deren es sich gewiß wähnt, ein anderes Wort setzt. Die Bedeutung wäre dann der Ort des Subjekts, etwa in der Gewißheit, jemanden nicht zu lieben, aber die Regel der Signifikation: 'Ich liebe Dich' willkürlich anwenden zu können, und damit den Anderen, der an dieser Regel festhält, zu täuschen. Mit der scheinbaren Verfügbarkeit über die Regel ist nun diese für das listige Subjekt selbst unbrauchbar geworden; — damit ist die Verfügbarkeit dahin, denn die Änderbarkeit von Regeln kann nicht gleichzeitig mit dem Festhalten an der Regel existieren. Wenn nun das Subjekt wirklich seine Liebe kundgeben will, so muß es eben an seinem Ausdruck zweifeln, — auch wenn's 'ehrlich' gemeint ist. Das listige Subjekt wird irre an seinem Ausdruck: es opfert damit seine eigene Subjektivität, sofern diese im Ausdruck ihre Bedingungen hat:

Der Listige überlebt nur um den Preis seines eigenen Traums, den er abdingt, indem er wie die Gewalten draußen sich selbst entzaubert. *DA; 54*

Adorno behandelt die List im Kontext einer Kritik an der Aufklärung; — jene hat aber auch eine gehörige Tragweite für das, was mit der Aufklärung stets einher ging: das abendländische Ethos. In dessen Konstruktion muß sich das Subjekt, um gut zu sein, listig verhalten: aus einer vorgeblichen Freiheit kann es vortäuschen, 'gut' zu handeln, denn es selbst ist nicht als solches 'gut', sonst müßte es ja nicht 'gut' handeln sollen. Adornos Interpretation von de Sade (*DA; 74-108*) vollzieht das Scheitern des aufgeklärten moralischen Anspruchs an seinen Voraussetzungen. Mit der einmal festgeschriebenen Möglichkeit zur Willkür, — mit der Idee der List des Subjekts als Modus seiner Selbsterhaltung kann ein 'Ethos' nur als List oder als Täuschung existieren. (Ähnliches vollzieht Lacan in seinem Aufsatz: 'Kant mit Sade'[58].

Am Ende der List verschwindet deren Subjekt: es erkennt sich als nur noch eingespannt in einen Mechanismus, dessen es sich bedienen wollte. Der Mechanismus ist die Abwesenheit von Subjektivität: in seiner List wird das Subjekt inne, daß es bloßes Vollzugsorgan seiner psychischen Konstitution war. Listig sein zu müssen, um sich zu schützen und dabei den Preis der Selbstüberlistung zahlen, — also mit der Fungibilität des 'Ichs', — denn darauf beruht die List, — gleichzeitig in diese Fungibilität eingespannt zu sein, führt zum Zynismus. Wenn nach der Freudschen Einsicht gelebt werden soll, daß das 'Ich' nicht Herr im eigenen Hause ist, so könnte das nur bedeuten, die eigenen Ansprüche, — den 'eigenen Traum' aufzugeben, und das Bewußtsein, das man über diese Konstellation hat, eben als unglücklichen Rest zu traktieren. Der

Zyniker realisiert seine absolute Ohnmacht: den 'absoluten Zyniker' gibt es aber nicht, denn wenn absolute Ohnmacht wirklich existiert, so kann man sie nicht realisieren. So wirkt derjenige, den man einen Zyniker nennen kann, verkrampft: verzweifelt versucht er, in vergeblicher Realisierung seiner Ohnmacht doch Herr im eigenen Hause zu bleiben. Seine habituellen Anstrengungen gegen das Ethos schlagen in ein Ethos wieder zurück: als Zwang, die eigenen Ansprüche fahren zu lassen, um in der Position dessen zu verbleiben, der agiert. Was der Zyniker versäumt, ist die Realisierung der Verzweiflung, die am Ende der List steht, — daß die vorgebliche Fatalität (— die Unmöglichkeit) nie eingelöst werden kann, weil es keinen Ort gibt, an dem ein Bewußtsein, das dies könnte, möglich wäre:

Je leidenschaftlicher der Gedanke gegen sein Bedingtsein sich abdichtet um des Unbedingten willen, um so bewußtloser und damit verhängnisvoller, fällt er der Welt zu. Selbst seine eigene Unmöglichkeit muß er noch begreifen um der Möglichkeit willen. Gegenüber der Forderung, die damit an ihn ergeht, ist die Frage nach der Wirklichkeit oder Unwirklichkeit der Erlösung selber fast gleichgültig. *MM; 334*

Am Ende (— der List) eines Ethos, das Subjektivität voraussetzt, bleibt an dessen Stelle die Verzweiflung: ein Zustand, in dem man 'weder ein noch aus weiß'. Wie aber sollte man solche Verzweiflung realisieren können, — also das tun können, was nicht zu tun dem Zyniker als Versäumnis ausgelegt wurde? Verzweiflung ist ja gerade diese Differenz als objektive, die einem zustößt, und in der man sich eigentlich gar nicht verhalten kann. Aber die Verzweiflung ist im wahren Sinne des Wortes ein 'flüchtiges' Phänomen: als 'reine Aktualität' gibt es sie gar nicht. Verzweiflung als Verhalten löst sich immer schon auf: alles Tun und Lassen, das in Verzweiflung geschieht, ist gegen diese gerichtet. Ein verzweifeltes Individuum wird neurotisch, läuft Amok oder tut sonst etwas: jedenfalls flieht es in seinem Tun die Verzweiflung. Wenn Adorno nun von Verzweiflung spricht, die noch zudem etwas retten soll, so ist damit der letzte Ort von Subjektivität gemeint. Und als Ethos gedacht, rettet eben die Verzweiflung diese Subjektivität, denn nur das Subjekt kann an dem, was es gibt, verzweifeln. Mit dieser ist gleichzeitig ein möglicher Raum für Ideologiefreiheit geschaffen: Ideologie als notwendiges Bewußtsein steht gegen ein Bewußtsein von Nöten, das nur ein verzweifeltes sein kann. Wenn, wie oben nach Freud gesagt wurde, das Ich nicht Herr im eigenen Hause ist, so stimmt das nur solange, wie ein 'Ich' an sich festhält, — seine 'Verzweiflung' aussetzt. Wenn dies 'Ich' verzweifelt ist, so hat es die Dialektik von Herrschaft und Knechtschaft in seinem Verhalten ausgetragen: es ist dann weder Herr noch Knecht. Das Ich, das seine eigene Knechtschaft eingeht, entlastet sich vom Anspruch der Herrschaft; — das Ich, das herrschen will, wird im Mechanismus des Anspruchs auf Herrschaft gefangen: dazwischen, in dieser Verzweiflung liegt das Glück, — das auch immer Subjektivität bedeutet:

Ja! Ich habe eine Vorstellung von objektivem Glück und objektiver Verzweiflung, und ich würde sagen, daß die Menschen so lange, wie man sie entlastet und ihnen nicht die ganze Verantwortung und Selbstbestimmung zumutet, daß so lange auch ihr Wohlbefinden und ihr Glück in dieser Welt ein Schein ist. (...) Sicher ist Ethik nichts anderes als der Versuch, den Verpflichtungen gerecht zu werden, die die Erfahrung dieser verstrickten Welt an einen heranbringt. (...) Und ein Schein (ist es), der eines Tages platzen wird. Und wenn er platzt, wird das entsetzliche Folgen haben.[59]

Die Verzweiflung entgeht dem Schein des Glücks: sie selbst ist nicht objektiv, sondern eben der ethische Ort, an dem Subjektivität, und sei es noch die des Denkens der Verzweiflung, möglich ist.

Die Verzweiflung gewinnt aber in der Geschichte punktuell objektive und völlig transparente Strukturen: Ereignisse, die keinen 'schönen Schein' mehr halten können, sondern nur noch das Grauen übrig lassen. Für Adorno waren solche Ereignisse Auschwitz und vielleicht Hiroshima; — nach Adorno zu schreiben bedeutet aber, sich einer andersartigen historischen Dimension zu stellen, die dadurch gekennzeichnet ist, daß nicht mehr punktuell die Verzweiflung als objektive Struktur aufleuchtet, sondern daß die Erfahrung des universellen Unheils langsam, aber permanent wieder möglich wird, weil die Faktizität des 'Gangs des Verhängnisses' ins Physische eingreift. Gemeint ist damit das, was heute überall als das 'ökologische Problem' thematisiert wird und was die aktuelle philosophische Ethik nur zu gerne aufgreift. Verzweiflung, wie sie noch bei Adorno als 'Ethos' erscheint, meint die Realisierung des Bruchs zwischen dem, was sich als Unheil dem Denken aufdrängt, und der Erfahrung, die sich allzu schnell befrieden läßt. Daß das 'ökologische Problem' auftreten konnte, liegt an der tendenziellen Nivellierung dieses Bruchs: man sieht das Unheil (— man atmet es ein, — man hört es, man riecht es). Die zweite Ursache für diese Aktualisierung liegt darin, daß die positive Wissenschaft von der Natur, — man könnte Hegel fast glauben, — nun anscheinend an die Grenzen ihres Scheincharakters gestoßen ist, so daß sich der Schein aufhebt. Der Schein bestand ja darin, daß man, im Modus der Bescheidung auf das

Bestimmbare, glaubte, sichere Resultate zu gewinnen, — also partiell Natur verwalten zu können. Heute merkt man, daß die Partialität nicht gesondert werden kann, — daß das, was man als Wissen über Natur anwendet, immer dem Ganzen referiert: daß also das Wissen nicht identisch mit dem Gegenstand werden kann, weil der Gegenstand in jene Objektivität eingespannt ist, vor der sich ja die positive Wissenschaft beschieden hat. Zwar wird die positive Wissenschaft dadurch nicht schlauer; — d.h. sie begreift nicht ihren negativen Charakter: — immerhin wird sie vorsichtiger mit dem Gestus, daß sie die Negativität als Komplexität ausgibt. Natur sei eben ein zu komplexes Gebilde, als daß man einfach mit ihr umspringen könnte. (Die wirkliche Negativität wurde höchstens in der Heisenbergschen 'Unschärfe-Relation' greifbar.) Die Aufhebung des Scheincharakters der Naturwissenschaften geschieht immanent: quasi als List der Vernunft: — sie hält an ihrer Positivität fest und zeitigt damit Resultate, die sich antagonistisch zu ihrem Anspruch verhalten. Wenn etwa 'alarmierende' Voraussagen über Klimaveränderungen und die entsprechenden Folgen gemacht werden, so bedient man sich des tradierten Modells der linearen Fortschreibung. Aber genau dieses Modell wird ja dadurch kritisiert: man hatte schon früher linear 'fortgeschrieben' und dabei nicht bemerkt, daß diese Linearität zur Illusion führt, — etwa in der positiven Wirtschaftswissenschaft, die eine 'lineare Vermehrung des Wohlstands' voraussagte. Die eigentliche Negativität wird von den Naturwissenschaften heute in einer Klausel eingebaut: — die Linearität funktioniert nur dann, wenn die Menschen sich nicht ändern. Die Bescheidung der Wissenschaften, die vielleicht diesmal angebracht war, läßt dem Ethos Raum: — die Klausel, daß die Menschen gegen ihr eigenes Unglück etwas tun sollten, muß als von der Wissenschaft nicht mehr erfaßbarer Ort von Freiheit gehandelt werden. Diese Freiheit wird dann von jenen Wissenschaftlern, die von sich glauben, auch philosophisch zu denken, wiederum im Modus der positiven Wissenschaft traktiert: nämlich in dem der Bescheidung. Wenn etwa C. F. v. Weizsäcker die Rettung der Menschheit in einer 'asketischen Weltkultur'[60] ansiedelt, so schreibt dies die Illusion des Subjekts — hier im Verzicht — fest. Der Verzicht gerade verhindert die mögliche Versöhnung. Die Minimierung der Ansprüche, falls es wirklich dazu kommen sollte, ist ja auch gleichzeitig die Aussage darüber, daß man ein bestimmbares Glück nicht bekommt. Das Leben, — so die Prophezeiung — wird in einer 'ökologischen Gesellschaft' um den Gewinn der Selbsterhaltung wieder mühselig werden. Vorherrschende Richtungen in der philosophischen Ethik übernehmen dies: "Schließlich gehört zu einem adäquaten Umweltethos das, was schon als 'asketische Weltkultur' bezeichnet worden ist, eine Kultur nämlich, — die bewußt und aus Grundsatz auf ökonomische Güter verzichtet, welche in ihrer technischen Reichweite liegen —. Ohne eine vieldimensionale Bereitschaft zum Konsumverzicht läßt sich angesichts der bisherigen Bevölkerungsentwicklung ein langfristiger Umweltschutz nicht denken. Die Entwicklung einer solchen asketischen Weltkultur (...) ist eine der großen sittlich-politischen Aufgaben unserer Zeit."[61] Das Ethos des Verzichts schwankt zwischen einer technologisch-positiven und einer quasi Kantschen moralphilosophischen Begründung. Letztere würde etwa so lauten, daß man nichts tun soll, dessen Auswirkungen man nicht absehen kann. Da man allerdings kaum etwas tun kann, ohne gewisse Auswirkungen in Kauf zu nehmen, die eben in einer Art Kausal-Kette nie bis zu einem Ende verfolgt werden können, muß das, auf was man verzichten soll, bestimmt werden. Das aber läuft wiederum auf den Einsatz der Technologie hinaus, die eine solche Kausal-Kette entwirft (mit Kontingenz-Bereichen); — womit das Ethos des Verzichts ein technologisches geworden ist. Der Verzicht selbst wird damit vorläufig: es könnte ja sein, daß die Kausal-Kette, die den Verzicht determiniert, unterbrochen wird: daß der Mensch abermals die Natur überlisten kann, indem er die Gewalt, die er ihr antut, so steigert, daß diese nicht mehr 'zurückschlagen' kann. Man kann ja Landstriche, die man unfruchtbar gemacht hat, durch Umleitung ganzer Flüsse wieder bewässern[62]; — auch sollen Sonnenkollektoren oder Fusionskraftwerke den Verzicht auf Atomkraftwerke; — d.h. den 'Verzicht auf Energie' überflüssig machen. Gerade die Aktualisierung des 'Ökologischen Problems' hat ja den Grundlagenforschungen der Naturwissenschaft enormen Auftrieb gegeben. Es verhält sich damit so: immer dann, wenn man von dem Verzicht spricht, schafft man dazu, virtuell oder real, ein Komplement, das in der Anstrengung, den Verzicht zu begründen, ihn gleichzeitig aufheben will. Was Weizsäcker sich vorstellt, ist ähnlich wohl dem Vorgang, wie Hiob sich seinem Gott unterwirft, eben indem er erkennt, daß dieser mit seiner eigenen Allmacht geschlagen ist (s.o.). Aber die Dialektik zwischen Hiob und seinem Gott hat auch in der Ideologie der Askese ihren Ort: verzichtet der Mensch, so tut er sich (— als Natur) wiederum Gewalt an. Dieser Antagonismus hat im 'ökologischen Problem' auch eine augenscheinliche Seite: man müßte, um die

Atmosphäre zu retten, den Völkern der 'dritten Welt' verbieten, ihre Wälder abzuholzen. Dieses Verbot wäre gegen die elementaren Lebensbedürfnisse jener Völker gerichtet. Aber auch subtiler: der Begriff des Verzichts impliziert schon ein gewaltsames Vorgehen gegen Bedürfnisse, die zwar als 'falsch' und von einer verqueren Gesellschaftsordnung determiniert ausgegeben werden können, — die aber ihr Moment von Wahrheit immer daran haben, daß jene 'Falschheit' selbst naturwüchsig ist. Die Aufforderung, mit 'Rücksicht auf Natur zu handeln' (s.o.), ist nichts anderes als ein Gebot 'praktischer Vernunft': war es bei Kant noch das Unvermögen des Einzelnen, sich selbst als Allgemeinheit zu setzen und so Rücksicht auf sie nehmen zu müssen, so ist es im 'ökologischen Ethos' das Unvermögen, mit der Komplexität der Natur umzugehen. So gesehen hebt sich das 'ökologische Ethos' auf: bleibt übrig eine Wahrheit eines radikal politischen Kampfes, der auf dem Raster des technologischen Wissens gegen diejenigen vorgehen muß, die die Realisierung solches Wissens auf Grund ihrer (blinden) Interessenlage verhindern. Damit wird das 'ökologische Problem' zu einem der Aufklärung. Ein 'ökologisches Ethos' wäre aber erst dann möglich, wenn nicht das Subjekt gegenüber einer Komplexität gesetzt wird, sondern es diese Komplexität als seine eigene Konstitution begreift: — das zeichnet die Figur der Verzweiflung nach und wird damit, nach Adorno, zum Ethos schlechthin.

Wie ein Subjekt einer Komplexität inne werden kann, und wie es sich dann zu dieser verhält, ist auch am 'ökologischen Problem' nachvollziehbar. Da gibt es Planspiele, die wie folgt funktionieren: einer Rechenmaschine werden eine große Menge Daten über ein funktionelles Gebilde eingegeben, was etwa ein 'Öko-System' vorstellen soll. Dann wird ein Mensch aufgefordert, irgendwie in das System einzugreifen, um irgendetwas zu erreichen (— einen Teilaspekt zu optimieren). Der Witz an diesem Spiel ist der, daß so ein Mensch, steht er einmal einer gewissen komplexen Datenstruktur gegenüber, unmöglich die Folgen seiner Eingriffe absehen kann. Am Ende seiner Bemühungen hat er meist nichts verbessern können, sondern nur allerlei Katastrophen hervorgerufen. Hier wäre nun augenscheinlich demonstriert, daß der Mensch von gewissen Sachen die Finger lassen soll, wäre nicht das, was ihm dies demonstrieren kann, ebenfalls sein Werk. Eine mögliche Einsicht in die eigene Begrenztheit hat hier schon je ein Substitut geschaffen: nämlich die 'Unbeschränktheit' von Rechenmaschinen. Dieses Thema ist ein weiteres, das in dem Zusammenhang der

Probleme, die eine 'Ethik nach Adorno' aufgreifen soll, gehört: in den schon vorhandenen oder absehbaren Auswirkungen der x-ten industriellen Revolution, der 'Mikro-Elektronik', manifestiert sich etwas, was bei Adorno als Tendenz zur totalen Verwaltung und absoluten Entmündigung der Menschen auftritt. Es läuft insgesamt auf eine Abschaffung des Denkens hinaus: die 'positive' Funktion des Denkens, — also alles, was die homogene Funktion von Begriffen betrifft, wird mechanisch substituiert: der Rest an Denken, die nicht-substituierbare Fähigkeit, sich zu täuschen, wird dann kontrolliert. Computer werden aber weniger wegen der 'möglichen Fehler' der menschlichen Arbeit eingesetzt, sondern vielmehr, weil sie einfach schneller sind, — auch in der Korrektur der Fehler. Damit sind sie zwar nach dem Tauschwertprinzip, das die Zeit als Parameter des Werts der Arbeit setzt, rentabel geworden, aber sie heben eben dieses Prinzip wieder auf. Menschliche Arbeit ist gekennzeichnet durch Erschöpfbarkeit und Vergänglichkeit, — die Tätigkeit des Subjekts folgt einem Rhythmus des Lebendigen. Es ist mit den Rechenmaschinen nun so, daß sie gewisse Funktionen, die bisher Domäne des Lebendigen waren, ausführen können, jenseits des Lebendigen. Da setzt nun, wiederum nur scheinbar, ein ethisches Problem ein, weil eben nach der klassischen Morallehre die Erhaltung des menschlichen Lebens in all seinen Funktionen selbstevident und höchstes Gut ist. Daß durch den universellen Einsatz der Rechenmaschinen die Gesellschaft 'entmenschlicht' werde, ist bloß ein Derivat jener Ideologie, die zur Rechenmaschine geführt hat. Die Idee der Arbeit ist ja gemäß der 'bürgerlichen Ideologie' so konstruiert, daß sie sich selbst einmal überflüssig macht: Arbeit als produktive soll Mehrwert schaffen, — also die archaischen Gesetze der unmittelbaren und ausschließlichen Reproduktion des Lebendigen aufheben. So gesehen sind die Rechenmaschinen ein gewaltiger Schritt in Richtung des Ideals von Humanität, das den Menschen von der Not seiner unmittelbaren Selbsterhaltung befreit. Und es ist ja auch so, daß Rechenmaschinen potentiell die 'Freizeit' der Menschen so erhöhen, daß diese mehr ihren 'Ansprüchen' nachgehen können, — also 'glücklicher' leben könnten, — und auch das Anliegen einer universellen Aufklärung müßte in der Tatsache der Rechenmaschinen eine Chance sehen, denn schließlich haben durch sie die Menschen auch mehr Zeit, um nachzudenken. Daß das aber dennoch problematisch ist, wäre wiederum eine politische Angelegenheit: nämlich daß die Steigerung von Freizeit immer noch das Schicksal der Arbeitslosigkeit bedeutet, und daß dies meist noch die Lebensnot erhöht, — also es nichts mit der Aufklärung war. Das moralische Problem, will man einer 'Ethik nach Adorno' folgen, liegt wiederum woanders:

Das Subjekt, das kausal-mechanische Verfahren auf logische Sachverhalte abstimmte, hat sich aus der Maschine zurückgezogen wie der Gott der Deisten aus seiner Schöpfung. Der unvermittelte Dualismus von Realität und Mathematik entsteht historisch durch ein Vergessen, den Rückzug des Subjekts. Das gilt nun aber nicht bloß für die Maschine, sondern auch für den Menschen selbst, insofern sein Denken in logische und psychologische Momente zerfällt. Das Subjekt überträgt seine eigene Spaltung in einen diszipliniert geistig Arbeitenden und einen scheinbar isolierten Daseienden auf die Ontologie. *ME; 69/70*

Der 'Rückzug des Subjekts' ist das Vergessen seiner Differenz, seiner Spaltung. Die 'instrumentelle Vernunft' — einst als Modus des Überlebens gedacht, schlägt nun auf den Selbsterhaltungsanspruch des Subjekts zurück, — eben:

...wie noch die abenteuerlichste kybernetische Maschine auf lebendige Subjekte zurück (verweißt). *SOZ I; 145*

Die Rechenmaschinen weisen deswegen aufs Subjekt zurück, weil sie Ausdruck des Wunsches sind, sich ans Tote zu assimilieren, — was nicht den Wunsch nach dem Tod bedeutet, sondern den, der Ambivalenz und der Not des Lebendigen entgehen zu können. Jeder, der einmal intensiver mit Rechenmaschinen zu tun hatte, kann sich einer gewissen Faszination[63] nicht erwehren: die Maschine spiegelt in einer bestimmten Weise den, der sie bedient. Sie ist narzißtisches Objekt, insofern eine Programmierung immer etwas von einem Machtkampf an sich hat. Die Rechenmaschine soll 'effektiv' verfahren: — das Subjekt, das diese Effektivität erzeugen will, steht nun seiner eigenen möglichen Effektivität gegenüber: d.h. seinem reibungslosen Funktionieren. Es sieht die Chance, an der Maschine, seine eigene Unvollkommenheit zu substituieren, — also eine 'eigene' Schöpfung in die Welt zu entlassen, die es selbst ersetzt. Das Programmieren will in der Anstrengung der Übersetzung ins 'effektive Verfahren' die Funktion des Subjekts begreifen und sichern. (Das Phantasma des Funktionierens als Spiegeleffekt zwischen dem Menschen und der von ihm konstruierten Maschine wird transparent in den Büchern von N. Wiener[64], einem der Pioniere der Rechenmaschinen. Weizenbaum (s.o.), ebenfalls ein Informatiker, nimmt dieses Phantasma zum Anlaß seiner Kritik an den Computern.) In der Interaktion mit den Computern praktiziert das Subjekt eine Kommunikation mit dem Eigenen; — eigentlich ist diese Interaktion das Bild einer 'idealen Sprechergemeinschaft': beide Sprecher hängen an derselben Regel. Das, was das Subjekt als Programm investiert, bekommt es als sein eigenes mögliches Funktionieren zurück. Mithin praktiziert das Subjekt mit der Maschine eine Abschaffung seiner eigenen Ambivalenz. Es delegiert seine Fehlbarkeit in eine Apparatur, die ihm die 'eigene' Antwort über seine Fehler zurückgibt: Rechenmaschinen sind unerbittlich: — sie räumen jeden Zweifel aus, denn sie funktionieren nur, wenn es Richtiges und Falsches gibt. Nach Adorno schafft das Subjekt mit der Ambivalenz auch den letzten Ort seiner möglichen Freiheit ab. Den Wunsch, der Ambivalenz zu entgehen, endgültig Ruhe zu haben und sich nicht mehr mit der oszillierenden Eigenschaft des Lebendigen abzugeben, wurde von Freud als 'Todestrieb' bezeichnet. Damit wird ein Komplex umspannt, der gegen die Verzweiflung, also gegen den Ort der Ethik gerichtet ist. Bei Adorno wird derselbe Komplex mit dem 'ontologischen Bedürfnis' angesprochen: letztlich ein Bedürfnis nach einer eindeutigen Referenz, welche die Frage nach 'richtig und falsch', nach 'gut und böse' von vornherein beantwortet und damit Ruhe und Frieden schaffen könnte. Ontologie will ein Urteil über das 'Sein des Seienden' und damit das Seiende selbst, also die empirischen Repräsentanzen dieses virtuellen Seins, loswerden. Ontologie will mithin das Lebendige loswerden indem sie es aus Totem herleiten, begreifen will. Dies ontologische Bedürfnis läßt sich als die 'prinzipielle neurotische Verfassung' des Subjekts ausgeben: das Subjekt sucht sein Sein, — den archimedischen Punkt seiner selbst, von dem aus es sein Leben gestalten kann. Es übersieht in dieser Suche die Objektivität des 'Anderen', eben das, was wir als soziale Realität angesprochen haben (s.o.), und konvertiert sie in die eigene Existenz. In dieser Konversion führt dies 'Andere' im Subjekt ein Eigenleben, und das Subjekt selbst erfaßt dies nur als seine eigene Spaltung, — als sein prinzipielles Leiden. (Hier nun wäre der Lacansche Terminus von der Seinsverfehlung angebracht (s.o.).)

Die Psychoanalyse übt Kritik an dieser Ontologie: Sie lehrt das Subjekt seine für es konstitutive Täuschung übers Objekt zu begreifen. Sie setzt, falls sie nicht einer Ideologie der 'schönen Seele' aufsitzt, dafür nur eine 'legitime' Ambivalenz: d.h. das psychoanalysierte Subjekt wird in dem Wissen über die Differenz zwischen seinem Bedürfnis nach Sicherheit und der Einsicht, daß, solange es lebt, diese nicht zu erreichen ist, entlassen. Dafür haben wir vorhin den Ausdruck der 'Leidensfähigkeit' gebraucht.

Meist aber sitzt die Psychoanalyse in ihren aktuellen Ausprägungen doch der Ideologie oder dem Phantasma der 'schönen Seele' auf[65]. E. Fromm etwa, der sich mit dem Versuch, eine 'psychoanalytische Ethik' zu schreiben, dieses Themas angenommen hat, umgeht die Wahrheit der Psychoanalyse durch ein anthropologisches Theorem (— also durch eine im Freudschen Werk nirgendwo ersichtliche Ontologie): "Der menschliche Geist kann sich nicht passiv verhalten, sobald er einem Widerspruch gegenübersteht."[66] Daß er dies dennoch öfters tut, ermöglicht dann einen Imperativ, der sich eben auf empirische Abweichungen vom anthropologisch Gesetzten bezieht, und damit ein Urteil über 'gut und böse' fällen kann. Fromm will per Imperativ den Todestrieb abschaffen: "Die Wahl zwischen Leben und Tod ist in der Tat die fundamentale Alternative zwischen Produktivität und Destruktion, zwischen Potenz und Impotenz, zwischen Tugend und Laster. (...) (Es) ...richten sich alle schlechten Triebe gegen das Leben, während alles Gute der Erhaltung und Entfaltung des Lebens dient."[67] Die Möglichkeit des 'Bösen' wird von Fromm der sozialen Realität zugerechnet: ein 'guter Mensch' wäre demnach der, der sich dieser sozialen Realität entziehen kann. In diesem Entzug folgt der Mensch seinen 'primären Möglichkeiten'; — er soll 'zu sich selbst' finden und damit das Böse, das von den Objekten oder der sozialen Realität ausgeht, nivellieren. Das hört sich bei Fromm so an: "Ziel der (...) Ethik ist nicht die Verdrängung des Bösen im Menschen, sondern der produktive Gebrauch der dem Menschen angeborenen primären Möglichkeiten. Tugend entspricht dem Grad der Produktivität, den ein Mensch erreicht hat. Wenn einer Gesellschaft daran gelegen ist, die Menschen tugendhaft zu machen, dann muß ihr daran gelegen sein, die Menschen produktiv zu machen, und infolgedessen auch daran, die Voraussetzungen für die Entfaltung der Produktivität zu schaffen."[68] Produktivität ist hier synonym mit 'Selbstentfaltung'; — nach Fromm kann sich aber nur ein Teil des 'Selbst' auf Kosten eines anderen entfalten. Es kann nämlich auch durchaus sein, daß Verdrängung die 'Produktivität' erst ermöglicht. Wenn aber Produktivität als Ziel gesetzt wird, so impliziert dies abermals eine gewaltige Verdrängung: die Täuschung darüber, daß ein 'Ich' nicht primär den 'Lebenstrieben' zugerechnet werden kann, sondern selbst gewissermaßen ein Effekt des 'Todestriebs' ist. Das 'Ich' ist der Wunsch nach sich selbst als einem Sich-gleichbleibenden, Identischen, Festen. Psychoanalyse, diesmal nicht nach Fromm, sondern nach Adorno verstanden, der da für die Abschaffung der 'Ich-Psychologie' innerhalb der Psychoanalyse plädiert (s.o.), kann dem Subjekt keine ethischen Ratschläge geben: — weder daß es 'zu sich selbst' finden soll (— denn dieses 'Selbst' wird kritisiert), noch daß es 'produktiv' zu werden hat. Sie kann keine ethischen Ratschläge geben, aber sie entläßt (verläßt) das Subjekt in einen ethischen Ort: den der Aufklärung über die Täuschungen, die das Ich konstituiert haben. Solchermaßen schafft die Psychoanalyse die Voraussetzungen für ein 'ethisches Subjekt'; — das 'Sollen' bleibt aber ihm selbst als die Realisation seiner 'Spaltung' überlassen: dies ist der richtige Umgang mit der Verzweiflung, die in Leidensfähigkeit münden soll. (Freilich hoffte Freud, daß ein psychoanalysiertes Subjekt 'von selbst' gut würde: er vertraute dem Mechanismus, daß Aufklärung in Handlungsfähigkeit umschlägt; — daß also das Subjekt den Zustand, in den ihn die Kur entläßt, so realisieren kann, daß es seinen Glücksanspruch nicht aufgeben muß. Das entspricht ungefähr der Adornoschen Aufforderung, daß man durch seine 'realisierte' Ohnmacht hindurch doch seiner selbst mächtig bleiben sollte.)

Wenn also die Psychoanalyse den möglichen Ort der Ethik 'freimachen' kann, so wäre das daraus folgende praktische Postulat, daß jeder, — sozusagen alle Welt, — eine psychoanalytische Behandlung über sich ergehen lassen soll unter der Voraussetzung, daß diese etwas taugt. Dieses Postulat ist ein 'Rest-Phantasma' derjenigen, die sich um die Verbesserung der Welt bemühen. Ein 'geheimer Gedanke' sozusagen, denn kaum jemand traut sich, ihn auszusprechen. Er stellt für die, welche nach den Einsichten einer 'Dialektik der Aufklärung' denken, jene 'ultima ratio' vor, die vielleicht noch in der Lage wäre, den 'Gang des Verhängnisses' aufzuhalten. Aber es ist eben nur ein Phantasma: Psychoanalyse, sobald sie wirksam werden will, gerät in den Sog der sozialen Realität (— und wie sich der auswirkt, kann man an der vielfältigen Zerstrittenheit der psychoanalytischen Schulen und an dem erschreckenden Niveau, auf das manche von diesen gekommen sind, ablesen). Auch die Psychoanalyse hat ihre Spaltungen, die sie realisieren muß.

Außerdem bleibt ein Zweifel, ob die Einsichten, die die Psychoanalyse vermitteln kann, etwas an der sozialen Realität zu ändern vermögen. Das drückt sich etwa in der etwas zynischen Replik aus, daß, wenn ein 'Faschist' zum Psychoanalytiker geht, er dann eben hinterher weiß, warum er Juden mordet. Das aber wird nicht der Fall sein, denn diese Replik beruht auf der Annahme, daß Wissen etwas dem Subjekt Akzidentelles ist; — begreift man aber das Wissen als eine Eigenart der

Konstitution des Subjekts (eben wie Adorno es tut), so wird der psychoanalysierte Mensch vorderhand gelähmt sein; — mit anderen Worten: er muß Trauerarbeit leisten. Was passiert, ist nämlich dies, daß: "...die Aufteilung des 'Ich' das Erbe der Trauerfälle ungeteilt läßt, die es doch konstituiert haben."[69] D.h. einzig die Verzweiflung ist unteilbar, — ist das, was ein Subjekt, — ein 'ethisches Subjekt' ermöglicht. Ob Verzweiflung aber realisiert werden kann, ist die Frage nach dem Münchhausen-Kunststück. Wichtig ist hier, daß man sich nicht einen Münchhausen vorstellt, der die Lust am Lügen entdeckt hat, sondern einen, der nur darum lügt, weil er an einer Utopie festhält. Er lügt vielleicht nur solange, bis ihm eines Tages, aus lauter Verzweiflung über die Vergeblichkeit seiner Lügen, die Kraft zuteil wird, wirklich sein Kunststück zu realisieren.

Hier soll die 'Ethik nach Adorno' enden: ein Ansinnen in doppelter Weise. Eine 'Ethik' zu schreiben, ohne dabei zu sterben, und gleichzeitig ein Ende für Andere zu definieren, die man selbst überlebt. Denn Ethik ist ein Vergnügen von Greisen: ihnen ist wirklich eine Gestalt des Lebens alt geworden, und sie packen den Rest ihres Lebens, falls sie noch dazu kommen, in eine Aussage über das Leben. Sie betreiben Ethik, denn sie wissen, daß das Leben weitergehen soll: — um zu überleben, wollen sie in diesem Sollen noch ein Wörtchen mitreden. Aber die Ethiken, die geschrieben werden, sind entweder falsch oder sie geben sich allerlei Unverbindlichkeiten anheim. Das wiederum kommt den Greisen zu Gute, denn sie, in Ahnung ihres nahenden Todes, brauchen sich an nichts zu binden. Sie sind befreit davon, ihre 'Ethik' ernst zu nehmen, denn sie selber gehören nicht zu ihrer Nachwelt, die mit dieser Ethik konfrontiert ist. Eine Ethik allerdings zu schreiben und trotzdem weiterzuleben: also bevor man 'alles' erlebt hat, sagen zu wollen, wie es auszusehen hätte, ist ein Risiko. So bleibt einem die Prophezeiung nicht erspart, daß man einmal, selbst zum Greis geworden, nur noch über die Elaborate seiner Jugend lachen kann. Die Jugend aber, der dies prophezeit wird, hat sich noch nicht entschieden, ob sie zu früh sterben wird, und von daher ist ihr ihr mögliches Altern von keiner Relevanz. Vielleicht kennt sie nur noch die Auferstehung von den Toten.

Der Preis für diese Ethik ist entrichtet: sie setzt den Tod Adornos voraus. 'Nach Adorno' zu schreiben bedeutet die Bindung an einen Toten; — solchermaßen wäre meine Ethik weder eine Anmaßung, noch würde sie in Unverbindlichkeit enden.

Einleitung

1 Gretel Adorno und Rolf Tiedemann in ÄT; S. 537, Editorisches Nachwort.

2 Durch die eindeutige Trennung von Hardware, Programm und Autor bei einer Rechenmaschine kann das reflexive Verb (— grammatisch gesehen) 'sich-täuschen' nicht verwendet werden. Der Autor kann höchstens die Bedingungen der Täuschung qua Unterprogramm simulieren; — das Output steht aber immer wieder nur in 'wahrer Beziehung' zu den formulierten Bedingungen. (— Vergl. auch Weizenbaum)

3 Solche Täuschungen sind hauptsächlich in der Wahrnehmungsforschung beschrieben worden: Selektivität, Akzentuierungseffekte, interne Skalierungen etc. sollen eine effektive Orientierung des Organismus ermöglichen. Daß diese Täuschungen im anthropologischen Sinne konstitutiv sind, versuchen u. a. Plessner und V. v. Weizsäcker aufzuzeigen.

4 Nachruf auf Wolfgang Steinecke in OL; S. 71-79

5 Steinecke hatte die Darmstädter Tage für neue Musik organisiert.

6 In der 'gängigen Adorno-Interpretation' gibt es mittlerweile mehrere Richtungen: dominierend ist nach wie vor der Versuch, Adorno als Vertreter der 'kritischen Theorie' zu fassen, und diese wiederum als Version von 'Neo-Marxismus' zu verstehen. Auf diese Art von Interpretation reagieren gleichermaßen Positivisten und Existentialisten. Dieses 'Adorno-Paradeigma' wird m.E. sowohl in negativer als auch in positiver Hinsicht dem Werk Adornos nicht adäquat. Erst in neuerer Zeit wird in der Adorno-Interpretation der Anteil der 'Ästhetischen Theorie' und damit das innovative Moment stärker gewichtet.

7 Vergl. Markus Michel in 'Materialien zur Ästhetischen Theorie' im Artikel: 'Versuch, die »Ästhetische Theorie« zu verstehen'. S. 41 ff.

8 Rolf Tiedemann in SOZ I; S. 578

9 Der Autor dieser Arbeit entdeckte erst nachträglich, daß Adorno ebenfalls auf dieses Phantasma eingeht (KF; 227). Sartre in 'Das Sein und das Nichts' handelt dies ausführlicher und anders akzentuiert ab (S. 732).

10 Dieser Terminus stammt von G. Bataille (— und wird später von J. Derrida auf die 'Schrift' übertragen). Bataille kontrastiert eine 'allgemeine' und eine 'beschränkte Ökonomie'. Obwohl Bataille diesen Begriff politisch-ökonomisch verstanden wissen wollte (— also ob man den 'Mehrwert' verschwenden soll, oder ob dieser der Steigerung der Produktivität zu dienen hat), — wurde dieser Terminus in der Rezeption hauptsächlich kulturkritisch verwendet. Danach soll die 'beschränkte Ökonomie' das Prinzip der gesamten abendländischen Kultur darstellen. (Vergl. Bataille: 'Die Aufhebung der Ökonomie' und Derrida: 'Die Schrift und die Differenz'.)

11 Lichtenberg: 'Aphorismen', S. 69

12 Hegel: 'Wissenschaft der Logik II', S. 486

13 Explizit bei J. Hörisch in 'Materialien zur Ästhetischen Theorie', S. 397-415

14 Wenn es um die Nähe Adornos zum 'Post-Strukturalismus' geht, so ist wohl am ehesten der Name J. Derridas zu nennen. Es gibt da oft frappierende Ähnlichkeiten zwischen seinen Theoremen und manchen Passagen aus 'DA' und 'ÄT'. Derrida arbeitet aber gewissenhafter, materialreicher und vorsichtiger als Adorno, der außerdem, in Abhebung zu Derrida, emphatisch Sozialphilosophie betreibt oder zumindest immer mitdenkt.

15 Derrida: 'Grammatologie', S. 120

16 Lichtenberg, s.o., S. 89

17 Vergl. Hegel, s.o., S. 535-548

18 Dazu ein Zitat von J. Derrida: "In der Tat gab es eine erste Gewalt zu benennen. Benennen, die Namen geben, die es unter Umständen untersagt ist, auszusprechen, das ist die ursprüngliche Gewalt der Sprache, die darin besteht, den absoluten Vokativ in eine Differenz einzuschreiben, zu ordnen, zu suspendieren." (Grammatologie, S. 197)

19 Vergl. Heidegger: 'Sein und Zeit', S. 5 ff.

20 Vergl. Kant: 'Kritik der reinen Vernunft', S. 628-648

21 Proust: 'Auf der Suche nach der verlorenen Zeit I', S. 74

22 Vergl. Mauriac: 'Proust' (Biographie), S. 75 ff.

23 Streitgespräch zwischen Adorno und A. Gehlen im NDR 1965 mit dem Thema: 'Ist die Soziologie eine Wissenschaft vom Menschen?' (Zitiert nach Grenz: 'Adornos Philosophie in Grundbegriffen', S. 251)

24 "Die Unwiderstehlichkeit, mit der der Paranoiker die Wirklichkeit zu seiner Verteidigung ins Feld führt, kann den ahnungslosen Diagnostiker oft in die Irre leiten. Die Argumente des Paranoikers oder zumindest die Voraussetzungen für seine Argumente können eine Zeitlang sachkundiger empirischer Untersuchung und logischen Überlegungen standhalten." (Redlich und Freedman: 'Theorie und Praxis der Psychiatrie', S. 699)

25 Vergl. Husserl: 'Cartesianische Meditationen', S. 23 ff.

26 Kurz nach diesem Zitat taucht überraschend der Name Husserls auf (— E; 152). Obwohl kein inhaltlicher Zusammenhang im Adornoschen Text explizit gemacht wird, kann es doch kein Zufall sein, daß Adorno gerade hier Husserl einfällt.

27 Vergl. Kierkegaard: 'Die Wiederholung' in 'Die Krankheit zum Tode und anderes'.

28 Vergl. Freud: 'Trauer und Melancholie' in Studienausgabe Bd. III, S. 193-213

29 Freud: 'Trauer und Melancholie', S. 199

30 Freud: 'Vergänglichkeit' in Studienausgabe Bd. X, S. 223-229, — Zitat: S. 227

31 ebenda, S. 226

32 Vergl. Marx: 'Kritik des Gothaer Programms' in MEW, Bd. X, S. 15-33

33 Freud: 'Trauer und Melancholie', S. 202 f.

34 Der 'klinische Aspekt' kann nur der der Verminderung von personellem Leid sein. Die versuchte Zusammenlegung von philosophischen und klinischen Aspekten, wie etwa in der 'existentialistischen Psychiatrie' ist zwar bewundernswert, — hat aber kaum praktisch-therapeutische Relevanz.

Soziologie

1 Über diesen Punkt liege ich in Streit mit G. Heinemann (Kassel), der fest davon überzeugt ist, daß es eine 'Soziologie der Zahnpflege' bereits geben müßte.

2 Vergl. Parsons: 'The structure of social action'

3 Vergl. Elias: 'Über den Prozeß der Zivilisation', insbesondere Bd. I

4 Vergl. Hegel: 'Phänomenologie des Geistes', Werke Bd. 3, S. 150 ff.

5 "Dies ist der einzig mögliche Schluß der Krisis, die seit einem halben Jahrhundert die fortgeschrittensten Völker bewegt. Ich werde den Einfluß darlegen, den das neue Regiment (— nämlich die 'positive Philosophie' als Staatsideologie, — mithin die Soziologie / r.s.) auf jede Art der menschlichen Existenz in geistiger, moralischer, politischer und künstlerischer Hinsicht ausüben wird." (Comte: 'Die Soziologie', S. 503)

6 Vergl. Kant: 'Kritik der reinen Vernunft', S. 381 ff.

7 Man braucht nur die Vorwörter der entsprechenden Bücher zu lesen, — z.B. Irle, Popper etc.

8 Über Varianzanalyse siehe Bortz: 'Statistik für Sozialwissenschaftler', S. 295-577

9 Einer der ersten psychologischen Tests wurde bekanntlich von Binet (1904) entwickelt: er hatte einen Auftrag vom französischen Kultusministerium, ein Verfahren zu entwickeln, wie man (— möglichst ökonomisch) schwachsinnige von normalen Kindern unterscheiden kann.

10 Vergl. Stegmüller: 'Wissenschaftstheorie', insbesondere Teil E des vierten Bandes.

11 Hegel: 'Rechtsphilosophie', Werke Bd. 7, S. 226

12 Der 'soziale Druck' auf die theoretischen Konzeptionen der Psychoanalyse läßt diese nicht unberührt; — so etwa die Überlegungen, wie man die Therapie verkürzen könne (Balint), oder auch die frühen Versuche W. Reichs, die Psychoanalyse mit Politik zu verbinden. Auch die Regelung der Bezahlung der Therapie über die Krankenkassen in der B.R.D. ist ja eigentlich eine Abweichung vom Freudschen Konzept.

13 Touraine: 'Was nützt Soziologie?', S. 176

14 Vergl. Weber: 'Soziologie' (Aufsätze), S. 104 ff.

15 Schütz und Parsons sind m.E. wohl die wichtigsten 'Erben' Webers. Der eine, der sich mit einer systematisch ausformulierten Hermeneutik (— qua Phänomenologie) versucht, nämlich Schütz, will zeigen, daß das Subjekt auf der Ebene des Sozialen an einer über-individuellen Sinn-Struktur partizipiert, und in dieser Partizipation ein analysierbares Objekt der Soziologie wird. Parsons, ein Systemtheoretiker, versucht das Subjekt von vornherein aus der Soziologie herauszuhalten, indem er Subjektivität als transzendentale Bedingung von sozialem Handeln überhaupt setzt: die Ebene der soziologischen Analysen ist dann eine andere als die der Konstitution des Sozialen. Das Subjekt wird bei Parsons, — analog zu den statistischen Verfahren, eine prinzipielle 'Fehler-Varianz-Quelle', und ohne 'Fehler-Varianz', so das Argument, lasse sich nicht sinnvoll empirische Sozialwissenschaft betreiben. (Vergl. Schütz-Parsons: 'Zur Theorie des sozialen Handelns (Ein Briefwechsel)'.)

16 Vergl. Schütz: 'Der sinnhafte Aufbau der sozialen Welt', S. 186 ff.

17 Vergl. Parsons: 'The structure of social action', S. 719 ff.

18 Mead: 'Geist, Identität und Gesellschaft', S. 439/440

19 Vergl. Habermas/Luhmann: 'Theorie der Gesellschaft oder Sozialtechnologie'.

20 Vergl. Grenz: 'Adornos Philosophie in Grundbegriffen', S. 170 ff.

21 Vergl. Luhmann: 'Zweckbegriff und Systemrationalität', S. 227 ff.

22 Vergl. Bourdieu: 'Zur Soziologie der symbolischen Formen', S. 125 ff.

23 Das Programm der 'Strukturalisten' wäre mit Lévi-Strauss' Worten so zu formulieren: "Wir behaupten also nicht, zeigen zu können, wie die Menschen in Mythen denken, sondern wie sich der Mythos in den Menschen (...) denkt." (Lévi-Strauss: 'Mythologica I', S. 26)

24 Vergl. Foucault: 'Die Ordnung der Dinge', S. 462

25 Dazu Lichtheim: 'Das Konzept der Ideologie', S. 7-62

26 In einem Kapitel, das mit 'Ordnungsüberschuß, Langeweile und Entstehung resignativen Verhaltens' betitelt ist, versucht Lepenies ('Melancholie und Gesellschaft') die Genesis einer kulturell bedingten Melancholie aufzuzeigen. Dieses Konzept, das die Handlungshemmung (— in soziologischer Hinsicht) zentral stellt, hat auch Ähnlichkeiten mit dem psychologischen Modell der 'erlernten Hilflosigkeit' (Seligman), das ja auch 'Depression' erklären will.

27 Lepenies: 'Melancholie und Gesellschaft', S. 252

Kunst

1 Aristoteles: 'Poetik', S. 27

2 Vergl. Kant: 'Kritik der Urteilskraft', S. 44-53

3 Hegel: 'Ästhetik I', Werke Bd. 13, S. 135

4 Nietzsche: 'Die Geburt der Tragödie', Werke Bd. I, S. 48

5 Vergl. Schiller: 'Über Kunst und Wirklichkeit' (Sammelband), insbesondere: 'Über Anmut und Würde', S. 189-253; 'Gedanken über den Gebrauch des Gemeinen und Niedrigen in der Kunst', S. 253-261; 'Über die ästhetische Erziehung des Menschen', S. 261-375 und schließlich: 'Über naive und sentimentalische Dichtung', S. 435-535

6 Kant: 'Kritik der Urteilskraft', S. 159

7 Kierkegaard: 'Entweder-Oder', S. 758

8 Psychologen haben festgestellt, daß eine Ratte so lange bei sich 'Glücksempfindungen' auslöst (— durch direkt im Gehirn, in einem 'Lustzentrum' implantierte Elektroden), bis sie vor Erschöpfung fast stirbt. Dieser Befund wurde aber schleunigst revidiert durch den 'experimentellen Nachweis' einer 'reaktiven Hemmung'; — d.h. in der Wiederholung eines lustvollen Reizes tritt ab einer gewissen Zeitspanne Langeweile auf, die sich in Hemmung niederschlägt. Beide Ergebnisse zeugen von einer Ambivalenz in der Angelegenheit der 'Glückspillen', mit der am allerwenigsten die Psychologen umzugehen wissen.

9 Vergl. die Bilder M.C. Eschers

10 Es ist mir unbekannt, ob Adorno diese Parabel gekannt hat. Dagegen spricht die Tatsache, daß diese in seinem Werk, soweit es veröffentlicht ist, nirgendwo Erwähnung findet, obwohl sie sich zur Zitierung für Adorno radikal hätte anbieten müssen. Dafür spricht, daß Adorno Kafka sehr gut gekannt hat und daß 'Das Schweigen der Sirenen' schon in den zwanziger Jahren veröffentlicht wurde, und daß W. Benjamin diese Parabel explizit aufgegriffen hat.

11 Kafka: 'Das Schweigen der Sirenen', Werke Bd. 6, S. 58/59

12 Goldmann: 'Lukács und Heidegger', S. 186

13 Lüdke: 'Anmerkungen zu einer »Logik des Zerfalls«', S. 101 f.

14 Beckett: 'Wie es ist', Werke Bd. III,4
Beckett kann nur in einer totalen Fragmentierung sagen, wie es denn sei, — nur in einer fortlaufenden Verschleifung von Zitaten, deren einzig konsistentes Moment in der Feststellung besteht, daß 'da etwas ist, das nicht stimmt'. Beckett kann nur sagen 'wie es ist', indem er die Sprache opfert. Der Kommentar Adornos ist wohl als Versuch zu sehen, Becketts 'Einsichten' in Sprache hinüber zu retten.

15 Vergl. Kant: 'Kritik der Urteilskraft', S. 79

16 Beckett: 'Molloy', Werke Bd. III,1, S. 67

17 In Bergsons 'Das Lachen' wird das Moment des Komischen dort angesiedelt, wo die Mechanik des Lebens in den Ansprüchen des Geistes unverhohlen durchscheint. Im Vorfeld Freuds (— obwohl 1921 geschrieben) wird hier auch die Funktion einer Täuschung zentral gestellt: bei Bergson als Entlarvung des Geistes bzw. seiner Hybris, — bei Freud weitergehend als Einsparung an psychischer Arbeit am Objekt. Bei beiden ist das Komische eine Art Kurzschluß zwischen den Anstrengungen des Geistes und seinen oft 'trivialen' Motiven.

18 Vergl. Beckett: 'Molloy', S. 78 ff.; 'Malone stirbt', Werke Bd. III,2, S. 264 und 'Murphy', Werke Bd. II,1 etc.

19 Beckett: 'Wie es ist', S. 585

20 Mit der Einführung des 'Todestriebs' wurde Freuds Theorie, so kann man sagen, dialektisch. Der Versuch, alle Phänomene des Psychischen aus einem 'Lustprinzip' zu erklären, ist pure Ontologie und macht eben den Begriff des 'Lustprinzips' völlig abstrakt. Todestrieb: d.h. daß es im Psychischen nicht nur eine Tendenz zur Produktivität (— zur Zeugung) gibt, sondern ebensosehr eine Tendenz des Lebendigen, sich auf Kosten seiner eigenen Existenz schützen zu wollen. Der Modus, den Tod symbolisch zu repräsentieren, — ihn 'spielerisch aufzufangen', wäre gleichzeitig der der Austragung dieser Dialektik. Der 'Trieb', den Freud terminiert, ist kein 'Trieb zum Tode', sondern der Trieb zur Repräsentation (— Darstellung) des Todes, sofern Darstellung immer schon ein Totes impliziert. Er ist das, was Adorno als Funktion der 'Mimesis' zu schildern versucht.

21 Freud: 'Jenseits des Lustprinzips', Werke Bd. III, S. 227

22 Vergl. 'Materialien zu Becketts »Endspiel«', S. 6

23 Vergl. Lüdke (s.o.), S. 58 ff.

24 Kierkegaard: 'Über den Begriff der Ironie', S. 319/320

25 Hegel: 'Ästhetik I', S. 211

26 Hegel: 'Ästhetik I', S. 97

27 Der Versuch innerhalb der Philosophie die Distanz des Begriffs zu seinem Gegenstand per 'stilistische Gewalt' abschaffen zu wollen, wird hauptsächlich heute von jenen Philosophen praktiziert, die sich in der Nachfolge des Strukturalismus wähnen. Dies ist umso bemerkenswerter, als die genuinen Strukturalisten (— wie Jakobson, Lévi-Strauss, Althusser etc.) sich eines durchaus trocken-szientifischen Stils bedienen. Aber schon bei Lacan gibt es den Impetus, Phänomene nicht nur durch die Sprache darstellen zu wollen, sondern die Phänomene selbst zum Sprechen zu verhalten. Sprache spricht so als organisierte Metaphorik ihre Distanz zum Gegenstand aus, um, wie in Lacans Fall, den 'Diskurs des Unbewußten' nachzuvollziehen. Die Gefahr dabei ist, daß man dabei der der Eigendynamik solcher Metaphorik zugrunde liegenden Geschlossenheit erliegt und darüber den 'ursprünglichen Impuls vergißt, — nämlich den Gegenstand durch die Sprache hindurch zugänglich zu machen. Wozu sich mithin solche Leute wie Deleuze, Guattari, Lyotard und auch der späte Foucault so ausdrücken , wie sie es tun, bleibt ominös.

28 Dazu Ricarda Huch: 'Die Romantik', S. 504-528

29 Brentanos Wendung zum Katholizismus kommentierte er selbst ungefähr folgendermaßen: Ihm sei ein Mütterchen, das Weihwasser aus einem Kessel nimmt, als inspirierendes Bild weit bedeutender als die gesamte Schellingsche Philosophie.

30 Jean Cocteau: 'Le Coq et l'Arlequin', S. 68

31 Nur ist dieses Leben dann Krankheit; sprich: das Leben schlechthin ist 'psychosomatische Erkrankung', wobei man sich dann fragen kann, ob es überhaupt andere Erkrankungen denn psychosomatische gibt. (Dazu Cremerius, Th. Uexküll und V. v. Weizsäcker.)

32 Dazu ein schöner Aufsatz von Gerd Bergfleth im Konkursbuch Nr. 3: 'Erinnerung und Vergessen', S. 101-119

33 Kierkegaards 'Tagebuch eines Verführers' endet mit den Worten: "Es wäre doch wirklich wissenswert, ob man nicht imstande wäre, sich derart aus einem Mädchen herauszudichten, daß man sie so stolz machte, daß sie sich einbildete, sie selbst sei des Verhältnisses überdrüssig." (Kierkegaard: 'Entweder-Oder', S. 521)
— Denn dann hätte man selbst die Sirenen in ihrem Schweigen überlistet.

Musik

1 Hegel: 'Ästhetik III', S. 148

2 Vergl. Benjamin: 'Die Aufgabe des Übersetzers' (Vorwort zu 'Charles Baudelaire — Tableaux parisiens') in Gesammelte Schriften, Bd. IV,1, S. 9-21

3 Vergl. Heidegger: 'Sein und Zeit', S. 154 ff.

4 Hegel: 'Ästhetik III', S. 200

5 Stuckenschmidt: 'Neue Musik' (Vorwort), S. XIII

6 Frankfurter Opernhefte, 5. Jahrgang, Nr. 3 ('Adorno als Kritiker der Frankfurter Oper'), S. 27

7 Vergl. Hegel: 'Ästhetik III', S. 156 f.

8 Vergl. Bergson: 'Zeit und Freiheit'

9 Vergl. Husserl: 'Vorlesungen zur Phänomenologie des inneren Zeitbewußtseins', S. 63 ff.

10 Der Zusammenhang von Metaphysik und Zeit ist in der philosophischen Literatur ausgiebig thematisiert worden. Angefangen bei Platons 'Götterzeit' (— ein sich-gleich-bleibendes Wiederholendes) über Aristoteles, der mit seiner Konzeption der Zeit eine Ontologie begründete, über Augustinus, Kant, Hegel (— 'die Zeit ist der Begriff selbst') und weiter über die Anthropologen (Köhler, Driesch, Uexküll) und über die theoretischen Physiker (Einstein, Boltzmann, Heisenberg, C. F. v. Weizsäcker) bis zu den Psychologen (Piaget, Zeigarnik etc.). Der Autor dieser Arbeit hat sich in seiner unveröffentlichten Magisterarbeit ('Zeit — Versuch den Text der Zeit zu lesen') auch mit diesem Thema versucht.

11 Adorno: 'On Popular Music' in Zeitschrift für Sozialforschung, Hrsg: Max Horkheimer, Jahrgang 9 (1941) in DTV-Reprint, München 1980, S. 33/34

12 Zitiert nach Metzger: 'Adorno und die Geschichte der musikalischen Avantgarde' (— als Vortrag im Hessischen Rundfunk am 4.4.1978), — Quelle des Manuskripts unbekannt.

13 Die 'klassischen Theorien' über Musik, also alles, was vor Hegel (— letzteren miteinbegriffen) geschrieben wurde, kannten nur zwei bestimmte Orte der Musik: die 'höfische Musik' als Mittel zur Unterhaltung der oberen Schichten und die Volksmusik als 'niedrige' Kompositionsform. Musik als einheitlichen Begriff gab es noch nicht, sondern Musik war Epiphänomen spezifischer Kulturen. Hegel selbst markiert die Bruchstelle, indem er den Kulturen ein spezifisches Medium zurechnete.

14 In der Romantik wurde dann die Musik zum Mysterium: nicht mehr war sie bloße kulturelle Erscheinungsform, sondern ausgezeichnetes Medium, — die 'wahre Sprache' der Menschheit. Diese Wende in der theoretischen Erfassung der Musik fällt zusammen mit einer Wandlung in der Musik selbst: in der Romantik wurde die permanente, bis heute noch nicht abgeschlossene Auflösung der musikalischen Formen eingeleitet. D.h. Musik war nicht mehr als Formkanon bestimmbar, sondern hatte über ihre Formen hinweg, an sich selbst, Evidenz. Es wäre kein allzu kühner Schritt, die Musik als das 'geheime Konstruktionsprinzip' der Romantik schlechthin auszuweisen. (— Dazu E.T.A. Hoffmann)

15 Honolka (Hrsg): 'Weltgeschichte der Musik', S. 537

16 Schönberg: Brief an Josef Rufer vom 5.12.1949, zitiert nach Metzger (s.o.).

17 Vergl. Jay: 'Dialektische Phantasie', S. 223 ff.

18 Honolka (s.o.), S. 9

Kritik

1 Bataille: 'Le coupable', S. 146

2 Kierkegaard: 'Tagebücher', S. 90

3 Hegel: 'Phänomenologie des Geistes', S. 163 ff.

4 Hegel: 'Logik II', S. 570

5 Vergl. Kojève: 'Hegel', S. 90-134

6 Kierkegaard: 'Tagebücher', S. 172

7 Adorno: 'Vortrag über Erkenntnistheorie' (10.12.1957), S. 132, Quelle des Manuskripts unbekannt.

8 Vergl. Luhmann: 'Zweckbegriff und Systemrationalität', S. 171 ff.

9 Kant: 'Kritik der reinen Vernunft', S. 766

10 Freilich kann man die 'Hermeneutiker' nicht über einen Kamm scheren. Zur Kritik an der modernen Hermeneutik (Gadamer) vergl. Habermas: 'Der Universalitätsanspruch der Hermeneutik' in 'Kultur und Kritik'.

11 Adorno: 'Vortrag über Erkenntnistheorie' (s.o.), S. 133

12 Lévi-Strauss: 'Der Weg der Masken', S. 132

13 Für Heidegger liegt die Funktion des logos im 'aufweisenden Sehenlassen', was immer nur ein für-wahr-Deklarieren sein kann. (Vergl. 'Sein und Zeit', S. 32 f.)

14 Vergl. 'Materialien zur Ästhetischen Theorie Th.W. Adornos', insbesondere die Beiträge von Michel, Jauß, Lindner und Wohlfarth.

15 Vergl. Werner Hamacher: 'pleroma — zu Genesis und Struktur einer dialektischen Hermeneutik bei Hegel' in Hegel: 'Der Geist des Christentums'.

16 Heidegger: 'Über den Humanismus' in 'Die Lehre vom Sein in der modernen Philosophie' (Hrsg. K.H. Haag), S. 39-77

17 ebenda, S. 71

Philosophie

1 So etwa in MM; 7-11 und ST; 11-20 und E; 11-29 und KSG; 145-151 und DA; 216-218

2 "Es kommt nach meiner Einsicht, welche sich nur durch die Darstellung des Systems selbst rechtfertigen muß, alles darauf an, das Wahre nicht als Substanz, sondern eben so sehr als Subjekt aufzufassen und auszudrücken. (...) Die lebendige Substanz ist ferner das Sein, welches in Wahrheit Subjekt (...) ist...". (Hegel: 'Phänomenologie des Geistes', S. 21)

3 Vergl. Foucault: 'Wahnsinn und Gesellschaft', S. 68 ff. und Derrida: 'Cogito und die Geschichte des Wahnsinns' in 'Die Schrift und die Differenz', S. 53 ff.

4 Vergl. Freud: 'Schriften zur Behandlungstechnik', Werke Ergänzungsband, insbesondere S. 143-230

5 Vergl. Bataille: 'Die Aufhebung der Ökonomie', S. 24 ff.

6 Lange Zeit galt der 'edle Wilde' als Inkarnation der Freizügigkeit, sowohl bei Bataille, der dessen Verschwendungsorgie bewunderte, als auch bei den 'progressiven Psychologen' (Reich, Mead), die die 'hemmungslose Sexualität' der Wilden anpriesen. Noch bei Lévi-Strauss ('Traurige Tropen') ist das Phantasma präsent. Dazu Derrida in 'Grammatologie', S. 208 ff.

7 Vergl. den Hölderlin-Aufsatz Adornos: 'Parataxis', (NL; 447-490), auf den im Appendix zu diesem Kapitel noch ausführlicher eingegangen wird.

8 Wenn man kein Recht beansprucht, wenn man nicht ein Recht behalten will, so braucht man sich auch nicht zu rechtfertigen. Der Dadaismus, der solche 'Parataxis' praktizieren wollte, hatte seine Wirkung dort, wo er das nicht zu Rechtfertigende seiner Elaborate zeigen konnte.

9 Vergl. Deleuze/Guattari: 'Anti-Ödipus'.
Der 'Sinn' bzw. der Zwang, der von ihm ausgeht, ist das primäre Übel der Menschheit für diese Autoren. Ihre propagierte Sinnlosigkeit mag man als legitime Provokation verstehen und damit sich die Mühe ersparen, nachzuweisen, daß es so einfach mit dem 'Nicht-Sinn' nicht ist.

10 In dem Aufsatz über 'Philosophie und Lehrer' (E; 29-54) geht Adorno m.E. weit unter sein Niveau. Er vertritt irgendein ominöses Konzept philosophischer Fertigkeiten, als ob das so einfach wäre. Man hat unwillkürlich das Gefühl, daß Adorno der Beruf des Lehrenden so viel zu schaffen machte, daß er sich zu einem Phantasma flüchtete. Dieses Phantasma wäre so auszudrücken: Bevor der (angehende) Philosoph an einer prinzipiellen Problematik laborieren darf, muß er erstmal ordentlich in die Zucht genommen werden. Man kann sich die Widersprüchlichkeit dieses Aufsatzes zu Adornos Werken einfach daran klarmachen: Adorno sagt in ND sinngemäß, daß der Zwang zur Entscheidung die eigentliche Unfreiheit ausmacht. In diesem Aufsatz aber vertritt er, nach einigem Problematisieren, emphatisch einen Prüfungsmodus, der letztlich über die Berufspraxis eines Menschen entscheiden muß.

11 Adorno: 'Vortrag über Erkenntnistheorie' (s.o.), S. 127

12 'Tertium non datur' gewandelt in 'Tertium datur', — das ist der Titel eines hervorragenden Buches von Klaus Heinrich. Vielleicht wäre mit Klaus Heinrich derjenige benannt, der, unabhängig von Adorno, auch so etwas wie eine 'Negative Dialektik' entwickelt hat.

13 Vergl. 'Zur Philosophie der idealen Sprache', insbesondere die Beiträge von Carnap, S. 145-167

14 Adorno war, als er dies schrieb (1941), schon verheiratet!

15 Über 'bestimmte Negation' vergl. Hegel: 'Logik I', Werke Bd. 5, S. 121 ff. und 'Logik II', Werke Bd. 6, S. 24 ff. und Werke Bd. 4, S. 435

16 Vergl. Grenz: 'Adornos Philosophie in Grundbegriffen', S. 104 ff.

17 Vergl. Adorno in ME; 141-158 und 200-214

18 Vergl. Heidegger: 'Nietzsches Wort »Gott ist tot«' in 'Holzwege', S. 193-248

19 Elias: 'Respekt und Kritik' (Rede anläßlich der Verleihung des Adorno-Preises). Elias redet hier über Adorno in völliger Inkompetenz. Weder wird er Adornos Anliegen gerecht, noch kann er über gängige Klischees hinaus etwas sagen.

20 ebenda, S. 54

21 Vergl. den Aufsatz von J. Hörisch in den Materialien zur Ästhetischen Theorie: 'Herrscherwort, Geld und geltende Sätze. Adornos Aktualisierung der Frühromantik und ihre Affinität zur poststrukturalistischen Kritik des Subjekts', S. 397-415

22 Vergl. den Aufsatz von N. Bolz in den Materialien zur Ästhetischen Theorie: 'Nietzsches Spuren in der Ästhetischen Theorie', S. 369-396

23 Nietzsche und Freud sind Gegenstand der meisten Abhandlungen, die dem Post-Strukturalismus zugerechnet werden. Nietzsches radikale Kritik der Metaphysik und Freuds Entthronisierung des 'Ichs' sind schon fast programmatische Themen. (Vergl. Lyotard, Derrida, Lacan, Deleuze und der späte Foucault)

24 Adorno bezieht sich immer, wenn es um Entscheidendes geht, auf Heidegger. Das ist wenig wunderlich, wenn man bedenkt, daß Heidegger in den fünfziger und sechziger Jahren die 'philosophische Szene' in Deutschland entscheidend prägte. In Adornos 'didaktischem' Philosophie-Werk (PT I und II) nimmt Heidegger großen Raum für sich in Anspruch. Die Bezugnahme auf Husserl hingegen erscheint in Adornos Werk etwas subtiler.

25 Vergl. Merleau-Ponty: 'Phänomenologie der Wahrnehmung'

26 Husserl grenzt sich zwar radikal gegen die Psychologie ab (— Vergl. Cartesianische Meditationen), aber diese Abgrenzung entspricht in etwa den Freudschen Innovationen gegenüber der damaligen Psychologie.

27 Die Dichotomie von Signifikant und Signifikat stammt ursprünglich von Saussure. Das evasive Prinzip des Signifikanten kann man sich mit dem Satz von Wittgenstein verdeutlichen, der besagt, daß, wenn man eine Sprache verstehen kann, man gleichzeitig deren Symbole (— also Signifikanten) übersehen muß. In der strukturalen Analyse ist die Position des Signifikanten absolut transzendental: Er generiert Bedeutung, aber das kann er nur, wenn er selbst sich entzieht, — also keine Bedeutung hat. Um es einfacher zu sagen: Es darf, um Wörter zu erzeugen, keine Bedeutung der sie erzeugenden Buchstaben geben.

28 Vergl. Lévi-Strauss: 'Mythologica I', insbesondere das Vorwort.

29 Vergl. Lacan: 'Schriften II' und 'Die vier Grundbegriffe der Psychoanalyse' (Seminar Bd. XI)

30 Vergl. Derrida: 'Die différance' in 'Randgänge der Philosophie', S. 6-38

31 Vergl. JE; 138

32 Insofern die absolute Gegenwart sich selbst als diese benennen muß, ist sie Gegenwart des Begriffs. Diese wäre wiederum ein sich selbst-erklärender Begriff, — ein Begriff also, in dem die Nachträglichkeit seiner Erklärung aufgehoben ist. Gegenwart überhaupt ist die Gleichzeitigkeit von Verschwinden und Bestehen. (Vergl. Kojève: 'Hegel')

33 Vergl. Irigaray: 'Unbewußtes, Frauen, Psychoanalyse' und 'Waren, Körper, Sprache. Der verrückte Diskurs der Frauen'.
Vergl. Lonzi: 'Die Lust, Frau zu sein'.
Vergl. Cixous: 'Die unendliche Zirkulation des Begehrens'.

34 Hélène Cixous etwa (s.o.) kann nur über die Weiblichkeit in der Schrift schreiben. Sobald sie über sich als Weib spricht, kann sie gleichzeitig kein Weib mehr sein. Es ist das Problem der Gleichzeitigkeit (s.o.); — nämlich das Neue einzuführen und es gleichzeitig praktizieren zu wollen. Es ist auch das Problem von Signifikant und Signifikat: eine weibliche Sprache wäre eine Innovation auf signifikanter Ebene; — die aber, sobald man sie herbeizitieren will, entzieht sich.

35 Vergl. Adorno: 'Wörter aus der Fremde', NL; 216-233

36 Vergl. Brecht: 'Schriften zum Theater', Gesammelte Werke Bd. 15-17
Brechts 'Verfremdung' basiert auf einer Spannung zwischen Ausdruck und Inhalt; — der Modus der Darstellung eines Sachverhalts soll so von den tradierten Modi abweichen, daß eine neue Perspektive gewonnen werden muß. Die gewohnte Darstellung gilt dabei als ideologisch verdächtig.

37 Gemeint sind damit konkreter die politischen Bewegungen, die sich von den Dadaisten herleiten und die in neuerer Zeit ihren Ausdruck in der sogenannten 'Sponti-Szene' (— in der B.R.D.) finden. Deren Strategie besteht in Aktionen der Überraschung und damit der Provokation von Verunsicherung, die in Nachdenklichkeit münden soll. Es ist die vom Theater entliehene Strategie der Verfremdung.

38 Ob allerdings 'geduldige Aufklärung' und 'Schocks' sich in politischer Hinsicht unbedingt widersprechen müssen, ist eine andere Frage.

39 Vergl. Redlich und Freedman: 'Theorie und Praxis der Psychiatrie', — insbesondere über das 'Ganser-Syndrom', S. 547

40 Zur Einteilung in Lyrik, Prosa und Drama vergl. Szondi: 'Poetik und Geschichtsphilosophie I und II'

41 Gemeint sind wiederum einige Philosophen, die sich selbst Post-Strukturalisten nennen, und die, was ihre stilistische Tradition angeht, sich gerne auf Nietzsche berufen. Ihr Programm wäre mit dem Aphorismus zu fassen, daß Wahrheit das wäre, als welches sie sich ausdrückt. Da man aber das 'Konzept der Wahrheit' hier bereits fallen gelassen hat, ist der Ausdruck befreit.

42 Vergl. Schiller und Lessing. Zur Geschichte des Dramas Szondi: 'Theorie des modernen Dramas' und 'Das lyrische Drama'

43 Es ging im frühen Drama darum, die unsittlichen Machenschaften bei Hofe aufzudecken.

Vor-Ethischer Themenkreis

Natur

1 Vergl. 'Bibel' das 'Buch Hiob', S. 575-605

2 Vergl. Schwab: 'Sagen und Mythen des klassischen Altertums'

3 Vergl. Engels: 'Der Anteil der Arbeit an der Menschwerdung des Affen' in 'Dialektik der Natur', MEW, Bd. 20, S. 450

4 Vergl. Marx: 'Theorien über den Mehrwert', MEW, Bd. 26, S. 121 (I), 119 ff. (II), 35 ff. (II), 177 ff. (III), 148 (II), 554 ff. (II), 295 ff. (III), 14 ff. (I)

5 Bei Schopenhauer wird die Natur zur Metaphysik, aber diese fungiert jenseits aller Heilserwartung. Das 'Gute', das sich von Natur abgrenzen könnte (— sofern die Kategorien von 'gut und böse' immer gegen eine Befangenheit in der Natur gedacht werden müssen), wird bei Schopenhauer zu einer artifiziellen Nichtigkeit. Schopenhauers 'kritisches Geschäft', — und darin ist er wirklich Nietzsches 'Vorläufer', besteht in der Reduktion aller kulturellen Errungenschaften auf ein naturbefangenes Element, das sich meist als Täuschung (Lüge) zeitigt. Allerdings wird diese Reduktion manchmal trivial (— so nach der Beweisführung, daß doch alles menschliches Handeln aus 'Egoismus' geschehe).
Vergl. Schopenhauer: 'Die Welt als Wille und Vorstellung'

6 Schelling wehrt sich dagegen, daß das Sein irgendwann, wie bei Hegel, in denkende Bestimmung (— also im Begriff) aufgehoben werden könnte. Sein, eine Metapher für Natur, — eine Metapher für die Schöpfung, entzieht sich dem Denken. Was allerdings Schelling von Schopenhauer unterscheidet, ist, daß Schelling das Sein völlig unbestimmt läßt, und von daher nichts auf es reduzieren will.
Vergl. Schelling: 'Die Philosophie der Offenbarung'

7 Novalis: 'Die Lehrlinge zu Sais' in Werke, Bd. 4, S. 240 f. und 273

8 Vergl. Rousseau: 'Emil oder über die Erziehung'

9 Grenz: 'Adornos Philosophie in Grundbegriffen', S. 61

10 Bei Adler ist die Organminderwertigkeit ein spezieller Fall, der psychische Kompensationsmechanismen erklären soll. Die direkte Übersetzung (— ein Kind mit Sprachstörungen wird Rhetoriker) macht die Adlersche Theorie trivial.
Vergl. Adler: 'Studie über die Minderwertigkeit von Organen'

11 Vergl. Redlich und Freedman: 'Theorie und Praxis der Psychiatrie' Bd. I, S. 558 ff.

Leid

1 Vergl. Darwin: 'Die Abstammung des Menschen', S. 35 ff.

2 Vergl. Heidegger: 'Sein und Zeit', S. 316 ff.
Allerdings wird die 'Sorge' bei Heidegger recht zwiespältig traktiert: einerseits ist sie ontologisches Erklärungsfundament, andererseits ist sie, wenn man ihr bloß folgt, eine Bestimmung der 'Uneigentlichkeit'. Man muß sich nach Heidegger schon 'richtig' sorgen; d.h. es gibt verschiedene Modi der Reaktion auf 'genuines Leid'.

3 Vergl. Freud: 'Die Verneinung', Werke Bd. III, S. 373 ff.

4 Alle Zitate ebenda, S. 373, 374, 376

5 Vergl. Heidegger: 'Sein und Zeit', S. 323 ff.

6 Die 'Urschrei-Therapie' nach Janov geht davon aus, daß der seelische Schmerz nur in der Verhinderung seiner Darstellung besteht. Die Darstellung selbst muß ein Schreien, Heulen oder Wimmern sein. Ob dies eine adäquate Darstellung bewerkstelligen kann, hängt davon ab, welche Komplexität man dem Seelenleben zurechnet. Janov hält freilich die Psyche für sehr einfach strukturiert.
(Vergl. Janov: 'Der Urschrei')

7 Vergl. Irle: 'Lehrbuch der Sozialpsychologie', S. 327 ff.

Eros

1 Vergl. Klages: 'Vom kosmogonischen Eros'; Platon: 'Symposion', Werke Bd. II, S. 204-250 und 'Phaidros', Werke Bd. IV, S. 7-61

2 Vergl. Bataille: 'Der heilige Eros' und 'Das erotische Werk'

3 "Die Pille müssen wir mit dem Tod der erotischen Liebe bezahlen. (...) Liebe gründet in Sehnsucht, in der Sehnsucht nach der geliebten Person. Sie ist nicht frei vom Geschlechtlichen. Je größer die Sehnsucht nach Vereinigung mit dem geliebten Menschen ist, um so größer ist die Liebe. Hebt man nun dieses Tabu des Geschlechtlichen auf, fällt die Schranke, die Sehnsucht weitgehend erzeugt, dann verliert die Liebe ihre Basis." (Horkheimer: 'Die Sehnsucht nach dem ganz Anderen', Interview, S. 74)
Wenn das 'kritische Theorie' sein soll, so ist sie nun wirklich anachronistisch. Sehnsucht, so wäre nach Adorno einzuwenden, muß trotz Pille bestehen können.

3a Vergl. Lacan über Sade (s.o.) und DA; 74 ff.

4 Vergl. Marcuse: 'Der eindimensionale Mensch'

5 Dieses Moment der unmittelbaren Vereinigung durchzieht die 'erotische Literatur', angefangen von den 'Klassikern' (Mirabeau, Maupassant) über die pornographische Literatur, über die 'erotischen Volksmärchen' hin zu den neueren 'erotischen' Schriftstellern (H. Miller, Nin, etc.)

6 Vergl. Platon (s.o.)

7 Vergl. Bataille: 'Der heilige Eros', insbesondere das Kapitel über Heiligkeit, Erotik und Einsamkeit, S. 248-260
"Ich — für mein Teil — glaube — im Sprechen — eine — ziemlich schwerfällige — Huldigung — an das Schweigen dargebracht zu haben. Eine Huldigung vielleicht auch an die Erotik. Aber hier möchte ich meine Zuhörer zum ärgsten Mißtrauen auffordern. Im großen und ganzen spreche ich eine tote Sprache. Diese Sprache, so glaube ich, ist die der Philosophie." (ebenda, S. 260)

8 Vergl. Janssen-Jurreit: 'Sexismus', insbesondere das Kapitel über 'Bewußtseinsstrukturen des Sexismus', S. 581-690. Vergl. auch Irigaray, Cixous etc. (s.o.)

9 Vergl. Freud: 'Über die weibliche Sexualität', Werke Bd. V, S. 273-290. Zur Kritik: Chasseguet-Smirgel: 'Psychoanalyse der weiblichen Sexualität'

10 Vergl. Freud: 'Die Verneinung', (s.o.) S. 376

11 Vergl. DA; 219 ff. (Eine Passage mit der Überschrift: 'Mensch und Tier'!!)

12 Vergl. Freud: 'Über die allgemeinste Erniedrigung des Liebeslebens', Werke, Bd. V, S. 198-209

13 Aber man braucht nicht auf Lacan zurückzugehen: daß Es zwischen Mann und Frau nicht läuft, ist auch der Grund für den Kulturpessimismus, der Freud zugeschrieben wird. Nach Freud selbst hört sich das so an: "So müßte man sich denn vielleicht mit dem Gedanken befreunden, daß eine Ausgleichung der Ansprüche des Sexualtriebes mit den Anforderungen der Kultur überhaupt nicht möglich ist, daß Verzicht und Leiden, sowie in weitester Ferne die Gefahr des Erlöschens des Menschengeschlechts (...) nicht abgewendet werden kann." (Freud, ebenda, S. 209)

14 Vergl. Nietzsche: 'Werke' insbesondere 'Die fröhliche Wissenschaft' und 'Menschliches, Allzumenschliches'. Vergl. auch den hervorragenden Aufsatz von Derrida: 'Sporen', der Nietzsches Verhältnis zum Schreiben und zu den Frauen in Zusammenhang bringt.

15 "Die Erotik hat, und das ist in ihrem Wesen begründet, die Bedeutung des Todes. Wer einen Moment den Wert der Erotik begreift, wird schnell gewahr, daß er der des Todes ist. Es ist ein Wert, vielleicht, aber die Einsamkeit erstickt ihn." (Bataille: 'Der heilige Eros', S. 258)

Tod

1 Dieser Gestus kommt in der Literatur recht oft vor; — etwa die glücklich Sterbenden bei Dostojewskij, Storm, Schnitzler etc. Neruda betitelt ein ganzes Buch mit: 'Ich bekenne, ich habe gelebt'.

2 Vergl. Heidegger: 'Sein und Zeit', S. 235 ff.

3 Vergl. Hegels Initialisierung der Dialektik an der gegenseitigen Bestimmtheit von Sein und Nichts in 'Logik I', S. 82 f.

4 "Wir müssen noch etwas Weiteres verstehen lernen: Es gibt, genau besehen, in jedem Krankheitsfalle etwas, ein Stück, eine Seite, die unheilbar ist. (...) Aber auch jede leichte, scheinbar restlos ausheilende Wunde oder Krankheit hinterläßt eine Narbe, eine Disposition oder wenigstens eine nur in der Seele wahrnehmbare Spur unserer Verletzlichkeit, unserer Gefährdung." (Weizsäcker, V. v.: 'Diesseits und Jenseits der Medizin', S. 129/130)

5 Vergl. Kant: 'Metaphysik der Sitten', S. 553 ff.

6 Vergl. Hegel: 'Enzyklopädie der philosophischen Wissenschaften II' (§ 375: Der Tod des Individuums aus sich selbst), S. 535 ff.

7 Vergl. Kierkegaard: 'Die Krankheit zum Tode', S. 31 ff.

8 ebenda, S. 109

9 Vergl. Klopstock: 'Der Tod Adams' in 'Ausgewählte Werke', S. 773-801

10 Heidegger: 'Sein und Zeit', S. 239

11 ebenda, S. 240

12 ebenda, S. 250

13 ebenda, S. 255

14 ebenda, S. 259

15 ebenda, S. 266

16 Vergl. Freud: 'Jenseits des Lustprinzips', Werke Bd. III, S. 215-272

17 ebenda, S. 222 ff.

18 ebenda, S. 246 ff.

19 Vergl. Ariès: 'Studien zur Geschichte des Todes im Abendland', S. 57 ff. und 137 ff.

20 Vergl. Bloch: 'Das Prinzip Hoffnung III' ('Selbst und Grablampe oder Hoffnungsbilder gegen die Macht der stärksten Nicht-Utopie: den Tod'), S. 1297-1391

21 ebenda, S. 1378/1380

22 Zitiert nach Böckelmann: 'Befreiung des Alltags', S. 1

Schein

1 Zum 'latenten Faschismus': Theweleit: 'Männer-Phantasien'. Mit ähnlichem Gestus, aber eingeschränkter Adorno in 'Schuld und Abwehr', SOZ II; 121-327

2 Eine 'negative Anthropologie' hat U. Sonnemann ausformuliert, und zwar unabhängig, wie Adorno beteuert, vom Konzept einer negativen Dialektik. (ND; 11) Sonnemann unterscheidet sich von Adorno darin, daß bei ihm die Unbestimmtheit des Menschen eine praktische Dimension bekommt. Adorno war da vorsichtiger: Die Negativität jeder Anthropologie wird bei Adorno nur zum Widerstand, den einzig Theorie leisten kann. (Vergl. Sonnemann: 'Negative Anthropologie — Vorstudien zur Sabotage des Schicksals')

3 Vergl. Hegel: 'Ästhetik I', S. 26 ff.

4 Benjamin: 'Das Kunstwerk im Zeitalter seiner technischen Reproduzierbarkeit' (erste Fassung), in Werke, Bd. II, S. 440

5 Schweppenhäuser: 'Dicta importuna' in 'Sabotage des Schicksals' (Festschrift zum 70. Geburtstag Ulrich Sonnemanns), S. 376

6 Vergl. Foucault: 'Wahnsinn und Gesellschaft'

7 Vergl. Szasz: 'Psychiatrie — die verschleierte Macht'. Dieses Buch verdient es nicht, gelesen zu werden.

8 Nach der hessischen Statistik über Einlieferungen in psychiatrische Krankenhäuser nimmt das auffällige Verhalten im Verkehr und die Ermittlungen bei Verkehrsunfällen mit 18 % den dritten Rang in der Einlieferungsursache an.

9 Vergl. Lacan: 'Über eine Frage, die jeder möglichen Behandlung der Psychose vorausgeht', in 'Schriften II', S. 61-118

10 Zur 'historischen Bedingtheit der Psychoanalyse' vergl. Brandell: 'Sigmund Freud — Kind seiner Zeit' und 'Psychoanalyse als Sozialwissenschaft' und Schneider: 'Neurose und Klassenkampf'

11 Zur ambivalenten Verarbeitung der 'Hysterie' in der neueren Frauenliteratur vergl. Irigaray: 'Unbewußtes, Frauen, Psychoanalyse'

12 'L'imagination au pouvoir!' — das war die Parole der Pariser Studentenrevolte (1968). Daß damals die Revolution nicht klappte, lag wohl daran, daß die Phantasie in ihrer Macht nicht strategisch genug war, um die Macht der 'reaktionären Vernunft' zu brechen. Und das ist das ganze Dilemma.

13 Adornos Verhältnis zu Nietzsche ist nicht nur theoretisch einholbar; — die Liebeserklärung findet man in: 'Aus Sils Maria' (OL; 48-51)

14 Und das tut etwa G. Lukàcs, etwas unsensibel gegenüber Nietzsches Werk in: 'Nietzsche als Begründer des Irrationalismus der imperialistischen Periode' ('Die Zerstörung der Vernunft II', S. 7-86)

Name

1 Vergl. Weyl: 'Algebraische Zahlentheorie'

2 Vergl. Weizenbaum: 'Die Macht der Computer und die Ohnmacht der Vernunft', S. 242-268

3 Gemeint sind die Philosophen des logischen Positivismus, welcher Gattungsbegriff von denen, die darunter zu rechnen sind, heftig angezweifelt wird; — allein das Phantasma der Fehlerlosigkeit als formale Wahrheit macht sie dieser Kategorie zugehörig. (Vergl. die Autoren von 'Philosophie der idealen Sprache' und Kutschera: 'Wissenschaftstheorie')

4 Vergl. die 'transzendentale Ästhetik' Kants in 'Kritik der reinen Vernunft', S. 80-119

5 Vergl. Borges: 'Das unerbittliche Gedächtnis' in 'Sämtliche Erzählungen', S. 213-220

6 Hobbes: 'Leviathan', S. 23

7 ebenda, S. 29/30

8 Derrida: 'Grammatologie', S. 192

9 ebenda, S. 197

10 Vergl. Freud: 'Analyse der Phobie eines fünfjährigen Knaben (Der kleine Hans)', Werke Bd. VIII, S. 9-122

11 Vergl. Lorenzer: 'Sprachzerstörung und Rekonstruktion'

12 Aus diesem Grunde sieht Lacan die 'Seinsverfehlung' in der Struktur der Sprache angelegt. Die 'ursprüngliche Wahrheit' des Subjekts wird im Versuch, diese beim Namen zu nennen, a priori verfehlt. (Vergl. Lacan: 'Funktion und Feld des Sprechens und der Sprache in der Psychoanalyse' in 'Schriften I', S. 71-170

Versöhnung

1 Vergl. 'Thesen über den Bolschewismus', Rätekorrespondenz Nr. 3 (1934)

2 Zum Kronstädter Aufstand: Balabanoff: 'Lenin', S. 211 ff. und Deutscher: 'Die unvollendete Revolution', S. 56 ff.

3 Vergl. Marcuse: 'Die Gesellschaftslehre des sowjetischen Marxismus', S. 21 ff.

4 Hegel: 'Logik I', S. 23

5 Vergl. Marx: 'Das Kapital I', MEW Bd. 23, S. 641 ff.

6 Breton: 'Die Manifeste des Surrealismus', S. 56

7 Vergl. Janov: 'Der Urschrei' (— siehe Fußnote 6 im Abschnitt 'Leid')

8 Vergl. Freud: 'Eine Kindheitserinnerung des Leonardo da Vinci', Werke Bd. X, S. 87-159

9 Vergl. die sehr gute und umfangreiche Zusammenstellung von Laplanche/Pontalis: 'Das Vokabular der Psychoanalyse'. Zur Sublimierung, ebenda, S. 478-481

10 Dieser Anspruch wird in Freuds späten Schriften mehr und mehr relativiert: eine geglückte Heilung wird zur Illusion, und die psychoanalytische Kur beschränkt sich nur noch darauf, dem Ich Mittel in die Hand zu geben, um sein Leben einigermaßen bewältigen zu können. Psychoanalyse wird somit zu einer 'guten' Episode in einem 'schlechten' Leben, in einer 'verhärteten' Welt.
(Vergl. Freud: 'Die endliche und die unendliche Analyse', Werke Ergänzungsband, S. 351-390

11 Vergl. etwa Moser: 'Lehrjahre auf der Couch', S. 176 ff. und Drigalski: 'Blumen auf Granit', S. 184 ff.

12 Hierzu die Debatte um Ferenczi. Jener wollte von der oft übertriebenen Askese Abstand nehmen, und billigte es sich durchaus zu, seine Patienten zu streicheln oder zu küssen. Das, so behaupteten die Orthodoxen, verhindere eine Bearbeitung der Übertragung.
Vergl. Brome: 'Sigmund Freud und sein Kreis', S. 192-207

13 Das 'Fest', das man feiert, impliziert schon Vergänglichkeit: Die Augenblicke der Erfüllung verzehren sich genau so, wie Feste sich verbrauchen. Es ist ein Zustand des Inne-Haltens, in dem, obwohl man weiß, daß es weitergeht, man die Gegenwart für immanent-lebendig nimmt. Feiern beschreibt einen Ausnahmezustand; — feiert man wirklich, so ist das die Inkarnation der Negativität.

Ethik

1 Kojève: 'Hegel', S. 114

2 Vergl. Piaget: 'Das moralische Urteil beim Kinde'

3 Vergl. Platon: 'Gorgias', Werke Bd. I, S. 197-284

4 Vergl. Platon: 'Phaidon', Werke Bd. III, S. 7-67
Kierkegaard hat, wohl in seinem besten Werk, das Thema des dämonischen und verführerischen Sokrates aufgegriffen, und damit auch die ersten Schritte seiner Kritik an Hegel formuliert. ('Über den Begriff der Ironie (mit ständiger Rücksicht auf Sokrates)')

5 Olof Gigon im Vorwort zur 'Nikomachischen Ethik' von Aristoteles, S. 12/13

6 Aristoteles: 'Die Nikomachische Ethik', S. 176/177

7 Daher auch Luthers Motiv, die Bibel ins Deutsche zu übersetzen: "Dann dieweil der Verdolmetschunge halben Altes und Neues Testament viel Rede sich zugetragen, nämlich die Feinde der Wahrheit furgeben, sam wäre der Text an vielen Orten geändert oder auch verfälschet, dadurch viel einfältige Christen, auch untern Gelehrten, so der hebräischen und gräkischen Sprache nit kundig, Entsatzungen oder Scheu gewinnen." (Luther: 'Sendebrief vom Dolmetschen' Werke, S. 263-282)

8 Kant: 'Kritik der praktischen Vernunft', S. 98/99

9 ebenda, S. 128

10 Vergl. Kant: 'Kritik der reinen Vernunft', S. 815-829

11 Kant: 'Metaphysik der Sitten', S. 318

12 ebenda, vergl. S. 150

13 ebenda, S. 315

14 ebenda, S. 553

15 ebenda, vergl. S. 483 und S. 559

16 ebenda, vergl. S. 563 und 'Über ein vermeintes Recht aus Menschenliebe zu lügen', Werke Bd. VIII, S. 637-649

17 Kant: 'Die Religion innerhalb der Grenzen der bloßen Vernunft', S. 665-667

18 Vergl. Moore: 'Principia Ethica', S. 38 ff. und der Aufsatz von Moore in 'Sprache und Ethik': 'Ist Gut-sein eine Eigenschaft?', S. 47-61

19 Vergl. Aristoteles: 'Die Nikomachische Ethik', S. 281 ff.

20 Wittgenstein: 'Tractatus logico-philosophicus', S. 112 (Ziffer 6.421). Zur teilweisen Revision dieser Position vergl.: 'Philosophische Untersuchungen', S. 285 ff.

21 Gellner: 'Ethik und Logik' in 'Sprache und Ethik', S. 175

22 Vergl. Grewendorf/Meggle: 'Zur Struktur des metaethischen Diskurses' in 'Sprache und Ethik', S. 7-32
Vergl. Harman: 'Das Wesen der Moral'

23 Vergl. Frankena: 'Der naturalistische Fehlschluß' in 'Sprache und Ethik', S. 83 ff.

24 Vergl. Strawson: 'Der ethische Intuitionismus' in 'Sprache und Ethik', S. 100 ff. und 113

25 Strawson: 'Die emotive Bedeutung ethischer Ausdrücke' in 'Sprache und Ethik', S. 136

26 Strawson: 'Der ethische Intuitionismus' in 'Sprache und Ethik', S. 113

27 ebenda, S. 113

28 Vergl. Stegmüller: 'Wissenschaftstheorie', Bd. 4, B

29 Anscombe: 'Moderne Moralphilosophie' in 'Sprache und Ethik', S. 217

30 Lorenzen: 'Konstruktive Wissenschaftstheorie', S. 90

31 Lorenzen: 'Moralische Argumentationen im Grundlagenstreit der Mathematiker' in 'Methodisches Denken', S. 152-161

32 Die 'normative Genese' versucht die Entstehungsgeschichte eines Sachverhalts quasi-deterministisch nachzuvollziehen, indem mindestens ein Element und ein Algorithmus a priori gesetzt wird. Die genetischen Übergänge, als die Entwicklung selbst, wird dann 'transsubjektiv' rechtfertigbar.
(Vergl. Lorenzen: 'Konstruktive Wissenschaftstheorie', S. 95 f.)

33 Schwemmer: 'Philosophie der Praxis' (Versuch zur Grundlegung einer Lehre vom moralischen Argumentieren), S. 127

34 Apel: 'Transformation der Philosophie' Bd. 2, S. 409
Es geht bei Apel nicht so sehr darum, eine 'Ethik' zu formulieren, sondern, in der Nachfolge Gadamers, Intersubjektivität transzendental zu definieren.

35 Vergl. Habermas: 'Vorbereitende Bemerkungen zu einer Theorie der kommunikativen Kompetenz' in Habermas/Luhmann: 'Theorie der Gesellschaft oder Sozialtechnologie', S. 136 ff.
Habermas geht es gegen Luhmann letztlich darum, daß es die Menschen sind, die aussprechen können, was 'gut' sei; — auch wenn seine Argumentation gegen Luhmann nicht die glücklichste ist.

36 Kuhlmann: 'Ethik der Kommunikation' in Reader zum Funk-Kolleg 'Praktische Philosophie/Ethik', S. 304

37 Apel: 'Transformation der Philosophie' Bd. 2, S. 431

38 ebenda, S. 431

39 Henrich: 'Hegel im Kontext', S. 159

40 Vergl. Hegel: 'Logik II', S. 207-219

41 Hegel: 'Rechtsphilosophie', Werke Bd. 7, S. 26

42 ebenda, S. 27

43 ebenda, S. 27/28

44 ebenda, S. 28

45 Vergl. etwa Weischedel: 'Skeptische Ethik' oder Höffe: 'Sittlich-politische Diskurse'

46 Vergl. Albert: 'Die Unmöglichkeit einer philosophischen Letztbegründung' in Reader zum Funk-Kolleg 'Praktische Philosophie/Ethik', S. 264 ff.
Philosophie braucht sich erst gar nicht die Frage nach der Letztbegründung zu stellen: das, und nichts anderes, ist ihre Entelechie.

47 Marx: 'Zur Kritik der politischen Ökonomie' (Vorwort), MEW, Bd. 13, S. 9

48 Vergl. Freud: 'Die Zukunft einer Illusion', Werke Bd. IX, S. 183

49 Die 'ethische Verfassung' des Unbewußten ergibt sich aus der Überlagerung der zwei Systeme von 'bewußt-unbewußt' und 'Ich, Es, Über-Ich'. Die gebietende Instanz des Über-Ich wird sowohl vom Bewußtsein (— indem es Psychoanalyse betreibt) als auch vom Unbewußten (— indem das Verdrängte seine Ansprüche anmeldet) ständig aufgelöst. Daß sich das

Über-Ich in dieser permanenten Auflösung immer wieder restituieren muß, macht es mit der Zeit (— der Menschengattung) 'alt'.
Vergl. Freud: 'Das Ich und das Es', Werke Bd. III, S. 273-328

50 Da diese Art von Philosophie auf 'Wahrheit' verzichtet, aber trotzdem sich zu Wort meldet, so kann es nur ein 'Wissen' sein, was sich da loswerden will. (Vergl. Deleuze/Guattari: 'Anti-Ödipus')

51 Ricœur: 'Ideologie und Ideologiekritik' in 'Phänomenologie und Marxismus' Bd. 1 (Hrsg: Waldenfels), S. 232

52 Vergl. Hegel: 'Rechtsphilosophie', S. 226 und Kant: 'Metaphysik der Sitten', S. 602 und 531 ff.
Sobald Ethik und Vernunft irgendwie gekoppelt werden, muß das, was a priori unvernünftig ist, ausgeklammert werden. Noch bei Apel ist es klar, daß seine 'ideale Kommunikationsgemeinschaft' die Verrückten ausschließen wird.

53 Es gibt mehrere Psychose-Theorien, die von einer impliziten Sprachstörung ausgehen. Bei R.D. Laing ist es der gestörte Umgang mit der metaphorischen Struktur der Sprache, die der Psychotiker 'denotativ' auffaßt. Weit komplexer, aber ebenfalls auf sprachtheoretischer Grundlage aufgebaut, ist Lacans Theorie der Psychose: 'Über eine Frage, die jeder möglichen Behandlung der Psychose vorausgeht' in 'Schriften II', S. 61-118

54 Zur dialektischen Kritik am liberalistischen Toleranzbegriff vergl. Marcuse: 'Repressive Toleranz' in Wolff/Moore/Marcuse: 'Kritik der reinen Toleranz', S. 91-127

55 Der Name Kohuts steht für diese Richtung: Sein Psychoanalyse-Konzept zielt ichpsychologisch auf eine Autonomie des 'Selbst' ab, das eben lernen muß, das 'Fremde' unter die Herrschaft des 'Eigenen' zu bringen. (Vergl. Kohut: 'Narzißmus') — Zur Kritik an Kohut: 'Die neuen Narzißmustheorien: zurück ins Paradies?', Herausgegeben vom Psychoanalytischen Seminar Zürich

56 Ein Gespräch zwischen Bloch und Adorno in Reader zum Funk-Kolleg 'Praktische Philosophie/Ethik', S. 405-414

57 Vergl. Sartre: 'Das Sein und das Nichts', S. 783 ff

58 Vergl. Lacan: 'Kant mit Sade' in Schriften II, S. 133-163

59 Zitiert nach Grenz (s.o.), — im Anhang das Gespräch zwischen Adorno und Gehlen, S. 246-250

60 Weizsäcker C.F.v.: 'Gehen wir einer asketischen Weltkultur entgegen?'

61 ebenda, S. 745

62 In den fünfziger Jahren plante die Sowjetunion, einige Flüsse, die normalerweise ins Nordmeer fließen, ins Kaspische oder Schwarze Meer umzuleiten, um die Ukrainische Steppe zu bewässern. Dieser Plan wurde aus technischen Gründen fallen gelassen. Die Warnungen aber, daß damit eine unkontrollierbare Klima-Veränderung für die ganze nördliche Halbkugel eintritt, wurden zuvor in den Wind geschlagen. — In neuester Zeit verfolgt ein deutscher Physik-Professor das Projekt, eine riesige Sahara-Senke zu einem Binnen-Meer zu machen, indem er einen Stollen vom Mittel-Meer zu eben dieser Senke sprengt, und das mit Hilfe einer Atom-Bombe.

63 Vergl. die schöne Beschreibung der Leidenschaft zum Programmieren in Weizenbaum: 'Die Macht der Computer und die Ohnmacht der Vernunft', S. 155 ff

64 Vergl. Wiener: 'Kybernetik', S. 178 ff

65 Vergl. SOZ I; 20 ff und 52 ff

66 Fromm: 'Psychoanalyse und Ethik', S. 59

67 ebenda, S. 232

68 ebenda, S. 247/248

69 Neyraut: 'Die Übertragung', S. 293

Verzeichnis der Schriften Adornos

(ÄT) 'Ästhetische Theorie'; Suhrkamp, Frankfurt 1973

(BB) 'Berg'; Bibliothek Suhrkamp, Frankfurt 1977

(BM) 'Mahler'; Bibliothek Suhrkamp, Frankfurt 1978

(BW) 'Versuch über Wagner'; Suhrkamp, Frankfurt 1974

(DA) 'Dialektik der Aufklärung'; Fischer, Frankfurt 1973

(DI) 'Dissonanzen'; Vandenhoeck, Göttingen 1972

(E) 'Eingriffe'; Suhrkamp, Frankfurt 1974

(GK) 'Der getreue Korrepetitor' in 'Gesammelte Schriften 15'; Suhrkamp, Frankfurt 1976

(IM) 'Impromptus'; Suhrkamp, Frankfurt 1968

(JG) 'Jargon der Eigentlichkeit'; Suhrkamp, Frankfurt 1974

(KF) 'Klangfiguren' in 'Gesammelte Schriften 16'; Suhrkamp, Frankfurt 1978

(KI) 'Kierkegaard'; Suhrkamp, Frankfurt 1974

(KOF) 'Komposition für den Film'; in 'Gesammelte Schriften 15'; Suhrkamp, Frankfurt 1976

(KSG) 'Kleine Schriften zur Gesellschaft'; Suhrkamp, Frankfurt 1973

(ME) 'Zur Metakritik der Erkenntnistheorie'; Suhrkamp, Frankfurt 1972

(MM) 'Minima Moralia'; Bibliothek Suhrkamp, Frankfurt 1975

(MOMU) 'Moments musicaux'; Suhrkamp, Frankfurt 1969

(MS) 'Einleitung in die Musiksoziologie'; Suhrkamp, Frankfurt 1977

(MST III) 'Musikalische Schriften (III)'; in 'Gesammelte Schriften 16'; Suhrkamp, Frankfurt 1978

(ND) 'Negative Dialektik'; Suhrkamp, Frankfurt 1975

(NL) 'Noten zur Literatur'; 'Gesammelte Schriften 11'; Suhrkamp, Frankfurt 1974

(OL) 'Ohne Leitbild'; Suhrkamp, Frankfurt 1973

(PF) 'Philosophische Frühschriften'; 'Gesammelte Schriften 1'; Suhrkamp, Frankfurt 1973

(PNM) 'Philosophie der neuen Musik'; Suhrkamp, Frankfurt 1978

(PR I) 'Prismen'; Suhrkamp, Frankfurt 1976

(PT I) 'Philosophische Terminologie I'; Suhrkamp, Frankfurt 1973

(PT II) 'Philosophische Terminologie II'; Suhrkamp, Frankfurt 1974

(QF) 'Quasi una fantasia' in 'Gesammelte Schriften 16'; Suhrkamp, Frankfurt 1978

(SC) 'Studien zum autoritären Charakter'; Suhrkamp, Frankfurt 1976

(SH) 'Drei Studien zu Hegel'; Suhrkamp, Frankfurt 1974

(SOZ I) 'Soziologische Schriften I'; 'Gesammelte Schriften 8'; Suhrkamp, Frankfurt 1974

(SOZ II) 'Soziologische Schriften II'; 'Gesammelte Schriften 9'; Suhrkamp, Frankfurt 1975

(ST) 'Stichworte'; Suhrkamp, Frankfurt 1969

Literaturverzeichnis

Abendroth, W.: 'Sozialgeschichte der europäischen Arbeiterbewegung'; Suhrkamp, Frankfurt 1973

Abraham, K.: 'Psychoanalytische Studien'; Fischer, Frankfurt 1969

Adler, A.: 'Studie über die Minderwertigkeit von Organen'; Fischer, Frankfurt 1979

Albert, H.: 'Plädoyer für kritischen Rationalismus'; Piper, München 1971

— ders.: 'Kritische Vernunft und menschliche Praxis'; Reclam, Stuttgart 1977

Althusser, L. und Balibar, E.: 'Das Kapital lesen'; Rororo, Hamburg 1972

Apel, K.-O.: 'Transformation der Philosophie'; Suhrkamp, Frankfurt 1976

Ariès, P.: 'Studien zur Geschichte des Todes im Abendland'; DTV, München 1981

Aristoteles: 'Die nikomachische Ethik'; DTV, München 1972

— ders.: 'Poetik'; Reclam, Stuttgart 1961

— ders.: 'Metaphysik'; Rororo, Hamburg 1966

— ders.: 'Kategorien'; Meiner, Hamburg 1974

Artaud, A.: 'Das Theater und sein Double'; Fischer, Frankfurt 1979

Augustinus: 'Bekenntnisse'; Reclam, Stuttgart 1967

Balint, M.: 'Die Urformen der Liebe und die Technik der Psychoanalyse'; Fischer, Frankfurt 1969

Bataille, G.: 'Der heilige Eros'; Ullstein, Berlin 1974

— ders.: 'Die Aufhebung der Ökonomie'; Rogner & Bernhard, München 1974

— ders.: 'Das obszöne Werk'; Rowohlt, Hamburg 1977

— ders.: 'Le coupable'; Paris 1961

Beauvoir, S.d.: 'Das andere Geschlecht'; Rororo, Hamburg 1968

Becker, O.: 'Grundlagen der Mathematik'; Suhrkamp, Frankfurt 1975

Beckett, S.: 'Werkausgabe'; Suhrkamp, Frankfurt 1976

Benjamin, W.: 'Gesammelte Schriften'; Suhrkamp, Frankfurt 1980

Bergson, H.: 'Zeit und Freiheit'; Hain, Meisenheim 1949

— ders.: 'Das Lachen'; Hain, Meisenheim 1948

Beyer, W.R.: 'Vier Kritiken: Heidegger, Sartre, Adorno, Lukács'; Kleine Bibliothek Politik Wissenschaft Zukunft Nr. 5, Köln 1970

Bibel oder die ganze Heilige Schrift; Württembergische Bibelanstalt, Stuttgart 1967

Biemel, W.: 'Heidegger'; Rororo (Monographie), Hamburg 1973

Bilz, R.: 'Paläoanthropologie'; Suhrkamp, Frankfurt 1973/74

Bloch, E.: 'Das Prinzip Hoffnung'; Suhrkamp, Frankfurt 1974

— ders.: 'Subjekt-Objekt'; Suhrkamp, Frankfurt 1972

Böckelmann, F.: 'Über Marx und Adorno'; Makol Bibliothek 21, Frankfurt 1972

— ders.: 'Befreiung des Alltags'; Rogner und Berhard, München 1970

Böhler, D.: 'Metakritik der Marxschen Ideologiekritik'; Suhrkamp, Frankfurt 1972
Borges, J.L.: 'Sämtliche Erzählungen'; Hanser, München 1970
Bortz, J.: 'Statistik für Sozialwissenschaftler'; Springer, Berlin 1974
Bourdieu, P.: 'Zur Soziologie der symbolischen Formen'; Suhrkamp, Frankfurt 1974
— ders. & Passeron, C.: 'Grundlagen einer Theorie der symbolischen Gewalt'; Suhrkamp, Frankfurt 1973
Brecht, B.: 'Gesammelte Werke'; Frankfurt 1967
Brentano, C.: 'Werke'; Hoffmann & Campe, Hamburg 1979
Breton, A.: 'Die Manifeste des Surrealismus'; Rowohlt, Hamburg 1968
Brome, V.: 'Sigmund Freud und sein Kreis'; List, München 1969
Buck-Morss, S.: 'The origin of negative dialectics'; Harvester Press L., Hassocks 1977
Camus, A.: 'Der Mythos von Sisyphos'; Rororo, Hamburg 1968
Canetti, E.: 'Die gerettete Zunge'; Hanser, München 1972
Canguilhem, G.: 'Das Normale und das Pathologische'; Ullstein, Berlin 1972
Carnap, R.: 'Grundlagen der Logik und der Mathematik'; Nymphenburger Verlagshandlung, München 1973
Chasseguet-Smirgel, J. (Hrsg.): 'Psychoanalyse der weiblichen Sexualität'; Suhrkamp, Frankfurt 1976
Childe, V.: 'Soziale Evolution'; Suhrkamp, Frankfurt 1973
Chomsky, N.: 'Aspekte einer Syntax-Theorie'; Suhrkamp, Frankfurt 1973
Cicourel, A.: 'Methode und Messung in der Soziologie'; Suhrkamp, Frankfurt 1974
Cocteau, J.: 'Le Coq et l'Arlequin'; Paris 1918
Comte, A.: 'Die Soziologie'; Kröner, Stuttgart 1974
Cremerius, J.: 'Zur Theorie und Praxis der psychosomatischen Medizin'; Suhrkamp, Frankfurt 1978
Dahmer, H.: 'Libido und Gesellschaft'; Suhrkamp, Frankfurt 1982
Darwin, C.: 'Die Abstammung des Menschen'; Kröner, Stuttgart 1966
Deleuze, G. und Guattari, F.: 'Anti-Ödipus'; Suhrkamp, Frankfurt 1974
dieselben: 'Rhizom', Merve, Berlin 1977
dieselben: 'Kafka'; Suhrkamp, Frankfurt 1976
Deleuze, G.: 'Proust und die Zeichen'; Ullstein, Berlin 1978
Derrida, J.: 'Grammatologie'; Suhrkamp, Frankfurt 1974
— ders.: 'Die Schrift und die Differenz'; Suhrkamp, Frankfurt 1976
— ders.: 'Randgänge der Philosophie'; Ullstein, Berlin 1972
— ders.: 'Sporen — die Stile Nietzsches'; Eigenverlag, Venedig 1976
Descartes, R.: 'Meditationen über die Erste Philosophie'; Reclam, Stuttgart 1971
Deutscher, I.: 'Die unvollendete Revolution'; Fischer, Frankfurt 1970
Diels, H.: 'Die Fragmente der Vorsokratier'; Weidmannsche Buchhandlung, Berlin 1922
Dilthey, W.; 'Gesammelte Schriften'; Vandenhoeck & Ruprecht, Göttingen 1970
Drigalski, D.v.: 'Blumen auf Granit'; Ullstein, Berlin 1979

Duerr, H.P.: 'Traumzeit'; Syndikat, Frankfurt 1978

Durkheim, E.: 'Regeln der soziologischen Methode'; Luchterhand, Darmstadt 1961

— ders.: 'Soziologie und Philosophie'; Suhrkamp, Frankfurt 1976

Eco, U.: 'Das offene Kunstwerk'; Suhrkamp, Frankfurt 1977

— ders.: 'Zeichen — Einführung in einen Begriff und seine Geschichte'; Suhrkamp, Frankfurt 1977

Eder, G.: 'Quantenmechanik'; Hochschultaschenbücher, Mannheim 1968

Eichendorff, J.F.v.: 'Werke'; Stauffacher-Verlag, Zürich 1965

'Einführung in den Strukturalismus' (Hrsg. Wahl), Suhrkamp, Frankfurt 1974

Elias, N.: 'Über den Prozeß der Zivilisation'; Suhrkamp, Frankfurt 1977

— ders.: 'Respekt und Kritik' (Rede anläßlich der Verleihung des Theodor W. Adorno-Preises am 2. Oktober 1977); Suhrkamp, Frankfurt 1977

Engels, F.: 'Marx-Engels-Werke'; (MEW); Dietz Verlag, Berlin 1972-1976

Engelhardt, H. (Hrsg.): 'Materialien zu Samuel Becketts Romanen'; Suhrkamp, Frankfurt 1976

Feuerbach, L.: 'Gesammelte Werke'; Akademie-Verlag, Berlin 1967

Fichte, I.H.: 'Werke'; de Gruyter & Co, Berlin 1971

Firestone, S.: 'Frauenbefreiung und sexuelle Revolution'; Fischer, Frankfurt 1975

Fleischer, H.: 'Marxismus und Geschichte'; Suhrkamp, Frankfurt 1970

Fletscher, J.: 'Die Kunst des Samuel Beckett'; Bibliothek Suhrkamp, Frankfurt 1969

Foucault, M.: 'Die Ordnung des Diskurses'; Ullstein, Berlin 1977

— ders.: 'Wahnsinn und Gesellschaft'; Suhrkamp, Frankfurt 1973

— ders.: 'Die Ordnung der Dinge'; Suhrkamp, Frankfurt 1974

— ders.: 'Von der Subversion des Wissens'; Hanser, München 1974

— ders.: 'Dispositive der Macht'; Merve, Berlin 1978

Frank, M.: 'Das Sagbare und das Unsagbare'; Suhrkamp, Frankfurt 1980

Freedman, D.X. und Redlich, F.C.: 'Theorie und Praxis der Psychiatrie'; Suhrkamp, Frankfurt 1976

Frege, G.: 'Schriften zur Logik und Sprachphilosophie'; Meiner, Hamburg 1971

Freud, S.: 'Studienausgabe'; Fischer, Frankfurt 1969-1975

— ders.: 'Zur Psychopathologie des Alltagslebens'; Fischer, Frankfurt 1954

— ders.: 'Selbstdarstellung'; Fischer, Frankfurt 1971

— ders.: 'Brautbriefe'; Fischer, Frankfurt 1968

— ders.: 'Briefe' (Abraham, K. 1907-1926); Fischer, Frankfurt 1965

Fromm, E.: 'Psychoanalyse und Ethik'; Ullstein, Berlin 1980

'Funk-Kolleg, Reader, Praktische Philosophie/Ethik' (Hrsg: Apel, Böhler, Berlich, Plumpe); Fischer, Frankfurt 1980

Gabriel, L.: 'Existenzphilosophie'; Herold, Wien 1951

Gadamer, H.-G.: 'Wahrheit und Methode'; Niemeyer, Tübingen 1965

Gehlen, A.: 'Anthropologische Forschung'; Rororo, Hamburg 1961
— ders.: 'Die Seele im technischen Zeitalter'; Rororo, Hamburg 1960
Gerthsen, C.: 'Physik'; Springer, Berlin 1966
Goethe, J.W.v.: 'Werke'; Aufbau-Verlag, Berlin 1974
Goldmann, L.: 'Lukács und Heidegger'; Luchterhand, Darmstadt 1975
Gorki, M.: 'Autobiographische Romane'; Dtv (Dünndruck), München 1976
Greimas, A.J.: 'Strukturelle Semantik'; Vieweg, Braunschweig 1971
Grenz, F.: 'Adornos Philosophie in Grundbegriffen'; Suhrkamp, Frankfurt 1974
Grewendorf, G. und Meggle, G. (Hrsg.): 'Sprache und Ethik'; Suhrkamp, Frankfurt 1974
Grimm, J. und Grimm, W.: 'Märchen'; Gondrom, Bayreuth 1980
Groddeck, G.: 'Das Buch vom Es'; Fischer, Frankfurt 1979
— ders.: 'Psychoanalytische Schriften zur Literatur und Kunst'; Fischer, Frankfurt 1978
Habermas, J.: 'Philosophisch-politische Profile'; Bibliothek Suhrkamp, Frankfurt 1973
— ders.: 'Zur Rekonstruktion des Historischen Materialismus'; Suhrkamp, Frankfurt 1976
— ders.: 'Erkenntnis und Interesse'; Suhrkamp, Frankfurt 1975
— ders.: 'Strukturwandel der Öffentlichkeit'; Luchterhand, Darmstadt 1975
— ders.: 'Kultur und Kritik'; Suhrkamp, Frankfurt 1973
— ders.: 'Theorie und Praxis'; Suhrkamp, Frankfurt 1974
— ders. und Luhmann, N.: 'Theorie der Gesellschaft oder Sozialtechnologie'; Suhrkamp, Frankfurt 1974
'Handbuch theologischer Grundbegriffe' (Hrsg. Fries); Dtv, München 1970
Hamann, R. und Hermand, J.: 'Epochen deutscher Kultur'; Fischer, Frankfurt 1977
Hamacher, W.: 'pleroma — zu Genesis und Struktur einer dialektischen Hermeneutik bei Hegel'; Ullstein, Berlin 1978 (— siehe Hegel: 'Der Geist des Christentums')
Harman, G.: 'Das Wesen der Moral'; Suhrkamp, Frankfurt 1981
Hartmann, N.: 'Ethik'; de Gruyter, Berlin und Leipzig 1934
Haug, W.F.: 'Bestimmte Negation'; Suhrkamp, Frankfurt 1973
— ders.: 'Warenästhetik, Sexualität und Herrschaft'; Fischer, Frankfurt 1972
Heckhausen, H.: 'Motivation und Handeln'; Springer, Berlin 1980
Hegel, G.W.F.: 'Werke'; Suhrkamp, Frankfurt 1974-1979
— ders.: 'Frühe politische Systeme'; Ullstein, Berlin 1974
— ders.: 'Der Geist des Christentums'; Ullstein, Berlin 1978
'Hegel-Studien' (Hrsg.: Nicolin und Pöggeler); Bouvier, Bonn 1965-1979 (Bd. 1 ff)
Heidegger, M.: 'Sein und Zeit'; Niemeyer, Tübingen 1972
— ders.: 'Holzwege'; Klostermann, Frankfurt 1950
— ders.: 'Kant und das Problem der Metaphysik'; Klostermann, Frankfurt 1951
— ders.: 'Einführung in die Metaphysik'; Niemeyer, Tübingen 1970

— ders.: 'Was heißt Denken'; Niemeyer, Tübingen 1970
— ders.: 'Die Frage nach dem Ding'; Niemeyer, Tübingen 1971
— ders.: 'Zur Sache des Denkens'; Niemeyer, Tübingen 1971
— ders.: 'Schellings Abhandlung über das Wesen der menschlichen Freiheit'; Niemeyer, Tübingen 1973
— ders.: 'Zur Seinsfrage'; Klostermann, Frankfurt 1956
— ders.: 'Unterwegs zur Sprache'; Neske, Pfullingen 1959
— ders.: 'Nietzsche'; Neske, Pfullingen 1961
— ders. 'Über den Humanismus' in: 'Die Lehre vom Sein in der modernen Philosophie' (Hrsg. Haag); Akademische Verlagsanstalt, Frankfurt 1963
Heinrich, K.: 'tertium datur'; Stroemfeld/Roter Stern, Frankfurt 1981
— ders.: 'Versuch über die Schwierigkeit nein zu sagen'; Stroemfeld/Roter Stern, Frankfurt 1982
Heisenberg, W.: 'Physik und Philosophie'; Ullstein, Berlin 1973
Henrich, D.: 'Hegel im Kontext'; Suhrkamp, Frankfurt 1971
Heringer, H.-J.: 'Der Regelbegriff in der praktischen Semantik'; Suhrkamp, Frankfurt 1974
Hobbes, T.: 'Leviathan'; Rororo, Hamburg 1965
Hoffmann, E.T.A.: 'Sämtliche poetische Werke'; Tempel, Vollmer, Wiesbaden 1969
Höffe, O.: 'Sittlich-politische Diskurse'; Suhrkamp, Frankfurt 1981
Hölderlin, F.: 'Sämtliche Werke'; Tempel, Vollmer, Wiesbaden 1969
Hörmann, H.: 'Psychologie der Sprache'; Springer, Berlin 1970
Homer: 'Odyssee'; Reclam, Stuttgart 1962
Honolka, K. (Hrsg.): 'Weltgeschichte der Musik'; Rheingauer Verlagsgesellschaft, Eltville 1976
Horkheimer, M.: 'Kritische Theorie der Gesellschaft'; Marxismus-Kollektiv, Frankfurt 1968
— ders.: 'Geschichtsphilosophie/Hegel/Montaigne'; Fischer, Frankfurt 1971
— ders.: 'Sozialphilosophische Studien'; Fischer Athenäum, Frankfurt 1972
— ders.: 'Gesellschaft im Übergang'; Fischer Athenäum, Frankfurt 1972
— ders. 'Die Sehnsucht nach dem ganz Anderen'; Furche, Hamburg 1970
Horstmann, R.-P. (Hrsg.): 'Dialektik in der Philosophie Hegels'; Suhrkamp, Frankfurt 1978
Huch, R.: 'Die Romantik'; Büchergilde Gutenberg, Frankfurt 1951
Hume, D.: 'Prinzipien der Moral'; Meiner, Hamburg 1972
Husserl, E.: 'Cartesianische Meditationen'; Meiner, Hamburg 1969
— ders.: 'Logische Untersuchungen'; Niemeyer, Tübingen 1968
— ders.: 'Vorlesung zur Phänomenologie des inneren Zeitbewußtseins'; Nijhoff, Den Haag, 1966
Irigaray, L.: 'Waren, Körper, Sprache — der ver-rückte Diskurs der Frauen'; Merve, Berlin 1976
— dies.: 'Unbewußtes, Frauen, Psychoanalyse'; Merve, Berlin 1977
— dies.: 'Speculum'; Suhrkamp, Frankfurt 1981
Irle, M.: 'Lehrbuch der Sozialpsychologie'; Hogrefe, Göttingen 1975

Jacobson, E.: 'Das Selbst und die Welt der Objekte'; Suhrkamp, Frankfurt 1978

Jakobson, R.: 'Hölderlin, Klee, Brecht'; Suhrkamp, Frankfurt 1976

— ders.: 'Poesie der Grammatik und Grammatik der Poesie'; Nymphenburger Verlagsanstalt, München 1974

Janssen-Jurreit, M.: 'Sexismus/Über die Abtreibung der Frauenfrage'; Hanser, München 1976

Jaspers, K.: 'Vernunft und Existenz'; Piper, München 1973

— ders.: 'Rechenschaft und Ausblicke'; Piper, München 1958

Jay, M.: 'Dialektische Phantasie'; Fischer, Frankfurt 1981

Johnson, U. und Mayer, H. (Hrsg.): 'Das Werk von Samuel Beckett/Berliner Colloquium'; Suhrkamp, Frankfurt 1975

Jung, C.G.: 'Gesammelte Werke'; Walter, Olten 1966-1972

Janov, A.: 'Der Urschrei'; Fischer, Frankfurt 1975

Kafka, F.: 'Gesammelte Werke'; Fischer, Frankfurt 1976

Kant, I.: 'Werke'; Suhrkamp, Frankfurt 1960

— ders.: 'Kritik der reinen Vernunft'; Reclam, Stuttgart 1966

— ders.: 'Kritik der Urteilskraft'; Reclam, Stuttgart 1971

Keller, G.: 'Werke'; Aufbau-Verlag, Berlin 1977

Kierkegaard, S.: 'Philosophische Brocken'; Suhrkamp, Frankfurt 1975

— ders.: 'Über den Begriff der Ironie'; Suhrkamp, Frankfurt 1976

— ders.: 'Die Tagebücher'; Brenner-Verlag, Innsbruck 1923

— ders.: 'Die Krankheit zum Tode und anderes'; Dtv (Dünndruck), München 1976

— ders.: 'Entweder-Oder'; Dtv (Dünndruck), München 1975

— ders.: 'Einübung im Christentum und anderes'; Dtv (Dünndruck), München 1977

Klages, L.: 'Vom kosmogonischen Eros'; Günther-Verlag, Stuttgart 1921

Kleinknecht, R. und Wüst, E.: 'Lehrbuch der elementaren Logik'; Dtv, München 1976

Kleist, H.v.: 'Sämtliche Werke'; Parkland, Stuttgart 1975

Klopstock, F.G.: 'Ausgewählte Werke'; Hanser, München 1962

Koch, T. und Kodalle, K.-M. und Schweppenhäuser, H.: 'Negative Dialektik und die Idee der Versöhnung'; Kohlhammer, Stuttgart 1973

Kofler, L.: 'Stalinismus und Bürokratie'; Luchterhand, Darmstadt 1970

Kohut, H.: 'Narzißmus'; Suhrkamp, Frankfurt 1976

Kojève, A.: 'Hegel'; Suhrkamp, Frankfurt 1975

'Konkursbuch — Zeitschrift für Vernunftkritik' (Hrsg.: Gehrke und Poertner); Konkursbuch-Verlag, Tübingen 1979-1981, (Bd. 1 ff)

Korsch, K.: 'Marxismus und Philosophie'; EVA, Frankfurt 1966

Kracauer, S.: 'Das Ornament der Masse'; Suhrkamp, Frankfurt 1977

— ders.: 'Geschichte — Vor den letzten Dingen'; Suhrkamp, Frankfurt 1973

Kraus, K.: 'Werke'; Kösel, München 1974

Kristeva, J. (Hrsg.): 'Textsemiotik als Ideologiekritik'; Suhrkamp, Frankfurt 1977

Kunze, H.: 'Soziologische Theorie und Psychoanalyse'; Goldmann, München 1972

Kutschera, F.v.: 'Wissenschaftstheorie'; UTB, München 1972

Lacan, J.: 'Schriften I'; Suhrkamp, Frankfurt 1975

— ders.: 'Schriften II'; Walter-Verlag, Olten 1975

— ders.: 'Seminar I'; Walter-Verlag, Olten 1978

— ders.: 'Seminar XI'; Walter-Verlag, Olten 1978

Laplanche, J. und Pontalis, J.-B.: 'Das Vokabular der Psychoanalyse'; Suhrkamp, Frankfurt 1975

Le Bon, G.: 'Psychologie der Massen'; Kröner, Stuttgart 1959

Leclaire, S.: 'Der psychoanalytische Prozeß'; Suhrkamp, Frankfurt 1975

— ders.: 'Das Reale entlarven'; Walter-Verlag, Olten 1976

Lefebvre, H.: 'Kritik des Alltagslebens'; Hanser, München 1975

Lenin, W.I.: 'Werke'; Dietz, Berlin 1972

Lenk, K.: 'Marx in der Wissenssoziologie'; Luchterhand, Darmstadt 1972

Lepenies, W.: 'Soziologische Anthropologie'; Ullstein, Berlin 1977

— ders.: 'Melancholie und Gesellschaft'; Suhrkamp, Frankfurt 1972

Lessing, G.E.: 'Werke'; Aufbau-Verlag, Berlin 1975

Lévi-Strauss, C.: 'Mythologica'; Suhrkamp, Frankfurt 1976

— ders.: 'Traurige Tropen'; Suhrkamp, Frankfurt 1978

— ders.: 'Das wilde Denken'; Suhrkamp, Frankfurt 1973

— ders.: 'Strukturale Anthropologie'; Suhrkamp, Frankfurt 1972

— ders.: 'Das Ende des Totemismus'; Suhrkamp, Frankfurt 1972

— ders.: 'Rasse und Geschichte'; Suhrkamp, Frankfurt 1972

— ders.: 'Der Weg der Masken'; Insel, Frankfurt 1977

Lichtenberg, G.C.: 'Aphorismen'; Insel, Frankfurt 1976

Lichtheim, G.: 'Das Konzept der Ideologie'; Suhrkamp, Frankfurt 1973

Lindner, B. und Lüdke, W.M. (Hrsg.): 'Materialien zur ästhetischen Theorie Th.W. Adornos/Konstruktion der Moderne'; Suhrkamp, Frankfurt 1980

Lissagaray, P.: 'Geschichte der Commune von 1871'; Suhrkamp, Frankfurt 1971

Locke, J.: 'Über die Regierung'; Rororo, Hamburg 1966

Lorenzen, P.: 'Konstruktive Wissenschaftstheorie'; Suhrkamp, Frankfurt 1974

— ders.: 'Methodisches Denken'; Suhrkamp, Frankfurt 1974

— ders. und Kamlah, W.: 'Logische Propädeutik'; Hochschul-Taschenbücher-Verlag, Mannheim 1967

Lorenzer, A. 'Sprachzerstörung und Rekonstruktion'; Suhrkamp, Frankfurt 1973

Lüdke, W.M.: 'Anmerkungen zu einer Logik des Zerfalls/Adorno — Beckett'; Suhrkamp, Frankfurt 1981

Luhmann, N.: 'Zweckbegriff und Systemrationalität'; Suhrkamp, Frankfurt 1973

— ders.: 'Rechtssoziologie'; Rororo, Hamburg 1972

— ders. und Pfürtner, S.H.: 'Theorietechnik und Moral'; Suhrkamp, Frankfurt 1978

Lukács, G.: 'Ästhetik'; Luchterhand, Darmstadt 1972

— ders.: 'Geschichte und Klassenbewußtsein'; Luchterhand, Darmstadt 1970

— ders.: 'Ontologie'; Luchterhand, Darmstadt 1973

— ders.: 'Die Zerstörung der Vernunft'; Luchterhand, Darmstadt 1973

— ders.: 'Der junge Hegel'; Suhrkamp, Frankfurt 1973

Luther, M.: 'Werke'; Aufbau-Verlag, Berlin 1975

Lyotard, J.-F.: 'Intensitäten'; Merve, Berlin 1973

— ders.: 'Sprechen nach Auschwitz'; Raubdruck, Berlin 1981

Mandel, E.: 'Der Spätkapitalismus'; Suhrkamp, Frankfurt 1973

Mann, T.: 'Das erzählerische Werk'; Fischer, Frankfurt 1975

Mannheim, K.: 'Wissenssoziologie'; Luchterhand, Darmstadt 1964

Marcuse, H.: 'Die Gesellschaftslehre des sowjetischen Marxismus'; Luchterhand, Darmstadt 1974

— ders.: 'Kultur und Gesellschaft'; Suhrkamp, Frankfurt 1965

— ders.: 'Versuch über die Befreiung'; Suhrkamp, Frankfurt 1972

— ders. und Wolff, P. und Moore, B.: 'Kritik der reinen Toleranz'; Suhrkamp, Frankfurt 1968

Marx, K.: 'Werke' (MEW); Dietz-Verlag, Berlin 1972-1976

'Marxismus-Psychoanalyse-Sexpol' (Hrsg.: Gente); Fischer, Frankfurt 1970

'Materialien zu Becketts »Endspiel«'; Suhrkamp, Frankfurt 1970

'Materialien zu Becketts »Warten auf Godot«'; Suhrkamp, Frankfurt 1976

'Materialien zu Hegels Rechtsphilosophie' (Hrsg.: Riedel); Suhrkamp, Frankfurt 1975

'Materialien zu Kants »Kritik der reinen Vernunft«'; Suhrkamp, Frankfurt 1975

Materialien zu Kants »Kritik der praktischen Vernunft«'; Suhrkamp, Frankfurt 1975

Materialien zu Kants »Kritik der Urteilskraft«'; Suhrkamp, Frankfurt 1974

Maupassant, G.d.: 'Die Nichten der Frau Oberst'; Karl Müller, Erlangen 1964

Mauriac, C.: 'Proust'; Rororo (Monographie), Hamburg 1958

Mauthner, E.: 'Der Atheismus und seine Geschichte im Abendlande'; Deutsche Verlags-Anstalt, Stuttgart und Berlin 1920

Mead, G.H.: 'Geist, Identität und Gesellschaft'; Suhrkamp, Frankfurt 1978

Mead, M.: 'Mann und Weib'; Rororo, Hamburg 1958

Merleau-Ponty, M.: 'Phänomenologie der Wahrnehmung'; Berlin 1966

Metzger, H.-K.: 'Adorno und die Geschichte der musikalischen Avantgarde'; Quelle unbekannt, Skript nach dem Rundfunkvortrag am 4. September 1978 im HR.

Minder, R.: 'Hölderlin unter den Deutschen'; Suhrkamp, Frankfurt 1970

Mittelstraß, J.: 'Die Möglichkeit von Wissenschaft'; Suhrkamp, Frankfurt 1974

Moore, G.E.: 'Principia Ethica'; Reclam, Stuttgart 1970

Morris, C.W.: 'Zeichen, Sprache und Verhalten'; Ullstein, Berlin 1980

— ders.: 'Grundlagen und Ästhetik der Zeichentheorie'; Ullstein, Berlin 1979

Moser, T.: 'Lehrjahre auf der Couch'; Suhrkamp, Frankfurt 1981

Neruda, P.: 'Ich bekenne, ich habe gelebt'; Luchterhand, Darmstadt 1974

Neyraut, M.: 'Die Übertragung'; Suhrkamp, Frankfurt 1976

Nietzsche, F.: 'Werke'; Ullstein, Berlin 1969-1972

Novalis: 'Werke'; Lambert Schneider, Heidelberg 1968

Oppitz, M.: 'Notwendige Beziehungen'; Suhrkamp, Frankfurt 1975

Ovid: 'Die Liebeskunst'; Reclam (jun.), Leipzig 1978

Parsons, T.: 'The Structure of Social Action'; New York 1932

— ders. und Schütz, A.: 'Zur Theorie sozialen Handelns' (Ein Briefwechsel); Suhrkamp, Frankfurt 1977

'Philosophie der idealen Sprache' (Hrsg: Sinnreich); Dtv, München 1972

Piaget, J.: 'Das moralische Urteil beim Kinde'; Suhrkamp, Frankfurt 1973

Platon: 'Sämtliche Werke'; Rororo, Hamburg 1957

Plechanow, G.W.: 'Kunst und gesellschaftliches Leben'; Dietz, Berlin 1955

Plessner, H.: 'Die Stufen des Organischen und der Mensch'; de Gruyter, Berlin 1975

Politzer, H.: 'Franz Kafka'; Suhrkamp, Frankfurt 1978

Ponge, F.: 'Texte zur Kunst'; Suhrkamp, Frankfurt 1967

Pontalis, J.-B.: 'Nach Freud'; Suhrkamp, Frankfurt 1974

Popper, K.R.: 'Die offene Gesellschaft und ihre Feinde'; UTB, Francke, München 1957

— ders.: 'Logik der Forschung'; Mohr (Siebeck), Tübingen 1973

— ders. in: 'Der Positivismusstreit in der deutschen Soziologie'; Luchterhand, Darmstadt, 1976

Proust, M.: 'A la recherche du temps perdu'; Gallimard, Paris 1954 (— Deutsch: 'Auf der Suche nach der verlorenen Zeit'; Suhrkamp, Frankfurt 1961)

'Psychoanalyse als Sozialwissenschaft'; Suhrkamp, Frankfurt 1971

Psychoanalytisches Seminar Zürich: 'Die neuen Narzißmustheorien: zurück ins Paradies?'; Syndikat, Frankfurt 1981

Quine, W.v.O.: 'Philosophie der Logik'; Kohlhammer, Stuttgart 1973

— ders.: 'Von einem logischen Standpunkt'; Ullstein, Berlin 1979

Reich, W.: 'Der üinbruch der sexuellen Zwangsmoral'; Fischer, Frankfurt 1975

— ders.: 'Die Massenpsychologie des Faschismus'; Fischer, Frankfurt 1974

— ders.: 'Die sexuelle Revolution'; Fischer, Frankfurt 1971

— ders.: 'Charakteranalyse'; Fischer, Frankfurt 1973

Reik, T.: 'Dreißig Jahre mit Sigmund Freud'; Kindler, München 1976

— ders.: 'Der eigene und der fremde Gott'; Suhrkamp, Frankfurt 1975

— ders.: 'Aus Leiden Freuden/Masochismus und Gesellschaft'; Hoffmann und Campe, Hamburg 1977

Ricœur, P.: 'Die Interpretation'; Suhrkamp, Frankfurt 1974

— ders.: 'Geschichte und Wahrheit'; List, München 1974

Róheim, G.: 'Psychoanalyse und Anthropologie'; Suhrkamp, Frankfurt 1977

Rose, G.: 'The Melancholy Science — an Introduction to the Thought of T.W. Adorno'; London 1978

Rousseau, J.J.: 'Emil'; Kröner, Leipzig 1928

Russell, B.: 'Einführung in die mathematische Philosophie'; Vollmer, Wiesbaden 1966

'Sabotage des Schicksals' (Festschrift zum 70. Geburtstag U. Sonnemanns); Konkursbuch-Verlag, Tübingen 1982

Sandkühler, H.J. und Vega, R.d.l. (Hrsg.): 'Marxismus und Ethik'; Suhrkamp, Frankfurt 1974

Sartre, J.-P.: 'Kritik der dialektischen Vernunft'; Rowohlt, Hamburg 1967

— ders.: 'Das Sein und das Nichts'; Rowohlt, Hamburg 1962

Saussure, F.d.: 'Grundlagen der allgemeinen Sprachwissenschaft'; de Gruyter & Co; Berlin 1967

Schelling, F.W.J.: 'System des transzendentalen Idealismus'; Reclam (jun.), Leipzig 1979

— ders.: 'Philosophie der Offenbarung'; Suhrkamp, Frankfurt 1977

— ders.: 'Über das Wesen der menschlichen Freiheit'; Suhrkamp, Frankfurt 1975

Scherer, W.: 'Poetik'; Dtv und Niemeyer, Tübingen 1977

Schiller, F.: 'Werke'; Tempel, Vollmer, Wiesbaden 1973

— ders.: 'Über Kunst und Wirklichkeit'; Reclam (jun.), Leipzig 1975

Schiwy, G.: 'Neue Aspekte des Strukturalismus'; Dtv, München 1973

Schlegel, A.W.: 'Schriften'; Goldmann, München 1961

Schlegel, F.: 'Fragmente und Ideen'; Piper & Co, München und Leipzig 1919

Schleiermacher, F.D.E.: 'Werke'; Meiner, Leipzig 1911

Schneider, M.: 'Neurose und Klassenkampf'; Rowohlt, Hamburg 1973

Schopenhauer, A.: 'Sämtliche Werke'; Brockhaus, Wiesbaden 1972

Schütz, A.: 'Theorie der Lebensformen'; Suhrkamp, Frankfurt 1981

— ders.: 'Der sinnhafte Aufbau der sozialen Welt'; Suhrkamp, Frankfurt 1974

Schumann, R.: 'Gesammelte Schriften über Musik und Musiker'; Reclam (jun.), Leipzig 1974

Schwab, G.: 'Sagen des klassischen Altertums'; Vollmer, München 1978

Schwemmer, O.: 'Philosophie der Praxis'; Suhrkamp, Frankfurt 1971

Schweppenhäuser, H. (Hrsg.): 'Theodor W. Adorno zum Gedächtnis'; Suhrkamp, Frankfurt 1973

Sinowjew, G.: 'Geschichte der KPdSU(B)'; Verlag der Komintern, Erlangen 1923

Skinner, B.F.: 'Die Funktion der Verstärkung' (Contingencies of Reinforcement); Kindler, München 1974

Smith, A.: 'Eine Untersuchung über Natur und Wesen des Volkswohlstand'; Andreas Achenbach, Giessen 1973

Spengler, O.: 'Der Untergang des Abendlandes'; Dtv, München 1972

Spinoza, B.d.: 'Ethik'; Reclam (jun.), Leipzig 1975

Sokel, W.H.: 'Franz Kafka'; Fischer, Frankfurt 1976

Sohn-Rethel, A.: 'Geistige und körperliche Arbeit'; Suhrkamp, Frankfurt 1972

Sonnemann, U.: 'Negative Anthropologie'; Syndikat, Frankfurt 1981

— ders.: 'Das Land der unbegrenzten Zumutbarkeiten'; Rowohlt, Hamburg 1963

— ders.: 'Die Dickichte und die Zeichen'; Rowohlt, Hamburg 1963

'Soziologische Exkurse' (Hrsg.: Institut für Sozialforschung); EVA, Frankfurt 1974

Stegmüller, W.: 'Probleme und Resultate der Wissenschaftstheorie und Analytischen Philosophie'; Springer, Berlin 1969

Stern, A.: 'Geschichte der neueren Literatur'; Bibliographisches Institut, Leipzig 1882

Stuckenschmidt, H.H.: 'Neue Musik'; Suhrkamp, Frankfurt 1981

Sweezy, P.M.: 'Die Zukunft des Kapitalismus'; Suhrkamp, Frankfurt 1970

Szasz, T.S.: 'Psychiatrie — die verschleierte Macht'; Fischer, Frankfurt 1978

Szondi, P.: 'Theorie des modernen Dramas'; Suhrkamp, Frankfurt 1977

— ders.: 'Einführung in die literarische Hermeneutik'; Suhrkamp, Frankfurt 1975

— ders.: 'Die Theorie des bürgerlichen Trauerspiels im 18. Jahrhundert'; Suhrkamp, Frankfurt 1973

— ders.: 'Das lyrische Drama des Fin de siècle'; Suhrkamp, Frankfurt 1975

— ders.: 'Poetik und Geschichtsphilosophie'; Suhrkamp, Frankfurt 1974

'Thesen über den Bolschewismus'; Kollektiv-Verlag, Berlin 1973

Theweleit, K.: 'Männerphantasien'; Roter Stern, Frankfurt 1977

Trotzki, L.: 'Geschichte der russischen Revolution'; Fischer, Frankfurt 1973

Uexküll, T.v.: 'Grundfragen der psychosomatischen Medizin'; Rowohlt, Hamburg 1963

Van Reijen, W.: 'Adorno'; SOAK-Verlag, Hannover 1980

Valéry, P.: 'Tanz, Zeichnung und Degas'; Suhrkamp, Frankfurt 1961

Waismann, F.: 'Einführung in das mathematische Denken'; Dtv, München 1970

Waldberg, P.: 'Der Surrealismus'; DuMont Schauberg, Köln 1965

Waldenfels, B. und Broeckman, J. (Hrsg.): 'Phänomenologie und Marxismus'; Bd. 1 ff., Suhrkamp, Frankfurt 1977 ff.

Weber, M.: 'Die protestantische Ethik und der Geist des Kapitalismus'; Tübingen 1934

— ders.: 'Soziologie — Universalgeschichtliche Analysen, Politik'; Kröner, Stuttgart 1973

Weber, S.M.: 'Rückkehr zu Freud'; Ullstein, Berlin 1978

Wedekind, F.: 'Erdgeist/Die Büchse der Pandora'; Goldmann, München 1965

Weininger, O.: 'Geschlecht und Charakter'; Kiepenheuer, Berlin 1932

Weischedel, W.: 'Skeptische Ethik'; Suhrkamp, Frankfurt 1980

Weizenbaum, J.: 'Die Macht der Computer und die Ohnmacht der Vernunft'; Suhrkamp, Frankfurt 1978

Weizsäcker, C.F.v.: 'Die Einheit der Natur'; Dtv, München 1974

— ders.: 'Gehen wir einer asketischen Weltkultur entgegen'; Merkur 32, 1978

Weizsäcker, V.v.: 'Natur und Geist'; Kindler, München 1977

— ders.: 'Der Gestaltkreis'; Suhrkamp, Frankfurt 1973

— ders.: 'Diesseits und Jenseits der Medizin'; Koehler, Stuttgart 1950

Weyl, H.: 'Algebraische Zahlentheorie'; Hochschultaschenbücher, Bibliographisches Institut, Mannheim 1966

Wiener, N.: 'Kybernetik'; Rororo, Hamburg 1968

Winckelmann, J.J.: 'Werke'; Aufbau-Verlag, Berlin 1976

Wittfogel, K.A.: 'Marxismus und Wirtschaftsgeschichte'; Junius-Drucke, Frankfurt 1970

Wittgenstein, L.: 'Philosophische Grammatik'; Suhrkamp, Frankfurt 1973

— ders.: 'Tractatus logico-philosophicus'; Suhrkamp, Frankfurt 1973

— ders.: 'Philosophische Untersuchungen'; Suhrkamp, Frankfurt 1975

Zeltner, G.: 'Im Augenblick der Gegenwart'; Fischer, Frankfurt 1974